Zhonguoji Youtaiyi Nüshiren Zhubailan
(Klara Blum) Shengping Yu Zuopinxuan

外国文学文化论丛

主编 栾栋

中国籍犹太裔女诗人朱白兰(Klara Blum)生平与作品选

林笳/编著

中山大学出版社
SUN YAT-SEN UNIVERSITY PRESS

·广州·

版权所有　翻印必究

图书在版编目（CIP）数据

中国籍犹太裔女诗人朱白兰（Klara Blum）生平与作品选/林笳编著.—广州：中山大学出版社，2016.1

（外国文学文化论丛）

ISBN 978-7-306-05559-0

Ⅰ.①中… Ⅱ.①林… Ⅲ.①朱白兰（1904～1971）—生平事迹 ②中国文学—当代文学—作品综合集　Ⅳ.①K825.6 ②I217.2

中国版本图书馆 CIP 数据核字（2015）第 304362 号

出 版 人：	徐　劲
策划编辑：	吕肖剑
责任编辑：	王延红　陈俊婵
封面设计：	林绵华
责任校对：	高　洄
责任技编：	何雅涛
出版发行：	中山大学出版社
电　　话：	编辑部 020 - 84111996，84113349，84111997，84110779
	发行部 020 - 84111998，84111981，84111160
地　　址：	广州市新港西路 135 号
邮　　编：	510275　传真：020 - 84036565
网　　址：	http://www.zsup.com.cn　E-mail：zdcbs@mail.sysu.edu.cn
印 刷 者：	佛山市浩文彩色印刷有限公司
规　　格：	787mm×1092mm　1/16　30.5 印张　564 千字
版次印次：	2016 年 3 月第 1 版　2016 年 3 月第 1 次印刷
定　　价：	60.00 元

如发现本书因印装质量影响阅读，请与出版社发行部联系调换

朱白兰 1951 年证件照

朱白兰的签名

1962年朱白兰与中山大学首届德语毕业生合影

1962年朱白兰与中山大学1958级、1960级德语学生合影

维也纳以克拉拉·布鲁姆命名的街道

维也纳的路牌上标注了朱白兰的生卒年份

"外国文学文化论丛"序

广东外语外贸大学外国文学文化研究中心成立已有12个年头。作为广东省文科基地，该中心为广东外语外贸大学这所专业型和实用性特征突出的高校增添了几分人文气质，使广东省这个改革开放的"前沿码头"多了些了解他山之石的深度。今天，我们推出这个"论丛"，就是想对本中心研究的状况和相关成果做一个集结，也是为了把我们的工作给广东的父老乡亲做一个汇报。

"外国文学文化"是一个庞大的范畴。任何一个同类研究机构，对它的研究只能是聚沙成塔，循序渐进。我们的做法是审时度势，不断进行学术聚焦，或曰战略整合。具体讲，面对"外国文学文化"这个极其宽泛的研究对象，我们用了12年时间完成了内涵、外延、布局、人员、选题、服务学校和社会等方面的核心建构。

其一，12年的艰苦努力，基地真正地完成了对学校重要外语种类文学文化研究实力的宏观联合。经过这些年的精心组织和努力集结，英、法、德、日、俄、泰、越等国别文学及其相关研究初具规模，跨文化的择要探索次第展开，突破比较研究局限的熔铸性创制有序进行。从总体上看，虽然说各语种实力仍然参差不齐，但是几个重要的语种及其交叉研究都有了可以独当一面的人才，有了相对紧凑的协作活动，优选组合的科研局面日臻成熟。

其二，基础研究和个案研究、单面进取与多向吸纳的交叉研究态势业已形成。长期以来，学校的外语师资在科研方面比较分散。语各一种，人各一隅。教学与科研大都是单面作业，几十年一条"窄行道"，一辈子一个"小胡同"，邻窗书声相闻，多年不相往来。近几年，基地积极推荐选题，从战略上引导，在战术上指点，通过活动来撮合，基础研究与个案研究的结合颇有成效，单向研究的局限有所突破，交叉研究的方法也有较大面积的推广。这个进步将会对学校的师资建设产生积极而深远的影响。

其三，领军人才和大气人才的培养在有重点地推进。在当今中国，高教发展迅速，不缺教书匠，缺少的是高水平的教师，尤其缺乏大气磅礴的将帅之才。自古以来，知识分子都以自己的灵气或知识骄人，文人相轻，是己非人，一偏之才易得，淹博之人寥寥，而可以贯通群科的品学兼优之才更是凤毛麟角。我们这些年在发掘和培养大气人才方面，花了不少心血。外国文学文化研究中心以人文学为集结号，在本校相关专业的教师当中培养了一批师资。让我们感到欣慰的是最近几年，基地持续多年的创新学术导向渐入佳境，熔铸性的科研蔚成风气，专兼职人员知识结构的改造成为本中心的自觉行动。科研人才的成长形势喜人。随着学校支持力度的加大，陆续有高端人才引进，他们的加盟对基地来讲，是具有战略意义的人才布局。

其四，科研有了质量兼美的提升。从2011年到2013年，"人文学丛书"第3辑15种著作全部付梓。截至目前，1、2、3辑共35种著作，加上丛书外著作5种，总计达40种著述（不包括2011年之前基地已经出版的10多种"人文学丛书"外著作），成建制地推向学界，产生了积极的学术影响。在基地的专兼职研究人员中，有些学者善于争课题，做课题；有些学者精于求学问，搞创新。我们对这两种学者的特长都予以支持。相比较而言，前者之功，在于服务政策，应国家和社会之急需；后者之德，在于积学储宝、充实学林、厚道人文，而这些是高校、民族和国家的文化基础建设。从学术史和高教发展史来看，两者都有其贡献，后者的建树尤为艰难。埋头治学者不易，因为必须淡泊名利、宁静致远，然而，不论是对于一所高校、一个民族、一个国家，还是对于全人类，做厚重的学问是固本培元的事情。有鉴于此，基地正在物色人选，酝酿专题，力求打造拳头产品，做一些可以传之久远的著述。

其五，将战略性选题和焦点性课题统筹安排。诸如，以"人文学研究"（即克服中外高校学科变革难题）为龙头，以"文学通化研究"为核心，以"美学变革研究"为情致，以"外国文论翻译研究"为舟楫，以"人文思潮探讨"为抓手，以"重要人物研究"为棋子，推出了一系列比较厚重的研究成果，举凡人文学原理、文学通化、感性学、文学他化、存在主义、女性主义、后现代主义、新小说、副文学现象、日本汉诗、莫里哀、波德莱尔、艾略特、柏格森、阿多诺、海德格尔、勒维纳斯、海明威、萨特、古埃尼亚斯、本居宣长、厨川白村、川端康成、大江健三郎、村上春树、米兰·昆德拉、伊里加蕾、鲍德里亚、麦克·布克鲁、雅克·敦德、德尼斯·于斯曼、勒·克莱齐奥、哈维等，一盘好棋渐入佳境。

其六，全力配合学校的总体规划。本基地为学校的传统优长——外国文学文化研究添砖加瓦，为学校学科建设的短板——文史哲学科弱项补偏救急，为学校"协同攻关"和"走出去"身先士卒。事实上，基地的上述工作，早就开始"协同攻关"。试想，把这么多语种的文学文化研究集于一体，冶为一炉，交叉之，契合之，熔铸之，应该说就是"协同攻关"。人文学中心建设也是一种贯通群科的"协同攻关"。比较文化博士点的复合型人才培养，同样是一种"协同攻关"。我们做的是默默无闻的工作，基地的专兼职研究人员，甘愿做深基础、内结构和不显山露水的长远性工作。我们为之感到高兴。我一贯用"静悄悄，沉甸甸，乐陶陶"勉励自己，也以之勉励各位同事。我的理解，能够默默地奉献，是一种福分。在"走出去"方面，我们也下了相当的功夫，仅2013年至2014年，基地就有5名教授分赴法、德、俄、美等国高访与讲学。这些活动的反响都很积极。对方国家的高层学者，直接把赞扬的评价反馈给我国教育部、汉办等领导部门。我们努力响应国家和学校的号召，认认真真地"走出去"，这在今后的工作中还会有进一步的体现。

  以上几个方面的工作，在"外国文学文化论丛"中都有聚焦性的著作推出。还有一些方面，比如外国语言文学如何固本培元的问题，外国语言文学选择什么作为提升点的问题，"人文学"的后续发展问题，诸如此类，都是今后基地科研工作的关注点。这些方面也会在"外国文学文化论丛"中陆续有所体现。序，是个开端。此序，也是12年来基地工作的一个小结。

栾　栋
2015年4月19日
于白云山麓

目 录
Contents

第一章 从多瑙河到珠江畔
　　——朱白兰的传奇人生 ⋯⋯⋯⋯⋯⋯⋯⋯⋯⋯⋯⋯⋯ 1
　一　翻开历史的一页 ⋯⋯⋯⋯⋯⋯⋯⋯⋯⋯⋯⋯⋯⋯⋯ 2
　二　山毛榉之乡的童年 ⋯⋯⋯⋯⋯⋯⋯⋯⋯⋯⋯⋯⋯⋯ 4
　三　锡安之女的奋斗 ⋯⋯⋯⋯⋯⋯⋯⋯⋯⋯⋯⋯⋯⋯⋯ 12
　四　流亡莫斯科 ⋯⋯⋯⋯⋯⋯⋯⋯⋯⋯⋯⋯⋯⋯⋯⋯⋯ 17
　五　踏上寻梦之路 ⋯⋯⋯⋯⋯⋯⋯⋯⋯⋯⋯⋯⋯⋯⋯⋯ 26
　六　从上海滩到珠江畔 ⋯⋯⋯⋯⋯⋯⋯⋯⋯⋯⋯⋯⋯⋯ 35
　七　"我是中国人" ⋯⋯⋯⋯⋯⋯⋯⋯⋯⋯⋯⋯⋯⋯⋯⋯ 44

第二章 家园·战歌·中国情
　　——朱白兰诗歌述评 ⋯⋯⋯⋯⋯⋯⋯⋯⋯⋯⋯⋯⋯⋯ 51

第三章 朱白兰诗歌选译 ⋯⋯⋯⋯⋯⋯⋯⋯⋯⋯⋯⋯⋯⋯ 65
　威尼斯十四行诗（两首） ⋯⋯⋯⋯⋯⋯⋯⋯⋯⋯⋯⋯⋯ 67
　群众之歌 ⋯⋯⋯⋯⋯⋯⋯⋯⋯⋯⋯⋯⋯⋯⋯⋯⋯⋯⋯⋯ 68
　阶级斗争 ⋯⋯⋯⋯⋯⋯⋯⋯⋯⋯⋯⋯⋯⋯⋯⋯⋯⋯⋯⋯ 69
　服从谣 ⋯⋯⋯⋯⋯⋯⋯⋯⋯⋯⋯⋯⋯⋯⋯⋯⋯⋯⋯⋯⋯ 71
　萨达古拉的神奇拉比 ⋯⋯⋯⋯⋯⋯⋯⋯⋯⋯⋯⋯⋯⋯⋯ 74
　丰收的花环 ⋯⋯⋯⋯⋯⋯⋯⋯⋯⋯⋯⋯⋯⋯⋯⋯⋯⋯⋯ 76

民族之歌	78
鸦片	80
赵妈	83
梅花	84
无声的告别	85
切诺维茨的犹太区	87
偏要对着干！	91
李家祭祖	93
地牢墙上的大字	95
母亲	97
诗人与战争（三个版本）	99
保卫者	104
寄往中国的信	106
信念的旋律	108
牛郎	111
饥饿之歌	112
我的倔强	114
大师与愚者	121
两位诗人	124
金色的面纱	127
致德国的年轻士兵	128
出身	129
来自希特勒德国占领下的犹太区（译作）	131
愤怒的生活报告	133
集市之歌	135
致一位老人的情诗	135
邻居的孩子	137
纪念我的黑人朋友	137
明镜——答一位德国作家	140

第四章　朱白兰小说选译 ······ 143
　　牛郎织女（长篇小说） ······ 145
　　香港之歌（中篇小说集） ······ 296
　　　　香港之歌（1921/1922） ······ 296

  三个正义的妾（1947/1949） ……………………… 346
  13 是个吉祥数字（1954/1955） ……………………… 394
 命运的战胜者（节选） ……………………………………… 445

附录一 朱白兰译毛泽东诗词两首 ……………………………… 460

附录二 朱白兰年谱 ……………………………………………… 464

后记 ……………………………………………………………………… 469

第一章 从多瑙河到珠江畔
——朱白兰的传奇人生

朱白兰
(Klara Blum)

一　翻开历史的一页

1971年，"文化大革命"已进入了后期，曾经硝烟弥漫的中山大学校园在经历了动乱之后，已经平定了下来。"老五届"已陆续"毕业"离校，位处康乐园西区的外语系，由于大部分教师在年前合并到广州外国语学院（后与广州对外贸易学院合并组建广东外语外贸大学），更是显得有些冷清。

5月4日，一辆急救车从康乐园急速驶往中山医学院附属第一医院，被送往医院的是一位生命垂危的"外国"女病人；病人经过抢救，终因患肝硬化病医治无效，于1971年5月5日19时55分逝世。

这位女病人便是中山大学外语系德语教授朱白兰。从1970年查出患失代偿肝硬化以来，她的健康便每况愈下。病重期间，两位外语组教工在她家轮流值班，学校领导和卫生所同志多次劝她进院治疗，但她拒绝入院。为了使她得到及时医治，经校方积极联系，中山医学院、中医学院派出医生来校为她检查和治疗。但是，由于病魔缠身，她走到了生命的尽头。

当时，主持学校工作的是校革命委员会（简称"革委会"），由于朱白兰的特殊身份，校革委会政工组当晚就草拟了《关于朱白兰教授病逝的报告》，递交广东省教育战线革委会。该报告称：

朱白兰于1904年出生于罗马尼亚，犹太族人，1947年来中国，1954年被批准加入中国国籍，1963年被批准为中国作家协会会员。根据朱白兰的情况，学校决定，由革委会机关四大组及公共外语小组各派一人组成治丧小组，于5月8日上午在广州殡仪馆举行告别仪式，由校革委会负责同志、各系代表以及有关单位人员参加，根据朱白兰本人生前遗嘱，对其遗体进行火葬。

告别仪式如期举行。在那个特殊的年代，参加者寥寥，告别仪式显得相当冷清。

40年过去了，朱白兰的骨灰存放在何处，已无法查找。朱白兰去世的时候曾留下一个箱子，里面放有她生前的信件、手稿、照片等重要资料。起初，箱子放在外语系图书馆，后来几经搬迁，已经不知去向。但上面提到的这份病逝报告，仍可在中山大学档案室查到。在朱白兰的个人档案中，存有一份新中国成立初期上海市外侨登记申请书，编号0403，上面登记了她的基本信息。

中文姓名：白兰；原名：Klara Blum；性别：女；出生日期：1904年11月27日；出生地点：乞诺维支（婆可维那）；婚姻状况：已婚；身高：五尺七寸；肤色：白；睛色：蓝；发色：灰白；1934年曾取得罗马尼亚国籍，现属无国籍，犹太人；护照号码：（B427）已过期，有效期1950年10月27日；发证地点：上海国际难民委员会；职业：作家，诗，散文，翻译，在上海市加入了国际笔会（民主德国，柏林）；经济上主要靠上海市生产救灾委员会救济，能操俄、德、英、法文，略知汉语；临时住地：长乐路286号；1947年8月从法国巴黎来沪，来沪目的：寻夫；拟居留日期：暂时。

"在中国之家属"一栏，填写的是：朱穰丞，丈夫，1901年出生，中国籍，职业是导演，现在住址不明。档案中除了这份申请书外，特别令人注目的，是一本暗红色、硬封皮、尺寸比名片略大的证件，这是上海市人民政府公安局发给克拉拉·布鲁姆的"上海市外国侨民证"，里面贴有她的照片，这是她1951年在华东人民革命大学附设外文专修学校图书馆工作时持有的身份证。

中山大学保存的朱白兰档案资料虽然不多，但非常珍贵，尤其是她生前请人代填写的中文履历表，亲笔书写的英、德文材料，如《自传》（1952.10.11）、《自白》（1958.5.29）、《我的丈夫》（1958.12.17），还有病重期间立下的遗嘱，等等，为我们了解朱白兰的一生提供了重要依据。此外，朱白兰去世后，首先是她的学生开始写一些回忆文章，继而国外的学者发表研究文章，特别是Zhidong Yang博士的研究成果及其选编的朱白兰作品集，使我们有可能进一步贴近朱白兰。下面，试以上述文献资料为基础，为读者勾勒这位犹太裔德语女诗人的传奇人生。

二 山毛榉之乡的童年

1904年11月27日，我生于奥地利与罗马尼亚两国边境上的小城切诺维茨（Czernowitz），该城当时属奥匈帝国的领土。我受的是德文教育，但我并不是德国人，而是犹太人。

这是克拉拉·布鲁姆1952年10月11日写的《自传》的开头，此时，她到中国已5年，刚从复旦大学调入南京大学，身份仍是无国籍外国侨民。

她在《自传》中提到的出生地切诺维茨（旧译：乞诺维支）位于多瑙河的支流普鲁特河沿岸，坐落在一片布满森林和田野的丘陵地带上，如今既不属于奥地利，也不属于罗马尼亚，而属于乌克兰。它靠近罗马尼亚边境，离基辅约600千米，海拔高度为248米，占地面积约150平方千米（58平方英里）。在乌克兰语中，它名为切尔诺夫策（Чернівці/Tscherniwzi），也许因为城墙是黑的，土地是黑的，故有"黑城"（Tschern）之称。由于历史上曾属于不同的国家，而且是多民族聚居地，所以它除了乌克兰语名称外，在罗马尼亚语、德语、波兰语、俄语中还有不同的称谓。切尔诺夫策这一名称，是在1408年10月8日摩尔达维亚亚历山大王储的一份文件中首次出现的。1359年到1775年期间，该地是摩尔达维亚公国的一部分。1774年，摩尔达维亚公国西北部的部分领土（布科维纳地区）被哈布斯堡帝国吞并；1849年，作为布科维纳公国的首府，切尔诺夫策成为奥地利帝国王室的世袭领地。"布科维纳"（Bukowina）在德语中也称Buchenland，意思是"山毛榉之乡"，在这里，繁茂的山毛榉树随处可见。

克拉拉降生的时候，切诺维茨十分繁荣，有"小维也纳"之称。这是一个具有德意志和犹太文化传统的城市，早在罗马时期，犹太人已开始在这里居住，但数量不多，14世纪以后，出现犹太移民潮，从邻近的匈、波、德、俄向该地区迁徙，到19世纪末20世纪初，犹太人占居民人口的三分之一。根据奥匈帝国颁布的法令，犹太人在法律上享有平等权利，但犹太族群并没有作为独立的民族获得承认，议会里也没有独立的民族席位，统计国民时，犹太人按照他们使用的语言被划归不同的民族。犹太人没有被限住在特定的隔离区

(Ghetto) 内，但大多数犹太人还是喜欢聚居在一起，形成犹太人街道。少数富有的犹太人则在犹太街道以外选择住处，他们的孩子上基督教的学校，受德语教育，相互之间讲德语，也讲意第绪语——阿什肯纳兹犹太人使用的语言，这种语言是在中世纪德语方言的基础上，吸收了希伯来语、罗曼语、斯拉夫语等其他语系的元素而发展形成的。

1770年至1880年，以柏林为发源地，在欧洲兴起了一场哈斯卡拉运动。所谓哈斯卡拉（Haskala），在希伯来语中意味着"理智""教育"。长期以来，犹太人作为少数族群，固守旧的宗教和文化传统，在法律、宗教和社会上受歧视，被排斥在基督教占主导地位的社会之外。哈斯卡拉运动旨在吸收启蒙运动的价值，克服犹太族内部的文化危机，促使犹太人脱离边缘状态，融入社会的多数族群中，以实现"犹太人的解放"。这场犹太启蒙运动，在克拉拉看来，只是造就了少数犹太富翁，并没有给古老贫困的犹太街道带来多少光明。关于犹太人的生存状态以及同化过程中的阶级分化，克拉拉写过一首诗，题为"切诺维茨的犹太区"①，诗的第一、二段是这样的：

一

古老的街道紧密相连，
路面凹凸，巷道弯曲。
沉重的灯上闪动着小小火焰，
凭借幽默面对生活的不幸。

双目仍然闪光，但脸色苍白，
衣衫褴褛，鬓发颤抖，
这群人几乎窒息在贱民街道，
呻吟，讥诮，继续生存。

一百年前围墙已经坍塌，
但他们仍留在发霉的窝里。
贫困抓住他们的头发，
使他们无法离开狭小古老的住地。

---

① 德文版见 Zhidong Yang (Hg.). *Klara Blum: Kommentierte Auswahledition*, Böhlau Verlag Ges. m. H und Co. KG, Wien · Köln · Weimar, 2001, 第294页。

二

解放的时刻只为某些人敲响
——他们脑满肠肥,影响广远——
他们交口称赞主人,
颂扬获得光明的时代。

他们趾高气扬地迁入花园大街,
成为高官和贵族的邻居。
他们被另眼看待,
"虽"是犹太人,却可被接受。

娱乐场花园夜间灯火辉煌,
乐队热奏罗马尼亚乐曲,
他们派头十足地看着菜单,
不愧是喧闹自信的一伙。

他们说的德语怪声怪调,夹杂着
斯拉夫和罗马语族人的傲气和炽热,
花斑斑、傻乎乎的德语中饱含着痛苦,
那是被遗忘了的犹太人生活区的苦难。

古老的怨声延伸着他们的语言,
迫害、辱骂、不停地迁徙。
但他们早已忘却怨恨和复仇,
封建主成了他们的座上客。
……

克拉拉把自己的父亲归入这些犹太富人圈中。克拉拉的父系先辈到祖父这代还没有致富,据她填写的履历表,祖父莫泽斯·布鲁姆(Moses Blum)是半无产者(佃户、小贩),无政治思想,在克拉拉出生前已去世。祖母内蒂·布鲁姆(Netti Blum),娘家姓阿门(Amen),1910年去世,不懂政治,但仇恨社会,虐待婢女。外祖父埃弗拉伊姆·坎纳(Ephraim Kaner)曾开银钱兑换庄,1930年将其女,即克拉拉的母亲(当时是年轻寡妇)嫁给有钱而年老的约瑟夫·布鲁姆(Josef Blum,1850—1934),之后便破产,后来很穷,是个反动分子，特别仇视黑人。外祖母拜拉·坎纳（Beila Kaner）迷信宗教，但有社会观念。第一次世界大战后不久，她说过："这样子的可怕事情都会发生，那我不能再信上帝了！"

克拉拉出生时，父亲约瑟夫·布鲁姆已是当地的大地主，在市中心的施普棱吕街买了一套房子，紧挨着州政府所在地。1911年，约瑟夫被选举为布科维纳州议会议员，当时，议会的席位分为6个组别，在第二组别（大地主）中有两个席位分配给犹太人的代表，约瑟夫是其中一个，任职到第一次世界大战结束。罗马尼亚时期，州议会不再存在，1918年起，他是犹太国民议会的成员，胡果·戈尔德（Hugo Gold）编的《布科维纳犹太人史》称他是"切诺维茨城养老院的创始人""一个活跃在城市政治生活中很受尊重的人物"。犹太国民议会解散后，他积极参与锡安主义运动，是布科维纳犹太国民基金会（Keren Kajemeth Lejisrael）的组织者之一，该基金会为犹太国的建立和犹太民族的统一筹集经费。[①]对此，克拉拉在自传和履历表中从不提及，而只是说：

> 我的父亲是商人兼地主，欧洲的犹民，特别是中欧及东欧的犹民，一向是受歧视的少数民族，一般不允许犹太人拥有土地，但有钱的犹太人可以例外，我的父亲便是这些例外的人之一。

在她的记忆中，父亲约瑟夫由经商或高利贷致富，是一个狂热的剥削者，横暴和吝啬，他对家人的粗暴，在女儿幼小的心灵中留下了巨大的创伤。想起童年，浮现在克拉拉眼前的是"家庭的仇恨，无比的愤怒"。她的童年，包括对童年小伙伴的珍贵回忆，都笼罩在父亲的阴影下。她在《自传》（1952.10.11）中写道：

> 我幼年的生活非常悲惨，8岁的时候，父亲同母亲离了婚，关于我的幼年生活，我30年代在苏联发表的诗作《丰收的花环》[②]中有所描述，在该诗中我曾对幼年的那个封建资本主义社会环境加以抨击。

---

① 参阅 Zhidong Yang. *Klara Blum-Zhu Bailan (1904—1971)*, Peter lang GmbH, Europäischer Verlag der Wissenschaften, Frankfurt am Main, 1996, 第14页。
② *Der Erntekranz*, 1938年发表于《国际文学》第5期，重刊于诗集《漫长的道路》，第5-6页。

这首诗是这样写的:

你衣衫褴褛站在我的面前,
——风吹山毛榉沙沙作响——
我,地主的孩子,要将丰收的花环
戴在你,农民的穷孩子的头上。

你跟我一样,卡嘉,同是七岁,
你羞怯地将小手揣在围裙里。
我摸着你黑色的丝发,
我想跟你一样色彩斑斓,光着脚丫。

爸爸凶狠地喊道,你将我弄脏了,
他将我抱起,朝着我的脸吼叫。
但我觉得:这是我的事。
他的朋友我并不喜欢。

我要将丰收的花环戴在你的头上。
这是乡间的风俗。你顺从地弯下腰。
我看着你五颜六色破烂的衣裳。
我感到笨拙生硬。我感到羞愧。

童年:山毛榉树轻轻的响声,
家庭的仇恨,无比的愤怒。
我不想再回到过去的岁月。
我将它置于身后,这很好。

可是你,卡嘉,我想与你重逢
在美丽的、令我痛苦的山毛榉之乡。
我想在斗争中站在你的身旁,
看见当年胆怯的手上拿起武器。

整个富饶的土地属于你们,
封建贵族连同残余势力被赶走,

> 我们的主人——我的父亲不再干涉,
> 于是我们庆祝美丽的丰收节日。
>
> 我们在公园的绿坪上跳舞,
> 而你,身边围绕着自由的农民,
> 将为自己戴上丰收的花环。
> 这样,卡嘉,我将不再感到羞愧。

该诗发表于1938年,从中可以看出,克拉拉对父亲的恨,是出自对劳苦大众的爱以及对剥削阶级的叛逆,这种朴素的感情为她日后接受社会民主主义奠定了基础。

在克拉拉的眼里,父亲与母亲的结合,如同狐狸与夜莺配对。她的母亲蔡齐丽·布鲁姆(Cäcilie Blum,1876—1937),娘家姓坎纳(Kaner),居住在东加里曾(Ostgalizien,今属波兰)。第一次婚姻的丈夫姓玛施勒(Maschler),婚后育有一子。蔡齐丽年轻丧偶,因父亲的生意面临破产,由父母做主嫁给50岁的财主约瑟夫,当时她才24岁。蔡齐丽婚后生活并不幸福,她受20世纪初欧洲的妇女运动的影响,向往资产阶级式民主、妇女平等,无法忍受丈夫的粗暴与横蛮,不愿意在婚姻中处于屈从的地位,她与丈夫之间的冲突日益严重。

克拉拉·布鲁姆自传性长篇小说《牛郎织女》中,女主人公汉娜和男主人公牛郎之间有一段对话:

> "我父亲比我母亲大27岁。我的外公外婆将女儿卖给了他,我指的不是字面意义上而是本质上的卖,当时,我母亲年轻守寡,有一个儿子。外公外婆的布店面临破产。他们不得不接受德罗霍贝奇地区萨尔茨格鲁布的大银行家和金融家、当地嗜酒成性的几个波兰贵族当中的老毕尔克的求婚。在这对夫妇中,男的是精明的商人,女的是年轻的女权主义者、锡安主义者,身材矮小,不显眼、不漂亮,但具有迷人的才智。于是,我便来到了世上,作为狐狸和夜莺的产物,贵族和平民合法生下的庶子。"
>
> "但是,您只是按照母亲的榜样成长。"牛郎断言。
>
> "按我母亲的榜样,跟我父亲相反,"汉娜表示认同,"父母的婚姻非常不幸福,8岁的时候,我就说,我赞成爸爸、妈妈离婚。我的态度让上流社会惊诧不已。"[①]

[①] Klara Blum. *Der Hirte und die Weberin*. 见 Zhidong Yang (Hg.). *Klara Blum: Kommentierte Auswahledition*, Böhlau Verlag Ges. m. H und Co. KG, Wien·Köln·Weimar, 2001, 第75页。

汉娜讲述的情况，正是克拉拉父母婚姻状况的写照。狐狸与夜莺，贵族与平民，在买卖婚姻的习俗下结合，没有爱情，缺少欢乐，婚姻的义务将克拉拉带到人间。克拉拉在《愤怒的生活报告》一诗中，用类似的语言描述了父母的婚姻和自己的出生。

克拉拉的母亲终于在1913年与丈夫离婚，按照法庭判决，克拉拉归父亲抚养。但是，母亲不能让女儿离开自己，她带着女儿逃到维也纳。母女租住廉价的公寓，为了隐藏行踪，时常搬家，过着居无定所的生活。她们到达维也纳不久，奥、俄交恶，第一次世界大战爆发，许多犹太人，包括克拉拉的父亲，也从布科维纳逃往维也纳。1918年，大战结束，奥匈帝国瓦解，切诺维茨划归罗马尼亚，克拉拉一家人成了罗马尼亚国民，克拉拉父亲回到切诺维茨，但母女俩没有返回故乡，而是继续留在维也纳。根据警察局的登记资料，克拉拉不得不经常返回布科维纳办理护照延长手续。为了养活自己，也为了拉扯大女儿，母亲在富人家庭做家务，过分的操劳使她的身体和精神受到极大的损害。母亲的健康状况似乎一直都不乐观，曾多次到神经科诊所就诊。1922年2月，母亲神经崩溃，克拉拉不得不陪伴母亲去德国巴特瑙海姆疗养了一段时间。1926年6月，母女俩又一起回到家乡切诺维茨；3个月后，克拉拉返回维也纳，母亲则留在切诺维茨。1933年底，母亲迁居伦贝格（当时在波兰境内），1937年死于心脏病。母亲对女儿的影响是深刻的，直至18岁成年，克拉拉都是跟随母亲登记户籍。①她忘不了母亲对自由的向往，更忘不了母亲对自己的理解和支持，她在得知母亲病逝后，写过一首题为"母亲"的诗，缅怀母亲带自己逃往维也纳的往事，寄托丧母的哀思。

1922年6月，克拉拉完成了高中学业。她回乡看望父亲的时候，父女之间又一次发生冲突。"我的父亲此时企图以父母之命、媒妁之言的封建市民方式把我嫁出去，使我不得不与他断绝父女关系。"这段经历记录在她的《自传》（1952.10.11）中，也写在了她的《切诺维茨的犹太区》一诗中。诗的结尾写道：

> 古老的犹太街道啊，我是你的孩子，
> 我要从我的人民的全部经验中学习。
> 思考时我强大，仇恨时我更坚强，
> 我要将任何弱点都锻造成利剑。

---

① 参阅 Zhidong Yang. *Klara Blum-Zhu Bailan* (1904—1971), Peter lang GmbH, Europäischer Verlag der Wissenschaften, Frankfurt am Main, 1996, 第16-18页。

你教导我,去挣脱离开这里,
忍受艰辛和饥饿、疾病和痛苦,
并将一切困难全部征服,
凭借的只是我野性的正直。

我将额头贴在你的墙上。
从今以后我只服从自己。
跟随我的情感和理智。
唯有如此,我才走得正确。

18岁的克拉拉,已不再是听人摆布的年幼女孩,她决心摆脱封建传统的束缚,与命运抗争,闯出自己的人生道路。

三 锡安之女的奋斗

1923年,《维也纳晨报》刊登了克拉拉的文章《我对生活有何期待》[①]。此时,她高中毕业不久,还不满19岁。文中写道:

我已经长大成人,我要独立,我跳上呼啸的火车,向生活驶去。有生活阅历的聪明人说:"你怎么可以这么不明智,这么不谨慎,这么不实际!你本可以安安稳稳地生活,受到庇护,却凭着年轻人的执拗,不顾一切地奔向不确定之中。你不认识生活,我们可认识。你知道吗,等待你的是贫困、失望,没有任何欢乐,除了艰辛,还是艰辛,徒劳无益的、不可名状的、折磨人的艰辛。"我知道这些人所说的情况,只是他们不懂得具体说出事情的原委。生活中有的是无数的希望,一个破灭了,十个新的产生,短暂的瞬间包括着永恒的美丽。斗争,再斗争,甚至为斗争而斗争,不断投身炙热的、激烈的、振奋全部力量的斗争。车外已夜色降临,我打开车窗,向后朝着来的方向望去。再见了,童年,梦幻的国度。然后向前方眺望。远处是大城市,一个璀璨的光环。每一点灯光都象征着生活,每一点灯光都是嘹亮的声音。这些声音仿佛在向我呼唤:"你很快就会到我们当中……"

这位来自山毛榉之乡的犹太少女,带着对未来朦胧的憧憬,在繁华的维也纳开始了人生的奋斗。她按照自己的兴趣在学校里选修了文学和心理学,求学的同时,开始当家庭教师,并向报刊投稿。克拉拉早期的作品,内容主要关注犹太人问题。

我们知道,犹太人在历史上一直被驱逐、受迫害,这种生存状况对犹太人产生了两种截然相反的影响。一方面,它加快了部分犹太人的同化进程,所谓同化,即脱离原有的特殊生存状态和身份,适应非犹太环境的文明与文化;另一方面,又增强了犹太人的民族意识以及对民族身份的寻找,从而要求"回

---

① 见 Zhidong Yang (Hg.). *Klara Blum: Kommentierte Auswahledition*, Böhlau Verlag Ges. m. H und Co. KG, Wien · Köln · Weimar, 2001, 第 435–436 页。

归犹太文化",其结果便是锡安主义和犹太民族运动的产生。19世纪80年代初,对犹太人的仇恨在奥地利重新复活,以卡尔·卢埃格尔(Karl Lueger, 1844—1910)为首的基督教社会党人于1896年在维也纳获胜,定下了反犹主义的调子。与此针锋相对,西奥多·赫茨尔(Theodor Herzl, 1860—1904)发表了小册子《犹太国》。在他的召集下,1897年在巴塞尔召开了第一届犹太复国主义者大会。大会提出:"犹太复国主义为犹太人民在巴勒斯坦谋求一个在公法上有保障的家园。"《犹太国》发表后,犹太复国主义在很短的时间里迅速发展成为真正的人民运动。

在这场犹太复国主义运动中,布科维纳地区出版的《东犹太报》作为犹太组织的机关报,发挥了重要作用。1923年至1929年,克拉拉在该报上陆续发表作品。

在抒情散文《锡安之女》①中,她写道:"没有我的人民,也就没有我的解放。""我的人民,你需要我。你需要我去建设你的国家。我的忧思,我的工作热情,我乐于献身的精神,都是你不可缺少的。""我亲爱的人民,锡安之女与你同在!你的上帝就是我的上帝。你的国家就是我的国家。你的平等权利也就是我的平等权利。"

在评论文章《维也纳的犹太人》中,她称自己是东犹太人,"我们东犹太人动不动就受歧视和谴责。我们的头上永远悬挂着看不见的鞭子。时刻警惕反复降临的大屠杀使我们保持灵活和无所畏惧"②。她将那些迅速同化的维也纳犹太人称为"失去大地的人",批评"他们在其社会地位的高雅氛围中神经质地、没有根基地四处摇晃","在维也纳犹太区围墙倒塌的时刻,这群迷惘的犹太人便产生了灾难性的想法,他们为平等权利的假象一块一块地牺牲他们的犹太文化、犹太习俗、犹太特性"③。

在《威尼斯十四行诗》中,她不无忧伤地描写意大利的犹太隔离区:

> 环礁湖上的城市,恰如海市蜃楼,
> 用白色大理石基座立于海上,
> 一旦停止呼喊——便又重新
> 沉入到混乱丑陋的小街窄巷。

---

① 见 Zhidong Yang (Hg.). *Klara Blum: Kommentierte Auswahledition*, Böhlau Verlag Ges. m. H und Co. KG, Wien·Köln·Weimar, 2001, 第437-439页。
② 见 Zhidong Yang. *Klara Blum-Zhu Bailan (1904—1971)*, Peter lang GmbH, Europäischer Verlag der Wissenschaften, Frankfurt am Main, 1996, 第77页。
③ 同上,第80页。

> 阴沉沉的城门从远处张望，
> 它通向纵横交错的密集城区，
> 腐朽的房屋散发出地牢的霉味，
> 空气中充斥着封闭隔绝的气息。
>
> 这是古老的犹太人生活区。
> 目光下垂。他们不想丧失自我，
> 于是人们首次在此将他们隔离。
>
> 古老的教堂敞开阴郁的大门，
> 几百年来它喉咙里回荡着
> 犹太人被扼杀的灵魂的悲鸣。

她的诗受到了犹太报刊的高度赞赏："节奏、音色、词汇、语言艺术、题材，无处不表现出她是真正的女诗人。""她的诗深深地植根于犹太文化中，从中获取创作的素材。""无论在哪方面都可以与伟大的埃尔泽·拉斯克－许勒[①]的犹太诗歌媲美，甚至有过之而无不及。"[②]

1925年，犹太复国主义者第14次代表大会在波西米亚地区的卡尔斯巴特举行，克拉拉从大会发回专稿，满怀喜悦地欢呼："犹太民族聚会了。它至少在几天里摆脱了离散的残酷命运。人们重逢了。人们互相高兴地再见面了。"[③]

1927年至1928年，她患肺结核在玛利亚巴特疗养了几个月。1929年4月，犹太复国主义的倾向促使她前往巴勒斯坦。此时，克拉拉的异父哥哥奥斯卡已经定居"应许之地"。在克拉拉的心目中，哥哥是资产阶级民主派、犹太民族主义者。克拉拉前往巴勒斯坦，一方面为了探望多年不见的哥哥，另一方面也想看看自己是否可以融入当地的生活。但是，几个月后，她便回到了维也纳，并因感染热带疟疾病了3个月。显然，她无法适应那里的生活。后来，她再没有去过巴勒斯坦，也再没有见过她的哥哥，只是听说哥哥可能于1947年在阿拉伯人与犹太人的斗争中阵亡。巴勒斯坦之旅后，克拉拉的犹太复国主义激情似乎有所减退，但是直到晚年，她仍心系犹太民族的命运。

[①] 埃尔泽·拉斯克－许勒（Else Lasker-Schüler，1869—1945），德国著名的表现主义女诗人，出身于犹太人家庭。

[②] 见 Zhidong Yang. *Klara Blum-Zhu Bailan（1904—1971）*, Peter lang GmbH, Europäischer Verlag der Wissenschaften, Frankfurt am Main, 1996, 第79页。

[③] 同上，第78页。

在此时期，奥地利以及比邻的德国正处在世界性经济危机和各种政治势力的激烈斗争之中。1927 年初，奥地利法西斯组织"祖国保卫团"袭击工人游行队伍造成血案，引起全国的抗议浪潮，维也纳当局不但没有严惩凶手，反而血腥镇压工人的罢工斗争。历来关注社会问题的克拉拉，在无产阶级与资产阶级矛盾日趋尖锐化的情况下，不可避免地卷入政治浪潮中。根据她填写的履历表：1929 年 8 月至 1933 年 2 月，曾加入德奥社会民主工人党（SDAPDÖ，奥地利社会民主党前身），为该党的机关报《工人报》① 撰稿，并在工厂工人集会上演讲教育问题。

1931 年，《工人报》发表了她写的书评《巴勒斯坦的女工运动》（1931.3.6）。这篇文章开宗明义地指出："犹太女工的斗争是三重的：它同时指向对无产者的剥削、犹太群体的特殊地位以及妇女价值的丧失。"接着，她评介了两本来自"红色"巴勒斯坦的书，一本是《巴勒斯坦的劳动妇女》，另一本是《女工的言论》，前者讲述犹太妇女先锋创建以色列国的艰难历程，后者是一本书信、诗歌、日记的选集，记载的是犹太妇女的个人经历和心灵痛苦。从中看出，克拉拉并非一般地关注犹太复国主义运动，而是更多地把目光投向犹太劳动妇女的命运。她对犹太劳动妇女的深切关注，除了跟她的女性身份有关之外，还取决于她的社会民主主义倾向。

《萧条的大都市》（1931.11.22）是她柏林之旅的成果。字里行间，透露出这座大城市在梦魇下的骚动不安：屋顶上的霓虹灯，酒吧间的喧闹，柏林人的呵斥和咒骂，街头的法西斯暴行，共产党与纳粹党势不两立，政府与纳粹党谈判，社会民主党对政府的容忍……用克拉拉的话说，"这座城市，从整体到每一块砖头，都处在工业荒漠和政治的原始森林中"。她敏锐地感受到，"处于分裂状态的德国无产阶级正在经历资本主义的崩溃"，"对第三帝国的美妙信仰面临着首次考验"。在她看来，工人运动已经没有回头路，只能向前走，人们必须通过批评和争论，弄清思想，认识到，所有无产者有共同的阶级利益，任何分裂都是毫无意义的。

据朱白兰填写的履历表：1932/1933 年，德奥社会民主工人党内形成了一个反对派，主张与共产党建立统一战线。她加入这个派别。她认为，德奥社会民主工人党的领导有改良主义，虽然党的领袖奥托·鲍尔（Otto Bauer，1881—1938）、卡尔·考茨基（Karl Kautsky，1854—1938）等人表面上拥护革命马克思主义，并听任革命诗歌文章在该党机关报《工人报》上发表，但实际政策是用资产阶级小恩小惠来抚慰工人，不让工人进行斗争。维也纳执政当

---

① 《工人报》（*Arbeiter Zeitung*），本文引用的《巴勒斯坦的女工运动》《萧条的大都市》《桥上的妇女们》等几篇文章均发表在该报上。

局曾提高资产阶级的财产税、利润税及奢侈品税，用这些收入给工人造住宅，可是，当1933年以恩格尔伯特·陶尔斐斯（Engelbert Dollfuss，1892—1934）为首的反动政府，要公开走向法西斯化道路，工人们坚决要求德奥社会民主工人党领导者发动组织全维也纳总罢工时，党领导者却拒绝了。工人们非常失望地回乡。那些受过军事训练的德奥社会民主工人党工人（称之为"保卫团"）终于不顾党领导者的阻拦，于1934年2月举行起义，反抗陶尔斐斯政府，可是由于力量单薄，组织不够健全，被反动派血腥地镇压了。①

她在《自传》（1952.10.11）中写道：

我当时极力主张联合共产党，以及组织反法西斯的统一战线，但当时社会党（注：原文如此）的上层拒绝与共产党合作，我感到很失望。……直至1934年，奥地利社民党（注：原文如此）领袖依然拒绝与共产党合作。同年2月，无产阶级在奥国举行暴动，但被奥国的法西斯分子所镇压。社民党依然拒绝与共产党合作，我便退出了该党。

据朱白兰称，她高中毕业后就开始学习马克思及恩格斯的著作。《工人报》上有一篇她写的书评《桥上的妇女们》（1932.5.30）。文章一开头就直截了当地写道："马克思主义者是注重事实的人，他按照事实本来的样子去看现实，但是他并不满足于此，他还要推论出现实变化的可能性和必然性。正如马克思说的，他不只是要'解释'世界，而且要改变世界。"显然，克拉拉在维也纳走入社会的几年里对马克思主义已有所接受。除了写评论，克拉拉还创作了《群众之歌》《阶级斗争》《年轻工人读小说》等一批旨在提高工人阶级觉悟的政治抒情诗，刊登在《工人报》上。但是，克拉拉一直没有能够加入马克思主义政党，而是作为共产党的朋友从事写作。据她填写的履历表，除了德奥社会民主工人党外，她还加入过犹太左派社会工人党的维也纳支部，为该党在维也纳的报纸《犹太工人》写书评。这是一个具有马克思主义倾向的左派政党，后来与以色列共产党一道反抗以色列反动政府。

1933年7月，国际革命作家联盟（1925—1935）以反法西斯为题举办有奖写作，克拉拉参加了写作比赛，她的诗歌《服从谣》获二等奖，被邀请前往苏联访问两个月，这使她的人生发生了重大转折。

---

① 参阅朱白兰1954年6月填写的南京大学教职员履历书，现存中山大学档案室。

四　流亡莫斯科

克拉拉在《自传》（1952.10.11）中写道：

1933年7月，国际作家协会在莫斯科举办反法西斯及反战作品国际竞赛大会，我参加了，我的反法西斯的诗歌获得了二等奖。该奖不是发钱，而是免费在苏联旅行两个月时间。

1934年3月，她启程离开奥地利，6月抵达莫斯科，受到活动主办方的盛情接待。在6月至9月期间，她不仅参观了红色首都莫斯科、以著名教育家命名的斯维特洛夫城，而且有机会列席苏联第一次作家代表大会。当时的苏联作为国际共产主义运动的中心，是无数革命者向往的地方；希特勒上台后，更是成为德国左派作家的流亡地。按照苏联对流亡者的政策，只有共产党的成员和同情者才可获得居留，当时大多数德国和奥地利的流亡者或者是共产党的干部，或者是著名的反法西斯作家，如约翰内斯·贝歇尔（J. R. Becher, 1891—1958）、布雷德尔（W. Bredel, 1901—1964）。克拉拉既不是共产党的干部，也没有很大的名气，但是，她没有如期离境，在访问活动结束后留在了苏联，因为，她毕竟是受邀请前往苏联的获奖作者，而且也已经失去了国籍，正如她在《自传》（1952.10.11）中写的：

当时，罗马尼亚处在非常反动的政府统治下，凡访问过苏联的罗马尼亚公民均被剥夺了罗马尼亚公民的资格。我便是这样失去了国籍而变成无国籍。

我原先打算在苏联只住两个月，结果一直住了11年之久。在法西斯统治以及在二次大战的年月里，我一直受苏联的优遇与保护。我在苏联曾做过各种工作，曾负责图书馆员以及编辑等工作，但最重要的还是文学工作。我的诗在苏联用德文出版的有5卷，译成俄文出版的1卷，而且获得苏联报纸的好评。

克拉拉开始了在苏联的流亡生活。她于1934年7月到达莫斯科后，在《德意志中央报》上发表了一封公开信，此后便经常流传关于她的谣言。她曾多次写信给外事委员会和苏联作家协会德语组,请求为她写鉴定,使她免受政治诽谤。莫斯科的鲁克司旅馆当时成了流亡者的中心。著名的流亡者住在那里。克拉拉不属于这一类,只能住在其他的旅馆。房间很小,但毕竟有一个属于自己的空间。从9月起,她在苏联国家图书馆上班,这是一份不错的工作,但她感到那里的气氛"令人窒息",觉得自己受到"不公正的、令人屈辱的孤立"。她在苏联国家图书馆工作的时间不长,想离开莫斯科,请求外事委员会派她去西班牙前线,但没有获得批准,最终还是留在了莫斯科。她当过家庭教师,在外文学校教德语会话,同时写诗歌和文学评论,发表在《言论》和《国际文学》上,并且在1935年取得苏联国籍。[①]

1937年初,克拉拉申请加入作家协会,但未能获准。她写信给贝歇尔、布雷德尔、沃尔夫等著名德国作家,争取他们的支持。1938年,著名的马克思主义文艺理论家卢卡奇向苏联作家协会推荐克拉拉,称她是"德语反法西斯文学年轻一代中最有天赋的作家之一"。贝歇尔也将她看作是"真正的诗歌天才,值得给予一切帮助"。克拉拉终于成为苏联作家协会会员。当年10月5日的一份苏联报纸报道了这件事,并刊登了她的照片。但1938年12月1日,苏联作家协会德语组召开全体会议,谴责她"恶意地、无缘无故地"投诉德语组以及煽动会员反对领导。1939年,她被开除出德语组,原因是"无组织无纪律以及歇斯底里"。

克拉拉到底发生了什么事情,怎么会跟作家协会的领导产生矛盾,并且因为"无组织无纪律"而被开除出作家协会呢?为了弄清其中原委,我们不能不暂时搁下克拉拉,把笔触转到另外两个人的身上。一个是她的心上人朱穰丞,另一个是她恨之入骨的菲舍尔。

克拉拉称朱穰丞为丈夫。她在1957年4月调到广州中山大学工作时,为了寻找朱穰丞,给校方写的材料《我的丈夫》中称:

我的丈夫朱穰丞(Zhu Xiangcheng)1901年生于江苏省苏州。1928—1930年他在上海当一名业余戏剧导演,颇有名。那时他与中共地下组织领导的革命文艺界有密切联系,并曾被介绍认识我校副校长冯乃超(Feng Naichao)同志。

1930年他离开上海去巴黎。我不很清楚他在上海时就已经入党了还是一年以后在巴黎入党的。

---

① 参阅 Zhidong Yang. *Klara Blum-Zhu Bailan*(*1904—1971*), Peter lang GmbH, Europäischer Verlag der Wissenschaften, Frankfurt am Main, 1996, 第22页。

1931年在巴黎他参加了一次反帝国主义示威，写反帝传单而被法帝国主义政府逮捕。他没有告诉我被捕多久。被释后，他到德国、英国和奥地利作短暂的旅行。他没有告诉我此行的目的。

1934年他到莫斯科并在一间苏联剧院里担任副导演工作。他由一个中国女作家胡兰畦（Hu Lan-Hsi）介绍与我认识。1936年他秘密离开莫斯科，1937年12月又重新回到莫斯科，但是不告诉任何人他去过哪里。那时他的名字是TRU。通过莫斯科音乐出版社他出版了一本中国革命歌曲，署名Cheng Hsiang①。

1938年1月，我做了他的妻子，但我们不住在一起。他的地址是秘密的。他研究某些问题，但我感到我没有权利询问他关于这些问题。我知道最终有一天他要连再会也不对我说一声就秘密地离开。1938年4月18日他真的一声不响地走了。

这份材料中提到的胡兰畦是我国现代史上一位有影响的革命女战士。1933年春，胡兰畦在德国从事反帝抗日活动被法西斯关进女牢，由于宋庆龄、鲁迅等在上海以民权保障大同盟的名义向德国领事馆提出严正抗议，得以释放。她写的回忆录《在德国女牢中》在法国《世界报》上连载，并被译成俄、英、德、西等国文字。胡兰畦在莫斯科期间如何认识朱穰丞和克拉拉，何时何地介绍他们两人认识，我们不得而知。如果朱白兰是通过胡兰畦认识朱穰丞的，那么，根据胡兰畦的经历，克拉拉与朱穰丞相识的时间有两种可能性。一是在1934年，胡兰畦应邀参加苏联第一次作家代表大会期间，当时，高尔基设宴招待作家代表和外宾，胡兰畦参加了晚宴并在高尔基的帮助下分到了一套住房，在莫斯科住了一段时间。另一种可能是1936年，胡兰畦陪同中国人民革命同盟的陈铭枢去莫斯科与中共代表团会谈，最迟不会在1936年7月以后，因为那时胡兰畦已回到国内参加抗日救亡活动。②

克拉拉与朱穰丞交往了多长时间，现已很难确定。按照克拉拉的讲法，他们是在1938年1月至4月成为"夫妻"的。这在当时的莫斯科，并不是什么怪事。耶娃·萧（叶华）在回忆她与萧三的恋情时写道，他们认识不久就陷入热恋，有一夜，叶华在萧三那里留下了，这就确定了他们之间的关系。叶华在回忆录中是这么写的："那时，苏联正兴'自由恋爱之风'。结婚被认作是资产阶级的一种俗套。于是谁跟谁都可以同居，也可以随便分手。"虽说苏联盛行自由恋爱，但是，流亡者的跨国恋情和婚姻并不是毫无问题的，正如朱白

---

① 可能是朱穰丞的别名"成湘"的音译。
② 见胡兰畦：《胡兰畦回忆录（1901—1994）》，四川人民出版社1995年版。

兰在自传性小说《牛郎织女》中描写的那样：一方面，会遭到非议或不理解；另一方面，由于革命工作的需要，他们甚至连自己的住址和电话也不能告诉对方，而且要冒着随时可能离别的危险。克拉拉在《自传》（1952.10.11）中写道：

> 1938年，我与中国共产党党员朱穰丞结婚。当他向我求婚时，曾事先向我提出警告，说他随时有秘密回中国的可能，我接纳了他的警告。不久，他的警告成了事实。1938年4月18日，他回到了中国。

克拉拉记得朱穰丞离开她的日子是1938年4月18日，这大体上是准确的，比朱穰丞失踪的实际日期只迟了3天。根据中共中央组织部2011年11月14日《关于朱穰丞同志蒙受不白之冤予以平反的组织结论》，朱穰丞同志为早期中国共产党党员，在国内和国外积极开展革命工作，他于1938年4月15日被哈萨克苏维埃社会主义共和国（现改称哈萨克斯坦共和国）内务人民委员会逮捕，1938年6月7日根据苏联内务人民委员会特别会议决议以"间谍罪"被判处在劳改营监禁8年。[1]

克拉拉并不知道朱穰丞当时已被克格勃逮捕，她曾经试图向作家协会和共产国际打听朱穰丞的下落，并以写书为理由，要求外事委员会派她前往中国，因为她坚信朱穰丞已经秘密回中国参加抗日斗争。

在一封给德国作家布雷德尔的信中，克拉拉提到，奥尔加·哈尔珀（Olga Halpern，时任苏联作家协会德语组的书记）与米克海尔·阿普莱廷（Mikhail Apletin，时任苏联作家协会外事委员会的副主任）背地里反对她。其理由是：奥尔加早在1938年朱穰丞突然失踪时就叫她不要到共产国际汉语组打听"丈夫"的情况，说这么做会对他造成损失；米克海尔曾对苏联作家协会主席法捷耶夫说，德语作家对她有不好的看法，并且叫她不要空想，认为自己会得到德语组的推荐。在另一封在给贝歇尔的信中，克拉拉写道，苏联作家协会德语组出于政治原因拒绝派她去中国。据说，这些"同志"认为她政治上落后，她要求他们给一个解释。[2] 克拉拉的打听当然不会有结果，她的要求也不会得到批准。她完全没有意识到，1934年开始的苏联肃反运动，发展到1937年初至1938年底是最黑暗的时期。这场运动清洗了包括苏共中央众多领导在内的

---

[1] 参阅搜狐视频《消失在莫斯科的人》，见 http://my.tv.sohu.com/us/121653991/52884097.shtml （2013年9月6日）。

[2] 参阅 Zhidong Yang. *Klara Blum-Zhu Bailan（1904—1971）*, Peter lang GmbH, Europäischer Verlag der Wissenschaften, Frankfurt am Main, 1996, 第33页。

政治家、元帅以及各界人士，大批人员无辜受害。在这样一个险恶的时刻，克拉拉寻找一个有"间谍"嫌疑而被克格勃逮捕的中国人，还自称是他的"妻子"，岂不是灯蛾扑火？就在克拉拉苦于见不到朱穰丞的时候，袁牧之为了将纪录片《延安与八路军》制成拷贝，受党的派遣到苏联。这位来自中国红区的客人在莫斯科受到热烈欢迎，但是，当他请苏联的译员帮忙寻找朱穰丞时，竟然也受到了怀疑，接待他的译员换成了克格勃的特工，皮箱被暗中搜查，信件被偷偷拆看。① 克拉拉在作家协会德语组中受到孤立恐怕不是偶然的。幸好她没有完全失去政治上的可靠性，只是由于"无组织无纪律"被开除出作家协会，仍可"暂时留在苏联作家协会的队伍中，作为作家继续为《国际文学》工作"。德语组期待她对自己进行"尖锐的、毫不留情的批评"，但她认为这一系列的事件是针对她的诡计，有人出于个人原因想毁灭她。②

这个想毁灭她的人便是奥地利共产党的干部恩斯特·菲舍尔（Ernst Fischer, 1899—1972）③，克拉拉称他是"悬挂在我生命之上的一只蜘蛛"。

1958年5月，朱白兰写了一份《自白》，这是她在反"右"运动后向党组织交心写的一份材料，主要谈她对共产党的看法，其中大部分内容涉及菲舍尔：

> 当我1934年从奥地利到苏联的时候，涉及我的大部分问题的决定权落入到奥地利共产党的一个相当高级的干部的手中。他的名字是恩斯特·菲舍尔。他在几个星期前才加入奥共。在此之前曾是社会民主党人，更糟糕的是，他是尼采哲学的信徒，几个月前在多个集会上还讽刺共产党人，我因此常常跟他发生争论。我在莫斯科又见到他时，他是高级干部，我得依从他，这让我无比惊愕。
>
> 对我参加共产党的申请，他做出了否定的决定。无论何时何地，他都尽其所能，阻碍我找工作。1935年至1936年，我没有工作，靠私人授课养活自己。我写信给共产国际的监察委员会，四年来，在苏联没有失业了，但是，恩斯特·菲舍尔又引入了它。
>
> 接着的几年里，我在写作上取得很大成功，恩斯特·菲舍尔只能在很小的程度上进行阻挠。1938年1月，我跟中国共产党党员朱穰丞结婚，4月，他离

---

① 见姚芳藻：《失踪在莫斯科》，载《上海滩》1990年第3期，第2—6页。
② 见Zhidong Yang. *Klara Blum-Zhu Bailan*（1904—1971），Peter lang GmbH, Europäischer Verlag der Wissenschaften, Frankfurt am Main, 1996，第23页。
③ 菲舍尔于1934年奥地利社会民主党人二月起义失败后逃往苏联，拥护斯大林主义的政治纲领和大清洗运动，后被吸收进奥地利共产党中央委员会。1935年秋，他成为奥共在共产国际的代表。

去了。当时,莫斯科的美文学国家出版社决定派我去延安,任务是写一本关于老解放区的书。恩斯特·菲舍尔阻挠这件事,这让他费了很大劲,但是他成功了。

我写信给检察委员会,质问:你们是怎样的共产党员,竟然将如此多的权力交到这么一只蠢猪的手上?

我写了一首诗,诗中将恩斯特·菲舍尔比喻为悬挂在我生命之上的一只蜘蛛。①

第二次世界大战期间,我在苏军宣传部工作,我写传单,由苏联的飞机投放到希特勒的军队。一天夜里,马努伊尔斯基的秘书打电话给我,问我是否愿意上前线,用麦克风向希特勒的士兵喊话。我兴奋地表示愿意。可是,在恩斯特·菲舍尔的压力下,这项决定又收回去了。

克拉拉曾用诗歌叙述当时的遭遇,宣泄愤懑,表达自己的反抗意志:

> 我在莫斯科,在同志们身旁,
> 自认为已经到达目的地。
> 然而在他们当中坐着害人虫,
> 一个阴险的托派分子,
> 盛气凌人,脑袋光秃,
> 用密探的眼光打量我,
> 用骗取的权力试探我。
> 他示意人们将我孤立,
> 下达命令不给我工作。
> 他狡诈地警告:这里有点不对头。
> 他发出冷笑:不必为她惋惜。
> 同时还大声喊叫:我就是党。
>
> 身处美如鲜花的苏维埃国家,
> 我却挨饿,受到排挤,
> 所到之处,人们中止交谈,
> 一旦离开,人们就交头接耳。
> 我逐个人问:"这是为什么?"

---

① 见朱白兰的自传性叙事诗《我的倔强》。

大家按害人虫的密令冷漠回答：
"你没有被排挤，这只是你的梦幻，
找不到工作，这只怪你倒霉。
所有这一切都是幻觉，
你显然患上了被迫害狂想症。"
敌人戴着红色面具，玩弄权术，
在我四周狂欢乱舞：
"怎么样？终于要发疯了吧？
终于可以使你精神错乱了吧？
这样，我们就不必为我们的游戏
继续恐惧你狂野的正直。"
我孤独，陌生，无名无姓，
我不断地写呵写，在长信中
描绘和投诉这个伪君子，
并附上大量的证据。
我久久没有得到答复。
我渴望尽快改变这个世界。
遭受诋毁、折磨、饥饿，
我的渴望愈加强烈。
我对自己说：不要抱怨。
你身在自己的国家，在这里，
任何人都可以争取自己的权利。
党和人民同样会保护你。
即使伪君子有时会造成迷惑，
但有朝一日，苏维埃的人民
将看透和砸碎他们。

……

一天夜晚
在一间华丽古老的大理石宫殿——
从前，这里是贵族享乐的地方，
如今它属于人民所有——
我胆怯地混进去开会，

> 四周是空荡荡的房间，
> 站着那个狡诈的秃顶密探。
> 他讥笑地看着我，前呼后拥，
> 受人尊敬。我孤身一人，
> 再也无法忍受，奔跑回家，
> 用拳头紧压着脑袋。
> 只听见阵阵低语：屈服吧，
> 绝望吧，死心吧。
> 这是你命中注定：
> 你如同麻风病人，必须隔离。
> 你是个倒霉鬼，不会得到幸福。
> 在此时刻，亲爱的人，我要呼喊：
> 我才不理睬什么命中注定的东西。
> 我的命运？我们认识这种"命运"，
> 在它的后面藏着具体的男人和女士。
> 我要告诉你们这些头戴面具的人，
> 即使你们不恩赐，我也会拥有。
> 你不是将我握在手中吗，害人虫？
> 不错。但你手中握的是一只马蜂，
> 你很快就会痛得松手将我放开。

除了这首诗外，在自传性小说《牛郎织女》中，克拉拉塑造了一个非常反面的共产党干部的形象，一个没有良心的官僚，他出生于半奥地利、半意大利的家庭，名叫蒙梯尼。朱白兰主要是通过恩斯特·菲舍尔而获得灵感来塑造这个人物的。在小说中有两个地方，将蒙梯尼比喻成英国和美国的帝国主义分子。

在克拉拉看来，恩斯特·菲舍尔不仅是个托派分子，而且具有反犹主义思想，敌视犹太人。为此，她写信给斯大林控告菲舍尔，并引用菲舍尔不久前出版的著作《种族问题》来证明自己的观点。苏共中央委员会的工作人员打电话约她去办公室。在那里，她得知，斯大林投诉办公室审查了她的报告，认为她是有道理的，任何人都无权使她失业。但是，涉及上前线的问题，工作人员表示"不能干涉"；至于对菲舍尔错误的处理，工作人员的回答是："在这里不讨论菲舍尔同志。"克拉拉感到很失望，第二天，她对德国诗人贝歇尔说："我仍然是共产党的同情者，但我不再是共产主义者。从现在起，我的无党派不只是表面的,而且也是内心的。"①

朱穰丞的失踪、作家协会对她的开除、奥地利共产党干部的"诡计",这对于克拉拉来说,无疑是一连串沉重的打击,但却激发出她巨大的创作激情。恰恰是在接着的几年里,她的诗歌创作达到了顶峰,除了发表在刊物上的作品外,结集出版的德语诗集总共有 5 本,《回答》(1939)、《偏要对着干》(1939)、《我们决定一切》(1941)、《多瑙河叙事曲》(1941)、《战场与地球》(1944),另外还出版了一本俄文版的诗集。她的诗歌题材广泛,其中最引人注目的是一批爱情诗,包括《无声的告别》《寄往中国的信》《牛郎》《信念的旋律》《民族之歌》《我的倔强》等。在这些诗歌中,她倾诉了对心上人的爱,这种爱不是花前月下、卿卿我我的儿女情长,而是超越了民族和地域的革命者的情怀,它建立在国际主义的基础上,如同跨越万水千山的彩虹,将东西方紧紧环抱。另外,中国题材的诗也颇具特色,有些是叙事曲,如以抗战为题材的《保卫者》;有些是哲理诗,如《大师与愚者》《两位诗人》。这些作品不仅流露出她对中国文化的浓厚兴趣,而且让人想起布莱希特的"陌生化"技巧和"角色抒情诗",诗人别开生面地通过古代的孔子与老子、李白与杜甫的形象,幽默地表达自己的文化和政治见解。在法西斯主义甚嚣尘上、种族仇恨到处肆虐的背景下,克拉拉的诗成了德语流亡文学中一道独特的风景线。

克拉拉毕竟是一个有坚定信念的政治流亡者,在战火纷飞的年代,她要用自己的行动,向革命情侣表明:"我像你一样坚强!"② 她创作了大量诗歌,除了涉及个人经历的自传性诗歌外,还有反法西斯战争的,如《诗人与战争》《致一位年轻的德国士兵》《饥饿之歌》,以及有反映犹太民族命运的,如《切诺维茨的犹太区》《偏要对着干》《萨达古拉的神奇拉比》,这些诗歌带有鲜明的政治倾向,虽然谈不上有很高的艺术性,却体现了一个时代的精神。她还翻译或仿作不同语言的诗歌,包括乌克兰语、俄语、拉赫语、意第绪语、英语,甚至汉语的作品,如北朝民歌《木兰辞》(她称花木兰是中国的"奥尔良贞女")、艾青的长诗《向太阳》(节译)。此外,她还用笔杆当武器为前线服务,给苏联电台德语节目翻译诗歌,为苏军草拟大量传单和宣传品。1943 年 9 月,苏联外文出版社扩大业务,需要新的工作人员,克拉拉为编辑部写各种作品的评价,直至战争结束。

---

① 见朱白兰的《自白》(1958.5.29)。
② 见朱白兰的诗《无声的告别》。

五　踏上寻梦之路

佩涅洛佩和古德隆的故事
在我心灵中回荡，
我只要坚持——
与你相聚的时刻就会到来。
睁开眼睛
我看见你，
闭上眼睛
我仍看见你。

向东去，穿过沙漠，
呵，我的道路漫长。
……①

这是克拉拉《信念的旋律》一诗的开头。第一句中提到了两个人物：第一个是古希腊神话中奥德修斯的妻子，她被视为忠于丈夫的典范，据说丈夫离家20年，100多个地方的贵族向她求婚，均被拒绝；第二个是德国中世纪英雄史诗《古德隆之歌》中的人物，古德隆公主与西兰岛国的国王赫尔维希订了婚，却被诺曼底国的王子哈特穆特劫走，古德隆拒绝与哈特穆特成婚，被强迫在海边洗衣，历经13年的折磨，仍忠于赫尔维希，最后终于获救。诗中典故的运用，清楚地表明了克拉拉对爱情忠贞不渝的信念，正如诗人在《我的丈夫》中讲的那样：

我决定继续忠于他，无论分离有多久，我实现了我的决定。

---

① 该诗1940年首次发表在《国际文学》上，1960年收入诗集《漫长的道路》时第一节的前两句改为："轻轻的音响来自辽远的东方/穿过我的心灵"；第二节的前四句改为："越过山脉、河川、道路，/越过海洋和沙漠，/我终于找到回乡之路/来到你的祖国。"

克拉拉在《自传》（1952. 10. 11）中写道：

1940年，我的故乡被苏军解放，归属苏维埃乌克兰，但我从来没有重访故乡，也没有试图获取永久居留苏联的允许，我只有一个愿望：到中国来与我的丈夫重聚。

1945年我获准离开苏联，但不是到中国来，而是去罗马尼亚。在我离开之前，我被当时在苏联共产党中央委员会工作的潘友新（Alexander Panyshkin）同志接待过几次，他后来做了苏联驻联合国的大使，现在是苏联驻中国的大使。在罗马尼亚，我曾以"苏联人民的友谊"为题发表过好几篇文章。为了能到中国来，我以后到了法国。在法国，我向国际难民组织进行了登记。我是以逃出希特勒魔掌，应予遣返原籍的难民资格向国际难民组织登记的。当时，我在优秀难民的聚会上曾就苏联人民所表现的友谊做过好几次讲演，曾就美国迫害黑人等问题向法国、瑞士及卢森堡等国的报纸发表过文章，我曾与法国共产党黑人作家艾梅·塞泽尔①（现任和平理事会理事）取得联系，曾将其诗歌译成德文。我在写作及翻译工作中获得的收入极微，而犹太慈善机构所给予我的资助亦极有限，因此经常遭受饥荒。

我一直在设法获得来中国的签证。当然，我并没有暴露我是一位中国共产党党员的妻子的事情，我称自己想来中国看看，想写一本关于中国的书，但仍然没有得到来中国的签证，一直到犹太难民救济委员会犹民遣返委员会从上海写信给我，答应在生活上予以资助，我才获得来上海的机会，但犹民遣返委员会要我答应不做政治活动。1947年8月29日，我到了上海。

克拉拉带着两个梦踏上来华的路，一是寻找朱穰丞，二是写一本关于中国的书。仅从上面引用的寥寥几百个字中，我们很难想象克拉拉来华的艰难。她1945年10月离开莫斯科，1947年8月到达上海，历时将近两年，途中经华沙、布达佩斯、布拉格，前往布加勒斯特。由于当时布加勒斯特没有中国领事馆，不得不又经匈牙利、捷克斯洛伐克、德国到达瑞士。1946年1月，受卢森堡驻苏联使节勒内·布鲁姆（与克拉拉同姓，但非亲戚）邀请去卢森堡。克拉拉希望在该地找到一个职位，当作家或记者，并从那里设法来中国，但得不到这样的职位，当地又无中国使馆，因此于同年4月离开卢森堡前往法国。居留巴黎期间，她写下了一首诗，题为"愤怒的生活报告"，回顾了自己的前

---

① 艾梅·费尔南·达维德·塞泽尔（Aimé Fernand David Césaire，1913—2008），法国殖民地马提尼克出身的黑人诗人、作家、政治家，法国共产党党员。

半生，表达了生命不止，斗争不息的决心：

母亲是个不显眼的女人，
说话时却满面生辉，魅力十足。
父亲只关注利润！不时哀叹：费用！
梦里还在复核：利率！
人们按照惯常的交易习俗
决定将夜莺和狐狸配对成双。
于是在没有欢乐的夜晚，
婚姻的义务将我带到人世，
作为完全合法生下的庶子。

诞生在欧洲的后楼梯上，
倾向于激情和异想天开，
准备肩负思想的重负，
重负之下还打算跳跃，
我作为火药桶的孩子长大，
浑身是充满爱与恨的炸药。
犹太人的巷子是我先辈的怀抱，
我的祖国是一群彩色的追随者。
至死不渝的倔强是给我的遗产。

我降生在二十世纪，
瓦斯和炸弹的年代。
生命无知地钦佩屠杀，
美失去了动听的声音。
牺牲者的大军环游地球，
表情带着恐惧和愤怒。
精神与梦想之火赋予我的东西
拍打着碰伤的翅膀
撞向世界史被玷污的墙壁。

然而——我的生命并非全是恐惧。
片刻幸福在我的生命中闪闪发光。

在岁月的黑暗的逐猎中飘过
十二个星期——永恒与片刻。
一个远方之子向我伸手,
为我绘出最美的时代转折的图画。
身、心和大脑终于到达目的地。
十二个星期——嘴贴嘴,额头挨着额头——
我在这片幸福中看见了未来。

我心中留下了他的模样,色彩斑斓,
同时还有世界各族人民组成的图像,
每字每句写着:她找到他,
深信不疑:她照亮一小片黑夜。
命运对我训斥:"不许反抗!"
——等着瞧,看谁更强大:压迫抑或意志?
你盲目的咆哮抑或我的力量?
我贫穷、贞洁和桀骜不驯,
宛如无情的修女进行反击。

受伤了,但我仍健步如飞,
穿过烟雾和噪声、风暴和困境。
我仍一无所获,但想取得一切。
轻快地跳跃——却毫无进展。
人生的一半已经流逝,
依旧面临着:从头开始。
心脏有力地跳动——
要么破碎,要么完好!我决不停步,
疯狂地飞奔,朝着权利和欢乐。①

　　在巴黎,她撰文报道黑人的疾苦、斗争及成就,但稿费维持不了生活,只好在美国犹太联合救济委员会(American Jewisch Joint Distribution Committee)领取救济。该会接济反动的富人多于进步的穷人,职员侵吞救济款项以饱私囊,对此,她非常不满。经过一年多的努力和等待,她终于办理了无国籍护

---

① 见 Dshu Bai-Lan (Klara Blum). *Der weite Weg*, Verlag Volk und Welt, Berlin, 1960, 第 33–34 页。

照，获得犹太援助委员会驻上海机构的担保并取得中国政府的签证，于1947年8月初登上远航的船，在大海上颠簸了4周，途经印度，应印度作家的邀请，在孟买停留了几天，然后到达上海。在《牛郎织女》中，克拉拉描写了女主人公汉娜来华路途的艰辛：

当时，边界仍处在战后无政府状态。每天有数以百计的人进进出出。汉娜不得不跟黑市商人、走私团伙打交道，求助于非法越境的可疑人员带路，路途坎坷，饥寒交迫。救助委员会送给她一大堆旧衣服，这是急需的，因为她已经一无所有，但现在衣物又太多了，而钱却不足以买口粮充饥，必须卖掉一些，为此又要无穷无尽地奔跑……

到了巴黎，申请中国签证又是一个不断的循环。从国际难民委员会到犹太人援助委员会，从犹太人援助委员会到医生，从医生到法国长官衙署，从法国长官衙署到中国使馆，从中国使馆到国际难民委员会——直至无穷尽。尤其糟糕的是，社会上弥漫着一股别有用心的反共产主义的恐怖，只要稍微说一句苏联不要战争，就会被人看作是共产主义的特务。甚至在左派圈子里也有一种几乎不加掩饰的仇外情绪。在苏联生活了8年的人，那是多么的危险！

谈论个人的私事也是一件尴尬的事情。——"您多长时间没有见到您丈夫了？"——"8年了。"——"您跟他在一起的时间有多长？"——"4个月。"——这时，我看见的是同情的、异样的、往往带有嘲讽的脸。

小说中的这些描述，没有亲身体验，是不可能写出来的。关于汉娜与张牛郎的关系，汉娜在一则写给牛郎的日记中称：

我始终不渝地自称是你的妻子，其实这是一种犹太人的放肆行为。我感觉自己就像已故的拿破仑，自己给自己戴上皇冠。实际上，用维也纳的话说，我和你只是小有关系而已。

然而，你是我的丈夫！任何的婚姻登记处都不可能像我那样将我们的婚姻看得如此神圣。

小说中汉娜还有另外一则日记，那是一个男性同胞劝她不要空等牛郎，试图跟她亲近，她断然拒绝后写下的：

恋人的浮想联翩常常比冷漠者的嗤之以鼻包含着更深刻的真理。无论是人类中还是个人的身上都隐藏着胆怯的、枯萎的可能性，这种可能性是任何缺乏爱的人无法猜到的。牛郎，如果今天你想自我炫耀一下的话，那就是，我将对你忠贞不移，即使分离5年、10年，即使所有聪明人报以讥笑："怎样的自我欺骗！怎样的幻想！"

幻想？——我要将它变成现实。

这些日记，既是小说女主人公汉娜的爱情表白，也是小说作者克拉拉从心底里发出的声音。

初到上海，克拉拉只能靠剩余的路费维持生活。为了生存，她曾通过联合国教科文组织（UNECO）巴黎办事处请求找一份工作，教科文组织将她介绍给胡适和当时正在南京召开的一个教育会议的领导委员会，1947年9月她持信前往南京，但遭冷遇，无功而返。在上海，她认识了在救济总署工作的奥地利共产党员严斐德①。严斐德也是犹太人，见她生活困难，主动借给她90元美金，以解燃眉之急。她一方面卖文为生，另一方面寻找朱穰丞，并为写小说收集材料。她曾在上海犹太人俱乐部做过反帝斗争讲演，曾与俄国的《每日新闻》报的专员洽谈，曾给共产党在香港出版的《中国文摘》投稿，曾在美国犹太报纸上发表关于中国女工的诗。通过民主德国作家的介绍，她成为世界笔会的会员，凭这个身份，她于1948年9月被同济大学聘用为德文教授。当时，同济大学的学生运动进一步开展。一批批学运骨干陆续进入解放区，参加了第一条战线的斗争；广大留校同学在地下党的领导下，坚持在第二条战线斗争。克拉拉在教学中结识了一些进步学生，她在《自白》（1958.5.29）中写道：

1948年，我在同济大学讲授德国文学。我选择了革命诗歌作为教材，并且讲述了马克思与海涅之间的友谊。这样，我便与人民民主学生地下运动的几个成员建立了联系。他们来我的房间做客，问我是不是共产党员。我回答："我不是，但我丈夫是。"他们问我，是否愿意跟一批学生秘密渡过长江去老解放区。我兴奋地表示愿意。几天后，他们又来了，解释说"不行"，我是外国人，太引人注目了。我非常失望，立即又回想起1938年和1944年的失望。

克拉拉没有能够去解放区，而且在同济大学也只工作了4个月就被解聘了。一个当时偶然认识她的中国人40年后有这样的回忆：

---

① 严斐德（Fritz Jensen，1903—1955），奥地利共产党员、医生、作家，出身于犹太家庭，1939年来华从事战地医疗救护工作，"抗战"胜利后，严斐德参加联合国善后救济总署华北分署的工作，1948年返维也纳，在奥地利共产党机关报《人民之声》当编辑，1953年作为记者再次来华，1955年4月去万隆参加亚非会议采访工作，被国民党匪徒谋害，飞机失事而牺牲。

那时我仍旧住在新绿村，晚饭常到北四川路底的一家小餐馆里去吃，日子一久，发现有一位穿着朴素、外貌忠厚的40来岁的外国妇女也经常来这家店就餐。她每次总是边吃边全神贯注地阅读一些文艺书刊。这就引起了我的注意，我们很快就熟悉起来。她那浓重的德国口音的英语当年在虹口一带是经常可以听到的。她告诉我，她叫 Klara Blum，在同济大学教德文。一天晚饭后，她邀我去她家喝咖啡。她住在附近同济大学宿舍里，室内陈设简陋。她来中国，是为了寻找丈夫，但一直没有得到音讯。随后她捧出一堆书，有七八本，全都是诗集，有英、德、法、俄各个文种。其中有的是收有她的诗作的选集，有的是她个人的专集。有一本由世界笔会编辑出版的反法西斯战争的英诗选，翻开来第一首就是她的作品。当时我几乎不敢相信，面前这位如此朴实无华的妇女，竟然是一位诗人。不久她也被学校解聘了，搬住到提篮桥联合国救济总署的国际难民营里，靠微薄的一点救济金过日子。①

上海虹口区提篮桥一带在第二次世界大战时是犹太人隔离地，居住了2.5万犹太人。大战结束后，犹太难民陆续离去，留在上海的已经不多。设在那里的难民营，成了克拉拉在上海的落脚点。

谋生的同时，克拉拉四处寻找朱穰丞。1947年10月，她从郭沫若那儿打听到，有一个叫朱穰丞的同志于1938年5月到达延安，但除此以外他什么也不知道了。1948年7月，她写信给夏衍，但没有得到回复。她在上海见到了在莫斯科认识的胡兰畦，但胡兰畦不知道朱穰丞的下落，她告诉克拉拉，在香港工作时，发现《大公报》上有一条广告："胡兰畦，我迫切希望跟你谈谈，TRU。"TRU是朱穰丞在苏联时用过的名字，胡兰畦在报上登了个答复，说明在某时某咖啡室等候他，可是没人来，从此以后，没有得到一点关于他的信息。后来，听说朱穰丞在1946年离开苏联，到达新疆时被国民党反动派杀害了。克拉拉不相信是真的，认为这是为了防止朱穰丞行踪泄露而故意掩盖事实的解释。克拉拉找到朱穰丞的老友罗鸣凤，罗鸣凤对朱穰丞年轻时的情况最为熟悉，在克拉拉情绪低落时总是鼓励她，但是他也只能如实说，朱穰丞失踪了。克拉拉打听到朱穰丞家人的住地，找上门来，朱穰丞的妻子王季凤见来了外国人，不知道她是什么人，不敢接待。她说在莫斯科认识朱穰丞，可是讲不出朱穰丞的任何情况，连住址也不知道，只是说，朱穰丞1938年给她打过电话，以后就没有了消息。王季凤心想，这个外国女人一定是找错人了。因此当外国女人想看看朱穰丞的照片时，她找出朱穰丞年轻时拍的一张侧面照。克拉

---

① 林天斗：《忆国际友人朱白兰》，载《解放日报》1990年2月6日。

拉一看照片就喊道:"就是他!"她紧紧地拿着照片,恳求道:"送给我吧!"这时,王季凤气得连话也讲不出来了,尽管如此,她还是答应了克拉拉的要求。① 这张照片一直陪伴着克拉拉,直到她去世。

此时,解放战争已进入第三个年头。为了寻找朱穰丞,朱白兰在同济学生的鼓励下于1948年12月前往北平,并顺带去了天津。在那里,克拉拉既没有遇见朱穰丞,也未找到可证明自己身份的人,但她见证了北平的和平解放,并且开始了《牛郎织女》的创作。朱白兰在《自白》(1958.5.29)中写道:

> 我前往北京,因为我推测这座城市即将解放。我没有钱,十分饥饿。1949年1月,北京城外的两座大学解放了,燕京大学和清华大学。我乘坐一辆三轮车越过前沿界线到人民民主的一边。我希望能立即遇见我的丈夫。但人民民主的当局拒绝接待我。此后不久,北京和平解放。我回到北京城里,再次试图找当局,但没有人接待我。这时,我的小说在脑海里已经形成。尽管受着可怕的饥饿的折磨,我开始将它写下来。
>
> ……
>
> 我住在一间廉价的旅店里,但最后我还是付不起房租,被赶了出去。由于持续营养不良,我患了严重的肠胃痛,其后果我今天仍不得不忍受着。当时,我请了一位中国的女医生来看病,我躺在床上,被疼痛折磨着。但是,因为我无论在什么情况下都不错过看报纸,所以,我了解到刚开始的任何时代中最伟大的运动:世界和平运动。
>
> 1949年6月一个炎热的傍晚,我的肠胃痛减轻了。我有兴趣继续写我的小说。但是,随着小说的延伸,我不得不决定,我在创作时应当跟共产党确实保持迄今为止的距离,或者应当像1934年至1944年那样与她保持认同?正如1944年时那样,我的内心里又一次产生普遍经验与个人经验之间的斗争,但是这次的结果是相反的。普遍经验战胜了个人经验。我决定,在全部意义上按照进步的思想写《牛郎织女》。

1949年8月,朱白兰带着未完成的书稿重回到上海,此时,上海已经解放。她从上海的犹太难民遣返联合委员会那里领取救济,信件也只能通过上海犹太难民的邮箱转交。次年3月15日,她的小说创作终于完成。她在给德意志民主共和国格赖芬出版社的信中写道:"我的小说展现了上海的商人、革命的话剧演员和大学生,展现了苦难中的苦力及其不可摧毁的才智,展现了人民

---

① 姚芳藻:《失踪在莫斯科》,载《上海滩》1990年第3期,另见搜狐视频纪实栏目《消失在莫斯科的人》。

解放军的战士,他们对平民百姓采取兄弟般和关怀备至的态度决定了他们的胜利。它还展现了人民的社会梦想,这些梦想构成了美丽动人的童话,展现了解放区农村里分田地和自主管理的实现。我感到幸运的是,我经历了这一切,并且可以进行塑造。"① 1950年8月,克拉拉为找出路向人借了路费②再次去北京。她找到作家协会,出示了上海分会的介绍信,但被赶了出来。到人民政府外事部门求助,但被要求返回上海。10月,她回到上海,又陷入饥饿的困境,这时候,犹太难民遣返联合委员会和国际难民组织停止了对她的接济。在胡兰畦的帮助下,她在贵州路291号的一间佛教庙宇找了个栖身之所。在生活极端困难的情况下,她把自己的小说初稿修改了一遍,于1951年1月寄去格赖芬出版社。小说7月付印,11月16日出版。③ 在这部小说中,克拉拉运用现实主义手法,叙述了波兰籍犹太女作家汉娜和中国话剧导演张牛郎的爱情故事。全书由四部分组成:第一部分的标题是"上海的幻想者",描写20世纪二三十年代的上海,洋行职员张牛郎业余从事戏剧活动,为了心中的梦想,离开家人前往法国;第二部分写男女主人公相识于莫斯科,陷入恋情,相处4个月后男主人公失踪,标题是"幸福的时刻";第三部分以日记体的形式,倾诉两人分离后的生活、工作和思念之情,重点写牛郎在延安、重庆参加"抗战",汉娜跟托派分子的斗争以及来华的过程;第四部分描述汉娜在上海找到牛郎的家人,并见证了北平的和平解放。这是一部自传体小说,融入了作者的许多亲身经历,但是,小说本质上是文学虚构,书中关于张牛郎出国前和回国后的活动,只是作者根据收集的素材展开的文学想象。在小说中,克拉拉安排了一个"恋人重逢"的浪漫结局:汉娜在梦幻中见到了牛郎,他深夜回家,见到了妻子、儿子和汉娜,但天亮前必须离去,因为他仍在从事地下工作。

诗人用这种诗意的方式,圆了长达13年的寻夫梦。

---

① 《致卡尔·迪茨的信》(1950年2月22日),见 Zhidong Yang. *Klara Blum-Zhu Bailan*(*1904—1971*),Peter lang GmbH, Europäischer Verlag der Wissenschaften, Frankfurt am Main, 1996,第167页。
② 林天斗:《忆国际友人朱白兰》,载《解放日报》1990年2月6日。
③ 从朱白兰的通信中可以得知,《牛郎织女》11月16日出版,仅隔3天,民主德国的文学与出版事业管理局就下令停止销售,理由是书中对莫斯科流亡生活以及奥地利干部蒙梯尼的负面描写引起有关方面的不满,并指责小说带有影射的性质,背离了现实主义创作原则;12月4日,出版社写信给朱白兰,希望她对小说进行修改,朱白兰于12月24日回信,据理反驳指责,拒绝修改蒙梯尼这个形象,并建议出版社请态度客观的文学专家对小说进行评审;直到次年5月,朱白兰仍为此事写信给出版社,在此期间,出版社也写信给民主德国的多位著名作家,甚至致信总统威廉·皮克。最后,在皮克的干预下,出版局于1952年5月2日取消了禁售令。见 Zhidong Yang(Hg.). *Klara Blum*: *Kommentierte Auswahledition* 收入的朱白兰致迪茨先生的信件以及注释,另见 Zhidong Yang. *Klara Blum-Zhu Bailan*(*1904—1971*),Peter lang GmbH, Europäischer Verlag der Wissenschaften, Frankfurt am Main, 1996,第46 – 47页。

六　从上海滩到珠江畔

新中国建立的初年，社会经历了翻天覆地的变化，老百姓为解放而欢呼雀跃，同时不得不忍受新政权诞生的阵痛。小说《牛郎织女》中的汉娜对新中国的诞生充满了希望，现实中的诗人却已几乎陷入绝境。朱白兰在《自白》（1958.5.29）中写道：

我返回上海，挨饿，挨饿，挨饿。1951年1月，我将小说的书稿寄去民主德国。我想，3月1日之前还得不到工作，我就自杀。

但是，在3月1日，我得到了工作。

这应了中国的一句古诗："山重水复疑无路，柳暗花明又一村。"

1951年1月，我到上海市民政局，把我的困境向他们申述了一番，民政局马上与夏衍同志取得联系，夏衍同志向民政局证明我确系朱穰丞的妻子，于是，我得以军烈属的名义向民政局进行登记。换言之，承认我是一个地下共产党员的妻子，因而得到民政局的救济。（《自传》，1952.10.11）

在上海市民政局接待她的，是一位名叫刘德伟的女同志，朱白兰在自己的履历书中充满感激之情地写道：

刘德伟于1951年当我十分困难时，调查了我的情况，她的工作认真负责，和蔼，诚恳，我感到非常敬佩、感谢、满意，而同时，这种感觉是对人民政府的，因为她的工作态度，正是人民政府要求的工作态度。

3个月后，民政局会同人民政府外事处给她找到一份工作，从此，克拉拉迎来了新的生活。

1951年3月，我到上海外文专科学校担任图书馆馆员的职务；同年11月，我的小说在德意志民主共和国出版。1952年1月，我取得工会会员的身份；同年2月，华东军政委员会特派我到复旦大学担任德国文学教授。本年9月又把我转派来南京大学任教。在我取得中国国籍的问题上，复旦大学给予我很大协助。我现在期望着国籍问题能早日解决。(《自传》，1952.10.11)

这里提到的上海外文专科学校，全称华东人民革命大学附设外文专修学校，即上海外国语大学的前身。克拉拉写下这段文字的时候，已在南京大学外文系工作，住在南大旁边的南秀村，生活条件大有改善。她的身份仍是无国籍外国侨民，但是，已在使用一个中国名字：朱白兰。关于这个名字，她曾专门以书面的形式向组织说明：

负责同志：

我的丈夫的名字是朱穰丞。我自己的名字是Blum，译成中文就是白兰。因为我的丈夫是一个共产主义的斗争者（共产党党员，上海市人民政府知道得很清楚），所以我被上海民政局认作光荣军烈属，并以朱白兰这个名字来登记的。作为一名有夫之妇，我甚喜欢将我的自己的名字与我丈夫的姓连写在一起。故我请求你们也不要把我的名字如以前那样老写成白兰，而是写作朱白兰。

克拉拉用朱白兰的名字于1952年6月在复旦大学人事科和上海江湾区公安局申请加入中国国籍，1954年6月获准，从无国籍外国侨民成为中华人民共和国公民，完成了身份的转变。在这个过程中，军烈属身份的认定无疑起了决定性作用，但首先还是出自她内心对中国的归属感。早在她决定来华时，她已将这看作是"回乡之路"①，如今，更增加了对共产党领导的新中国的政治认同。她将《牛郎织女》的全部稿费捐给了民主德国援朝基金会，并且在南京大学职工履历书中写道：

我拿自己的成绩和别的进步作家比较起来，很是惭愧，因为他们许多都写过15种到30种著作，但是，也许还可以补救的。自1949年起，我认清了只有在共产党的领导下才能达到持久和平与为下一代谋取幸福生活。我要照着这条路继续工作，不辜负我的中国国籍。

---

① 见朱白兰诗《信念的旋律》。

为了实现自己的诺言，她把精力投入教学，但在文学创作方面，没有什么新的建树，除了在民主德国的期刊上零星发表了几首诗外，主要是向德语读者介绍中国的文学。她受北京外文出版社委托先后翻译了《王贵与李香香》（1954）和《龙王的女儿——唐代传奇十则》（1955）①，为德文版《黄河精灵——中国的民间童话》（尉礼贤译，1955）写后记②，与迪茨合作选编出版了中国短篇小说集《中国的十日谈》（约翰娜·赫茨菲尔德译，1958）③。

在此期间，朱白兰曾一度情绪低落，个中缘故，她在《自白》（1958.5.29）中有所透露：

秋天，我的小说在民主德国出版了。主管文学与出版事业的部门写信给出版社指出，我的小说是反帝的，拥护苏维埃的，进步的，但包含了一个反面的共产党员形象，因此明显背离了社会主义现实主义。

我的小说是第一部关于新中国的德文小说，但所有报纸和杂志都保持死一般的沉默。

一年半后，关于新中国的第二本德文书出版，魏斯科普夫④的《广东之行》。这本书受到苏联和东德新闻界的欢呼，得到应有的高度赞扬。我读了书评，对于中国人民的成就在欧洲广为人知感到由衷高兴，同时也因为受伤的荣誉感而痛苦。

"忘记你的小我吧，"我对自己说，"想想各族人民友谊的胜利。"但是，我给自己的回答是："如果牙痛，又怎能忘记牙齿？"

早在1952年4月7日《真理报》就发表过一篇文章，题为"戏剧性与生活的真实"，严厉批评无冲突的文学，并且强调作家有义务，将我们队伍中存在的反面典型作为可怕的例子进行描写。

---

① 德文书名分别是 *Die Tochter des Drachenkönigs* 和 *Zehn Geschichten aus der Zeit der Tang Dynastie*。
② 参阅 Zhidong Yang. *Klara Blum：Kommentierte Auswahledition*，Böhlau Verlag Ges. m. H und Co. KG，Wien·Köln·Weimar，2001，第607页，注释77。
③ Das chinesische Dekameron, Reihe der "chinesischen Bibliothek". Hrsg. v. Klara Blum und Karl Dietz, Greifenverlag zu Rudolstadt, 1958。参阅 Zhidong Yang. *Klara Blum-Zhu Bailan（1904—1971）*，Peter lang GmbH，Europäischer Verlag der Wissenschaften，Frankfurt am Main，1996，第235页。
④ 魏斯科普夫（Franz Carl Weiskopf, 1900—1955），德语作家，无产阶级作家同盟成员，1950年至1952年任捷克驻北京大使，1953年移居东柏林，成为民主德国作家协会主席团成员，1953年在柏林发表《广东之行》。

但是，再经历了5年之后，我的小说才得到公开认可。①

在此期间，我说："我已经感到非常厌烦。我不想再当作家，我只想成为一名教师，其余什么也不是。"

朱白兰是个自尊心很强的人，民主德国文化部门奉行的所谓"社会主义现实主义"以及对《牛郎织女》的处理，严重挫伤了她写作的积极性。但是，她不是一个轻易言败的人，她只是暂时放下笔杆子，让才华绽放在讲台上。朱白兰喜欢教师这个职业，而且也不缺少从教的经历。她教学认真，工作严谨，改作业一丝不苟。当时同学们都很尊敬她，又都有点怕她，因为她不称学生为"同学"而只称"同志"。她在课堂内外讲的是无产阶级文学，唱的是工人阶级的战斗歌曲"兄弟们，向太阳，向自由"②，穿的是非常时尚的蓝布列宁装③。她不仅真心拥护中国共产党的领导，而且想成为共产党的一员。她甚至提出了入党申请，但没有被接纳。

1954年，我成为中华人民共和国的公民。此后不久，我写了参加中国共产党的申请。这时，发生了一些事情，如雷电击中了我。（《自白》，1958.5.29）

什么事情令朱白兰感到像被雷电击中呢？这要从高校院系调整谈起。20世纪50年代初的高校院系调整，并不是简单的专业和师资调整，而是一场"破旧立新"的社会主义改造运动，正如当时《人民日报》社论（1952年9月4日）指出的，"旧中国的高等教育制度基本上是为帝国主义和反动统治服务的，是半殖民地半封建社会的产物"，"如果不对旧的教育制度、旧的高等教育设置加以彻底的调整和根本的改革，就不能使我们的国家的各种建设事业顺利进行"。在此之前，学校中已开展了一场暴风骤雨式的思想改造和组织清理工作。1952年朱白兰调入南京大学，同时调到南京大学的还有同济大学、复旦大学的一批德语教师，其中包括陈铨、廖尚果等人，原中央大学的商承祖任外文系主任，陈铨任德国文学教研室主任。陈铨是尼采哲学的信徒，他的"英雄崇拜"与朱白兰的"无产阶级觉悟"本来就格格不入，随着政治运动的

---

① 1957年，福伊希特万格（Lion Feuchtwanger，1884—1958）首先为《牛郎织女》写了书评，发表在格赖芬年鉴上。
② 张佩芬：《一个不该被遗忘的"外国人"》，载《中华读书报》1998年10月21日。
③ 宗道一：《杨成绪：与德国女教师的情缘》，载《大地》1999年第88期，http://www.people.com.cn/dadi/199904/990401012003.html。

升温，两人之间的关系也恶化起来。朱白兰认为，陈铨"使用资产阶级的教材，向大学生宣扬不道德的生活方式"，拒绝加入陈铨领导的教研室，不参加教研室的会议。"朱陈之战"延续了10个月。1955年夏镇压反革命的运动中，陈铨受到尖锐批判，但安排他担任室主任的校、系领导没有做自我批评，朱白兰感到失望。①

另一件事情也使朱白兰十分沮丧。1956年9月，中国共产党第八次全国代表大会召开，朱白兰和商承祖被请去北京参加大会报道的翻译工作。她感到非常幸福，因为这是莫大的信任和光荣。但是，她在北京很短时间就回到南京。朱白兰回南京的原因，有两种说法。一种说法是，在翻译工作中，朱白兰采取意译的方法，而商承祖主张逐字逐句直译，两人发生激烈争论，朱白兰觉得无法再合作下去，放下工作打道回府。② 另一种说法就是朱白兰在《自白》（1958.5.29）中写的，她被送回南京，于是怀疑商承祖针对自己搞阴谋。她问领导同志是何原因，领导说："因为您不愿意别人对您的翻译进行任何改动，拒绝一切修改建议。"她感到很吃惊。"没有人对我提过修改建议。"她解释说。但无人相信她的话。这个经历像刀子一样插在她的脑里。在两种说法中，后一种似乎更符合朱白兰的性格。因为，前一种情况纯属工作中有意见分歧，朱白兰不至于要求调动单位，并且到了中山大学后仍耿耿于怀，向组织投诉。只有当她感到不被信任或受到不公正待遇的时候，才会如此愤慨和过激。当然，这当中不排除朱白兰对校、系领导有很深的误解和成见。

还有一个人物在朱白兰的生活中投下了阴影，那就是民主德国官方派来的德文教员京特·格雷费（Günther Gräfe）。这位教员不仅缺乏学术造诣，而且待人傲慢，在朱白兰看来，他甚至有反犹思想，而领导在处理两人的矛盾时，对格雷费有所偏袒，这使她感到孤单。朱白兰似乎觉得南京大学工作落后于全国，自己力求进步却得不到理解，不想继续待在南大，便向教育部打了调动工作的报告。③

1957年春夏，中山大学外语系增办德语专业，朱白兰从南京调到广州，

---

① 见朱白兰《自白》（1958.5.29）。
② 见 Zhidong Yang. *Klara Blum-Zhu Bailan（1904—1971）*, Peter lang GmbH, Europäischer Verlag der Wissenschaften, Frankfurt am Main, 1996, 第51页。
③ 参阅 Zhidong Yang. *Klara Blum-Zhu Bailan（1904—1971）*, Peter lang GmbH, Europäischer Verlag der Wissenschaften, Frankfurt am Main, 1996, 第50页。另见朱白兰1957年3月18日致迪茨信，见 Zhidong Yang (Hg.). *Klara Blum: Kommentierte Auswahledition*, Böhlau Verlag Ges. m. H and Co. KG, Wien · Köln · Weimar, 2001, 第533－534页。

成为广东省高校首批德语教师之一。1957年8月21日,她从广州写信给迪茨说:"但愿我能一直留在这里,直至生命的终结。"① 她心中的愿景,果然成为现实。

值得注意的是,朱白兰从南京大学调往中山大学时,正值整风"反右"运动。她到中大不久,就向校方提交了两份书面材料:《自白》(1958.5.29)和《我的丈夫》(1958.12.17)。前者谈的是她对共产党的认识,从内容上看,带有一种自我检讨的性质,虽然没有什么歌功颂德或表忠心一类的话,但从字句中看得出她对中国共产党的认同。后者则主要涉及她个人的诉求。她写道:

> 1955年12月我写信给夏衍同志询问我的丈夫。一个年属54岁又是一个有名的文化领导者应该改为地上工作了。但我写道,如果需要他继续他目前的工作,我了解并尊重这种需要,为了进步和社会主义而忍受最长的分离。
>
> 我在这里向我校当局再说一遍,我并不问任何人关于我丈夫的下落,同时绝对尊重他的隐蔽工作的秘密。正因为由于这种保留,我才想提出一些试探性的请求。

她有什么试探性的请求呢?归结起来有如下三点:能否在绝对秘密的情况下和丈夫相会;如果不行,能否得到他的一封信;如果见面或来信都不行,"我请求同志们让他知道我在何处,也让他知道我将忠于他直到我死去。同时我在诚实地工作着。在此,我恳切地请求同志们在我的丈夫一旦转来地上工作时,尽快让我知道"。

朱白兰到广州后就向组织提出这样的请求,是因为她觉得,在广州有两个人也许能够帮助她,一个是冯乃超(时任中山大学副校长),另一个是洪遒(时任中国作家协会广东分会秘书长)。他们两人都认识朱穰丞,朱白兰希望通过他们知道朱穰丞的去向。她的要求一点儿也不过分,甚至可以说是低得不能再低。但是,无论是冯副校长还是洪秘书长,在寻找朱穰丞这件事情上都显得爱莫能助。幸运的是,在生活和工作上,学校为她提供了良好的条件。她住在康乐园西区的一栋独立小别墅里,面积不大但环境幽静,家具是学校提供的,虽不豪华但很实用,屋门外钉着光荣烈军属的红色牌子,从住处到外语系的教学楼是一条平坦的林荫道。家里有一位贴心保姆照顾生活,教室里面对的是勤奋谦逊的学生,同事中有从南京大学带来的高足,各级领导对她也十分尊重,虽然没有任命她担任行政领导职务,但安

---

① 朱白兰1957年8月21日致迪茨信见 Zhidong Yang (Hg.). *Klara Blum: Kommentierte Auswahledition*, Böhlau Verlag Ges. m. H and Co. KG, Wien · Köln · Weimar, 2001,第535页。

排她任系务委员会委员、学术委员会（社会科学）委员。这一切都调动了朱白兰的教学积极性。此外，在经历了整风"反右"运动后，中国迎来了"大跃进"年代，为了繁荣文艺创作，文化宣传领导部门鼓励和组织文艺工作者到工厂、农村体验生活，这也点燃了朱白兰的创作热情。在作家协会和有关单位的协助下，朱白兰通过采访，搜集了三元里抗英和香港海员大罢工的情况，并且修改在南京时已动笔的作品，很快完成了中篇小说集《香港之歌》，并且开始创作《命运的战胜者》。她在给出版社的信中写道："我个人认为，海员小说不仅写得很好，适宜发表，而且适合在工人的文艺晚会上朗读，甚至改编成戏剧。它尤其可以用于激发对帝国主义者的仇恨和对中国工人的热爱。"[1] 1959 年春夏，《香港之歌》如愿以偿在民主德国格赖芬出版社出版。经过一番周折，朱白兰甚至获准应邀前往民主德国，参加出版社成立 40 周年庆祝活动。她得到邀请方的热情欢迎，被安排在柏林、魏玛、耶拿等多个城市参观访问，做报告，朗诵作品。这是朱白兰来华后首次，也是最后一次出国。回广州后，朱白兰将签了名的样书送给作协广东分会；同年 9 月，她被吸收为中国作家协会广东分会会员。次年，她的诗集《漫长的道路》在东柏林出版。

从《香港之歌》中可以看出，朱白兰的创作已经从小我转化为大我，更多地关注和描写中国普通老百姓的命运。该书收入五篇中篇小说，它们分别是描写三元里农民抗英斗争的《燃烧的权利》，反映香港海员大罢工的《香港之歌》，描写抗日战争期间民间工艺大师的命运的《剪纸大师的复仇》和描写中国妇女在新中国成立后翻身解放的《三个正义的妾》，最后一篇小说《13 是个吉祥数字》则以朱白兰最为熟悉的教育战线作为背景，再现了新中国 20 世纪 50 年代初接收教会学校后高等学校中的复杂局面。饶有趣味的是，在《香港之歌》这部中篇小说集中，朱白兰运用了仿拟的修辞方式，在广东音乐的曲调《步步高》中填入革命的词句，作为海员罢工的战斗歌曲。熟悉广东音乐的人都知道，《步步高》不是进行曲，作为轻音乐，其旋律轻快而热烈，尤其适合在交谊舞会上用于跳快四。这首乐曲受到朱白兰的青睐并被用于作品中，可见她当时的心情是跟《步步高》一样欢快的。总的来看，小说集以中国人民反帝反封建的革命斗争为主线，时间跨度涵盖了从鸦片战争到新中国成立的一百年历史，题材涉及中国社会农、工、商、学各个领域。如此宏大的叙事，在我国文学创作政治化的背景下，再加上作者并非本土作家，而是"外乡人"，缺乏亲身体验，创作中多从政治理念出发，因此在事件的描写和人物的

---

[1] 朱白兰 1958 年 8 月 8 日致迪茨信，见 Zhidong Yang（Hg.）. *Klara Blum: Kommentierte Auswahledition*, Böhlau Verlag Ges. m. H and Co. KG, Wien · Köln · Weimar, 2001, 第 539–540 页。

塑造上都不免带有概念化的倾向，但是，在中外文学关系的研究中，小说中的"中国形象"仍然具有独特的价值。

朱白兰接着又开始了长篇小说《命运的战胜者》的写作。在创作方法上，它跟《香港之歌》相同，但出版的命运却大不相同。由于意识形态的分歧，小说最终未能面世，只有部分章节发表在民主德国的文学刊物《新德意志文学》（1961年第10期）上，标题是"彩色身影的苦力"[①]。这部小说在某种意义上可以说是《牛郎织女》的续篇。首先，在时间上，故事的情节从1948年延续到1959年，涉及土地改革、"三反五反"运动、农业合作化、高校改革，特别是整风"反右"和"大跃进"等一系列政治运动。另外，从人物上，《牛郎织女》中的汉娜也出现在这部小说中，牛郎虽然没有正面出场，但从人物的交谈中，读者知道他仍然生存，并且是个高级别的中共党员。[②]在创作过程中，朱白兰曾经去当时广东的模范县新会了解农村情况，也曾回上海收集素材。她给小说加上了一个副标题"来自新中国的马赛克小说"，表明书中内容就像拼图一样涉及新中国社会的方方面面。1961年6月29日小说脱稿，朱白兰把它作为"七·一"礼物，献给中国共产党诞生40周年。[③]书稿寄给了柏林的建设出版社。1962年，德国出版社来函要她删去作品中斯大林的名字，并称作品有些粉饰太平，说中国的反革命活动很多，作品没有反映出来，要她修改补充后才能出版。她答复说，斯大林名字可以删去，因与作品原意无大关系，但声明她对斯大林的评价与中共一致，至于其他内容，她不愿意修改。在她的心目中，斯大林是个值得信赖的英明领袖。殊不知，她的至爱正是在斯大林时期的肃反运动中无辜遇害。当时，国际共产主义运动内部已出现严重分歧，而这个分歧是从1956年苏共二十大反对斯大林个人迷信开始的。到了20世纪60年代，中苏分歧发展到白热化的程度，中国共产党把反对修正主义的斗争摆在了首位。在这场斗争中，朱白兰旗帜鲜明地站在了中共的立场上。她主动向东德出版社索回了书稿。

在这里，笔者无意对朱白兰的作品进行全面深入的分析，这也不是本文的任务，只想指出：朱白兰毕生的创作，她的诗歌以及小说《牛郎织女》《香港之歌》和《命运的战胜者》，为我们提供了珍贵的文学标本。通过研究这些标本，人们也许得出的结论会有霄壤之别，但无论是褒还是贬，它至少让我们清

---

① *Der Kuli mit den bunten Schatten*, *Neue Deutsche Literatur*, 1961（9），第10页。
② 参阅 Zhidong Yang. *Klara Blum-Zhu Bailan*（1904—1971），Peter lang GmbH, Europäischer Verlag der Wissenschaften, Frankfurt am Main, 1996, 第192-193页。
③ 朱白兰1961年8月3日致多琳卡的信，见 Zhidong Yang（Hg.）. *Klara Blum：Kommentierte Auswahledition*，Böhlau Verlag Ges. m. H and Co. KG，Wien·Köln·Weimar, 2001, 第547页。

楚地看到：19世纪末到20世纪70年代（关于这个时代，伟大的思想家们有过许多经典的论断），一个出生于西方资本主义社会、继承欧洲工人文学传统的犹太女诗人，如何在法西斯浩劫中经历流亡生活和战争洗礼，继而在半殖民地半封建的中国，认同共产党的政治领导，在激情燃烧的岁月中用自己的作品为中国文学，同时也是为世界文学的画卷留下浓重的一笔。

七　"我是中国人"

朱白兰以中国为第二家乡，诚心诚意做一个中国公民。当周围的人好奇地看着她的蓝眼睛、灰白头发时，她总是自豪地说："我是中国人。"

了解朱白兰的人，无论领导还是群众，对于她在"经济困难""备战备荒""反帝反修"中的表现，没有不交口称赞的。虽然她在物质供应匮乏时也会发几句牢骚，说："莫斯科在战争年头尚有巧克力糖供应，现在中国市面上都买不到。"但是，外国有些朋友要寄东西来，她回绝了。她要跟中国的普通老百姓共渡难关。朱白兰患有胃病，体质较弱，生活困难时期曾晕倒过，但仍坚持工作。1962年她知道国家要紧缩开支，就几次提出将自己的一部德文打字机送给学校。她说，作为公民有义务帮助国家更快些克服困难。当年两岸关系紧张，武装特务窜犯沿海地区，她很气愤，在控诉大会上表示：要以一个公民的身份与同志们一起，击败蒋匪阴谋。

1963年8月27日，美国黑人学者杜波依斯博士逝世，毛泽东发去唁电，支持美国黑人反对种族歧视的斗争。朱白兰特地撰文介绍这位黑人作家。她把文章交给了校党委，学校学报编委会认为对国际问题评价要慎重，经请示把稿件送中国保卫世界和平大会，拖了半年没有消息。她觉得论文"被一个神秘的黑黝的无底洞吞没了"。当她看见论文在《中山大学学报》上发表时，才松了一口气。她曾表示支持古巴革命和殖民地人民的民族解放运动，表示拥护我国政府援越抗美的各项声明，并捐款支持越南人民的反美救国斗争。

1964年5月26日，面对国外的反华浪潮，她在《人民日报》上发表诗歌《明镜》，歌唱中国人民建设社会主义的热情，驳斥前民主德国作家对中国的诽谤。她很关注批判苏共领导的文件，她说，"我完全同意中国同志的观点"，认为赫鲁晓夫的观点实际上是30多年前德国社会民主党右翼理论的翻版。她对德国党在大会上公开侮辱中国代表感到愤怒，表示必须与帝国主义和现代修正主义做不调和的斗争。1965年，一位年轻教师被选上准备派往民主德国进修，她要该教师做好思想准备，她说，那里会有人向中国留学生扔纸团，吩咐他不要害怕，要想办法与之斗争。

朱白兰不仅关心"反帝反修斗争"，而且对国内"无产阶级专政下的继续革命"也抱着满腔热忱。1965年夏天,中山大学外语系的高年级师生下乡参加农村"四清"运动,她要求随同下乡,特别想看看斗争地主的场面,为写作搜集材料。1966年,"四清"运动尚未结束,"文化大革命"就爆发了,校园里出现了铺天盖地的大字报,高音喇叭里响起了"横扫一切牛鬼蛇神"的口号,不同派别的战斗队应运而生,批斗大会、游街示众、查封档案、大串联、抄家……顷刻之间,学校、机关、工厂以至整个社会陷入了动乱。起初,朱白兰还支持红卫兵的"革命行动",在群众集会上控诉"修正主义路线",写稿件给学校广播站,上街参加游行,向学生了解大字报的内容,甚至去大串联,但不久后便很少露面了。1967年,派别斗争愈演愈烈,文斗迅速发展为武斗,起初还只是用拳头和砖石,接着用起了枪支和自制的地雷。康乐园顿时充满恐怖气氛。朱白兰跟许多人一样陷入了迷惑和恐惧。在一位女生的热心帮助和陪同下,她乘渡轮悄悄离开校园,经过几个岗哨的盘查,住进了海珠广场旁的华侨大厦。事后,她用自己喜欢的方式,以照片相赠,答谢这位女生的帮助和关心。① 在外语系的教授当中,朱白兰不属于"反动学术权威",没有遭到批斗,也没有受到囚禁,但在"怀疑一切"的思潮下,也曾被怀疑"里通外国"而受到群众审查。从1968年朱白兰给国外友人的信中,我们很难看到她对"文化大革命"的真实感受和看法。她在信中只是提到"文化大革命"的"成果"《红灯记》《智取威虎山》等样板戏,介绍贴在信封上的精美邮票,谈及自己正在为奥地利杂志《红旗》翻译毛泽东诗词。②

国外发表的朱白兰研究中有一种说法,认为朱白兰在"文革"中被怀疑是"外国间谍",感到孤独和无助,对中国的归属感被彻底摧毁了,她不再知道自己的归属。虽然尽了一切努力,她始终是外来人、局外者。她想成为中国人,穿中国式的衣服,讲中国话,接受中国的习惯,有一个中国的名字和中国的身份证,但这一切都不再有用,她对于自己不被中国人接纳和认可,不能属于他们而陷入最深切的悲哀中。虽然街委会后来取消了他们的怀疑,通知她说搞错了,但这种失望对于她来说是毁灭性的。③

这种说法,如果不能拿出事实来证明,恐怕只能算是一种主观的猜测。如

---

① 见祝静钿《"文革"回忆》,载区鉷主编《思华年》,中山大学出版社2014年版,第56页。
② 朱白兰1968年2月26日致克拉拉·魏宁格尔的信,见 Zhidong Yang(Hg.). *Klara Blum: Kommentierte Auswahledition*, Böhlau Verlag Ges. m. H and Co. KG, Wien·Köln·Weimar, 2001, 第553–554页。
③ 见 Zhidong Yang. *Klara Blum-Zhu Bailan (1904—1971)*, Peter lang GmbH, Europäischer Verlag der Wissenschaften, Frankfurt am Main, 1996, 第61–62页。

果朱白兰有在天之灵,是要提出抗议的。

朱白兰生前对系里的人,无论是领导、同事,还是学生,都用"同志"来称呼,因为这种称呼表明的是政治上的志同道合。年长的同事出于尊重称她"朱先生",学生们称她"朱老师",校园里的孩子们遇见她喊"朱奶奶"。她是新中国高校第一代执教的日耳曼学者,元老级的德语教师,培养了一代又一代德语工作者。中山大学德语专业开办之初,师资不足,急需培养年轻教师,以德语为母语并有深厚文学修养的朱白兰担当此重任。她布置年轻教师精读革命作家布雷德尔的名著,并利用晚上的业余时间进行辅导,不厌其烦地答疑,使年轻教师受益匪浅。她为高年级选用的教材,有莱辛、歌德、席勒的经典作品,也有恩格斯、列宁、毛泽东关于文学艺术的论述。"知识广博,认真负责""百分百地做到一丝不苟",这是师生们对她教学的评价。

她掌握多门外语,运用自己的专长,为促进中外文化交流做出贡献。1952年,北京外文出版社成立,该社最早出版的德文图书中就有朱白兰翻译的《王贵与李香香》(1954)、《龙王的女儿——唐代故事十则》(1955)。1959年,人民文学出版社为纪念犹太作家肖洛姆－阿莱汉姆(1859—1916)诞辰一百周年,约请中山大学陈珍广老师翻译《从市集上来》。陈老师至今还清楚地记得当年的情景。肖洛姆－阿莱汉姆不但在作品中引用大量的宗教典故,而且还创造了所谓"卡斯里洛夫卡"的特殊语言风格:经常的重复、口头禅、咒骂语,甚至故意用词不当。把他的这些词语准确而又生动地翻译出来,对于文化背景相距很远的中国译者来说,实在不易。陈老师想到了向朱先生求助。朱白兰有丰富的犹太文化背景知识,给了他很大的帮助。当《从市集上来》的译本呈现在朱白兰教授面前时,她马上将之寄给在波兰的犹太朋友。不久,那位朋友寄来一份有译本图样的波兰犹太报纸,感谢中国朋友对介绍犹太文学所做的贡献。[①]

在同事们的眼中,朱白兰是个不苟言笑但和蔼可亲的人。她不善于掩饰自己的感情,从来不隐瞒自己的观点,遇到不愉快的事情,也会动肝火、耍脾气。例如,邮件收迟了,她会质问学校,要求调查原因;为了文稿及新闻发表等事,她会投诉广东作协及《羊城晚报》,甚至写信给文化部和省委领导同志。童年以及流亡时期的经历,使她特别渴望得到组织和人们的信任。出于强烈的荣誉感,她在未被批准成为全国作协会员前,心中很不是滋味,以至于到"文革"爆发时把这当作校领导执行修正主义路线的"罪状"。

她喜欢与国外友人通信,谈到中国的新变化,豪情溢于言表。通过她20

---

① 见陈珍广《阿莱汉姆中译者的话》,载《南方周末》2013年7月5日。

世纪60年代中期寄给友人魏宁格尔夫妇的信,让我们对她晚年的情况多了几分了解。西蒙·魏宁格尔与朱白兰是同乡,1944年携妻子流亡莫斯科,跟朱白兰更是结为好友。战后,朱白兰来中国,魏宁格尔夫妇返回罗马尼亚。他们之间的联系中断了20年后,于1965年恢复了通信,朱白兰在信中亲切地称他们为"同志",并且在信末署上自己的希伯来语名字"Chaje"。从她的信中,曾透露出一些她的心态和健康状况:

我尽管已经60岁了,但仍像马一样辛勤劳动。直至生命的最后时刻,我都乐意上课,因为中国的大学生在精力、接受能力、思想丰富和真诚待人方面都令人倾倒,他们中的大多数是贫穷农民的子弟。(1965.2.4)

感谢你们问候我的健康情况。最令人感到困扰的是我的胃,一个曾经忍饥挨饿的人的胃。它每天只工作到下午5点钟,并且要借助碳酸氢钠和相当多热开水。我从来不吃晚餐。当然,我有朝一日会生病,甚至死去,这是自然的进程。但暂时我还能够工作,因此,我是健康的!(1966.10.28)

年过花甲,面对疾病,她依然十分乐观。能够工作,就是健康的;只要活着,就要工作。这就是朱白兰对生命和工作的态度。1963年她在给朋友的信中谈到,她每周给学生和年轻教师上十节课,另外为生病的同事代课两节,还担任《简明德汉词典》德文部分的批改任务;此外,为国内外的刊物撰稿,给东欧的德语读者写信,回答他们因为"兄弟党之间的意见分歧"提出的一切问题。① 要知道,她已经是一个到了退休年龄的人,在粮食和副食品定量供应的情况下,仍如此"革命加拼命",无疑是在透支自己的生命。更何况,战争时期的饥荒早已给她的胃和肝脏埋下祸根。从1966年夏天起,学生们停课"闹革命",教学工作全面瘫痪,朱白兰不可能上讲台,但她仍然关心学生的专业学习。特别是1968年夏,在校的学生毕业分配,1965届、1966届、1967届部分学生被送去部队农场接受再教育。按照上级规定,外语专业的学生单独编成连队,每天安排一定时间复习外语。朱白兰给在农场的学生写信,叮嘱他们不要把外语忘了,而且细心批改学生用德语写给她的信件,并寄去奥地利马列主义党②出版的刊物《红旗》以及我国发行的德文版《北京周报》。在德语

---

① 参阅朱白兰1963年6月30日致多琳卡的信,见 Zhidong Yang(Hg.). *Klara Blum:Kommentierte Auswahledition*, Böhlau Verlag Ges. m. H and Co. KG, Wien·Köln·Weimar, 2001, 第548-549页。
② 奥地利马列主义党(Marxistische-Leninistische Parteiösterreichs)成立于1967年2月12日,在中苏论战中站在中国共产党一边,反对以赫鲁晓夫为首的苏联修正主义集团。

学习资料严重缺乏的情况下，这无疑是雪中送炭，当年的受益者至今心存感激。

"文革"期间，朱白兰没有教学任务，又无法从事文学创作，便把自己的全部余热用在了毛泽东诗词的翻译上。在当时的情况下，对于她来说，这么做大概是最佳的选择。她受奥地利马列主义党的委托，将毛主席37首诗词译成德语。翻译过程中，她除了参考外文出版社出版的英译本外，还与中国教师面对面讨论，力求译文既符合原文的意思，又具有德语诗歌的韵律。1969年1月，她在写给学生的信中特别提到："按照我的原则，毛主席的诗必须由中国人和外国人共同翻译，在集体劳动和口头详尽商讨的基础上进行。"① 由于当时中大的绝大多数老师都去了坪石的"五七干校"，她找不到能帮助她翻译的人，为此，感到十分懊恼。但是，即便是无法口头讨论，她仍坚持将译好的诗稿寄给在干校的得意门生章鹏高征求意见。最后，朱白兰将毛泽东诗词的译稿和译后记寄给了当时奥地利马列主义党第一书记弗朗兹·施特罗布尔（Franz Strobl, 1924—）。②

朱白兰无疑跟当年的中国老百姓一样，是伟大领袖的狂热的崇拜者，是最高指示的践行者。她生前在报刊上发表的最后一篇文章是《国际主义和无私的楷模——诺尔曼·白求恩博士的生平故事》③。事实证明，她用实际行动学习白求恩，将个人的一切无私奉献给中国人民。她在取得中国国籍后，时刻不忘履行中国公民的义务。凡是熟悉朱白兰的人都可以证明，她在生命的后期从未"陷入最深切的悲哀中"，她对于中国的归属感，到生命的最后时刻也丝毫没有动摇过。1970年，朱白兰查出患肝硬化，已经是晚期。她知道时日不多，对身后的事情该有个交代了。在中山大学的档案室里，我们看到了一份朱白兰遗嘱的汉译，用中文打印，有她的签名。这是在1970年4月24日立的，同年5月31日和6月17日又对遗嘱做了补充说明。她在遗嘱中除了明确指定自己文学遗产的继承人外，还对身后的事情做了安排：所有家具都是向工作单位借用的，必须归还，她的衣服和其他物品，遗赠给照顾她的工友；从毕生积存的钱中，取出她的火葬费用，再取出100元给照顾她的工友，余钱归还中国人民，即归还中山大学。用今天的话讲，朱白兰的做法可以叫作"裸捐"。她郑重地引用毛泽东关于"个人利益服从革命利益"的语录，表示：

---

① 见朱白兰1969年1月6日致蔡亲福的信，原件保存在收信人蔡亲福处。
② 见朱白兰《遗嘱》（1970.4.24）。
③ 载奥地利马列主义党机关刊物《红旗》1969年第11期。

我完全理解我的爱人朱穰丞失踪 30 多年这件事。不管他现在在哪里，我祝愿他在为中国共产党和革命群众服务中长寿。

在遗嘱的结尾，身患绝症的朱白兰仍激情洋溢地高呼：

世界无产阶级的革命斗争万岁！
被压迫人民和民族的革命斗争万岁！
为全世界人民照亮通向美好未来的道路的天才的毛泽东思想万岁！

作为犹太民族的女儿，朱白兰一直关注犹太民族的命运。跟年轻时截然不同的是，晚年的她跳出了犹太民族主义的立场，将以色列国与以色列政府严格区分开来。1948 年 5 月 14 日，以色列国正式宣布成立，朱白兰曾为之感到欢欣鼓舞，在《牛郎织女》中，她描写了汉娜为此举行庆祝派对。① 1952 年底，朱白兰发现，苏联新闻界对犹太人问题有一个令她深感恐惧的全新的表态。她认为，人们谴责追随美国的以色列政府，这是完全合理的。但这些文章表达出不满，仿佛要完全禁止犹太人具有民族感，并且怀疑以色列国家存在的权利。她写了一封抗议信给斯大林。当这封信到达莫斯科的时候，斯大林已经死了。在随后的几年里，以色列国与周边的阿拉伯国家冲突不断，特别是在埃及收回苏伊士运河主权的问题上，充当西方殖民主义者的帮凶，被社会主义国家视为"西方帝国主义的工具"，朱白兰坚决站在了以色列政府的对立面。1958 年，她在《羊城晚报》上发表了题为"喜悦·警告"的短文，斥责以色列本·古里安为首的统治集团，庄严声明：

作为一个社会主义国家——中华人民共和国的公民，作为受过苦难的犹太民族忠实的女儿，我衷心拥护地读了以色列共产党的要求：支持阿拉伯民族的独立斗争，驳斥美英的侵略行为，全力赞同苏联为争取召开首脑会议所做的努力。

1961 年 4 月至 12 月，以色列法庭对抓获的纳粹战犯阿道夫·艾希曼进行审判，朱白兰在给国外友人的信中写道：

---

① 1970 年 6 月 16 日，朱白兰在送给中山大学图书馆的样书上请人代她注明："当时，我们还不知道，以色列国后来会成为美帝国主义者反对阿拉伯人民的血腥工具。"

我有一份很好的期刊，英文的《北京周报》。上面有来自《人民日报》和《红旗》杂志的材料，从中了解到国内所有重要的事情，并且也了解到苏联、民主德国、非洲等地的情况。可惜中国的报刊几乎完全没有刊登有关艾希曼受审的消息，这样，我便借助《新德意志报》。多年来，想到以色列政府追随帝国主义，都会令我感到不幸。但是在审讯过程中，以色列进步力量越来越强大，我希望，在不久的将来，那里将发生各种改变。①

直到1970年4月，她还在遗嘱中声明：

我属于犹太族，我因以色列这个国家——这个美帝国主义的工具使我的民族蒙受耻辱而深感痛心。我认为每一个进步的犹太人都有责任和阿拉伯各国人民的反帝群众团结一致，同反动的、种族主义的、侵略成性的以色列军人政府进行斗争，并谴责它。

朱白兰作为中国籍犹太裔女诗人，身体里流的是犹太人的血，胸中怀有一颗中国心，她既是犹太民族的女儿，同时也属于中国人民。她为中国人民的革命和建设事业，为中外文化交流，为人类的和平、正义、平等和进步做出了贡献。她和她的文学遗产永远活在我们心中！

---

① 朱白兰1961年8月3日致多琳卡的信，见 Zhidong Yang（Hg.）. *Klara Blum*：*Kommentierte Auswahledition*，Böhlau Verlag Ges. m. H and Co. KG，Wien·Köln·Weimar，2001，第547–548页。

第二章 家园·战歌·中国情
——朱白兰诗歌述评

朱白兰
(Klara Blum)

20世纪50年代初，上海平明出版社出版了著名诗人袁水拍翻译的一本诗集，书名为《五十朵蕃红花》。该书收入27位各国进步诗人的50首诗，其中，有一首题为"诗人与战争"的诗，诗中写道：

> 我不为无病呻吟写催眠曲！
> 当我们把我们的最坏的耻辱，
> 那就是忍耐，抛弃在后面——听吧，
> 我将歌唱我的战歌！

关于诗的作者，书中介绍不足20个字："克劳拉·勃伦（Klara Blum），反纳粹的一个奥地利亚作家，战时在苏联。"[①]

这大概是我国公开出版的刊物上对女诗人朱白兰诗作的首次翻译介绍。袁水拍在译介她的作品时未必知道，这朵蕃红花的作者已在中国生活和工作了7年，有了中国名字，并且正在申请加入中国国籍。

朱白兰，原名克拉拉·布鲁姆（Klara Blum），1904年11月27日出生于奥匈帝国哈布斯堡王室世袭领地布科维纳的一个犹太家庭，20世纪20年代以诗歌和新闻写作开始走上创作道路，1933年创作反战诗歌《服从谣》，获国际革命作家联盟授予二等奖，次年3月赴苏联访问并开始了长达13年流亡莫斯科的生活。1947年，朱白兰来华，曾先后在同济大学、上海外国语大学（前身华东人民革命大学附设外文专修学校）、复旦大学、南京大学、中山大学等校任教，1954年获中国国籍，1959年加入中国作家协会广东分会，1963年成为中国作家协会会员，1971年5月5日病逝于广州，享年67岁。流亡期间，苏联出版的文学刊物《国际文学》和《言论》上发表了克拉拉·布鲁姆的大量诗歌。直至第二次世界大战结束前，她的德语诗作结集出版了5本：《回答》（1939，莫斯科）、《偏要对着干》（1939，基辅）、《我们决定一切》（1941，莫斯科）、《多瑙河叙事曲》（1941，莫斯科），《战场与地球》（1944，莫斯科），部分诗歌还被翻译成俄文出版。来华以后，朱白兰的文学创作从诗歌转向了小说，20世纪50年代，自传体长篇小说《牛郎织女》（1951）和中篇小说集《香港之歌》（1959）先后发表。1960年，她的最后一本诗集在民主德国出版，该诗集从已发表的作品中选出最具代表性的诗作，同时添加了20世纪四五十年代创作而未发表的若干首作品，共17首，书名为《漫长的道路》（1960，柏林），署名Dshu Bai–Lan（Klara Blum）。

---

① 拿·希克梅特等：《五十朵蕃红花》，袁水拍译，平民出版社1954年版，第134页。

下面，我们试以家园、战歌、中国情为关键词，从三方面对她的诗歌创作进行述评。

朱白兰的家乡在布科维纳的首府切诺维茨，青春年华在维也纳度过，经历了哈布斯堡王朝的灭亡。正如茨威格在《昨日的世界——一个欧洲人的回忆》中所描述的，在欧洲，几乎没有一座城市像维也纳这样热衷于文化生活，在哈布斯堡帝国中，那些最重要和最有价值的地区早已衰落，唯有维也纳始终闪耀着古老的光辉。① 第一次世界大战的结束，导致了奥匈帝国的解体。奥地利第一共和国成立，并没有使各种政治势力的冲突停息下来。在各种意识形态的影响下，德语文坛上延续着交替变幻的现象——表现主义、唯美主义、印象主义、象征主义、"世界末"的颓废主义，各种流派，不一而足。在维也纳，占据文学主流的是"青年维也纳"，代表人物是赫尔曼·巴尔（1863—1934）、阿图尔·施尼茨勒（1862—1931）、胡格·冯·霍夫曼斯塔尔（1874—1929）、卡尔·克劳斯（1874—1936）、罗伯特·穆齐尔（1880—1942）、斯蒂芬·茨威格（1881—1942）等一批作家，他们秉承反自然主义主张，继续弘扬19世纪末已蔚然成风的唯美主义，与布拉格德语诗人里尔克（1875—1926）的象征主义和弗兰茨·卡夫卡（1883—1924）的表现主义互相辉映。在这种文化氛围中，克拉拉开始走上写作的道路，但她似乎并未受到上述流派的影响，她的作品既没有表现主义的乖张和象征主义的晦涩，也跟维也纳现代派的唯美主义相去甚远，而是呈现出现实主义的风格。

克拉拉最初的作品，主要发表在切诺维茨出版的《东犹太报》上，这不仅因为切诺维茨是她的故乡，更重要的是她对锡安主义，即犹太复国主义的认同。克拉拉生于犹太家庭，9岁时父母离异，母亲带着她移居维也纳。茨威格曾经描述过维也纳的犹太人，一些早期的犹太移民对这座城市的热爱和那种入乡随俗的愿望，使他们完全适应了这里的环境，并在同化的过程中成为所谓"上流犹太资产阶级"。对于他们来说，西奥多·赫茨尔（1860—1904）发表的小册子《犹太国》是不可理喻的。"我们干吗到巴勒斯坦去？我们的祖国是美丽的奥地利！"② 朱白兰显然不属于"上流犹太资产阶级"。她跟流散在东欧的众多犹太人一样，十分关注锡安主义的运动。切诺维茨出版的《东犹太报》

---

① 见斯蒂芬·茨威格：《昨日的世界——一个欧洲人的回忆》，生活·读书·新知三联书店1991年版，第13页。
② 见斯蒂芬·茨威格：《昨日的世界——一个欧洲人的回忆》，生活·读书·新知三联书店1991年版，第111页。

是当时这场运动的喉舌之一。1923年，不满19岁的克拉拉怀着对未来的憧憬，在《维也纳晨报》上发表了抒情散文《我对生活有何期待》。时隔半个月，《东犹太报》重刊了这篇散文，报纸编辑做了如下说明："这篇刊登在《维也纳晨报》上的散文的作者，是我们的同志、切诺维茨大地主约瑟夫·布鲁姆先生的女儿。"① 随后的几年，《东犹太报》陆续发表她的作品，有报道、评论、散文、诗歌，甚至有戏剧小品，体裁多样，但题材都离不开犹太人的命运和生存状态。

克拉拉视自己为锡安之女。锡安（Zion）是耶路撒冷旧城西南的一座山丘，在犹太文化中，它象征着犹太人的家园。她在题为"锡安之女"的一篇散文中充满激情地写道："我亲爱的人民，锡安之女与你同在！你的上帝就是我的上帝。你的国家就是我的国家。你的平等权利也就是我的平等权利。"② 她对犹太身份的高度认同，由此可见一斑。

她有多首诗歌以流散在世界各地的犹太人为题。早在中世纪晚期，犹太人聚居的街区即开始被称为"隔都"（Ghetto），这个词源于威尼斯名叫Gettore的小岛，小岛面积约一公顷，四周是运河，岛上有铸造厂（ghèto），为了防火，工厂附近的居民区建有围墙，1516年威尼斯共和国政府颁布公告，将这里作为犹太人唯一的聚居地，与基督徒的社区隔开。这项宗教和种族隔离的政策，目的是防范犹太人，但客观上也在一定程度上对犹太文化起了保护作用。此后，"隔都"成了犹太人居住区的专有名词。在隔都里，犹太会堂（Synagogue）作为犹太人宗教、社会和文化生活的重要场所，是犹太社团的主要标志。克拉拉在《威尼斯十四行诗》中这样描写威尼斯的隔都：

> 这是古老的犹太人生活区。
> 目光下垂。他们不想丧失自我，
> 于是人们首次在此将他们隔离。
>
> 古老的教堂敞开阴郁的大门，
> 几百年来它喉咙里回荡着
> 犹太人被扼杀的灵魂的悲鸣。

---

① 见 Zhidong Yang（Hg.）. *Klara Blum: Kommentierte Auswahledition*, Böhlau Verlag Ges. m. H and Co. KG, Wien·Köln·Weimar, 2001, 第435–436页、第577页。
② 见 *Die Tochter Zions*, 载 *Ostjüdische Zeitung* 1924年10月9日。

诗人怀着悲愤唱道：

> 你是否听见压抑的教堂歌曲？
> 当中包含着摇晃和延伸，
> 荡漾着对自由的热烈渴望。
> 他们在唱——不断歌唱。
>
> 族群的全部苦难何在？
> 血泪中发生过的事情何在？
> 沉闷的残酷和愚钝的讥讽何在？
> 全泯灭了。只留下了歌曲。

当诗人沉入历史之幽思，为民族的苦难发出一连串拷问的时候，一个色彩斑斓的孩子充满童真，蹦蹦跳跳唱着歌向诗人跑去……正是这些承载着民族未来的孩子给诗人带来了巨大的希望，难怪诗人要深情地对孩子说："小宝宝，听啊，/古老的犹太人区在向未来致意。"

在《切诺维茨的犹太区》中，她描写了自己故乡的犹太家园。在那里，隔都的围墙一百年前已经坍塌，但贫穷使大多数犹太人无法离开狭小的住地。古老的街道紧密相连，路面凹凸不平，小巷弯弯曲曲，人们脸色苍白，衣衫褴褛，凭借幽默面对生活的不幸。诗人讽刺少数获得"解放"和"光明"的富人，他们离开了犹太社区，成为高官和贵族的邻居，过着灯红酒绿的生活，嘴里说着怪声怪调的德语，忘却了隔都的苦难。抒情主体"我"不愿成为封建玩偶的复制品，奋力挣脱父亲托媒为她说项的婚事，她写道："古老的犹太街道啊，我是你的孩子，/我要从我的人民的全部经验中学习。/思考时我强大，仇恨时我更坚强，我要将任何弱点都锻造成利剑。"

作为犹太裔作家，克拉拉热爱犹太人民，热爱犹太家园。在《维也纳的犹太人》一文中，她毫不留情地批评上流犹太资产阶级在犹太区围墙倒塌的时刻"为平等权利的假象一块一块地牺牲他们的犹太文化、犹太习俗、犹太特性"[①]。在她看来，犹太文化不仅受到摧残和迫害，而且在"平等"的诱惑下被遗忘，被蚕食，被出卖。但她并不是犹太教信徒，查阅她填写的履历表，"宗教信仰"一项上填写的是"无"。她曾经用幽默诙谐的语言调侃犹太教的教士和古代圣典。在《萨达古拉的神奇拉比》一诗中，民间传说中神乎其神

---

① 见 *Wiener Juden*，载 *Ostjüdische Zeitung* 1924 年 2 月 11 日。

的拉比失去了以往的威严，人们路过身旁露出嘲笑的表情。与拉比形成对比的是小巷里的鞋匠，鞋匠蹲在矮凳上阅读，他在那里读什么书？"厚厚的一本。他在咀嚼难句。／他兴致勃勃。身体晃来晃去。／他在审查和运用思想的宝藏。／他明白了，懂得越来越多。"拉比想，莫非鞋匠读的是古代圣典《塔木德》。诗的结尾写道："告诉你吧，拉比，那不是《塔木德》。"鞋匠究竟读什么书，诗中没有交代。但从诗人的政治信仰中可以推断，这些书显然与社会民主主义思潮有关。奥地利的工人运动有着悠久的历史。1888年，奥地利社会民主工人党成立，两次世界大战之间曾发展成执政党。克拉拉于1929年加入该党，后因政见不同而脱离该党。据朱白兰称，她高中毕业后就开始学习马克思及恩格斯的著作。她曾在社民党的机关报《工人报》上发表作品，《群众之歌》（1930.11.9）堪称代表作。诗中写道："我们这支灰色大军从奴役深处／缓慢而不可阻挡地流入世界历史。／我们从思想麻木和逆来顺受中／走向社会追讨欠我们的债。"受奴役的工人被称为一钱不值的群氓，他们被逼迫服劳役上战场；如今，机器运转的生硬节奏唤醒他们思考，他们要理智地掌握命运，踏上工人自治的道路，成为新时代的英雄。《阶级斗争》（1931.12.4）一诗同样表达了无产阶级劳苦大众的诉求："我们一无所有。／但正义属于我们。"很显然，克拉拉在认同犹太民族身份的同时，将自己定位在下层的劳苦大众当中。综观朱白兰的作品，她的民族意识和政治信仰在青年时期创作的诗歌中得到了充分的表现。晚年，朱白兰对犹太复国主义运动的态度有所改变，但她对犹太民族的热爱始终如一。

纳粹统治期间，克拉拉的犹太族出身和政治倾向迫使她不得不流亡国外。当时，德语作家主要流亡到巴黎、阿姆斯特丹、苏黎世、莫斯科、纽约、墨西哥等地。克拉拉由于反战诗歌《服从谣》获国际革命作家联盟二等奖，因而有机会赴苏联访问，并留在莫斯科，逃离法西斯的魔爪。流亡期间，她作为反法西斯的德语作家，在德国发动战争时曾为前线写过反战宣传诗，其中最具代表性的是《致德国的年轻士兵》，她在诗中呼吁德国士兵不要上当受骗，不要去为官僚卖命：

为德意志而战，这不该在外国。
你死在这里，置家乡于不顾，
你使它受到正义的复仇，
凌辱，轰炸，燃烧，
你要拯救德国——拯救你自己！

在反法西斯的战场上，这些战斗诗篇如同锋利的匕首投向敌人。正如她在《诗人与战争》中所表白的，面对凶残的敌人，诗人唾弃无病呻吟，更不会写催眠曲。除了创作反战宣传品外，叙事诗是她喜爱和擅长的体裁。翻开诗集《多瑙河叙事曲》可以看到，现实中的人与事成为叙述和抒情对象，作品通过讲述个体的事件和人物，以小见大，反映了多瑙河流域纳粹犯下的暴行以及各族人民反法西斯的斗争。克拉拉的出生地在哈布斯堡王朝解体后曾属于罗马尼亚，当纳粹德国向东扩张、对苏联发动战争时，罗马尼亚以及匈牙利、南斯拉夫等国家曾加入德一意一日轴心国集团，扮演了纳粹马前卒的角色。克拉拉用诗歌讲述了发生在那里的事件：

锡耐亚的山上有一座华丽的宫殿，它是罗马尼亚的王冠钻石。这里居住着罗马尼亚的国王。卡罗尔二世（1893—1953）年轻时在婚姻上追求个人自由，但对人民的自由却不当一回事。外国强权要什么给什么，哪怕舍弃自己的家乡。当投靠法西斯的霍利亚·希马（1906—1993）从德国回来时，他却宽恕了这个双手沾满鲜血的恶棍。（见《锡耐亚的王宫》）

在布加勒斯特的大街上，被纳粹蒙骗的罗马尼亚人驱逐卖艺的犹太青年，到头来遭受法西斯的蹂躏。诗人在《饥饿之歌》中以罗马尼亚农妇的口吻，控诉希特勒匪徒抢夺粮食，鼓动被拉去当炮灰的男人逃离部队。

维也纳是克拉拉青年时期生活过的地方，克拉拉有几首诗描写维也纳。其中，《克内普费尔马赫教授》讲述了曾挽救过6万名患病儿童生命的著名儿科医生在法西斯反犹暴行中被迫害至死。《环行路上的咖啡店》与《"维也纳美女"裁衣店》写的是普通人：咖啡店里的招待员机智、幽默，好开玩笑，敢于怠慢蛮横的冲锋队员，一旦被投入铁丝网包围中，将不再盲目地喷射讽刺与仇恨，而是有目标地进行秘密斗争；裁衣店的女裁缝不惧生命危险，将传单暗藏在衣料中，鼓舞、教导和带领其他女裁缝跟纳粹做斗争，远近的裁缝女工们都非常敬重她，因为她传递的"悄悄话"总是击中要害；在南斯拉夫的塞尔维亚村庄，有一群孩子年龄只有8～13岁，他们奋不顾身保护自己的老师，惨遭法西斯匪徒枪杀；一位农妇因为进行红色宣传而被纳粹政权处死，这没有吓倒她的丈夫，反而激发他参加武装抵抗运动，勇敢地战斗在森林游击队的前头。

《捷列基伯爵之死》则叙述了匈牙利政府违背"一战"后做出的和平承诺，参与纳粹德国发动的战争，首相捷列基伯爵（1879—1941）为了避免蒙受耻辱而开枪自杀。

《偏要对着干》是克拉拉的另一本诗集。其中收入一首诗，题为"被烧死的犹太人"，讲述了但泽地区的一名大夫因为是犹太人，被纳粹浇上汽油活活烧死。诗人告诫大家，屠杀犹太人的刽子手一旦大开杀戒，将进一步屠杀黑人和中国人，他们猖獗地杀戮一个又一个民族，为的是在其他民族的血泊中扼杀本族人民的愤怒。诗集中收入她写的同名诗《偏要对着干》，讴歌一位在罗马尼亚生活的犹太青年，他离开家乡奔赴西班牙，在反法西斯斗争中英勇牺牲。诗的第一节写道：

> 在福克山尼、基尚涅夫、切诺维茨
> 分布着犹太人的居住区，
> 在古老的弯曲的街道里，
> 在那苦难的灰色的地方，
> 盛行着一句古老的话，
> 被侮辱和迫害的人们
> 用来削弱强大的压迫者，
> 它出自犹太人的口："偏要对着干。"

诗的最后一节，诗人再次唱道：

> 在罗马尼亚的犹太街道，
> 拥挤着成千上万的人，
> 群众汇集在一起
> 为年轻的英雄默哀。
> 他们早已不再乞求，
> 这个顽强不屈的种族，
> 咬牙只说一句话：
> "偏要对着干！"

类似的叙事诗在克拉拉的作品中比比皆是。歌德在论述叙事诗时曾经指出："叙事诗包含着某些不可思议的东西，但它并不具有神秘主义，一首诗的这种最终特性在于素材及其处理。叙事诗的这种神秘性源于吟咏的方式。歌手内心藏着精简的题材，其人物及行为、活动，藏得如此之深，以至于不知道怎样呈现出来。为了将激发其想象力和将精神活动的东西表达出来，歌手由此运用了诗的所有三种基本类型；它的开始可以是抒情的、叙事的、戏剧的，并且随意变换形式延续下去，直至结束或者扩展出去。"① 歌德将叙事诗比喻为有

---

① Johann Wolfgang von Goethe. Berliner Ausgabe. *Herausgegeben von Siegfried Seidel*：*Kunsttheoretische Schriften und Übersetzungen*［Band 17 – 22］，Berlin：Aufbau，1960 ff.

生命的"原始蛋"(Ur–Ei),只需要孵化,汇集在诗中的各种元素就会像最美妙的现象展开金色的翅膀飞上空中。克拉拉·布鲁姆生活在动荡和战乱的时代,她的政治抒情诗继承和发扬了欧洲19世纪工人文学的现实主义传统,诗的素材来自反帝反法西斯的斗争生活,具有鲜明的时代特征,抒情主体时而隐藏在幕后如歌如诉地吟唱,时而站在台前,或愤怒鞭挞,或谆谆告诫,或热情讴歌,酣畅淋漓地升华诗的主题。在流亡的犹太女诗人中,她的文学成就也许比不上内莉·萨克斯(Nelly Sachs,1891—1970)和伊尔莎·拉斯克 – 许勒(Else Lasker – Schüler,1869—1945),但她孵化的诗自始至终贯串着反迫害、反战争、反法西斯的主旋律,算得上是德语流亡文学中最具战斗性的光辉诗篇。

对于比较文学的研究者来说,朱白兰诗歌中最引人注目的是诗中的"中国形象"。朱白兰写过不少作品含有中国母题:长城、瓷塔、窑洞、土炕、扬子江、磕头、祭祖、牛郎、织女、嫦娥、象形文字、古代圣人(孔子、老子、李白、杜甫)……但有别于以往的所有德语作品,在她的诗中,中国元素的运用不是为了造成陌生化效果,如布莱希特的一些戏剧和诗歌;也不是为了逃逸到东方,在中国古老文化中寻找精神家园,如赫尔曼·黑塞;更不是为了猎奇或渲染异国情调,如洛可可时期的"中国风";而是源于她的中国情,她要用这些中国元素来塑造自己敬慕的中国恋人,寄托对他深深的思念,并抒发对中华民族的热爱。这个中国恋人,就是我国近代戏剧运动先驱之一朱穰丞。克拉拉与从事革命工作的朱穰丞相识于莫斯科,如她诗中所写,相处时间仅有4个月,但这12个星期是她生命中的"片刻幸福":"我降生在二十世纪,/瓦斯和炸弹的年代。/生命无知地钦佩屠杀,/美失去了动听的声音。/牺牲者的大军环游地球,/表情带着恐惧和愤怒。"

> 然而——我的生命并非全是恐惧。
> 片刻幸福在我的生命中闪闪发光。
> 在岁月的黑暗的逐猎中飘过
> 十二个星期——永恒与片刻。
> 一个远方之子向我伸手,
> 为我绘出最美的时代转折的图画。

这些诗句出自《愤怒的生活报告》。"远方之子"向抒情主体伸出手,为她绘出了最美的图画,对于她来说,幸福的时光虽然只有"片刻",却是永恒

的。在她的恋爱经历中,随即降临的是"无声的告别":恋人突然失踪了。她在《无声的告别》中写道:

夜色已轻轻升起
从翠绿的深渊,
再写一个汉字,
工作便告结束。

蝇头小字将呐喊
和斗争编织到纸上。
最后你想来我这里,
歇息、交谈和生活。

此时,敲门声响了,上级派来的同志传达了命令:

"收拾一下,准备上路,
兄弟,请跟我走。

我们必须悄悄出发,
我受秘密派遣。
走吧,你的祖国在召唤。
帮助他守护自由。"

诗中,恋人被召回国内参加战斗了。而在现实生活中,朱穰丞于1938年6月在苏联的肃反中被克格勃当间谍逮捕,1943年1月死于西伯利亚的劳改营。朱白兰对此却并不知情,她将至死不渝的忠贞,化作情诗一篇又一篇。女性特有的细腻情感、爱的焦虑、历史的悲剧性,使她的诗显得既热烈又委婉深沉,令人读后感到荡气回肠。

她有一首诗,题为"牛郎":"一张东方人狭窄的脸,/侧视的眼中闪着千年的光,/几百年来饱受了奴役,/古老民族久经考验的儿子。"诗中的牛郎是一位赤色的革命者,身上集合了北方人的敏锐、严格的组织性和南方人对自由的渴望、坚不可摧的意志。诗人写道:

因为我经历了阴郁的青年时代
在中午烈日的燃烧中才找到你,

心脏与精神已不再互相矛盾，
　　光添加了炽热，炽热增强了光——

　　因为你每天清晨都开始新的战斗，
　　因为一个女人敢于选择你，
　　敢于面对任何担忧的折磨——
　　我属于你，无论生还是死。

为了表达对恋人的忠贞，在《信念的旋律》中她借用欧洲文学中的两个妇女形象来表达自己的信念，一个是佩涅洛佩，另一个是古德隆。前者是古希腊神话中奥德修斯的妻子，被视为忠于丈夫的典范，据说丈夫离家20年，100多个地方的贵族向她求婚，均被拒绝；后者是德国中世纪英雄史诗中的公主，与西兰岛国的国王赫尔维希订了婚，却被诺曼底国的王子哈特穆特劫走，古德隆拒绝与哈特穆特成婚，历经13年折磨仍忠于赫尔维希，最后终于获救。克拉拉在诗的开头写道：

　　佩涅洛佩和古德隆的故事
　　在我心灵中回荡，
　　我只要坚持——
　　与你相聚的时刻就会到来。

在题为"我的倔强"一诗中，她向恋人倾诉自己遭受的不公待遇。诗中的"你"，是一个在中国封建传统家庭中成长的青年，为救国到巴黎求学：

　　当你踏入索邦的大门，
　　法国人轻蔑地皱起鼻子。
　　你在集会上首次发言，
　　心中的话再也按捺不住，
　　你多么想将红色的骄傲
　　投向旧习俗的世界，
　　却张口结舌语不流畅，
　　因为从小被迫低声说话，
　　你的嗓门无法提高。

经过斗争的磨炼,"你的声音发自喉咙／焕然一新,自由而嘹亮,／不畏艰险,变得愈加坚强。／你说,你用金属般的响声／从成千上万人那里／窃走每个人的心脏和神经"。抒情主体对心中的爱充满了勇气和自信:

> 我为了到你那儿,双脚跑到流血,
> 有什么能将你从我身边夺走?
> 没有人将你给我,也没有人能夺走你,
> 你属于我,这既非注定,亦非恩赐。
> 我赢得了你,凭的是我的倔强。

她向恋人表白:

> 你的目光在我上空燃烧,
> 此乃东方的爱之光,
> 我的古老民族发出的哀诉,
> 你的古老民族忧伤的微笑,
> 融为一体,化作年轻新生的笑声。

在《寄往中国的信》中,她用浪漫的词语描绘了当年两人如何精心搭建爱的桥梁。昔日的爱情好比邻屋间的拱桥,如今像雨后彩虹,跨越国家,用柔和的色彩有力地环抱东方和西方。她曾在自传性的诗《出身》中写道:

> 女性,爱的焦虑,爱的誓言
> 将我和遥远睿智的国家连在一起。
> 语言的钟声,我能听见,
> 它述说着英勇无畏的抵抗。
> 尽管我的渴望如暴风似烈火,
> 可怜的脚步却从未抵达这片疆土,
> 仍而:我的心、精神和身体
> 却认识温柔的、英勇坚强的中国。

为了寻找失踪的恋人,克拉拉于1947年不远万里踏上了中国的土地,并把自己的后半生献给了中国人民的社会主义建设事业。1955年,朱白兰已年过半百,她写下了《致一位老人的情诗》。这是她发表的最后一首情诗,诗中用再朴素不过的话语，向久别的情人嘘寒问暖。此刻，她的爱或许不如盛夏烈日般灼热，但更像深秋的夕阳，给江河大地洒下柔和温暖的金光。

在朱白兰众多的"中国诗"中，有抗日题材的叙事诗，如揭露日本侵略者用鸦片毒害中国人的《鸦片》，讲述为游击队传递消息的《赵妈》，反映狱中为自由而战的《地狱墙上的大字》，颂扬武汉保卫战中掩护老百姓撤退的《保卫者》；也有咏物诗，如《梅花》《集市之歌》；还有寓意诗，如《大师与愚者》《两位诗人》。当然，也不乏哲理诗，如《民族之歌》，诗中从语言文字、历史文化、民族性格，甚至生理特征（犹太人"杏眼"、中国人"眯缝眼"）等方面将中华民族与犹太民族进行比较，呼吁不同民族之间互相交流，增进理解，摈弃种族歧视。但最富有个性、最精彩的，无疑是她的爱情诗。可以毫不夸张地说，朱白兰以中国恋人为题材的情诗，在德语诗坛中绝对是稀世奇葩。

第三章 朱白兰诗歌选译

朱白兰
(Klara Blum)

朱白兰（克拉拉·布鲁姆）先后结集出版的德文诗集有《回答》（1939，莫斯科）、《偏要对着干!》（1939，基辅）、《我们决定一切》（1941，莫斯科）、《多瑙河叙事曲》（1941，莫斯科）、《战场与地球》（1944，莫斯科）、《漫长的道路》（1960，柏林，署名"Dshu Bai-Lan"）。

威尼斯十四行诗（两首）①

一

环礁湖上的城市，恰如海市蜃楼，
用白色大理石基座立于海上，
一旦停止呼喊——便又重新
沉入到混乱丑陋的小街窄巷。

阴沉沉的城门从远处张望，
它通向纵横交错的密集城区，
腐朽的房屋散发出地牢的霉味，
四处弥漫着封闭隔绝的气息。

这是古老的犹太人生活区。
目光低垂。他们不想丧失自我，
于是人们首次在此将他们隔离。

古老的教堂敞开阴郁的大门，
几百年来它喉咙里回荡着
犹太人被扼杀的灵魂的悲鸣。

二

你是否听见压抑的教堂歌曲？
当中包含着摇晃和延伸，

---

① 发表于维也纳日报 *Der Tag* 1926 年 3 月 5 日。

荡漾着对自由的热烈渴望。
他们在唱——不断歌唱。

族群的全部苦难何在？
血泪中发生过的事情何在？
沉闷的残酷和愚钝的讥讽何在？
全泯灭了。只留下了歌曲。

留下了对古老围墙的思念，
还有不计其数的犹太孩子，
他们蹲在腐朽的阶梯上玩耍。

一个斑斓的小不点儿跑到我跟前，
蹦蹦跳跳唱着歌……小宝宝，听啊，
古老的犹太人区在向未来致意。

群众之歌[①]

我们这支灰色大军从奴役深处
缓慢而不可阻挡地流入世界历史。
我们从思想麻木和逆来顺受中
走向社会追讨欠我们的债。

我们被称为一钱不值的群氓，
在军刀和金钱前奋起又伏倒，
我们被主子逼迫服劳役上战场，
却视他们为英雄，钦佩其权力。

---

① 发表于维也纳德奥社会民主工人党机关报《工人报》1930年9月9日。

然而进入工厂，看穿他们的诡计，
我们不再糊涂，理智地掌握命运，
机器的生硬节奏唤醒我们思考，
激情与智力融合于新的自由风暴。

实行自治指明了未来的道路，
人数众多是我们的权利与优势，
最后的依附关系在狂热中破灭，
无名的群众是新时代的英雄。

阶级斗争①

他们分别根据需要拥有
熟练的头脑、耀眼的制服，
飞黄腾达的激情，
慈悲怜悯的浪漫。
他们富有且傲视金钱。
我们一无所有。

我们仅有残酷的现实：
巨大的贫困，
为加薪而苦斗，
还有无聊的琐事纠纷。

他们分别根据需要
狂妄自大或理解穷人，
好为人师乐于说教，
大肆宣扬阶级调和。

---

① 发表于维也纳德奥社会民主工人党机关报《工人报》1931年12月4日。

他们腰缠万贯且花言巧语。
我们一无所有。

我们仅有残酷的现实：
每日激起仇恨，
气得瞠目结舌，
以及被迫自卫反击。

他们分别根据需要
遁入科学和艺术的殿堂，
以便在休息时间享受
平等待遇，并对我们
嗤之以鼻，因为无论去哪里
伴随我们的都是不公。

他们分别根据需要
粗暴地向我们发号命令，
并噘起蔑视的嘴巴。
我们一无所有。
但正义属于我们。

我们团结一致，
我们拥有未来。
我们拥有正义。

服从谣[①]

皇帝、国王、大工业主,
他们需要销售地区,
殖民地炙热地吸引他们,
利润冷酷地吸引他们。
而为何无产者
准备进入战壕?
为了有光荣伟大的机会
向主人们表示服从。
注意!绝对服从!
乖乖地奔赴流血的战场。
你流着汗默默进行军训,
中士因此称你是猪狗,
这一切被统称英雄行为。
绝对服从!
你甘愿去送死,
如果他们对你发出命令,
如果中士推你,少尉大发雷霆,
上校骑在马鞍上破口大骂。
于是你被煽动大肆屠杀
你的兄弟——纯粹出于服从。

[①] 写于1933年,获国际革命作家联盟二等奖,朱白兰因此有机会于1934年3月前往苏联进行为期两个月的学习旅行。由于德国法西斯上台,朱白兰留在莫斯科,开始了流亡生活,并且有机会认识中国近代话剧的先驱者朱穰丞。

一九一八年，
前线的忍耐到了尽头，
受尽折磨的人们终于明白，
他们既不想也不能再战下去。
权力和自治的机会
近在眼前伸手可及，
但他们半途而废，
因为不想冒太多风险。
注意！绝对服从！
绝对服从，切勿随意造反！
要暂时保留私有财产，
谨慎地围绕在容克四周，
因为秩序只能慢慢改造！
绝对服从！
过去的传统
政治家必须尽量维护，
以便老板稳坐安乐椅，
工人胆怯地站在门边，
女人在床上受尽屈辱。
服从的精神由此得到维持。

于是统治者愈加狂妄，
当他们目睹我们手下留情。
人们重新俯首称臣，
成千上万人伏倒在卐字旗下。
他们梦想着新的帝王荣耀
迈向辉煌的战场
向被束缚的劳动者
发泄他们的淫威。
注意！绝对服从！
德意志如今顺从地苏醒。
突袭将我们的自由扼杀，
律法与不公即将启动，
这一切统称第三帝国。

绝对服从!
从头到脚,全部褐色!
优等人种是标语口号。
暴虐者胆怯地在俘虏身上取乐,
法西斯分子唆使发动新的战争,
臣民吞下爱国主义粪便,
陶醉于绝对服从。

但揉成纸团的传单悄悄地传递,
穿过工厂、兵营和街道。
在黑暗和压迫的覆盖下,
民众自身秘密地摇撼。
值得信任的人个子虽小,
却利用地下的力量挖掘。
权力的醉意和血腥的迫害
扼杀不了追求平等的意志。
注意!服从!
你是否思考过服从?
无产者必须服从自己,
然而你却将生命视为联合企业,
并认为这是英雄行为。
对于"绝对服从!"
你一定深有感触:
你不能再听命于他人。
只有无耻的狗才甘愿挨打,
并且趴在主人们面前。
真正的英雄不需要主人
并且唾弃愚蠢的服从。

下一轮战争将使用毒气、
鼠疫、四处撒播的细菌。
如果他们发动这场战争,
人类将会灭亡,
一旦卑躬屈膝、唯命是从,

人类将活不过十年。
只有抬头挺胸，
才有力量继续生存。
停止服从！
给服从踢上狠狠的一脚！
我们不再玩你们肮脏的游戏，
主人们，我们受够了屠杀，
我们必须射击，你们便是靶子。
绝对服从！
你们应当感觉到：
我们不能再听命于他人！
劳动者的手艰难地伸过边界，
阶级最终将炸碎祖国，
世界、精神、心脏在燃烧：
我们拒绝服从战争！！
……

萨达古拉的神奇拉比[①]

人们悄悄说，他能决定生死，
他乘坐在一幅布上横渡大海，
他的微笑给你带来生意兴隆，
他愤怒的目光使你钱财落空。

被抛弃的女人与破产的商贩，
跑到他跟前抱怨和投诉。
受他接见并非易事。

---

① 1937年写于莫斯科，发表于《国际文学》1938年第5期。萨达古拉，朱白兰出生地切诺维茨的一个城区。拉比，犹太教负责执行教规、律法并主持宗教仪式者的称谓。

"下一回吧,拉比正在跟神交谈!"

他的屋里摆满了华丽的古董,
安息日①的灯闪耀着珍贵的光芒,
精美的杯子斟满醇酒,
祈祷时他穿上丝绸长袍。

他靠在窗旁,额上泛起皱纹,
经过修剪的大胡子微微颤抖,
他知道:只因当下状况,
脑子不再那么听从使唤。

人们路过身旁露出嘲笑的表情,
这刺伤了他,虔诚的迷醉顿然消失,
他不再像往日那样在枝桠上
查看卡巴拉②古老混乱的符号。

卡尔帕滕山紫色的峰峦,
狂野壮丽,延绵在天边。
拉比一肚子歌谣和笑话,
民间对此津津乐道。

人们说:他能洞察未来。
无论是真是假——眼光令人钦佩!
人们唱道:他治愈不育的妇女。
此活他从不推辞,乐于接手。

狭窄的小巷向前延伸,起起伏伏,
报童在叫卖《切诺维茨报》,
鞋匠雷帕·蒙纳塞住在那里,
这是他贫穷破烂的小屋。

---

① 犹太教每周一天的"圣日"。
② 犹太教的神秘教义。

鞋匠蹲在矮凳上阅读。
拉比闭上双眼,他知道,
鞋匠的玩笑锋利无比。
他在那里读什么书?

厚厚一本。他在咀嚼难句。
他兴致勃勃。身体晃来晃去。
他在审查和运用思想的宝藏。
他明白了,懂得越来越多。

他挥动拇指,因言之有理而欣喜万分。
他苦思冥想,垂下炽热的脸看着书本,
莫非读的是古代圣典《塔木德》①?
告诉你吧,拉比,那不是《塔木德》。

丰收的花环②

你衣衫褴褛站在我的面前,
——风吹山毛榉沙沙作响——
我,地主的孩子,要将丰收的花环
戴在你,农民的穷孩子的头上。

你跟我一样,卡嘉,同是七岁,
你羞怯地将小手揣在围裙里。
我摸着你黑色的丝发,
我想跟你一样色彩斑斓,光着脚丫。

---

① 犹太教口传律法集,又称口传《托拉》。
② 1937 年写于莫斯科,发表于《国际文学》1938 年第 5 期。

爸爸凶狠地喊道，你将我弄脏了，
他将我抱起，朝着我的脸吼叫。
但我觉得：这是我的事。
他的朋友我并不喜欢。

我要将丰收的花环戴在你的头上。
这是乡间的风俗。你顺从地弯下腰。
我看着你五颜六色破烂的衣裳。
我感到笨拙生硬。我感到羞愧。

童年：山毛榉树轻轻的响声，
家庭的仇恨，无比的愤怒。
我不想再回到过去的岁月。
我将它置于身后，这很好。

可是你，卡嘉，我想与你重逢
在美丽的、令我痛苦的山毛榉之乡。
我想在斗争中站在你的身旁，
看见当年胆怯的手上拿起武器。

整个富饶的土地属于你们，
封建贵族连同残余势力被赶走，
我们的主人——我父亲不再干涉，
于是我们庆祝美丽的丰收节日。

我们在公园的绿坪上跳舞，
而你，身边围绕着自由的农民，
将为自己戴上丰收的花环。
这样，卡嘉，我将不再感到羞愧。

民族之歌[①]

我的人民古老，背负沉重的回忆，
流浪的野性呼啸着穿过他的传说。
你的人民很古老，在他的故事中
你看见屹立着最早的坚固的长城。

我的人民用杏眼观看，孜孜不倦，
黑色的丝绒上燃烧着无声的痛苦。
你的人民用眯缝眼观看，
克制、镇定、谦恭地笑对忧伤。

我的人民说话像唱歌，表达丰富，
带着粗糙的喉音，似乎喉咙干渴。
你的人民说话声音清脆，好比铜钟，
美妙地将话语分隔。

我的人民爱得温柔深沉，
将感觉埋在深深的地窖。
长久抑制的炽热终于释放，
头脑清醒，精神猛烈燃烧。

你的人民善于爱，用古老的艺术，
将风暴和寂静轻轻掌控在手中。
漆黑的夜晚消失在金色的雾里，
让孤独在欢呼声中结束。

---

① 发表于《国际文学》1938 年第 9 期。

我的人民写字一串又一串,
字母排列如同原始森林的木块。
你的人民写字挥动娴熟的手,
将句子绘成许多小幅的图画。

我的人民看着自己的面孔,
嘲讽自己的弱点。
你的人民吟诵典雅的诗句
言说透彻的知人之明。

我的人民热爱逻辑和清晰的结论,
并同时挥动野性的双手。
你的人民知道,最大的享受
莫过于沉入思考的王国。

我的人民浪迹天涯,
遭追捕,被辱骂,无处安身。
你的人民默默耕耘,
被强盗殴打得血迹斑斑。

我的人民热爱逻辑和清晰的结论,
我的同胞中也产生男、女贤哲,
他们教导说,为了建设更美的世界
必须首先有所摧毁。

你的人民默默耕耘稻田,
前沿岗哨上驻守着钢铁般的卫士。
争取自由的斗争需要一个楷模,
在远东,在你们当中找到了榜样。

你和我,彼此更多地交谈,
让我们的人民互相完全理解。
从窗口吹来新鲜的气息,它来自
莫斯科的春天,在额头四周拂动。

"我们的笑话多么风趣,歌声多么嘹亮。"
"我们就这样忍辱负重。"
每个差异都令我们心醉神迷,
每种相似都使我们欣喜若狂。

有人曾扭曲整个世界,
蒙蔽我的双眼使我不明真相。
有人曾将我禁闭在我的同胞中,
误导我蔑视其他的民族。

我深深呼吸,摆脱了昔日的疯狂,
你侧眼审视,黑色眼珠闪着星光。
我从未像今天这样热爱我的人民,
因为我学会了热爱其他民族。

鸦　　片①

意味深长的象形文字呵,
请画出柔和刚劲的笔画,
你应当诉说和描述,
我的人民经受的痛苦。

店主②默默地穿过烟雾
——北平的街道空无一人
寻找他那关闭了的小店,
但已找不到原来的店铺。

---

① 发表于《国际文学》1938 年第 9 期。
② 原诗中使用了一个中国化的名字 Fu-Tschen。

店铺曾摆放得井然有序，
他每天在此出售文具，
规格不同的簿子，各种颜料，
削尖的铅笔，还有精细的纸。

大学生们中午成群到来，
店主满心欢喜，笑脸相迎，
学生们称赞和选购商品，
店主倾听他们的争论。

年轻人高谈阔论，
店主在旁洗耳恭听，
这就是他的全部罪状，
为此店铺被强行没收。

店主站在冷清的街上，
高挂的日本旗在飘扬，
他的店铺变成怎样，
他该如何养活自己？

门帘拉开隐蔽的皱褶——
这已不再是干净的商店——：
昏暗中到处躺着
迷醉在鸦片中的身躯。

"吸吧，华人，此地欢迎你。"
吸吧——外国占领者吩咐！
他夺走了你的光明和生命，
却充当好人为你准备安慰。

吸吧——日本旗在飘扬，
让受苦的心智昏昏欲睡。
要知道在被占领国
不喜欢聪明理智的臣民。

吸吧——幻象在你四周飞舞，
将血的事实抛在脑后。
吸吧——否则将被怀疑
你不是日本的朋友。

吸吧，毒瘾将你身体摧垮，
吸吧，你将失去原有的自尊，
再没人害怕你的自由思想，
《诗经》和八路军秉承的精神。

吸吧，毁掉健康，永做病夫，
吸吧，甘当奴隶，不要抵抗。
于是胜利者说："看这华人！
奴役他是任何人的权利！"

店主默默地眯着眼睛看，
无声地转过身庄严离去，
在他的大脑里电闪雷鸣，
书写的字符放射出光芒。

他们想用什么折磨民众，
人民怎么抵抗他们的毒害：
意味深长的象形文字呵，
你应当诉说和描述。

赵 妈①

细长的绿树冷静而无声
站立在林间的夜晚和黎明,
当日本人向我们发动袭击,
他们不知道树有生命。

丘陵四周微风吹拂,
山势迤逦宛如波涛,
当日本人自诩是胜利者,
他们不知道丘陵会射击。

老大娘双手合拢放在身前,
默默地在他们队列中穿过,
他们轻视地打量这位穷妇,
全然不知她去解放祖国。

翻过山岭,穿过树林,
赵妈走在隐蔽的路上,
脚不停步,斗志昂扬,
年老的她给游击队传递消息。

大娘艰难跋涉,气喘吁吁,
容光焕发,浮现于林间,
她机智的话语迅速传送,
从耳朵经心脏到手中的枪。

---

① 发表于《国际文学》1938 年第 9 期。

梅　　花①

中国人民崇敬梅花，
因为这民族就像她。

寒冬袭来带着冰雪，
她盛开枝头，有红有白。

风雪仍在路上呼啸，
她无所畏惧迎霜斗雪。

精神抖擞地倾听风声，
柔嫩的花瓣翩翩起舞。

风雪中抵抗强暴，
她感到无比幸福。

民间的七则传奇②，
赞扬梅花的骨气。

她教导全体人民，
敢于斗争，懂得珍爱。

她用中国方式教导：
柔者刚，强者弱。

---

① 1938 年写于莫斯科，收入《漫长的道路》（1960）。
② 在西方文化中，数字 7 用于象征众多、全体。

当大地充满恐惧,
百花惊骇地匿迹,

梅花的灿烂光辉
使世界重获信心。

无声的告别①

你明亮的琥珀色的脸
在傍晚的霞光中沉思,
严肃的房间微笑着
淹没于光的波涛。

夜色已轻轻升起
从翠绿的深渊,
再写一个汉字,
工作便告结束。

蝇头小字将呐喊
和斗争编织到纸上。
最后你想来我这里,
歇息、交谈和生活。

敲门声。田忠②站在面前,
出乎预料地低语:
"收拾一下,准备上路,

---

① 写于 1938 年,发表在《国际文学》1939 年第 4 期,后多次再刊,并进行了修改。朱白兰与朱穰丞相处了 4 个月后,朱穰丞失踪了。在朱白兰心中,朱穰丞被召回了中国。
② 田忠(音译),原文为 Tjän-tschung。

兄弟，请跟我走。

我们必须悄悄出发，
我受秘密派遣。
走吧，你的祖国在召唤。
帮助他守护自由。"①

你的感官
像施了麻药，
没有吭声，
你想拿起话筒。

暗中诉说的火焰
斜斜地在目光中颤动。
你又缩回了手，
将嘴唇紧闭。

你的窗前落下了
彩色柔和的晚霞，
你寻思，我如何苦苦等待——
电话机的听筒闪闪发亮。

你琥珀色的脸
如死去般纹丝不动，
在暗淡的光线中
你宛如一座高塔。

穿过黑夜向我走来
男子汉的巨大沉默……
去吧！——我要向你表明，
我像你一样坚强！

---

① 初次发表时，诗的第4、5节如下：敲门声。春来同志。／像往常那样客气地低语：／"收拾一下，准备上路，／党的委托。／／任何人都不允许知道，／你被秘密派遣。／走吧，你的祖国在召唤。／帮助他守护自由。

切诺维茨的犹太区①

一

古老的街道紧密相连,
路面凹凸,巷道弯曲。
沉重的灯上闪动着小小火焰,
凭借幽默面对生活的不幸。

双目仍然闪光,但脸色苍白,
衣衫褴褛,鬓发颤抖,
这群人几乎窒息在贱民街道,
呻吟,讥诮,继续生存。

一百年前围墙已经坍塌,
但他们仍留在发霉的窝里。
贫困抓住他们的头发,使他们
无法离开狭小古老的住地。

二

解放的时刻只为某些人敲响
——他们脑满肠肥,影响广远——
他们交口称赞主人,
颂扬获得光明的时代。

---

① 收入诗集《回答》(1939)。

他们趾高气扬地迁入花园大街，
成为高官和贵族的邻居。
他们被另眼看待，
"虽"是犹太人，却可被接受。

娱乐场花园夜间灯火辉煌，
乐队热奏罗马尼亚乐曲，
他们派头十足地看着菜单，
不愧是喧闹自信的一伙。

他们说的德语怪声怪调，夹杂着
斯拉夫和罗马语族人的傲气和炽热，
花斑斑、傻乎乎的德语中饱含着痛苦，
那是被遗忘了的犹太人生活区的苦难。

古老的怨声延伸着他们的语言，
迫害、辱骂、不停地迁徙。
但他们早已忘却怨恨和复仇，
封建主成了他们的座上客。

他们将封建主当作榜样，
缺乏自尊，却傲慢十足，
他们是喧闹自信的一伙，
恰如嘈杂无耻的婚姻集市。

我该怎么办？难道命运无法改变？
为我预定的丈夫坐在我面前，
在那里，蓝衣军官从阴深的眼里
呆呆地投放出凝滞的目光。

人们背后说，他寻欢逐乐，
他来观看，扮演主人角色，
他不能忍受犹太人，
却乐于弄走他们的女人。

住在花园大街的女人们,
过着空虚、受束缚的生活,她们
娇媚风骚,喜爱危言耸听的事件,
否则她们的精力花在何处?

乐曲奏起,音响热烈,
袭人心肺,让人陶醉,
做一番伟业是我的梦想,
我的生命不应虚度。

首先来的当然是合法丈夫,
然后是律师,聪明绝顶,
然后是父亲的生意伙伴,奸诈油滑,
然后——然后来了蓝衣军官。

我猛地从桌旁跳起
——幸好在嘈杂声中无人发现——
我一鼓作气不停地奔跑,
奔进黑夜寻找我的答案。

三

我在愤怒中跑了半座城市。
目的地到了。冷清的月光
照在成群黑暗发霉的屋上,
里面住着压抑窒息的贫民。

古老的街道紧密相连,
路面凹凸,巷道弯曲:
贱民的摇篮是我们出身的地方,
赌场里的我们,爱炫耀的流氓。

我们是什么？封建玩偶的复制品，
但力量在这里拼搏、思索、认知，
用他们施舍的残羹维持生命，
以便未来拥有整个世界。

被愚弄的人懂得了清晰地推理，
遭受不公的人增强了正义感，
被嘲讽和蹂躏的人
炽热地燃烧起自尊。

古老的犹太街道啊，我是你的孩子，
我要从我的人民的全部经验中学习。
思考时我强大，仇恨时我更坚强，
我要将任何弱点都锻造成利剑。

你教导我，去挣脱离开这里，
忍受艰辛和饥饿、疾病和痛苦，
并将一切困难全部征服，
凭借的只是我野性的正直。

我将额头贴在你的墙上。
从今以后我只服从自己。
跟随我的情感和理智。
唯有如此，我才走得正确。

偏要对着干!①

在福克山尼②、基尚涅夫③、切诺维茨
分布着犹太人的居住区,
在古老的弯曲的街道里,
在那苦难的灰色的地方,
盛行着一句古老的话,
被侮辱和迫害的人们
用来削弱强大的压迫者,
它出自犹太人的口:"偏要对着干。"

在布勒伊拉④、雅西⑤、黑尔察⑥、布加勒斯特⑦
分布着犹太人的居住区,
那里的人们遭受逼迫、威胁、扼杀,
房屋挨着房屋,墙贴着墙,
在贫困、绝境和呻吟中
一朵人类之花突然盛开,
它硕大而又艳丽。

年轻爱思考的埃米尔·施耐贝格⑧,
听闻远方国家发生战斗,

---

① 发表于《国际文学》1939 年第 4 期,收入诗集《偏要对着干!》(1939)。
② 罗马尼亚县城。
③ 位于东欧,1918 年至 1940 年属罗马尼亚,1941 年被德军占领,犹太人遭集体屠杀,"二战"后成为摩尔多瓦社会主义苏维埃共和国的首都,1991 年苏联解体后成为独立的共和国。
④ 罗马尼亚城市,布勒伊拉县首府。
⑤ 罗马尼亚城市,雅西县首府,1941 年犹太人遭集体屠杀。
⑥ 位于乌克兰西南部,靠近罗马尼亚边界。
⑦ 罗马尼亚首都。
⑧ 暂无相关信息。

他离开家乡的犹太区，
奔赴西班牙的海滨。
在瓜达拉哈拉①的前方，
他靠近敌人，注目而视，
清楚地看见，同一个敌人
在家乡压迫他的人民。

这位沉默的犹太青年
迸发出无穷的力量，
他凭借敏锐的洞察力
深刻地掌握战争的科学。
他细心地吩咐和提醒，
注意不伤害任何人，
每位自由战士的心，
对他都充满了爱戴。

他冒着枪林弹雨
察看作战的前线，
分析战场的情况。
年轻人满脸和蔼。
突然他摇晃倒地，
目光仍注视阵地。
在他最后的笑容的上方，
笼罩的橄榄树高大无比。

在罗马尼亚的犹太街道，
拥挤着成千上万的人，
群众汇集在一起
为年轻的英雄默哀。
他们早已不再乞求，
这个顽强不屈的种族，
咬牙只说一句话：
"偏要对着干！"

---

① 西班牙的省份，离马德里50千米，此处曾发生重大战役。

李家祭祖①

遵循中国古老的礼仪，
《礼记》中记载的信条，
李家后人来到墓地，
举行隆重的祭祖。

每年拜祭祖先，
乃自古不变的传统，
一群庄重的后人，
为逝者献上祭品。

一轮清凉的明月
在远处升上蓝天，
岩边生长的小花
在坟头深深地低垂。

他们唱起古老的歌谣，
不带表情，声音低徊，
手捧精美瓷器，还有丝绸，
柔滑如婴孩的脸蛋。

"我们李家祖先，
自古埋葬在此，
今年祭品微薄，
恳请祖先谅解。"

---

① 发表于《国际文学》1939 年第 10 期。

此刻——清凉的月亮
将洁白的余辉洒满道路，
寂静的地平线用战斗的声音
发出雷鸣般响亮的问候。

大地的花朵傲然挺立，
将花萼朝向光明——
李家后人空着双手
对着祖坟呼唤……

虔诚的老父亲说：
"看啊，我们按习俗上坟，
却没有献上祭品，
省下的东西，全属于人民。"

当军官的长子说：
"我们没能献上祭品，
我们拥有的一切，
用于打鬼子解救祖国。"

"看啊，人民不断抵御，
群鸟飞翔，坚如钢铁，
崇拜祖先的中国人，
用狂飙和烈焰祭祖。"

上大学的弟弟说：
"伏在坟前有何用？
我们新青年懂得，
朝前看，不再后退。"

次子的媳妇说：
"过去的已经成为过去！
无论姓李，姓王，姓赵，
我们都是中国人。"

慈祥的老母亲说：
"请祖先理解我的子女，
重新恢复中华的光荣，
是他们衷心的愿望。"

年轻的生命走自己的道路，
从来没有如此勇敢和一致：
李家后人隆重祭奠
他们崇敬的列祖列宗。

地牢墙上的大字①

地牢墙壁上
有几个大字，
写得一丝不苟，
字体秀美有力，
烈士已经牺牲，
墙壁遗下绝笔：
反对日本
直到胜利。②

她是个女学生，
年纪如此之轻，
即使是盛怒，
声音仍然甜美，
一双蛾眉秀目

---

① 发表于《国际文学》1939 年第 10 期。
② 该诗收入《漫长的道路》（1960）时，此句改为："为自由而战 ／ 直到胜利。"

充满童真聪明,
姑娘秋水盈盈
映出心中的未来。

南京的大学生们,
倾听了她的呼吁,
放下书本离开教室,
拿起了反抗的武器。
胆怯的敌人
被她的坚强激怒,
凶相毕露,
将她处死。

牢房空空荡荡,
晨曦中显得灰暗。
口号铿然有声,
墙上历历在目。
秀丽的象形文字,
出自她的手笔,
每一横每一竖,
姑娘悉心写成。

这位中国姑娘
手不发抖心不跳,
哪怕死神
已站在门槛,
哪怕顷刻
将被瞄准和击中,
她仍头脑清晰,
写下端庄的字体。

地牢墙上的大字
向世界证明:
牺牲的姑娘

是伟大的英雄。
她倒在血泊中被残杀，
但嘴巴永远不会沉默：
"跟刽子手斗争
直到胜利。"

母　　亲①

1913

你以为我只对洋娃娃感兴趣。
你将我当作小孩。你太不了解我……
你想离开父亲，你要学习，
我看出来了，并认为你是对的。

我八岁了。我学会了静坐和玩游戏，
我要独立地形成自己的见解。
家里来了许多客人，又胖又蠢，
他们抚摸我，闲聊中将我当话题。

他们坐在沙龙里打扑克。
男爵每次吃牌都咂舌作声，
家庭女教师躲在花园里偷偷哭泣——
这里的一切不适合你也不适合我。

让他们嘲笑你是蓝袜子②吧，
我安静地游戏，记住每句话。

---

① 朱白兰的母亲名叫蔡齐丽·布鲁姆（Cäcilie Blum, 1876—1937），娘家姓坎纳（Kaner）。诗中缅怀了母亲在1913年离异后带朱白兰逃往维也纳的往事以及1937年去世的情景。收入诗集《回答》（1939）。
② "蓝袜子"是当时人们对热爱文学的妇女的戏称。

你让我看许多书中的图画
并且思考着如何逃离这里。

你现在必须告诉我诉讼的详情。
那位法官简直是愚蠢透顶,
没有问我便做出这种决定。
由他去吧。我们逃走,我们自由了。

他说,我因此必须留在父亲身边?
何谓"经济上强些"?意味着富有?
警察试图找到我?
维也纳很大,要找没那么容易。

在这儿我们用你做姑娘时的姓名,
我知道,母亲,我非常理解你,
我不会泄露我们来自哪里:
"来自切诺维茨?有这个城市吗?"

这里的公寓房间挺好,
狭小简陋,没有陈设。
你将在灯光下学习,
成为最聪颖的女学生。

我突然大吼——你偷偷哭了:不
——童年的梦想是我们最大幸福,
警察将我带到父亲那里,
而你……你将独自回去。

你站在那里,睁大眼睛看着我:
"你身边不可以没有我,
他们不应当扼杀你自由的心,
我的孩子,我不让你独自留下。"

你去世了。这是可以预见的。

你的心脏有病,毕生受尽折磨。
我努力看懂你信中的每一行字,
这是你临终写下的绝笔。

"我已多年没有见到你,
真想在离世前再次相见,
但你不得不坚守岗位,
为人类的进步而奋斗。

"高烧之下我的心脏微弱地搏动,
我的双肺艰难地呼吸。
我梦见你伟大的苏维埃国家,
它赋予你自由公民的权利。

"马赛曲在我耳中响起,
我愿忍受你不在身边:
我不是为自己而是为人类生下你。
孩子,我虽孤身一人你不必担心。"

诗人与战争①

(三个版本)

版本一

城市上空毒气弥漫,
防毒面具显得狰狞,
恐惧中忘却饥饿,

---

① 写于1940年,发表在《国际文学》1941年第9期,改写后收入《战场与地球》(1944),另载拿·希克梅特等著,袁水拍译:《五十朵蔷红花》,上海平明出版社1954年版。

盘中食物又冷又冻，
诗人啊，你是否保持沉默？

肢体残缺的年轻身躯，
弯腰曲背，呻吟着绕弯潜行，
成千上万强壮无知的新兵，
做好准备："服从命令上前线！"
你是否保持沉默？

如果这是过失，我愿承认，
我不能歌唱忍辱负重不作抵抗，
我不会为此发出任何声音，
在愤怒中窒息，我甘受责备。
我的战歌何时响起？

当印度温顺的声音终于呐喊，
梦想者的脸上怒火燃烧，
当远东的人民如同兄弟
为他们的独立顽强战斗，
我将学习谱写诗歌！

当黑人终于感到危险，
在年轻炎热的黑非洲，
面对争夺猎物的列强
切齿怒吼："决无可能！"
我的诗句将熠熠生辉。

当欧洲知情的无产者
（他们经常受骗失去荣誉）
终于醒悟掉转枪口，
我并肩战斗扣响扳机，
我的诗歌将结出硕果。

如果这是过失，我愿承认：

我不能歌唱忍辱不作抵抗!
当人们终于奋力扔掉
最大的耻辱:忍耐——
我将唱响我的战歌。
(写于1940年,发表于《国际文学》1941年第9期)

版本二

当布拉格乌云密布,
愤怒的闪电划破长空,
当它扔下嗜血的疯狗,
威严的古堡光芒四射,
我欢乐的歌在壮大。

当北海之滨快活的人民
友好安详地种植鲜花,
当他们被暴君套上链条,
终于挥动拳头将暴君驱赶,
我找到了音响和字句。

当百万黑色的眼睛威风凛凛
在布加勒斯特的光辉中闪耀,
多伊纳的魔幻旋律
为希特勒奏响最后的舞曲——
我的意象将接连涌现。

当斯堪的纳维亚的高大儿子
挺起胸膛不再折腰,
当波兰的孩子们不再痛苦地沉默,
我的维也纳喷发愤怒、仇恨和讥讽,
我的诗节将形成。

当自由人民的美丽家园

投射出明亮和蔑视的目光，
举起千万双强大正直的手臂，
将钢铁和谎言的构成物击碎，
我的韵脚将建起桥梁。

当德国人民了解真相，
不再被人骗走荣誉，
当他们终于掉转枪口，
我并肩战斗扣响扳机，
我的诗歌将结出硕果。

如果这是过失，我愿承认：
我不能歌唱忍辱不作抵抗！
当人们终于奋力扔掉
最大的耻辱：忍耐——
我将唱响我的战歌。

[收入《战场与地球》（1944）]

版本三

当骄傲的城市布拉格重新站起来
头戴愤怒的光冠，
把哭泣的暴君驱入黑夜，
当卖国贼在光天化日之下打颤；
我将重新歌唱。

荷兰人民从来爱好和平，
他们料理着美丽的庭院，孩子穿得温暖，
把郁金香保护好不受冬季的风暴侵凌
当他们把犁耙铸成刀剑，
我将有了字句。

当发光的布加勒斯特的百万眼睛

在燃烧的空气中射出火光,
当那儿的吉卜赛音乐
为希特勒奏出最后的舞曲,
我的诗句将要舞蹈。

当所有的北欧人挺起了腰,
不再向任何人屈膝求怜,
当波兰重新成为一片战斗的土地,
当我的维也纳发出愤怒和蔑视的呼斥,
我的诗节将要形成。

当自由的人民把全世界的死亡和欺骗一起扫除,
用钢铁的双手,用骄傲的坚决的眼睛,
清算那些刽子手,像蜷缩的苍蝇一样,
使这圆圆的大地永远散布芬香,
我将有了韵脚。

当德国人民明白了
他们所做的事,掉转枪头
洁净了空气,消毒了土地,
我和大众一起,向前进军开枪射击,
我的诗将结起果实。

如果要责备,那就责备吧,
我不为无病呻吟写催眠曲。
当我们把我们的最坏的耻辱,
那就是忍耐,抛弃在后面——听吧,
我将歌唱我的战歌!

[载拿·希克梅特等著《五十朵蕃红花》,袁水拍译,上海平明出版社1954年版]

保卫者[①]

一座小小的渔村
坐落在扬子江畔，
住着汉口来的难民，
儿童，妇女，还有一个老汉。
他们有一尊小雕像
用象牙精雕而成：
"正是他拯救了我们，
他是我们的保卫者。"

不是法师，不是妖魔，
没有横眉怒目和狰狞，
不是三头六臂的菩萨，
也不是其他的神仙。
这是个普通的年轻人，
安详而熟悉的面孔，
带着关怀备至的微笑，
朴实的双眼略为倾斜。

老汉说："这场大战
颠覆了整个世界。
年轻人如此英勇，
令老人惊讶佩服。
以老为尊的习俗

[①] 1938 年 6 月至 10 月，中国军队在武汉地区同日本侵略军展开会战，打破了日本企图早日结束战争的妄想，中国抗日战争由此进入战略相持阶段。朱白兰在这首诗中歌颂了武汉保卫战中的中国军民。该诗 1940 年写于莫斯科，收入《漫长的道路》(1960)。

看来已经过时。
一个年轻的共产党人，
在我眼前闪耀。

"在家乡黑暗的岁月，
——苍龙不祥地嘶叫——
众人万分惊恐，
盲目地你推我拥。
这位年轻的雇农，
（我看着他从小长大），
脸带笑容，边安慰边指挥，
安排混乱的人群疏散。"

慈祥的老奶奶被称为"冬太"，
意思是"冬天的太阳"，她说：
"由于他的在场，
大家不再慌张。
人们井然有序
踏上逃生的路途。
我们不再惧怕死亡，
因此平安逃离。

"他帮助我们上船，
细心地搀扶着老汉，
我们终于成功逃亡。
船只沿江逆流而上。
难民开始匆忙登岸，
他扶老携幼，百般叮咛。
不幸被致命的轰炸击中，
只见他倒地身亡。"

名叫爱菲的姑娘说：
"我给自己和所有人
刻了这尊雕像，

并非因为他保护我们，
而是因为他的教导：
临危不惧方可取胜。
我要牢记他的教诲，
成为像他那样的人。"

宽广的扬子江畔，
伫立着肃穆的小屋，
象牙雕刻的塑像
闪烁淡淡的光芒。
不是六臂的菩萨，
而是普通的凡人，
他将逃亡的难民
造就成英雄人民。

寄往中国的信①

李白的诗人慧眼曾明察，
恋爱之桥如瓷器精巧搭建。
小河中微光闪烁，倒映出
拱形易碎的路将邻屋相连。

目光飞过来飞过去，监视严密，
富于想象的敏感萌发出小诡计。
折扇举起来又放下，来回摇摆，
丝绸上挥笔写下隐晦的文字。

---

① 首次发表在《国际文学》1940 年第 8 期上，题为"寄往陕西的信"，收入《我们决定一切》，曾用"桥与彩虹"作为标题再刊于《战场与地球》，1960 年收入《漫长的道路》，标题改为"寄往中国的信"。

昔日的图像笔画洒脱，向你展示，
爱情好比邻屋之间的拱桥。
这封信艰难地前往你家乡，
向你展示，如今爱情像雨后彩虹。

爱曾跨越邻屋，如今跨越国境，
用柔和的色彩将东西方紧紧环抱，
它覆盖战场的骚乱和默默的理解，
还有数以百万目睹死亡的年轻人。

看啊，空军英雄翱翔飞越彩虹①，
陆军战士②保卫老幼呼喊着倒下，
女游击队员③滑行，敏捷又无声，
太湖岸边的人民称她为金花。

彩虹容纳了你们祖国的骄傲和磨难，
容纳了你和家人，还有你的人民，
容纳了漫长的道路，越过荒漠和山川，
这条路我走定了，踏上它到你们那里。

无限思念，蠢蠢欲动，忧悒不安，
每夜的相思梦被炮火的轰鸣划破——
你说，我的心如此苦楚和忧伤，
怎么做到见你之前保持不碎？

因为爱不再短暂，脆弱，浅薄，
如同邻屋之间雅致的小桥，
因为爱恰似彩虹跨越千山万水，
用柔和的色彩将东西方紧紧环抱。

---

① 原诗中空军英雄名为 Chong，后改为 Hung，此处略去不译。
② 原诗中战士名为 Wu Gao-njän，此处略去不译。
③ 原诗中的女游击队员名为 Tjin，此处略去不译。

信念的旋律①

佩涅洛佩和古德隆的故事
在我心灵中回荡,
我只要坚持——
与你相聚的时刻就会到来。
睁开眼睛
我看见你,
闭上眼睛
我仍看见你。

向东去,穿过沙漠,
呵,我的道路漫长。
现在我歇息
在坚硬的土炕上。
农舍矮小,
苍天轰鸣。
我们的岗哨佩带武器,
微笑着靠在门旁。

---

① 首次发表在《国际文学》1940年第12期,收入诗集《我们决定一切》(1941),1960年收入诗集《漫长的道路》时第一节的前两句改为:"轻轻的音响来自遥远的东方／穿过我的心灵";第二节的前四句改为:"越过山脉、河川、道路,／越过海洋和沙漠,／我终于找到回乡之路／来到你的祖国。"

你向我解释，
那里的窑洞如何产生，
你们如何在战役之间
为了祖国刻苦学习。
你们的窑洞是高级学校，
挤满了人，鸦雀无声。
从古老的象形文字中
散发出新的光芒。

每天夜里
我在睡眠中不断被催醒。
现在静静地躺在营地上
倾听你诉说。
睁开眼睛
我看见你，
闭上眼睛
我仍看见你。

秀丽的高塔
具有千年的价值，
被阴险的炸弹击中，
碎成一堆瓦砾。
但你的人民的思想，
充满智慧的童话，
却耸立得更高，
更加巍峨。

看，在你的言谈中
现在又响起了童话：
银河哦穿越云天
启动了它的运程，
年轻的娇妻私奔，
忍受不了凶狠的官吏，
飞上茫茫的苍穹，

化作了月亮女神。

中国的童话犹如钟声，
从瓷塔上清脆地传出。
它们回荡着美妙的音律，
我逐渐进入梦乡。
睁开眼睛
我看见你，
闭上眼睛
我仍看见你。

黎明鼓声阵阵，
苍天发出轰鸣。
迎着凄凉的秋风
我们踏上艰苦的征程。
大地上有什么东西
能比女人的手更高傲，
它几千年被剥夺了武装，
如今拿起了刀枪？

——这算不了什么：子弹呼啸
只是短暂的一击，
黑夜降临眼前，
又将迎来白天。
听，火炮的轰鸣
——真奇怪——减弱了，
宛若宁静美丽的和平
已经赢得胜利。

向我弯下的头颅
悲伤地低声细语。
我知道：我正在死去，
且知道：我永垂不朽。
睁开眼睛

我看见你，
闭上眼睛
我仍看见你。

牛　　郎[①]

一张东方人狭窄的脸，
侧视的眼中闪着千年的光，
几百年来饱受了奴役，
古老民族久经考验的儿子。

华北人的敏锐，严明的纪律性，
华南人不屈不挠对自由的追求，
血液如南方炙热，如北方沉重，
将你造就成赤色的革命者。

因为我经历了阴郁的青年时代
在中午烈日的燃烧中才找到你，
心脏与精神已不再互相矛盾，
光添加了炽热，炽热增强了光——

因为你每天清晨都开始新的战斗，
因为一个女人敢于选择你，
敢于面对任何担忧折磨——
我属于你，无论生还是死。

---

① 朱白兰在自传体小说《牛郎织女》中为男主角起名为张牛郎，而早在来华之前，她已在这首名为"牛郎"的诗中抒发了对朱穰丞至死不渝的爱与日日夜夜的思念。该诗收在诗集《我们决定一切》（1941）中，同时刊载的还有《无声的告别》《寄往陕西的信》等诗。

饥饿之歌①

宽阔的多瑙河碧波荡漾,
穿越罗马尼亚炙热的大地,
茂盛的原野郁郁葱葱,
娇小的野花漫山遍野。

野生的花朵,民间的诗歌,
盛开在灿烂的阳光下。
罗马尼亚的乡村妇女
喜欢嬉戏、抱怨、梦想、沉思。

她们即使干活累了,
却仍有唱歌的力气,
挥动着手中的镰刀,
用歌声为孩子催眠。

她们编造童话和传说,
哼唱多伊纳②悠扬的歌声,
各种各样民歌的旋律
在田边茁壮地生长开花。

农民们用愤怒和哀伤
浸透他们的歌曲,
耕地的表层长出
白色的饥饿之花:

---

① 收入《多瑙河叙事曲》(1941)。
② 多伊纳(Doina),罗马尼亚的一种民歌曲调。

"希特勒匪徒来了,
夺走我们的面包,
我们富饶美丽的土地,
被狗崽子啃得精光。

"我唱着饥饿之歌,
绞着双手哀诉,
我唱着饥饿之歌,
绞着双手哀诉。

"希特勒匪徒来了,
将我的丈夫拉走,
他不得不向俄国人开枪,
流血丧命,充当炮灰。

"我唱着饥饿之歌,
绞着双手哀诉,
我唱着饥饿之歌,
绞着双手哀诉。

"晚上有人敲门:
'我回来了!我逃离了部队!'
我从梦中醒来,大声喊叫,
这是我的米哈拉赫①。

"他唱着饥饿之歌,
威武地挥动镰刀。
我唱着饥饿之歌,
威武地挥动镰刀!"

---

① 罗马尼亚人的姓。

我的倔强①

一

一九三三年
你在维也纳，我们还不相识。
你来学习科学，
看西方人如何讲授。
这远不如在巴黎、伦敦那么容易，
那里有许多你的同胞。
在此，课堂上你孤单一人，
东方人的面孔显得异样。
你毕生
从未如此孤苦伶仃。
沉闷的城市侵袭你的肺部。
不懂汉语的人们护理着你，
重病缓缓消退。傍晚
你漫步在静静的多瑙河岸，
小心地呼吸着夜晚的空气。
树叶沙沙地落下，
你想起古人②的诗句：
"落叶纷飞人孤独，
秋风萧飒绿树枯。
唯有秃枝在眼前，
不见远方故乡土——"

---

① 收入《我们决定一切》(1941)。
② 原诗中使用了一个中国化的姓名 Wang Pi-Tzi。

啊，使你生活失去乐趣的一切
再次呈现在你的眼前：
狭隘、严厉、虔诚的父母
遵循呆板讲究的旧习。
你若大声讲话就要挨打，
父亲面前只准低声细语，
倘若伯父乘轿而来，
你须跪地再三磕头，
幼嫩的额头撞得又红又痛。
当你踏入索邦①的大门，
法国人轻蔑地皱起鼻子。
你在集会上首次发言，
心中的话再也按捺不住，
你多么想将红色的骄傲
投向旧习俗的世界，
却张口结舌语不流畅，
因为从小被迫低声说话，
你的嗓门无法提高。
心中滴着鲜血，
难受的嘴巴慢慢形成
你的人民独有的客气微笑。

你在运河边走呵走，
河水静静地在阴暗中流，
如果现在世上有一个人，
她只需知道当年的情况。
清楚想象到你受的苦，
回忆的一切痛楚
便会全都消除。
当时，
我在河的另一岸踱步。
想象着我仍在大厅里

---

① 指法国著名的索邦大学。

跟那位衣冠楚楚的官员争论。
我事后聪明地责备自己：
"我本应对他说……"
他风度翩翩将我们打发走。
"不举行总罢工了"，费尔德喃喃地说，
"天气不好，向后推迟。"
一阵沉默，锐利的目光恰似女裁缝，
同志抬头说："往后就太迟了。"
"那也没有法子。"路易斯叹气说。
"算了，克拉拉，他不会听你的。"
你们将会怎样，你们三人？
你还要开多久玩笑，招待员费尔德？
你还要聪明地量度多长时间，同志？
你还要阅读多久，失业的路易斯，
阅读你成堆的书籍？
如果人们硬要我们放弃斗争，
你们将会怎样，大家将会怎样？
我为何要等待和乞求行动口令，
为何要默默忍受他们的蔑视？
让这些傲慢的阻拦者见鬼去吧，
倘若我自己看得一清二楚。
为什么没人为我解疑？

我们向大桥走去，你和我，
在大桥的两头停下脚步，
然后转过身体面对着面。
我的路通向你，
你的路通向我，这只是开始。

二

一九三八年，
你在我的房间，在我身旁，
叙述你在多瑙河畔的漫步，

岁月，日子，时辰。
外面，用斯拉夫的宽广音调
唱响莫斯科的春天。

你的路通向我，它穿过硝烟，
穿过地下的狭窄通道，
穿过月夜的银辉，
你的声音发自喉咙
焕然一新，自由而嘹亮，
不畏艰险，变得愈加坚强。
你说，你用金属般的响声
从成千上万人那里
窃走每个人的心脏和神经。
我的路通向你，
它穿过敌人的化装舞会。
我兴奋地开始工作，
突击队员笔直地站在我眼前，
昔日教堂成为明亮的阅览室，
地铁大厅中灯火辉煌，道路畅顺，
我在莫斯科，在同志们身旁，
自认为已经到达目的地。
然而在他们当中坐着害人虫，
一个阴险的托派分子，
盛气凌人，脑袋光秃，
用密探的眼光打量我，
用骗取的权力试探我。
他示意人们将我孤立，
下达命令不给我工作。
他狡诈地警告：这里有点不对头。
他发出冷笑：不必为她惋惜。
同时还大声喊叫：我就是党。

身处美如鲜花的苏维埃国家，
我却挨饿，受到排挤，

所到之处，人们中止交谈，
一旦离开，人们就交头接耳。
我逐个人问："这是为什么？"
大家按害人虫的密令冷漠回答：
"你没有被排挤，这只是你的梦幻，
找不到工作，这只怪你倒霉。
所有这一切都是幻觉，
你显然患上了被迫害狂想症。"
敌人带着红色面具，玩弄权术，
在我四周狂欢乱舞：
"怎么样？终于要发疯了吧？
终于可以使你精神错乱了吧？
这样，我们就不必为我们的游戏
继续恐惧你狂野的正直。"
我孤独，陌生，无名无姓，
我不断地写呵写，在长信中
描绘和投诉这个伪君子，
并附上大量的证据。
我久久没有得到答复。
我渴望尽快改变这个世界。
遭受诋毁、折磨、饥饿，
我的渴望愈加强烈。
我对自己说：不要抱怨。
你身在自己的国家，在这里，
任何人都可以争取自己的权利。
党和人民同样会保护你。
即使伪君子有时会造成迷惑，
但有朝一日，苏维埃的人民
将看透和砸碎他们。
而你，你必须帮助苏联人民。
我在无眠的夜晚埋头苦读，
磨砺大脑投入战斗。
我塑造诗歌，使它如我一般愤怒，
但比我更加深刻、美丽、强大。

这些诗歌反过来又塑造了我，
使我比以往更加坚强。

一天夜晚
在一间华丽古老的大理石宫殿——
从前，这里是贵族享乐的地方，
如今它属于人民所有——
我胆怯地混进去开会，
四周是空荡荡的房间，
站着那个狡诈的秃顶密探。
他讥笑地看着我，前呼后拥，
受人尊敬。我孤身一人，
再也无法忍受，奔跑回家，
用拳头紧压着脑袋。
只听见阵阵低语：屈服吧，
绝望吧，死心吧。
这是你命中注定：
你如同麻风病人，必须隔离。
你是个倒霉鬼，不会得到幸福。
在此时刻，亲爱的人，我要呼喊：
我才不理睬什么命中注定的东西。
我的命运？我们认识这种"命运"，
在它的后面藏着具体的男人和女士。
我要告诉你们这些头戴面具的人，
即使你们不恩赐，我也会拥有。
你不是将我握在手中吗，害人虫？
不错。但你手中握的是一只马蜂，
你很快就会痛得松手放开我。

我坐着写歌，写一首狂野的歌，
倾诉我的苦恼和信心。
他在会议厅里的讥笑仍踏着旧步
在我胀痛的眼前飞舞。
黑夜渐深。我在写。

黎明来临。我仍在写。
中午，一个年轻的楼友
急促地敲响我的房门：
"一个小时前此人被捕了，
他的魔鬼把戏终于被揭发。
他诋毁中伤正直的同志，
将他们折磨至半死，
并向主子报告：'一切顺利！
我训练有素的靴子踏到哪里，
哪里就生长不出红色干部。万岁！'
他自信可以永远愚弄我们，
像胜利者那样自吹自擂——
他们今天来了，平静，客气，
毫不动摇。我当时在场……
他再也害不了任何人。"
在我的四周
渐渐露出了人们的脸。
我洗脱了造谣和怀疑，
突击队员向我伸出了手，
真相大白江山光明，
生活欢乐道路美好。
这种生活也接纳了我。
我顽强不屈的斗争
总算有了盼望已久的答案。
精神和心灵的孤单过去了，
一切使人幸福的东西
又重新归我所有。
我找到了通向国家，
通向工作，通向你的道路。
对我脑袋的疯狂试探归于徒劳，
对我心脏侵袭的疾病宣告无效。
如我心愿，一切终于结束。
因为，你就在我身旁，
完全像我想象的那样，

自从我倔强炙热的头脑
会正确地思考，早已将我
有力地吸引向你伟大的人民。
刚才，日本人的子弹在你耳边呼啸，
阶级敌人的利剑刺伤我的心，
现在，黑夜里散发出光芒。
你的目光在我上空燃烧，
此乃东方的爱之光，
我的古老民族发出的哀诉，
你的古老民族忧伤的微笑，
融为一体，化作年轻新生的笑声。
我还惧怕什么？
我为了到你那儿，双脚跑到流血，
有什么能将你从我身边夺走？
没有人将你给我，也没有人能夺走你，
你属于我，这既非注定，亦非恩赐。
我赢得了你，凭的是我的倔强。
你不是我的命运，你是我的胜利。

大师与愚者①

孔老夫子乘坐华车
前往周国办理公务。
迎面吹来缓缓和风，
令严肃的孔子感到不爽。
夫子举起高雅的折扇
挡住四周吹拂的香气。
此行的目的地令人讨厌，

---

① 收入《我们决定一切》（1941）。

南方的乡间总算到达。
突然
路边蹦出一个愚者，
他是周国著名的圣人，
手舞足蹈、欢天喜地，
跳到孔子的车旁。
这位隐士不拘礼节
开始向孔子发问。
他又是挖苦又是讽刺，
流着眼泪开怀大笑，
脚步不停舞蹈不止。

大师客气而庄严地说：
"你问我为何来此？
在你们国内建立秩序，
是我的义务和重任。
你们南方人喜爱闲游，
兼备明智、纵情、圣洁。
你们应学习北方成熟起来，
领会礼仪、法制以及国家。"
——"大师，
你那北方的冷酷的感觉，
显得如此狭隘和无情，
毫无用处，我不欢迎。
你和你的国家法律，
最好离我们远些。
充满幻想自得其乐，
沉迷于无拘无束
高深的精神游戏，
宛如男女嬉戏，
这是我们的方式。"

"牢记《礼记》的教诲，
你才会吉星高照：

儿子要服从父亲，
父亲要服从君主。
阶梯等级意义非凡，
地位尊卑一目了然。
若要登上更高梯级，
必须使出最大力气。"
——"让你们俯首帖耳吧，
在磕头中粉身碎骨，
带着奔波的灵魂，
还有狭窄的头脑，
孜孜不倦地追求
更高的等级！
我们要的是生活，
我们优美的神话
来自盛开的桃花，
我们智慧的源泉
出自逍遥无为。"

大师呆呆地离去，
愚者边嘲笑边隐退，
而在家乡，弯腰纺织棉纱，
北方之子唱起他寂静的歌。
明亮的琥珀色的脸显得憔悴，
斜斜的眯缝的双目
充满焦虑和对幸福的渴求，
大师无法使他获得幸福。
时间呵，劳累的时间
在丝绸的编织中
缓慢地流淌，
南方之子欢快地
唱着他狂野的歌。
深沉的琥珀色的脸
同样显得憔悴，
斜斜的大眼睛

凝视着无边无际的远方，
他对幸福的渴求，
任何隐士都无法帮助。

两位诗人①

"我的友人杜甫，李白给你写信。
自从天子将你放逐，
我们的圈中便燃起
对你的钦佩和情感。
你总是沉默，从不卖弄自己，
而我们这些傻瓜却神气活现。
只有诗人们失去了你，
才知道失去了什么。

"在我们瓷造的亭里
每天都量度你的诗步，
人们终于有理由承认，
你拥有我缺少的东西。
你在歌中注入了心血，
被愤怒和同情所驱动。
南方的自由和北方的秩序
你集于一体，热爱正义。

"我们充满痛苦地倾听
你的苦难、忧虑和饥饿。
你愤慨而骄傲地拒绝
朝廷给你提供的帮助。

---

① 收入《我们决定一切》（1941）。

我还知道：假如两人相伴，
你会笑对艰难的生活。
然而身为人民之友却被单独放逐，
你可怜的妻子再恳求也徒劳。

"但愿高贵严肃的你
像我那样放荡不羁。
倘若跟一女子分开，
我会寻欢另找他人。
我在朝廷也感压抑，
如果太监对我耍弄阴谋，
我便想着众多可爱的女子，
并且对酒当歌开怀痛饮。

"须知美酒醇香使人陶醉，
柔情万种让人销魂。
我乐于跟你互换生活
良宵一夜——你尽可享福。
纵使此信得不到你的夸奖，
仍望你别对我怨恨生气，
话语的浮云由我升起，
飘向你思想的光辉星球。"

——"我的兄弟李白，杜甫给你写信。
不要为我担心——我是中国人。
你说我高傲——我的高傲很快平息，
每当我阅读你友好温柔的话语。
在你们陶瓷建造的亭里，
啊，你们充满善意，令我羞愧！
你的诗歌用精美的金丝编织，
我笨拙的诗歌如何能比？

"你的诗追求公正和真理，
他们必定感觉到你胸中的恼怒，

倘若宫中有权的去势者
阴险地损害你的声誉。
他们守在后宫的门边，
但更善于包藏祸心，
因为你拥有中国的最高荣誉，
它促使你绽放美的鲜花。

"你亲切地送来温馨的安慰，
并教我如何克服忧伤。
朋友，你仍是李白，我仍是杜甫，
你我各有自己的欢乐。
我的高傲粉碎了任何权力，
这比你的美酒更令人陶醉。
哪怕你心有万千宠爱，
我的爱超过你——我只爱一人。

"远处珍贵的图像吸引着我，
门窗上垂挂的珠帘如流水潺潺……
于是我开始了每天的格斗：
我与邪恶——谁更强大？
这种艰难的方式纵使不合你的口味，
也请不要对我恼怒生气，
中国的夜莺，对你悦耳的声音
我回答的声音如此沙哑。"

金色的面纱[1]

其他女人要求丈夫赠予
光辉、权力和荣耀,
衣料,如远处的山谷闪烁,
瓷器,在深色柜子里发光。
名字,响亮,倍受尊敬,
钻戒,耀眼,像凝固的火——
而我只渴望得到一件东西:
亲爱的,请送我金色的面纱。

明智的弯路,温存的曲径,
充满无声和有声的柔情,
轻盈无形的纺车
纺出火花纱线滑入黑暗。
构思美妙的情话,
将心、思和幻想融为庆典。
金火花在血液中继续织,
悄悄地织成金色的面纱。

路径谨慎地绕着目标盘旋,
火光中目标在近处燃烧。
我的幻想已触及你的情感,
你的幻想也突然触及我。
幸福之箭在颈部致命地飞过,
盘旋的残垣喷射出火焰,
金色的面纱翩翩起舞,

---

[1] 1943 年写于莫斯科,发表在《新德意志文学》1960 年第 10 期,收入《漫长的道路》(1960)。

飘扬在眼前，折断了视线。

你的名字，亲爱的，我不需要，
我让自己的名字发出响亮声音。
我的诗歌锻造出诗环，
它无意询问你的钻戒。
我的时光乐于潜入美中，
获得珍贵荣誉是我的愿望。
我将荣誉全归功于我的力量，
而将金色的面纱归功于你。

看啊：面纱将光明与色彩
洒满每个生活领域。
我将一首又一首歌归功于你，
那是我最成熟的丰收果实。
回来吧！我的勇气用受伤的手
仍然紧紧握住希望。
只有在你赠予的金色火焰中
我生命的价值才能圆满实现。

致德国的年轻士兵[①]

生死挣扎，日复一日，
你的攻击撞向矿石，大地震动。
你写信回家。词语多么豪迈！
你愿做出最后的牺牲，
为了德国生存，宁愿死去！

---

① 收入《战场与地球》(1944)，同时收入诗集的还有《你的孩子》《致一个德国妇女》等反战宣传诗。

然而你自己就是德国。你们呵,
迈着疯狂步伐进军的百万士兵,
你们盲目服役,为骗子卖命,
他们却从战争中大发横财,
你们自我残杀,也毁灭了德国。

为德意志而战,这不该在外国。
你死在这里,置家乡于不顾,
你使它受到正义的复仇,
凌辱,轰炸,燃烧,
你要拯救德国——拯救你自己!

德意志的血在流——你们默不作声,
鲜血流干了——官僚们喂饱自己。
坟墓——给你们。利润——归他们。
士兵啊,你年轻炽热的生命意志
是德国的生命意志——拯救你自己!

出　　身[①]

你睁大询问的眼睛看着我。
是否以为我被毒打谩骂浪迹天涯,
没有亲友,没有家乡,
无处停下匆忙的脚步?
你错了。我的命运奇特,但不残酷,
五个国家向我展现了他们的面目。

[①] 这首具有自传性质的诗 1944 年发表在诗集《战场与地球》上。朱白兰的出生地切诺维茨,今在乌克兰境内,靠近罗马尼亚边境,历史上是哈布斯堡王室世袭领地布科维纳的首府,行政上先后曾归属罗马尼亚、俄罗斯、乌克兰。

中国籍犹太裔女诗人
朱白兰(Klara Blum)
生平与作品选

在他们的命运和种类中扎根,
我找到了自己,塑造了自我。

我出生的地方山毛榉发出沙沙的响声,
苦难的祖先忧郁地唱起多伊纳的旋律。
斯拉夫人的语音执拗地夹杂着
罗马语族人对美的渴望和欢乐的声音,
如今,私设法庭的流氓挥舞着权杖,
被强盗洗劫一空的田地饥饿地呻吟……
我感觉到,被奴役的罗马尼亚人,
你们的经历贯穿着每句诗行。

造就我学生年代的是一座古老城市,
在灰色的秀丽中她变得温顺、从容,
还有她年轻的无产阶级,
风趣、勇敢、烈火中经受考验的群众。
折服于成千上万的问题,我苦苦思索,
耳边回响着莫扎特美妙的自由旋律……
我的维也纳,充满希望的儿子们的慈母,
告诉我,你何时才能解放自己?

人民虽被割裂,精神牢不可摧,
屠杀者的鞭挞毁灭不了它的光辉,
我的心无论被时代洪流带到何方,
我和你血肉相连,永不分离。
哪怕易受伤害,但经受住死亡的风暴,
爱与恨,始终如一。
我不是没有家乡,我的家
在东方和西方,在每一条犹太人的街道。

女性,爱的焦虑,爱的誓言
将我和遥远睿智的国家连在一起。
语言的钟声,我能听见,
它述说着英勇无畏的抵抗。

尽管我的渴望如暴风似烈火，
可怜的脚步却从未抵达这片疆土，
仍而：我的心、精神和身体
却认识温柔的、英勇坚强的中国。

你是否诧异地问我，如何能够
感同身受穿越众多国家？
教我这么做的是我最伟大的祖国，
自由飞翔的劳动翅膀之乡。
残杀我弟兄的刽子手被俄国的力量
砸得粉碎。童年时代的山毛榉在喧哗……
我不想跟世上的任何人
交换我奇特美丽的命运。

来自希特勒德国占领下的犹太区①

（译作）

犹太诗人阿伯拉姆·苏兹科威在维尔纽斯犹太区（Wilnaer Ghetto）② 生活了两年。他积极参加了犹太区居民的秘密武装及游击斗争。由于他的保护，一大批文化珍宝，高尔基和罗曼·罗兰的信件、兰波和列宾的画在法西斯占领该地时免遭损毁。

---

① 本诗作者是阿伯拉姆·苏兹科威（Abram Sutzkewer），原诗为意第绪语，朱白兰翻译为德语，1944年发表于《国际文学》。
② 维尔纽斯（Vilnius，德文名称 Wilna），现为立陶宛首都，第二次世界大战希特勒军队占领前，超过三分之一的居民是犹太人，被称为"立陶宛的耶路撒冷"，是东欧犹太人宗教、文化、政治生活的中心之一。

罗姆印刷厂的铅版

夜风犹如瘦削的手指
透过栏栅秘密地召唤我们。
我们在黑暗中潜伏行进,
取来罗姆印刷厂的铅版。
我们从梦中醒来成为战士
用烧红的铅熔成枪弹。

我们轻声低语,用阴暗作掩护,
艰苦地砸开紧闭的大门。
我们满腔热情将词语熔化,
将它们铸成渴望中的形体。
圣地的父辈也曾这样
将七烛台①填满点燃。

铅制的字母悄悄闪光,
熟悉的思想,热烈的问候,
出自《圣经》,来自波兰,
汇成一股灼热的洪流。
远古的力量,藏于话中,
在解放的枪炮声中轰鸣。

犹太区中隐藏着发亮的武器,
犹太人的双手紧握着钢枪。
我的人民,你在桎梏下奋起抵抗,
深思熟虑的词语化作阵阵呼啸。
你在捍卫玛加比②的不朽荣誉,
你在为生存而战——瞄准目标,弹无虚发!

---

① 七烛台,犹太文化的象征——译注。
② 玛加比,史称"铁锤"犹大,公元前 2 世纪领导犹太人民反抗塞琉古帝国统治的起义,被尊为犹太人的民族英雄。

愤怒的生活报告①

母亲是个不显眼的女人,
说话时却满面生辉,魅力十足。
父亲只关注利润!不时哀叹:费用!
梦里还在复核:利率!
人们按照惯常的交易习俗
决定将夜莺和狐狸配对成双。
于是在没有欢乐的夜晚,
婚姻的义务将我带到人世,
作为完全合法生下的庶子。

诞生在欧洲的后楼梯上,
倾向于激情和异想天开,
准备肩负思想的重负,
重负之下还打算跳跃,
我作为火药桶的孩子长大,
浑身是充满爱与恨的炸药。
犹太人的巷子是我先辈的怀抱,
我的祖国是一群彩色的追随者。
至死不渝的倔强是给我的遗产。

我降生在二十世纪,
瓦斯和炸弹的年代。
生命无知地钦佩屠杀,
美失去了动听的声音。
牺牲者的大军环游地球,

---

① 1947 年写于巴黎,发表在《新德意志文学》1960 年第 10 期,收入《漫长的道路》(1960)。

表情带着恐惧和愤怒。
精神与梦想之火赋予我的东西
拍打着碰伤的翅膀
撞向世界史被玷污的墙壁。

然而——我的生命并非全是恐惧。
片刻幸福在我的生命中闪闪发光。
在岁月的黑暗的逐猎中飘过
十二个星期——永恒与片刻。
一个远方之子向我伸手，
为我绘出最美的时代转折的图画。
身、心和大脑终于到达目的地。
十二个星期——嘴贴嘴，额头挨着额头——
我在这片幸福中看见了未来。

我心中留下了他的模样，色彩斑斓，
同时还有世界各族人民组成的图像，
每字每句写着：她找到他，
深信不疑：她照亮一小片黑夜。
命运对我训斥："不许反抗！"
——等着瞧，看谁更强大：压迫抑或意志？
你盲目的咆哮抑或我的力量？
我贫穷、贞洁和桀骜不驯，
宛如无情的修女进行反击。

受伤了，但我仍健步如飞，
穿过烟雾和噪声、风暴和困境。
我仍一无所获，但想取得一切。
轻快地跳跃——却毫无进展。
人生的一半已经流逝，
依旧面临着：从头开始。
心脏有力地跳动——
要么破碎，要么完好！我决不停步，
疯狂地飞奔，朝着权利和欢乐。

集市之歌①

莱阳梨在草场上游逛,
盛满了柳条编的箩筐。
我们塑造了光亮硕大的果实,
在勤奋的白天和筹划的夜晚。

分配了田地,结束了侮辱,
恐惧从疼痛的大脑中消除……
我们将劳动的甜蜜,
植入莱阳的大梨。

致一位老人的情诗②

战斗已定胜负,但远未结束。
你和我分离了几十个寒暑。
我生命的路标指向了黄昏,
它发出的光映出你的模样。
你消瘦的脸浮动在我眼前,
俊美摧毁了,但却神采奕奕。
它密密麻麻织满皱纹,

---

① 1951 年写于上海,收入《漫长的道路》(1960)。
② 这是朱白兰写的最后一首情诗,最初发表在 1957 年格赖芬年鉴上,后收入《漫长的道路》(1960)。

更增添了至高人性的辉煌。
你的战斗离我遥远,深藏不露,
斗争目标光芒四射,道路未明。
我细微、敏捷、朦胧的忧虑
在它的边缘上掠过并诉说:

"你是否也有提神的清茶,
以及早晨养胃的稀饭?
没有铺布的偶尔使用的桌子
是否有时也摆上可口的食品,
煎鱼块煮竹笋,
焖牛肉,广东风味?
如果匆匆咽下饭菜,
会不会伤了你的胃?
骨头疼痛你怎么办,
要是步履日渐不便,
你精神强大的心中
会否终于透出身弱体虚?"

凛冽的秋风给我送来
一片金箔印成的桑叶。
上面没有片言只语,
但承载着你的音信。
我将金叶放在疲倦的眼前,
它的光芒辉映着流逝的岁月,
以及愤怒的各族人民冲锋的身躯,
悲哀泯灭了,笑脸绽开。
世界摆脱了恐惧和血腥,
普照着未来儿童的目光……
我们久经考验的爱情
千百倍地奉献给后人。

(1955 年写于南京)

邻居的孩子①

深色的圆脸蛋发出银质的声音，
古铜色的面颊用于快乐的问候。
蹦蹦跳跳的小脚无缘无故奔跑，
幼小的双手允诺的是深厚友谊。

每天清晨，当我步行上班，
他跑来用鲜花淋浴我的心。
昔日的疼痛从伤疤中溶化，
如同彩色的思想飘向空中。

纪念我的黑人朋友②

——威廉娜·勃罗丝，黑人教师，共产党员，是我最好的朋友，68岁那年逝世。今年是她逝世17周年纪念。

十七年啊，你的心不再跳荡，
十七年啊，人间有多少变换，
可是我依然要向你说话，
你永远啊活在我的心上！

---

① 1957年写于广州，收入《漫长的道路》(1960)。
② 郭东野译，章鹏高校，载《羊城晚报》1963年10月8日。

中国籍犹太裔女诗人
朱白兰(Klara Blum)
生平与作品选

我敬爱的朋友，黑人教师，
你一生劳累，受尽苦难，
肩负着民族悲惨的命运，
你呼喊，你奋战，直到死亡！

你满头白发，星光点点，
引起我无限友谊的怀念，
漫长的岁月中，你的容貌，
不断出现在我的眼前。

我看见你黧黑饱满的额上，
仿佛放射出智慧的光芒；
你眼中热情洋溢的神采，
仿佛向残酷的命运挑战；

你满脸曲折深邃的皱纹，
铭刻着一个民族的仇恨，
祖母被贩卖，母亲受奴役，
自己啊在屈辱中度过青春。

你脸孔黧黑，遭受讥讽，
而你却勇敢地含着笑容：
今天，力量不够强大，
明天，情况绝对不同！

如今啊时代呼唤着风云，
我记忆中又映现你的神韵，
你那黑人特大明亮的眼睛，
仿佛征服了不幸的命运。

在多难的美国，在你的故乡，
在摩天大楼和教堂的四方，
掀起一场剧烈的战斗：
那黑色的洪流啊奔腾激荡！

成百万的黑人纷纷汇集,
涌向大城,涌向官邸,
在残酷的镇压下齐声呼喊:
还我们自由!还我们权利!

朋友啊,你依然和我们同在,
在示威大军中,你挺立前排,
警察放出了大群疯狗,
你倒了下去,又站了起来!

砸断了铁链,敲碎了锁头,
遥远的非洲在向你问候,
阶级兄弟啊结成同伴,
成群的白人也参加了战斗!

雄鹰翱翔在你们的苍穹,
毛泽东的声音山崩雷动:
昨天,力量不够强大,
今天,情况完全不同!

啊,我敬爱的黑人朋友,
你永远活在我的心中,
我看见你眼中热情洋溢,
在感谢革命的领袖毛泽东!

明　镜①

——答一位德国作家②

飞吧，飞吧，我心中的诗呵，
带一片湖水的绿色飞向你身旁，
呵，广州附近的水库，
洗净了往日生活的苦难，
像明镜一般反映真理的光。

我听到一阵外来的诽谤，
你呵也加入了他们的合唱③，
说什么中国是好斗的公鸡，
说什么中国渴望大战，
请看看这湖面放射的光芒！

湖水荡漾，引起我们深深的追忆，
仿佛看到了百年屈辱的时光，
那时呵，是外国的魔掌，
截断了祖国前进的道路，
时间沉睡着，一无发展。

干旱熏烤，洪水泛滥，
古老的堤防保不住平安，

---

① 1963 年，中苏之间的大论战达到顶峰，在这样的国际背景下，朱白兰在《人民日报》发表了这首诗。德文标题为 Der leuchtende Spiegel, Antwort an Arnold Zweig。郭东野译，杨成绪校，载《人民日报》1964 年 5 月 26 日。
② 指民主德国作家阿尔诺·茨威格（Arno Zweig）。
③ 指 20 世纪 60 年代初帝国主义、修正主义和各国反动派的"反华大合唱"。

多少灾难积压在肩上——
大自然是为非作歹的魔鬼，
人民呵是他们宰割的羔羊。

人民是羔羊，也是雄狮，
一声怒吼，震动山冈，
扑向仇敌，以牙还牙：
"是谁，是谁，将我们阻挡，
滚出去，滚出去，世界霸王！"

不依靠我们自己的力量，
谁还会使中国获得解放，
沉睡的时间呵终于苏醒，
看劳动人民掌握大权，
大地回春，百花齐放！

昨天的苦力，今天的发明家，
架起新山，拦住洪水，
埋葬掉任人摆布的命运。
请看这一平如镜的湖水吧——
智慧的双手，展翅的理想……

乌云压来了，大雨扫来了，
水泵的大军呵立即应战。
他们张口吸呵，吸呵，
深山中储一湖碧绿的宝藏。
哪怕旱魔四处放火，
中国也不会再闹水荒。

湖对面，英警巡逻的岛上，[①]

[①] 1959 年，为了解决香港缺水问题，广东省政府决定在深圳兴建水库，水库于 11 月正式动工。1960 年 3 月完成主副坝土方工程，12 月，周恩来总理在广州听取汇报，同意引东江水注入深圳水库，为香港供水。1964 年，东江—深圳供水工程全线施工。

人喊，地也喊：水荒！水荒！
水呵便源源流向香港。
大陆上，即使旱魔逞强，
依然遍地翠绿，闪闪发光。

难道我们是好斗的公鸡？
——工人政权决不会好战，
工人要保卫自己的幸福，
是的，他们要勇敢地回击，
回击那夜窜边境的豺狼！

世界霸王呵依然嚣张，
哪儿有他们凶杀的刀枪，
哪儿就有人民起来反抗，
看他们在关塔那摩①，在台湾，
正义的人民怎能不抵抗？

正因为人民争得了解放，
才能服洪水，制干旱，
请看看这湖面放射的光芒！
昨天大地一片荒芜，
今天大地一片春光。

呵，广州附近的水库，
我的诗是水上的一朵彩云，
想想吧，误入歧途的老人：
工人政权决不要世界大战。
飞向德国去，彩云的诗章！

---

① 关塔那摩是古巴东南部的城市，1903 年，美国强行向古巴租借关塔那摩湾及其邻近的部分陆地修建海军基地。1959 年古巴革命胜利之后，古巴革命政府要求美国归还关塔那摩基地，但美国一直不肯放弃该基地。1962 年的古巴导弹危机中，关塔那摩基地一度成为美苏冷战的最前线。

第四章 朱白兰小说选译

朱白兰
(Klara Blum)

朱白兰公开发表的小说有两部,一部是自传性的长篇小说《牛郎织女》(1951),另一部是中篇小说集《香港之歌》(1959)。后者收入五篇中篇小说,分别是《燃烧的权利》(1941)、《香港之歌》(1921/1922)、《剪纸大师的复仇》(1944/1945)、《三个正义的妾》(1947/1949)、《13是个吉祥数字》(1954/1955)。第一篇写三元里农民抗英斗争;第二篇写香港海员大罢工;第三篇写抗日战争期间民间工艺大师的命运;第四篇描写中国妇女在一夫多妻制下的命运以及新中国成立后的翻身解放;第五篇以上海为背景,写20世纪50年代初接收教会学校后高等学校中的复杂局面。五篇小说时间跨度涵盖了从鸦片战争到新中国成立的100年历史,各个故事独立成篇,相互之间在情节上没有直接关联,但有些人物会在另一篇小说中出现或与另一篇中的事件和人物有某种关系。小说题材涉及中国社会农、工、商、学各个领域,但贯穿始终的是中国人民反帝反封建的革命斗争。本书选译了第二、第四和第五篇。

牛郎织女

（长篇小说）

第1部分　上海的幻想者

第1章

女织着稀云……

舞台上站着三位女演员。右边穿浅蓝色丝绸衣服的扮演启明星，左边穿深蓝色丝绸衣服的是长庚星，当中一个全身穿着闪闪的银装，那是银河。她们用毫无表情的高音唱道：

女织着稀云……

南星剧团正在上演一个古老的传说，故事按照古老的习惯编成剧本，演员运用传统的表演技艺演出。情节、寓意和人物被分解成节奏、色彩效果、杂耍、象征，达到了难以识别的程度。

牛郎与织女——两个星星同时又是神话中一对情侣——由两个著名的演员扮演。观众中有高官，甚至有几个外国人。他们什么也听不懂，但情不自禁被充满异国情调的场面所吸引。

在满天星斗的背景前，放着一台象征性的织机，一位窈窕女子在织机前很有节奏地做着动作。在完成了几个经过仔细斟酌的姿态后，开始用怨恨的声调富有艺术性地唱道：

> 我们只是盘中棋，
> 掌控在神仙手中……

"是的，"坐在前座第五排的一个年轻的中国人对身边的同伴说，"小小的棋子——说得对！楷盟，我们走吧，好吗？这出戏我看不下去了。"

傅楷盟既没有惊讶，也没有生气，甚至没有朝台上精彩的场面看一眼就心甘情愿地跟着他起身离去。此时，在舞台上，由男演员扮演的金毛公鸡，跳到一个女演员面前，她头上戴着银白色长耳朵绒帽，扮演月亮上的玉兔，前者是男性的陪伴者，而后者是女性的陪伴者。男演员的腾空跳跃是那么飘逸，仿佛真的要飞起来。

当他们走到马路上的时候，傅楷盟说："我确实感到奇怪，今天，你怎么突然想看这种传统的表演。究竟为什么？是因为你的名字叫牛郎吗？"

"这与鄙人名字没什么关系，"张牛郎回答，"这两个星辰的传说早有更重要的人物去研究。值得注意的是，我们的农民在忧伤的夜晚为天空上的星星添加了多少奇妙的幻想。可恶的是，我们的正规戏院扭曲了这个朴素的、有深刻意义的乡间童话，使它变得肤浅。"

他们并排越过宽阔喧闹的爱多亚路。这是1929年一个温暖的仲夏之夜。

张牛郎穿着不显眼的深蓝色的中式长衫，衣料却是最珍贵的真丝。他个子高高瘦瘦，秀气的脸上有一双长长的斜眼睛，嘴的四周露出一种坚韧的、探索的表情。

傅楷盟跟他不同，西装打扮，但穿着并不考究，个子又瘦又小，扁鼻子，脸上带着讽刺。

"你觉得奇怪吗？"他问，"我们官方的艺术了解生活中的中国人吗？它一点也不想了解，特别是不想了解老百姓。"

他的脸色变得严肃起来，当他说出"老百姓"这三个字的时候，声音中带着政治的庄重。"老百姓"字面上的意思是"值得尊重的百家姓氏"，中国人的百家姓分布在广大的人民群众中，就像德国人的米勒和舒尔茨、欣茨和库恩茨，不断地反复出现，以至于每个街头巷尾都会遇见一个人，不姓王就姓张，不姓陈就姓李。但是，"老百姓"，中国的"欣茨和库恩茨"并没有附带蔑视的意味，它表达了小人物的荣誉感和自信："我们是来自人民的值得尊重的人！我们构成中国人的整体！我们是值得敬重的老百姓！"

"必须创作出新的戏剧，"牛郎带着幻想说，"当今中国人的戏剧。"

"我担心，人民有更迫切的需要。"楷盟干巴巴地说。

"一切都是迫切的，"牛郎坚持自己的看法，"自从我们开办夜校以来，已经过去一年了。每天不是越来越多人来吗？他们的学习热情不是在逐日增加吗？"

他们来到了黄浦江畔，然后沿江而走。牛郎的家在相反的方向，但是，他倒宁愿晚些回家，越晚越好。

"我不得不承认，"楷盟说，"我起初很怀疑。我想，这些人认些字，顶多是为了清点货物，我不相信他们还有余力去学习历史、社会学、文学和外语。这样的店员通常是典型的上海人，一心想着钱，道德上不如工人和农民的水平。"

"说话当心点，"牛郎笑着说，"我们两个也是贸易公司的职员。"

"哦，你——你现在首先是丝绸公司张老板的儿子。"

"那在道德上就更糟了。"

"究竟为什么你父亲的公司不用你？"

"我想，因为家父不希望我看见他怎么待人。让我给冯特奈公司处理往来信件，这对于他来说非常合适。"牛郎克制住愤怒，声音变得有些沙哑。"对于一个中国人来说，让儿子在外国人的公司工作，不是一种很高的荣誉吗？"

"而且还可以得到海关的庇护。"楷盟补充说。

"还是谈谈我们的夜校吧，在我们的学生中，不仅有贸易公司的职员，还有工人。"

"不错，王朴诚就是。"

"哎！你也注意到他了。"

"谁能不注意这个精力充沛的人啊？"

"他学得多出色！"牛郎说，"我根本没资格给他上课，我是自学的。最著名的教授恐怕也是勉强够格给这个搬运工授课。他学得多么出色！我真希望，我的小儿子将来也能这样学习。"

"他肯定会的。你的小儿子天拓是个有才华的孩子。"

"你过奖了，"牛郎微笑着谦虚地回答，"毕竟——美音是个优秀的母亲，肯定会很好地教育他。"

"此外，也是一个漂亮的女人。"楷盟说。

"是的，"牛郎疲倦地说，"她一直是美丽、骄傲、有教养的唐小姐——北京头等人家的千金。"

"她不仅是唐小姐，而且结婚7年，早已是张家的太太。"

"不错。但是，你以为在这7年里她有叫过我的名字吗？孩子出生前的六年里，她避免直接称呼我。现在——现在她对我的称呼是：天拓爹！她这么叫不是没道理的。毕竟她是奉父母之命嫁给我——跟我奉父母之命娶她一样。"

"我想，你低估了美音。尽管唐家的人诅咒彩云这姑娘，但美音并没有不理睬她。"

"彩云毕竟是她姐妹。"

"只是同父异母姐妹，彩云母亲是妾。"

牛郎早就感觉到，他的朋友悄悄爱上了22岁的漂亮的女权主义者。他闭口不谈此事，拒绝回答任何问题。但是，牛郎知道，他很乐意听见人们讲到她。

"彩云的母亲，"他说，"是个出身普通的美人。据说，她是一个擦鞋匠的女儿。这个可怜的小妾很快就发现，丈夫厌倦了她。我的岳父仍然养着她。他出得起这个钱。"

他们走到了百老汇，当地的居民隐晦地称它为"花柳街"，如果不加掩饰，便直呼"妓女街"。

"二太太即将临盆，"牛郎说，"你知道，唐家在北京的屋子，门前有一条紫色描金的龙。它从齐化门大街延伸到韶虚胡同。在这栋华丽的大屋里，人们给产妇安排了一间杂物房——既没窗户也没有床。她躺在地板上产下的不是战战兢兢期望得到的儿子，而是女儿。这样，她想改善在唐家地位的最后希望也就落空了。那是一个暖和的夏天的夜晚。透过敞开的月门，她看见我岳母走过，手里牵着4岁的美音。她声音无力地喊我岳母，请她派个佣人来。可是大太太拒绝了。她在等待客人来访，所有阿妈[①]都在忙碌。"

"中国女人都称阿妈！"楷盟从牙缝间吐出这句话。

"有钱人不是中国人，"牛郎说，"他们是特殊的一族。"

"也有几个例外。"楷盟不动感情地纠正。

"好吧，就算有几个例外。——这位可怜的擦鞋匠的女儿将奶头塞给她的孩子，哄她睡觉。然后用最后的力气站起来，将一件被遗忘在挂钩上的丝绸旧睡袍取下，铺在一张破旧的桌上，然后将全身光溜溜的婴儿放在上面包好，以便她傍晚在温暖中继续舒服地睡觉。天色渐暗。在这位筋疲力尽的女人的眼前，可恶的房间沉入越来越厚重的黑暗中。只有孩子的小躯体闪着金色的光芒。她开始为自己描绘女儿的未来，这个新生的女婴将能够超凡脱俗，有朝一日凌驾在所有瞧不起自己母亲的人之上，用自己的光辉使他们变得暗淡。于是，她把孩子叫作彩云。"

傅楷盟久久没有吭声，牛郎尊重他的沉默。现在，他们来到了虹口，这是一个贫寒的城区，老傅在这里开了一家生活品商店。在昆平路的拐弯角上有一间灰色的两层楼，它属于一位生意上的朋友，这位朋友租了几个房间给他们办

---

① 此处指中老年的女仆。

夜校。

牛郎的脑里闪过一个念头：秋天，我要试着举办一场戏剧演出。大房间大约能容下两百人。

楷盟与父母、兄弟姐妹一起住，妻子是邻近一个钢铁商的女儿，他们的住处离这里有几条路远，在华德路，父亲的公司的后面。正如牛郎一样，他也是在20岁前完全按父母的意愿结了婚。牛郎决定陪朋友回家。或许，他还想再听听谈论彩云和爱情，但很可能情况并非如此。

"今天，我们完全被个人情感控制了。"楷盟突然大声说道，虽然话没有什么逻辑，但牛郎理解当中的联系。

"这是一种很自然的反应，"他劝解道，"孔孟之道把我们束缚得够久了。驯服、克己、守礼，除此之外，还是克己、守礼。简直再也无法忍受下去了。当歌德的《少年维特的烦恼》翻译成中文出版时，我们不是如获解救吗？因为我们的眼前终于出现了一个青年的楷模，他没有让自己的激情受礼仪束缚。"

"工会在上海取得优势已经有两年了，"楷盟压低声音说，"我们曾经认为，一夜之间就可以摆脱外国的吸血鬼，革命马上可以成功。但接着发生的是——被出卖和被打倒在地。我们仍然停留在爱情的痛苦中，这不是很可悲吗？"

"老百姓常说：小处见大。"牛郎反驳说。

"现在，我们的年轻作家，"楷盟重新带着挖苦的口吻说，"喜欢将他们的激情发泄出来。"他信口引用一句流行的话语："我不求学问，也不求荣耀。但愿能找到一个女人，无论她是美还是丑，只要有一颗炙热诚挚的心……"

"他的话不无道理。"牛郎肯定地说。

"当然咯，"楷盟微笑着说，"我认识一个出生富家的才子，他写了一首律诗：

> 父母称我为牛郎，
> 逐我天上相思梦，
> 我在星间觅幸福，
> 却难返回人世间。
> 织女当空照耀我，
> 光芒四射放异彩。
> 期待之夜终将到，
> 与你相会在人间。"

"是的，楷盟，我还写了另一首律诗：

> 父母称我为牛郎，
> 名字意义却不知。
> 我是人民的一员，
> 耕织挖井打铁汉。
> 丝绸世界先辈创，
> 牧人工匠挥血汗。
> 丝绸世界教会我，
> 伸张正义如何干。"

他们来到了楷盟的家门口。仿佛经过长时间的交谈后已经疲于说话，他们无言地分手了。

第2章

"我在秋天要尝试一下，"牛郎想，"应当从外国戏剧开始吗？柴可夫？或者果戈尔？对于我来说，演一出中国的革命剧更好些，但是，在我们实施计划之前，就会激怒警察局。要么……"

"先生想去哪儿？"

牛郎从沉思中惊醒，只见眼前站着一个拉黄包车的车夫，他的脸色显然营养不足，询问时嘴上带着微笑，露出一排坏牙齿，却具有一种令人惊讶的魅力。最近，在上历史课时，牛郎讲到了鸦片战争，他讲述了英国如何用军事暴力强迫中国购买有害的尼古丁。当时，王朴诚问："英国传教士是怎么说鸦片战争的？"朴诚是一个卖苦力的劳工，营养不足，黑色的牙缝，脸上带着同样的笑容，具有不可摧毁的智力。

"去亚尔培路多少钱？"牛郎心不在焉地问，他仍然沉浸在回忆中。

苦力报了一个相当高的价钱。牛郎有足够的钱，完全可以毫不犹豫地表示同意，但是，他知道，那样的话，穷人会因为他不再讨价还价而深感自责。于是，他便还了一点价，然后登上车。

人力车夫握住黄包车的两只扶把，晃动着瘦瘦的身躯在车前面跑，他步履轻盈，头往后倾，腰部摇摆，那是一种很奇特的带有活力的奔跑。

他抽过鸦片，牛郎想。他已经不能再干活了，不得不激发全部力气。叔公张铭天是吸鸦片烟中毒死去的。穷人抽鸦片，是因为他们在贫困中喘不过气。

富人抽鸦片，是因为他们在奢侈中喘不过气。叔公张铭天非常喜欢我，他教我写古诗。在他那个时代，能吟诗作对是参加科举考试的前提条件。在杭州的官员中，没有人能像他那样写出如此规整的律诗。他是什么时候去世的？如果没有记错，应该是在我们搬到上海前大概一个月的时候。

黄包车拐进了漂亮宽阔的霞飞路。鸦片烟的作用显然减退了，苦力拖着疲惫的步伐，可怜地咳嗽着。

"到了！"牛郎突然喊道。他快步走下车，将全额的车钱塞到车夫手里，说："我想走一段路，我习惯了步行。"

车夫望着这位身穿丝绸的绅士，他免去自己跑四分之一的路程，而且还找个借口。"这位先生是个好人。"车夫用不容置疑的语气说。他没有低声下气，而是经过深思熟虑，态度非常认真。他在左边的车把上坐下，像坐在安乐的靠背椅上似的，从袋子里掏出一块没有甜味的圆烧饼，津津有味地啃起来。

牛郎确实是一个久经训练的步行者，而且还很会游泳和做体操。他的老板冯特奈先生经常在生意上的外国友人面前像夸耀商品那样称赞他，说他的体育才能不亚于他所受的教育，并且称自己是艺术家，因为他成功地从"低等"种族中捕捉到了一个如此完美的例子。"非常的牢固，我的先生们，非常的精致，我告诉你们，这个年轻人是真丝。"

牛郎走入法租界一条名叫 Avenue Roi Albert 的豪华马路，当地人称之为亚尔培路。为了让自己作为中国人能住在这里，他的父亲付出了昂贵的税。他的屋是一栋平房，很宽敞，当中有几道别致的天井。客厅里挂着一幅丝织的装饰品，上面绣着 7 世纪诗人王绩的一首诗：

> 喜见友人天天访，
> 共磋人生之哲理。
> 逐跑收税的官吏，
> 免被税单来打扰。
> 子女长大乐融融，
> 择偶成家又立业。
> 人生有此心满足，
> 何须死后上天堂。①

---

① 王绩（约589—644）有一首题为"独坐"的五言律诗，载《全唐诗》37 卷："问君樽酒外，独坐更何须。有客谈名理，无人索地租。三男婚令族，五女嫁贤夫。百年随分了，未羡陟方壶。"

这幅丝绸的下面，摆放着一只画着花鸟的长身花瓶。花瓶右边放着一座精致的小银塔，一个装绿茶的黑色漆盒，一把刺绣的折扇，花瓶左边放着一座小巧玲珑的象牙塔，一个装红茶的绿色漆盒，一把绘画的折扇。

牛郎想：瓷器，还有象牙、丝绸、漆器。人们下跪叩头，奉父母之命娶妻，奉父母之命尽男女之欢。政府签订不平等条约，白人摆出一副恩赐的样子，从我们身上致富，然后按照不同的阶层和等级，在肉体上或者道德上踢我们一脚。数不清的丝绸、牙雕、织锦、漆器。够了，我已经彻底厌倦了这一切。

他穿过第二个天井。只见他住的房间两扇半圆形的月门敞开着。小天拓蹙着鼻子睡觉。美音站起来按旧习俗优雅地向丈夫恭身问候。

"老爷还没有睡，"她说，"他有话要跟你说。"

牛郎客气地表示感谢，然后穿越第三个天井。透过月形的门，他看见能写一手好字的父亲正在账簿里写字。张达卿拥有自己的丝绸厂和进出口公司，成了一个"真正的上海人"，这种称谓在上层人中几近于"大商人""大赢家"。但他的出生地是杭州。那是一座绿竹遍地、碧波荡漾、庙宇林立的城市，中国的威尼斯，充满了对文人雅士、达官贵人的回忆。他本人就是一户有才华的官宦人家的后裔。他努力保持这种优点，通过他的书法、文绉绉的说话方式以及对精神财富的敬重。

牛郎很有教养地轻轻咳了一声，走进房间。父亲举目看了一眼，命令道："坐过来！我有要紧事跟你讲。"

但他中断了自己的话，突然有意无意地发出喜悦的感叹：

"看见你的脸，让我觉得，仿佛叔叔张铭天还活着！"

牛郎没有吱声。

"这令你不高兴？"

"父亲，你的问题很难回答。"

"好吧，那我们下次再说。我只想提醒你，你该感谢他。他教你读四书五经。如果没有他，你永远也学不懂古文。我无法送你上大学。我是一个商人，需要一个有从商经验的儿子。可是，当我看见你在空闲时间里独自继续攻读古籍，并且还学习历史、英语、法语，我这个当父亲的，不是给予了你足够的鼓励吗？"

"你说得没错，父亲。"牛郎表示认可。

"我甚至容忍你在这政治紧张时期干些名声相当不好的事情——我指的是你办的职工夜校。我感到骄傲和幸福，因为在上海的实利主义者中，我的儿子虽然思想上走上了偏道，但作为一个真正的、有思想的张家后人，没有和那些头脑平庸的财迷混在一起。但是，这种状况不能再发展下去了。你的心是好的。但你办了坏事。"

"坏事？"

"我们雇用了18个搬运工，将货物从工厂运往商店，或者运往码头的货仓。他们当中有一个人患了肺病，在路上倒下吐血。这时，其他17个人立即要求改善劳动条件，并要求为发生不幸的工人发放一次性医疗补贴。我暗地里也愿意帮助这个穷鬼，但是，按照哪条规矩我可以公开地开这个先例？每两个苦力中有一个患肺病。如果我们开始对所有人给予照顾，那么，全部生意就要停止下来。"

"劳动条件呢？"牛郎问。

"薪水提高百分之十，中午休息一个小时。"

"到目前为止，他们午休多长时间？"

"滑稽的问题！当然是吃一碗饭的时间。如果他们不快点吃，就会有人催促他们……一句话，他们现在罢工了。我本可以轻而易举地将他们赶走。上海的街头上，每个角落都可以找到18个搬运工。但是在我们杭州，更换雇工却不常见。这么做名声不好。

"今天，他们的头头来见我，看上去，他也是这件事的发起人，名叫王朴诚。他相当厚颜无耻，他指责我在厂里雇用8岁的女童工，要她们从滚烫的水里捞蚕茧。可这么做我并非独一无二！况且，他怎么有权这么做？他代表自己的利益，这一点，我还可以谅解他。这么一个龌龊的家伙怎么可以充当其他人的保护者？他是孔夫子？或者，他是个朝廷命官？"

"民间有一种说法，叫作：忧天下人之所忧。"牛郎引用起古人的话。

张达卿非常策略地绕开儿子的话题。父亲是不会跟儿子争论不休的。

"在其他商人没有开始做之前，我是肯定不会实施改革的。我虽然有钱，但我毕竟只是一个华人。要是没有冯特奈的庇护，我一点权力也没有。

"我容忍不了这个苦力如此无礼，我说：'你们先别偷懒。处在你这样的地位，暴力反抗是一事无成的。'——'正好相反。'他冷笑着说，并且开始列举什么时候在什么地方发生过工人罢工。不仅在中国，而且也在外国，这个无赖什么都晓得。英国的矿工罢工，他知道，德国发生的某次总罢工，还有其他地方的罢工……这时，我产生了怀疑……"

"你的怀疑是有理由的，父亲。我是他的教员。"

"但是，这个乌龟王八怎么会想到学习历史？"

"这要归罪于我。他来学文化。我看他有不同寻常的智力，于是——"

"儿子，我不指责你，对于你来说，知识高于一切，因此你到处传播知识。但是，你自己看：有些东西对这个人可以振奋精神，对另一个人却是毒药。"

"在这种情况下，那是一种非常必要的抗毒剂。"

"我们家的地位与这种情况联系在一起。你别忘记了这一点。你可以成为哲学家、幻想家，甚至改革家——但你首先是姓张的。"

"我是否姓张，这无所谓。我首先是人，是一个中国人。我就是我。"

"你怎么能够这么说话，你难道从小没有看到家族的荣耀！"

"叔公铭天？他应当成为我的榜样？这个死于非命的鸦片友！"

当他的嘴说出"鸦片友"这三个字时，他知道，自己做得太过分了。

老爷子的手已经打在他的脸上，仿佛他是个没有教育好的学生，实际上，他已经是有一个儿子的父亲。

他呆呆地望着翻开的账簿，上面用毛笔字写着上个月商品销售的情况。

"父亲大人还有何吩咐？"他说了一句表示敬畏的旧式用语，没有等回答，便走出了父亲的房间。

自己的房间里一片寂静。美音已经睡了，或者只是装着睡觉。

唯有离去，牛郎心想。他将脑袋深深地埋在枕头里。唯有离开这个见鬼的地方。

第3章

冯特奈进出口公司的老板冯特奈先生让牛郎翻译一封中文的商贸函件。他头发稀疏，留着染色的髭须。他的夫人住在新加坡，只是偶尔来探望他。如此令人颓丧的白种女人没有在上海掌控他，这也许本来就不是什么坏事……

"怎么，他要求增加五个百分点？"冯特奈恼火地说，"这个财迷！真正的华人！"

"您呢，先生？您不看重钱？"牛郎用略带沙哑的嗓音轻声问。

"您不该将此看作是人身攻击，Mon cher①，"老板劝解他，"我不是跟中国人为敌。中国人中也有守规矩的。"

牛郎看了一下表。离下班还有半小时。

"也许您有急事？"冯特奈问，他的视线随着他的目光移动。"我可以让您先下班。"

"不，不，"牛郎被老板的友好所感动，违心地用肯定的口气说，"先生，

---

① 法语，意为"我亲爱的"。

我倒是想问您，很难得到法国的签证吗？"

"您想去法国？当真？没有了您，我可怎么办？"

"先生！我可以为您找一个确实能很好干活的人替代我。不像我这样，脑子里装了成百件其他事情。"

"正因为您脑子里有成百件其他事情，您对于我才是合适的。"

"您太客气了。但是，在这成百件事情中有一件就是巴黎，您的巴黎。"

"是的，巴黎——巴黎，"冯特奈似乎宣布一项令人惊讶的神谕那样说，"您在那里有亲友吗？"

"有位舅舅在蒙马特开了一间中国餐馆。"

"好吧，我的年轻朋友。该我做的一定做到。我给领事馆写一封推荐信，给巴黎的生意朋友写三封推荐信。如果您乘的船途径新加坡停留，我给我妻子写一封信。幸好您不是白种人，否则，我会担心——"

"非常感谢。我们回头再谈这件事。现在，如果您觉得合适的话，我们写信给新华东方贸易公司。"

牛郎下班后走出公司大门，一个穿着破烂的人在等他，因为刚下过雨，他身上披着农用的棕制蓑衣。

"王朴诚，"牛郎高兴地喊道，"太好了，你来接我。"

这位苦力开玩笑地说："我有的是时间。只要我们罢工，就有空闲。"他说的是叽里咕噜的上海方言。

他们向虹口走去，因为夜校 6 点开始。

"你的阅读进展得怎样了？"牛郎问，"依我对你的了解，你的进步又会令我惊讶不已、拍案叫好。"

朴诚瓮声瓮气地从喉头吐出一个多义的"哦"字。这一回，表达的是一种谦虚的否认，但带有自信的乐观。

"拉丁字母，"牛郎继续说，"凭你的天赋在脑袋里恐怕已经记住十遍了。当然，我们的象形文字——"

朴诚从袋里拿出一本小书，书名是《太平天国起义》。

"怎么？你已经了解这本书？"

"还没有，"朴诚狡黠地笑着，令人猜不透意思的回答中显然流露出喜悦，"不过，快了。"

牛郎不禁哈哈大笑。

"如果我回乡下去，"苦力继续说，"我母亲总是问：'你什么时候念书给我听？'——如果我给她念书，这位虔诚的佛教徒将会非常惊奇。"即使他违反乡下的习俗按上海人的方式批评母亲，他的语气中仍然充满柔情，表现出对长辈的尊重。

"她仍旧在做刺绣吗？"

"是的，最近她又绣了一件小孩子的衣服，可是，人们才给她多少报酬？——简直少得可怜。现在，她每天晚上对天祈祷，向织女星抱怨。但愿织女星会保佑她。"他吐了一口唾沫。

"唯有出国，"牛郎令人大吃一惊地说，"唯有离开这鬼地方。"

朴诚好奇地看着他的嘴，好像要用额头上两道深深的皱纹将这句他还不会书写的话记录下来。他的老师具有多么灿烂的表达方式！

"鬼地方，"他重复说道，"一个金光闪闪的词。哦！我们村里邻居有个小男孩，咳嗽不止。人们害怕他会死去，开始乞求鬼神保佑。他们称病孩为'死小二'，认为这么做能够讨好死神，放过他们的儿子。他们当然也剃去他的头发，只剩下一小块地方可以长辫子。你明白吗？哦！这至今仍是一种逢凶化吉的妙方。"

牛郎留心地听着。他很喜欢自己的学生以农民的方式讲故事。

"不久前，我的姑奶奶深夜里来找我母亲。我母亲不断地屈身下拜，害怕得浑身发抖。这个老太太深夜里离开她的村子，走那么远路到我们家，到底发生了什么事情？——一句话：她突然想起，她要立即取得所有远近亲戚的允诺，在埋葬时给她墓里放四个纸制的小人。

"第二天，母亲当然要回访她。她带上我的小兄弟，就是有一回跟你说想当木匠的那个兄弟。回家的路上，他们遇到了下雨。我的小兄弟着凉了。第二天，他发烧昏迷。我母亲没有护理他，而是让他躺着，自己冒着日晒，拿着一把雨伞和点燃的蜡烛，气喘吁吁地上路。因为小孩失去了知觉，也就是说，他的灵魂留在了姑奶奶的屋里，她必须将它取回来。两个小时后，她回来了，跑得筋疲力尽，手里拿着撑开的雨伞和点燃的蜡烛，口中念念有词。在她的想象中，她抱着小兄弟的灵魂，用蜡烛引着它，用雨伞护着它。回到家后，小孩子醒了，想要一块木头玩，她连忙向万能的菩萨叩首感谢。"

他们在铺设华丽的桥头公园走过。门前挂着的牌子上用英文写着："狗与华人禁止入内。"

他们停住了脚步。朴诚瘦削但坚韧的身躯猛然震动了一下。宽宽的、颧骨突起的脸上开始显得激动。

"你的意思是？中国是一个鬼地方？哦！偏偏是中国？

"有一次，我在上海看见一个男人将一碗饭放在祖先的坟前。他突然发现两个白鬼子，是英国人，对着他嘲笑说：'中国佬，你什么时候开始相信，你的祖先会从墓里出来吃这些饭？'——他迅速回答他们：'你们什么时候开始相信你们的祖先从墓里出来闻那些鲜花。'"

"我明白你想说什么。"牛郎说。但朴诚在叙述的长河中突然沿着一个新的思路行驶。

"昨天,我过黄浦江到乡下去,当时,有一个西班牙的传教士登上渡船。在开船前的最后一刻,又上来一个洋人,坐在传教士身边。传教士站了起来,渡船离岸时摇摇晃晃,他仍然站立着,他的脚缠在长袍里,我很同情他。'No wantchie sittie?'① 我问。'Why?'——'我不想坐在犹太人的身边,'他用中文轻声地解释,'犹太人将基督耶稣钉上了十字架。'——'什么时候?'我惊讶地问。他回答说:'两千年前。'

"你想出国?为什么?因为我们的百姓仍然相信鬼神、留长辫子、叩头、包办子女婚姻?这种事情,我才不会在意。洋人有更可恶的鬼神。最可恶的鬼神——就是他们自己。

"去年,一个白人走进我的屋里,真是荣幸。当时,我母亲身边有一个侄女,她叫月鸟,14 岁,又漂亮又能干。这个白人想将她卖去新加坡当妹仔,他想付给我们 15 美元,你想一想!"

他不由自主地冷冷一笑。

牛郎回想起,冯特奈的夫人在最近一次来访时说过,她想买一个妹仔回去做家务,买这样一个奴婢只需 300 美元,而且精神上不会增加烦恼,那些没有人身约束的佣人只会惹人生气。

"我当时没有在家,"朴诚解释道,"他劝我母亲,说:'这女孩到一个好人家,这是她的福气!'我母亲推开门大声叫嚷,惊动了全村的人,她喊道:'你这个洋鬼子,如果这也算是福气,那么,你滚,回去卖掉你的闺女!'"

"是的,我们国家现在有妖魔鬼怪,"朴诚深深吸口气说,"但我们要赶走他们。我们老百姓,我们中国人,我可以告诉你,比某些其他国家更快。"

他们走到了昆平路拐弯角上那栋灰色的两层楼前。对于牛郎来说,房屋的墙仿佛变成了玻璃。他看见了能容纳两百人的大厅,看见一个舞台,舞台上活跃着形形色色的人物,痛苦、讥讽、骄傲、希望……

我不去巴黎了,牛郎想,很长一段时间都不去,我首先要排演话剧,在中国,世界上没有地方比得上在中国。

他们俩肩并肩,踏着轻快的脚步沿楼梯而上。一个是衣衫褴褛的苦力,另一个是身穿丝绸的文人雅士。这位是朴诚的老师,同时又是他的学生,那位是牛郎的学生,同时又是他的老师。

---

① 洋泾浜英语,意思是"你不想坐吗"。

第4章

她们面对面坐着喝茶，一个举止优雅，另一个开朗活泼，她们是美音和彩云。上海人的言谈中称她们为"唐家不相同的姐妹"。

不久前，彩云在学生会做了一个关于中国历史上的女英雄的报告，听众们兴奋不已，特别是当她热情洋溢地讲述中世纪的女将花木兰和近代的女烈士秋瑾。她的照片登在一份妇女杂志上，一副黝黑的少女的脸，小小的鼻子，大大的眼睛，两个眼角神采奕奕地往上翘，以至于眉毛和眼睫毛看上去就像腾飞的小鸟的翅膀。

但她不能靠名气生活。唐家的人愤怒地将她赶走，要不是美音照顾，她恐怕早就饿死了。

她学习德语和英语，她的语言天赋令人惊讶，但是却有一个缺陷，那就是无论讲什么语言，她都无法摆脱汉语的那种特性。她与艾格尼丝·史沫特莱①、海伦妮·施特勒克②、里卡达·胡赫③通信，但无论是书写还是会话，她都总是用中文思考，然后逐字逐句地翻译成外文。她与上海基督教青年女子联合会的美国人交往，带着少许自信地向她们讲述自己发展起来的通信情况："我每天都收到一封信，有时候收到好多、好多。"每当她邀请外国客人的时候，她总是用同样的自信提醒客人，说自己简陋的房子"只有一张桌子三把靠椅"。

"看看你住的情况，"美音说，她关心地环视四周，"理智些吧，妹妹，我们将法租界里的一个房间租给你。这里的环境确实不适合你。"

"你还想为我花更多钱！"彩云哧哧地笑着说。

"花钱？——自从我会思考以来，我就亏欠了你。我4岁时母亲说的话至今仍在我耳边响：'我不能给你派佣人，九妹。我们有客人来访。'在你出生的时候，她如此违背了孔夫子提倡的仁义，我必须偿还——一辈子。我这么说我的母亲，也许是对长辈大不敬。但我们只是在我们之间说说。"

"我花费你们的钱也够多了，"彩云叹道，"如今，你丈夫跟他爹发生了争执，你们自己恐怕也得省着点。"

"你错了，"美音笑着说，语句中闪烁着一丝蔑视，"能干的上海商人是不

---

① 艾格尼丝·史沫特莱（Agnes Smedley, 1892—1950），美国著名女记者，以对中国革命的报道著称。
② 海伦妮·施特勒克（Helene Stoecker, 1869—1943），德国著名的女权主义者。
③ 里卡达·胡赫（Ricarda Huch, 1846—1947），德国女作家、诗人、哲学家、历史学家。

会将一个英文、法文说得像英国人、法国人的儿子赶出家门的。"

"你总是骂上海人，大姐。"

"我感到诧异，你的社交圈子怎么会给你这样的女孩子带来快乐！他们是怎么模仿和试图适应洋人！如果一个男人名叫欣美，他就自称Sidney；如果一个女子名叫美玲，人们就称她Mary。简直有失尊严！"

"这只是外表。"彩云笑着说。

"那些洗礼加入教会的人，认为自己比别人优秀，称我们是异端。不，小妹，他们的基督教以及对上帝、天堂和地狱的信仰并不能使我产生敬佩之心。做每件好事都为了牟取超世俗的奖赏，那是怎样一个人？我们信奉孔子，行善是为了修身。"

"年轻的一代人，"彩云激昂地说，"既不需要基督也不需要孔子。他们需要的是自己的思想世界。"

"如果我的小天拓开始上学读书，我给他起名叫新路。"

"多好的主意！你必须把这告诉你丈夫。"

"不，"美音冷静地说，"他不相信我说的话会合他的心意。"

"他对你有所了解吗？如果你总是默默不语，他怎么能了解？"

"我不是时髦的上海女子，她们只会手舞足蹈讨男人的喜欢。"美音强调说。

"他跟父亲的关系没有那么糟吧？"彩云转换话题问。

"他们尽量避免互相交谈。但我们还像过去那样共同生活，以家庭为重。牛郎会将他在冯特奈公司赚到的钱用于实现自己的想法：他扩大了夜校，眼下又办了一个业余剧团——"

"我知道，前天，我们四个人还一起商量，牛郎、李鸣凤、我，还有——"

"李鸣凤是谁？"

"金龙珠宝店的售货员，他很久以来就在夜校学英文。你从来没有见过他吗？一个毛躁的小伙子，有一双灼热的眼睛。牛郎发现了他的天才。我们在第一幕里共同表演。"

"小妹，你敢在众人面前登台演戏？"

"美音姐！法律上允许女演员登台表演已经有5年了。"

"不错，你毕竟是个女权主义者，而且肯定很有才能。而我——"她忍住笑，"我会羞死的。"

"演戏的时候，我觉得自己仿佛有两倍、三倍的活力。你想，我们不需要像正式剧团里的演员那样技艺精湛，不需要讲究唱腔、舞步，我们可以扮演真实的人，做动作就跟现实生活里一样。牛郎向我们讲解一切，讲得那么好，就像是一个最有经验的导演。"

"是的，这几个星期他都在研究这件事情。他的桌子上摆着一叠杂志，上面是关于京剧和戏剧改革的文章，还有外文书，其中一本附有图片，男男女女做出各种各样鬼脸。"

"那本书叫《演员手册》，"彩云咯咯地笑了，"一本旧书，但仍然很有用。"

"对了，和你们一起商量的第四个人是谁？"

"谁？——当然是黄浦鱼。"

"黄浦鱼？——啊，傅楷盟。"

"是的。我给他的绰号不恰当吗？他难道不是一条鱼？——小小的，瘦瘦的，非常灵活——待人冷冰冰的，简直不知礼仪。"

"十足的上海人。他要表现出自己非常时髦。"

"如果一个人十分兴奋，他立即会准备好一个冷水喷头。至少对我是这样。他似乎觉得我特别偏激和可笑。没有法子。"

美音站起来。"不要太劳累了，小妹。"她温馨地提醒。彩云的个子确实矮了一个脑袋。

"我的大姐，你的光临令我的寒舍蓬荜增辉。"她们在时尚的交谈中不时打趣地插入一些旧式用语。"我的身体在这里，但我的心陪伴着你。万福，万福。"

第5章

新的业余剧团名叫梅花，开始排练一部当代中国的独幕剧《咖啡店之夜》。剧作者是一个年轻的文学教授，正如这个国家几乎所有的天才那样，具有左的倾向。当上海的警察紧紧地对他进行盯梢时，他出国去了，没有受到任何阻拦。"工作马虎草率使专政有所缓和"，这是众所周知的事实，对此，牛郎在开始演出这个剧目的时候已经预计到了。因为，一出小小的独幕剧并不引人注目，即使措施再严密也完全可以逃脱监控……

排演这出戏的想法很简单，那就是要表现人民群众中一个普通的老百姓如何唤醒一个失望的、沮丧的知识分子，使他获得新的活力。牛郎的脑海里装满了与王朴诚那次重要谈话的内容，他满怀热情地像孪生子那样去感受剧作者的体验，谨慎而兴奋地琢磨着怎样塑造一个精致的戏剧作品，让它像一粒圆圆的发光的珍珠滚向观众。

夜咖啡店人客稀少。彩云扮演的女招待员艾菲身穿廉价的桃红色的丝绸衣服，化妆俗气，脸带讽刺的表情，在空荡荡的餐桌之间来回走动。

李鸣凤登场，在人物名单中简称"客人"，他要了一杯烈酒。从他失魂落魄的样子和不修边幅的打扮中，观众一眼就可以看出，这是一个事业失败、借酒消愁的知识分子。

女招待员将酒端来放到桌上。"先生是位读书人？"她问，"麻烦先生给我念一封信，是我母亲今天收到的，行吗？"

"等一会儿，小姐，"客人说，"我现在筋疲力尽，需要喝酒提神，没有什么能与此相比。"

姑娘明白，这位陌生人不只是想过酒瘾。她用各种隐喻让他明白，她的工作是端酒送菜，并不提供其他服务。

这位男士也同样用各种隐喻表明，他过去也曾相信诚实、纯洁、勤奋、荣誉，但经验却教导他，这一切都是没用的。他谋求的一份职位，被一个没有资质的竞争者凭借良好家庭关系夺取了。这就是生活。人们最终必须学会轻轻松松地享乐、无所顾忌地挣钱。

他们的交谈编织了一幅用美丽的、细心改写的词语构成的织品，其中不乏月色、风声、花香、柳荫，话题围绕着两个赤裸裸的事实：社会贫困和妇女卖淫。

在此期间，他对于自己刚才不客气地拒绝对方的请求表示了道歉，并且为她读了信。这是一封写给她母亲的辞退信。这位可怜的老人在这间咖啡店打扫卫生，每周三次。现在，艾菲的雇主断然辞退了她，并且暗示，她遇上这件倒霉的事，原因在于她的女儿。

艾菲匆匆走进账房里。留下客人独自一人，他一边大声朗读，一边在桌面上写诗：

柳下月夜繁花间，
醉生梦死亦徒劳。
上海犹如七彩果，
肉藏硬核怪又坚。

女招待员回来了。她换了一身服装，脱去了艳丽的丝绸衣服，换上了朴素的深蓝布衣。客人沉思着自己的问题，并没有察觉。他知道，女招待员对男顾客的拘谨态度引起了老板对她的不满。他想去替她母亲求情，并且用一些圆滑的谎言为她辩护。这世界就是如此。

她笑着对他的好意表示感谢。她表示不想继续留在这个拉皮条的老板这里（她客气地将他改称为"月老"），而要为母亲和自己另找工作。最好是在一间工厂，在那里，人们可以从自己的工友身上得到更坚实的依靠。她劝他不要再麻醉自己，而要保持清醒。世界既然是如此，它也就必定会改变。

他们的交谈发生了令人惊喜的转折。姑娘的讲话方式不再像训练有素的售货员跟顾客打交道时那么肤浅和拘谨，而是变得直言不讳和俗落。男士的讲话方式也失去了那种故弄玄虚的隐晦而敞开了深思熟虑的心扉。玩世不恭的浪荡公子变得善解人意，受人欺负的弱女子如今给人以劝慰。女招待与客人离开咖啡店时已经成为战友。

在牛郎的编导下，咖啡店里人客稀少，演出带有讽刺的、忧伤的气氛，在此基调上却令人惊喜地透露出一种坚韧的信心。观众——大多数是商店的职员、大学生——屏着呼吸看戏。他们的热烈掌声不仅传达了他们对这出戏的喜欢，而且清楚地表明了他们的政治信念。

但牛郎最大的成功体现在著名评论家陈博说的一番话。在中国的文坛里，这位长辈说话尖刻，令人既钦佩又敬畏。有一位知名作家夸耀自己在新办的刊物上无所不谈，涉及的题目"大至宇宙小至苍蝇"，陈博立即评论他，说："他抓住了苍蝇却丢掉了宇宙。"——正是这位陈博，走到牛郎身边，毫不犹豫地宣布："现在，我们终于有了一部中国话剧。"

另一位前辈也走过来，热情洋溢地向这位年轻的导演做自我介绍。他名叫吴贤礼，是研究歌德的著名学者，曾在德国学习，现在担任美庐中学的校长。他祝贺牛郎取得成功，高度称赞这次演出，用他的话说，是从小独幕剧中提取出一个恰好相反的"神和舞伎"。然后，他描述了高尔基戏剧作品《底层》在慕尼黑演出的情况。"这出戏适合于像您这样的导演。如果您想尝试——美庐中学的大礼堂供您使用。"

牛郎鞠躬致谢。他瘦削的脸上浮现出一股坚韧探索的表情。

第6章

王朴诚和他的工友实现了提薪百分之五的要求，重新复工。牛郎看见他在宽阔喧闹的爱多亚路上走来，背上扛着彩色的丝绸布匹，嘴里哼着中国搬运工人干活时唱的古老号子。他对殖民地阔洋人深深的蔑视，成为牛郎不断提升勇气的源泉。按照中国无产者的方式，王朴诚在评判每个人的时候将他们分为好人和坏人，前者是高尚的，后者是卑劣的。铁拳不能使他敬佩，尽管他暂时还不能与之匹敌。

他变得更加严肃和沉默。在夜校里，他仍然像过去那样充满激情地提些敏锐的问题，但是，这些问题只暴露出他对思考的某种调整。有时候，他上课迟到或者早退。牛郎并不去追问他。他可以想象出王朴诚跟哪些人往来。

现在，要为排练高尔基的《底层》寻找演员。傅楷盟是个理智的、信得过的组织者，牛郎是个有感染力的导演，可是当演员，两人都不太合适。

彩云也在她的同学中物色扮演者，她发现了一个非同寻常的天才，名叫马叔平，中文系的毕业生，父亲是有名的考古学家。他是一个局促不安、不甚讨人喜爱的小伙子，但他的口才却足以迷住那些在日常生活中忍受不了他的人。其他的小伙子和姑娘也参加进来。一连几个不眠之夜，不懂俄语的牛郎将剧本从英文翻译成中文。其间，他还连续几周不倦地领导《咖啡店之夜》的演出，同时深入琢磨这部俄罗斯悲剧的思想。如果李鸣凤和马叔平在角色理解上突然出现困难，或者牛郎永不枯竭的想法有需要，他们甚至在冯特奈进出口公司见面。冯特奈听任他们随便进出，没有提出任何责难。中国人能够演出现代戏剧，这种观念完全超出他的理解力之外。

牛郎坐在打字机旁，机械地打着贸易信件。他经过深思熟虑，在高尔基尊重人的思想和孙中山关于人的能力不同，但具有相同的自主权的学说之间找出了平行线。

"这个法国人二话不说就让我们在办公时间去他公司？"马叔平在回去的路上诧异地问。

"他偏爱牛郎，"李鸣凤笑着说，"这些白鬼子坚信，我们是黄皮肤的猴子，一旦他们在我们当中的某个人身上偶然发现了一些属于人的特性，他们便突然对他喜爱有加。"

"他偏偏喜欢上这位丝商的儿子，"叔平喃喃地说，"所有人都被他迷住了。包括陈博，还有吴贤礼。他们在他身上发现了什么，这些没睡醒的偶像崇拜者？他根本上就是一个店员。"

"我也是一个店员。"鸣凤提醒说。

"但你首先是个十分敏感的小资。"叔平用教训的口吻说。

美庐中学的礼堂大约能容纳四百人。牛郎的梅花业余剧团一夜成名之后，在这里又创下了另外两个成功。高尔基的《底层》的基本思想——即使在最深层的痛苦中仍然存在人的价值和灵魂的活力——正合中国观众的心意。叔平的功劳最大，他扮演的沙丁自以为是、待人尖刻，总是咬牙嚼字地使用复杂的外来词，显得既高傲又无助。鸣凤饰演演员，一个跟死亡搏斗的天才。金龙公司的会计赵永强，白发童颜，赋予游僧这个角色一种慈祥的美。扮演瓦斯丽莎的是叔平的姨妈马金兰，她在《妇女杂志》担任主编，是个富裕的寡妇，具有成熟女性的美。叔平的大学同学林淑仙是新娘子，扮演娜塔莎恰到好处。王朴诚目光闪烁地坐在第三排，这是他头一回看戏。跟他同来的还有一个非常沉默的陌生人，他看完演出就立即告辞了，留下的王朴诚想进一步了解高尔基的情况，牛郎反复地给他讲解。接着，人们转向政治话题，谈到了小日本鬼子的不断进攻。接下来是否应当演出一部公开或暗中号召人们起来维护民族独立的戏？——大家决定再等一等，目前，国民党政府的警察正密切跟踪任何反日的宣传。

观众特别渴望看到对家庭和社会进行批评的戏剧。20世纪的中国人以自己的方式扮演着易卜生笔下的人物——一点也不亚于19世纪的欧洲人。牛郎发现了一部新的中国戏剧，这部戏令年轻的剧作者几年后享誉太平洋两岸，戏名叫《雷雨》，是一部现代家庭悲剧，跟易卜生的《群鬼》一样，揭示了人类关系中一切美好的东西——父母的爱，子女的爱，男女的爱——全都渗透了社会不公的毒，不得不蜕变、枯萎。

牛郎承担了太多工作，以至于分身无术，忙不过来。他一连几周指导《底层》的演出，通宵达旦地将契诃夫的戏剧《文舅舅》翻译成中文，带领他的人马排练《雷雨》，少不了还要平息演员之间产生的纠纷和嫉妒。特别是在叔平身上以及他身边的人中，总有一种小小的敌意。他的不好相处是众所周知的。漂亮的马金兰姨妈喜欢对人说，他7岁的时候跑到她那里，大声嚷着："钜泽辱骂我，我说他是乌龟王八，他反驳说我也是乌龟王八！"

牛郎是个与众不同的法官。他能用微笑的力量找到出路，免除双方互相造成伤害。甚至叔平也无法再找到借口进行挖苦，这使他内心对这个"店员"更加恼火。

"牛郎，"楷盟说，"不能再这样继续下去了。你会累垮自己的。"

"我工作越多，"牛郎回应说，"也就越少看见我所敬重的内子。"

"尽管不喜欢，但是你却使令室再次怀孕。"楷盟指出。

"是的，黄浦鱼，"牛郎苦笑着回答，"可是，每次跟她行云雨之事后，我总是想：现在，你又一次尽了当父亲的责任。"

《雷雨》的演出，是梅花剧团取得的最大成就。彩云扮演侍萍，一个下层的妇女，曾经是大资本家周朴园的情人，她被迫守护着悲剧的秘密，从火热的青春沦落到悲凉惶恐的境地。观众席里打破了克己的古老传统，爆发出叹息和呜咽、愤怒的呼喊和暴风雨般的掌声。青年基督教联盟的两位代表表示，愿意为牛郎提供该联盟主楼的豪华大厅作最近的首演场地。

这种帮助来得非常及时。警察局终于注意他们了（由于亚洲人办事的速度，这其实发生得够迟的了）。在强大的外国组织的庇护下，剧团感到相当安全。

现在，牛郎想排练《文舅舅》。傅楷盟承担了所有的组织和技术工作，他审慎地解决问题，而在文学和艺术的事情上，尽管比其他人懂得多些，但却谦逊地拒绝做出判断。这一次，在排练《文舅舅》的事情上，他干预了，急切地提出警告。在他看来，这出戏显得费解，主题不够鲜明，对于不懂俄语的观众，部分内容不易理解。牛郎顽固地进行反驳。他从契诃夫的戏剧中得出一个自己非常喜爱的思想：老百姓抱怨，富人损害你们的利益过着幸福的生活。你们错了。他们损害你们的利益，自己却并不幸福。

还有教授的女儿索尼娅这个人物也令他倾心，这位姑娘虽然样子丑陋，但心地善良、性格勇敢。牛郎厌恶了中国古代推崇美女的传统，在他看来，将一个长相不美的女子放在显著的位置是很特别、很吸引人的。彩云满腔热情地研究了他的想法，在自己秀丽的脸上一层又一层涂抹，打扮出令人厌恶的丑相。

这是1930年一月份寒冷的一天，正是中国人说的"六衣天"。牛郎深蓝色的丝绸长衫加了皮毛的内里。他快步穿过宽阔的四川路向青年基督教联盟的大楼走去。他的演员中有一个是哲学系的大学生，首演前不久被逮捕了。他必须顶替这位学生。

演员们受逮捕潮的影响，惘然若失，深感压抑。叔平扮演文舅舅，他控制不了自己的伤感，以至于观众们将他看作是诡秘的恶棍。彩云将温柔的索尼娅演成了一个精力过度的民众领袖。牛郎将博士这个角色完全演砸了。只有鸣凤将世界置于脑后，真实地扮演着病态的教授。

大厅很华丽，"洋气十足"，但缺少剧场气氛。牛郎只名义上收取一点入场费，票价低得任何苦力都付得起。但青年基督教联盟的人发挥商业才干，向美国传教士索要较高的票价。这也造成不好的印象。剧情显得不清晰，人际间的交流没有建立，观众从头到尾无动于衷。

牛郎和鸣凤站在大门前。"这下子完了，"他说，"青年基督教联盟不会再次提供演出场地，其他地方也不会再有人冒险这么做。梅花剧团以最终的失败结束了自己的存在。三个星期以后它就会被人遗忘。"

"回家吧，"鸣凤喊道，"睡一觉把烦恼忘掉。"

"我不回家。我去——"他朝百老汇方向摆了摆脑袋。

"你不害羞吗？你还想不想成为革命者？——你是一个颓废的花花公子。"

"可不是吗？我的老家在天堂般的杭州，出身于富贵人家，前辈抽鸦片，是讲究享受的人，我是张铭天的侄孙。我的样子长得跟他一样。聪明的叔公！他至少没有去做力所不及的事情。"

"回家吧。"鸣凤恳求他。

"回家？——在旧中国面前出洋相后回家？"他转过身向花柳街走去。

第7章

叔平在大学的校园里发表了一个激烈的抗日演说，两天后被逮捕了。他的未婚妻也被捕了。遭到逮捕的还有美丽的金兰姨，她对政治一无所知，但在1927年革命风暴中与左派作家有过密切的联系。

尽管木板床上有臭虫，但马叔平的心灵却达到了从来没有过的平静。跟日常生活中那种可悲的冲突不同，他现在是为了一个勇敢的行动而光荣地忍受痛苦。身陷牢房，比起被人讨厌和嫌弃，在感情上受的伤害要少些。

可是，有消息传来，说牛郎要出国，这对于叔平来说是痛苦的一天。"今后，他就可以跟白种女人睡觉了，"叔平喃喃地说，"这个店员！"

牛郎在经过短暂的颓丧之后，又以往常的活力投入到工作当中。在没有弥补《文舅舅》演出失败之前，他是不会出国的。他的被捕随时都会发生，只是因为他的家庭出身，人们可以预计会有一些推迟。他又发现了一部中国戏剧，一部朴素的家庭剧，名叫《虎子来了》。

困难是巨大的。人们既不敢在昆平路也不敢在美庐中学演出。学生演员中有多人被捕，其他人的自由也悬在一条线上。这出戏有两个女性角色，她们是母女关系。但在险恶的形势下，女大学生都不敢登台演出。要找一个非大学生的妇女来当业余演员，显然是不可能的事情。正式剧团的女演员就更加难以考虑了，这是因为，尽管五年来她们允许登台表演，但是，她们有传统的表演方式，这种表演方式将意思和内容分解为节奏和色彩、动作和象征。牛郎推行的现实主义的表演在她们以及她们的男性同事看来只是业余的胡闹。

牛郎的脸更瘦了，探索的特征更加深了。他去青年基督教联盟，苦苦劝说，让他们相信，基督教联盟的声誉也要求他们至少允许在联盟的礼堂里再演出一次，以便挽回上一次的损失。他说服他们认可便宜的、不分等的票价，从他自己的钱袋里为他们补偿一部分差价。他还找来商店的职员来顶替大学生，不厌其烦地给他们讲解话剧艺术和现实主义，用他的真知灼见吸引和加深他们敏捷但普通的智力。彩云钻研女儿的角色。为了应急，牛郎将母亲的角色交给了一个胖胖的卖葡萄干的男店员。

在环龙路的一间小饭店里，当他们拿着筷子面对面坐着时，楷盟说："你已经做了一切事情，现在，你必须为旅行做准备了。在首演的时候，你应当坐在观众席上，我们不让你去后台，你已经将一切教给大家了，鸣凤可以领导这次演出，他是你最信得过的学生。在最近几个月里，你就像庙宇里的鬼神那样疲于奔命。你该想想你的未来，做事也该有个分寸。"

"我答应你,"牛郎微笑着说,"现在也让我对你说几句吧。我们将会多年不见面,也许永远也见不了面。每当你想起我的时候,你就想想我最后的友好劝告:离婚不是悲剧,俗话说得好:第一个老婆——奉父亲之命,第二个老婆——自己的选择。"

分手时他们面面相觑,互相之间隐藏着一种沉重的张力。

这是中国新年的喜庆日子,上海的早春带着微微的寒意。一条由十个人抬着的巨大的纸扎的紫金龙沿着马斯南路前进。楷盟跟在它后面走。

在邮局前面,他遇见疾步如飞的彩云,她穿着鲜艳的深蓝色的绒毛外套,手里拿着一封寄给德语女作家胡赫的信,这是一段用奇特的外语写成的内心倾诉:

"我收到了您寄来的一封信和两本书。我非常感谢您。您费心了。请您写信告诉我,您尊贵的身体好不好?我祝愿您前程万里。您漫长的具有美好意义的一生铭刻在我心中。

"在我们剧团里,情况不是太好。我的哥哥有太多的希望,现在,他必须吃苦。我们已经没有足够的演员。许多人都在尝铁窗的味道。我的心里感到不安。但我是一个中华女子,我不会屈服。"

彩云沉浸在思考中,以至于已经走到楷盟面前时才发现他。

"黄浦鱼!"她气喘吁吁地喊道,"有什么新闻?"

"您先寄信吧,"楷盟提醒她,他像往常那么谨慎,"还有一刻钟就6点了。"

"母老虎来了!"当她重新从邮局走出来的时候笑着说。

"可惜有一只母老虎还不够。我挨家挨户寻找扮演母亲的女演员,可是我们公司职员的妻子和姐妹个个都怕得要死,她们中没有一个愿意登上舞台的。哪怕只是问一下有没有这种可能性,她们就已经大惊失色,仿佛想立即钻到地里去似的。其实,那只是一个很小的角色,台词少到几乎只讲一句话。"

"可是这句话,"彩云说,"击中要害,非常重要,是戏的转折点。如果我看见是个男演员扮演这个角色,那么,我全身上下都会感到不自在,像是躺在墓里吃纸做的糕点。"

"我也感到很不顺眼,"楷盟说,"而在5年前,这还是很自然的事情。"

他们肩并肩默默地走着。

"10天后我们就要首演了。"姑娘充满忧虑地说。

"再过一天牛郎就要去巴黎了。"她的陪伴者补充说。

他们拐进亚尔培路。彩云想拜访她的姐姐。

路上有间小小的昏暗的咖啡店,他们默契地走了进去。

"《虎子来了》这出戏如此简单,如此现实,如此通俗,"彩云激动地喝了一口茶,热情洋溢地说,"演出应当而且也不允许像《文舅舅》那么失败。我要找一条出路。"

楷盟让他的茶放在桌上没动,目不转睛地看着彩云,脸上露出呆呆的微笑。

"我知道,您没有把我的话当真,"彩云恼怒地说,"我知道,您把我看作大傻瓜。没有法子。但这一回,我要证明给您看——"

"我们不要争论,"楷盟小声地恳请,"我们的生活已经够悲惨了。"

"我们的生活并不十分悲惨,"彩云反驳说,"我们在战斗,并且知道为什么而战。当然——一条冷冰冰的黄浦鱼是不会为任何事情而兴奋的……"

楷盟默默地打开西装外套的纽扣,从里面的袋子里掏出一本隐藏的小册子。它的内容有关湖南的农民运动,作者名叫毛泽东。一张从杂志里剪下的散页当作书签。这张散页递到彩云的手中,上面是一个少女的古铜色的脸,娇小的鼻子,大大的眼睛,两边的眼角向上翘起:这是她自己的脸。

一道看不见的奇光异彩充满了小小的昏暗的空间。

"我要走了。"彩云决定。

楷盟顺从地站起身,将画页插在书中,小心翼翼地藏进外套的内袋里。他们非常礼貌地并排走着,肩膀之间偶然的碰撞几乎也没有。

"您今天有课吗?"彩云问。

"有,从 8 点到 9 点。"

"明天呢?"

"明天从 6 点到 7 点。"

"那么,我 7 点到夜校接您,并且告诉您我的计划是否成功。我要在告诉所有其他人之前就告诉您。过后才让牛郎知道。现在,我要去姐姐那里了。"

楷盟试着用瘦瘦的手指握住她的小手,久久没有松开。彩云的双眉和眼睫毛像小鸟的黑色翅膀,朝上飞起,仿佛要飞向星星。

此刻,他们俩互相要说的所有话已尽在无言之中。

第 8 章

幸好美音独自在家。

"大姐,"彩云直截了当开口说,"你一定要为这件好事出点力。我们没有女演员了,所有人都被捕了。你一定要在我们的演出中扮演母亲,这是一个小角色,台词只有一句……"

"要我演戏？我？"

"这没什么值得大惊小怪的。"

"孔夫子说——"

"孔夫子生活在 2500 年前，而你生活在今天。在礼仪的束缚下，你最美的特性在逐渐枯萎。让你的丈夫知道，7 年来他看错你了。让他看看你真实的样子：一个有个性的人，一个勇敢的同伴。"

"他会以为，我死缠住他不放。"

"不会的。鸣凤领导这次演出。牛郎只是在出国前观看演出而已。而你却可以从中得到满足和自信——"

"我已经怀孕 4 个月。"

"你可以穿上一件宽大的旧式大褂，在你的仙女般的脸上涂抹上皱纹，这样就没有人能认出你来。"

"如果有人认出了我呢？我就可能被娘家的人知道。"

"你面临的是其他风险，"彩云说，她对姐姐的自尊心有着正确的估计，"你的风险是，警察会像对待金兰和淑香那样将你抓走。"

"我肯定不比金兰和淑香更胆小，但我觉得这样做很不要脸！"

"不要脸总比没良心好。你知道吗，你拒绝帮助的是什么事情？这个世界应当像今天这个样子永远存在下去吗？面对各种各样的不公正，一个正派的人能平静吗？"

"这一点，你不必对我讲。我 4 岁的时候，就从月门里看见你出生时的悲惨，看见我的家人怎么作践和嘲笑你。我懂的东西超过你所认为的。"

"那你打算？"

"我听你的，彩云，"美音说，她抚摸着小手，特别强调地说出对方的名字，"我听你的——彩云！"

10 天后，在上海附近的小乡村浦东，牛郎走进一间小农舍。简陋的房子用蓝、绿、红、紫等颜色的灯笼装饰了一番，因为今天是庆祝春节的最后一天。一个用纸画和彩色丝绸做的、挂着流苏的大灯笼随着气流转动，上面的图像不断变换，有大慈大悲的观音，有看守着大珠的小龙，有大龙和手拿神笔、逃脱地狱的小鬼，有带着银白色小月兔的嫦娥。

"明天，你乘的船就要去马——赛——勒？"朴诚问。在他颧骨凸起的、消瘦的脸上，悲与喜在进行一场悄悄的斗争。

"是的，明天我要乘船去 Marseille。"牛郎确认。他向王妈三鞠躬问好。她怀里拿着一件深蓝色的童装，正在前襟上横绣一条玫瑰红色的龙。丝线挂在两个象牙雕刻的小人身上，一个是牵着牛向草地走去的小伙子，另一个是坐在织机旁的姑娘。这是农民想象出来的一对神仙般的悲剧恋人：牛郎和织女，后者是纺织缝纫行业的保护神。在屋顶的一根横梁上引人注目地写着王家祖先的名字。在炉灶上方的一个小壁龛里贴着灶神的像。母亲在他的手里粘了一张纸钱，又用蜂蜜涂抹他留着胡子的嘴唇，目的是希望他向神灵多讲家庭的好话。灶神仿佛看着8岁的小弟，他正聪明而自信地用木块拼成桌子和椅子。对面是一个陶瓷的小神坛，橙色的丝帘子后面供奉着两座佛。

"这个冯特奈，"朴诚用哲学家的认真态度判断，"是个好的外国人。哦！在他的办公室里，你可以学习，可以向演员解释你的想法，可以做一切事情。现在，他还帮你办护照。"

牛郎呆呆地望着象牙雕刻的牛郎的背。"你知道，"他说，"中世纪德国的贵族怎么做的吗？——他们剥削犹太人，辱骂和践踏他们，但他们中某些人也任用宫廷犹太人。他们欣赏这些犹太人，倍加恩惠。而我——你看——我就是冯特奈的宫廷华人。"

"但他确实为你做了许多。"容忍不了任何不公正的朴诚反驳说。

"他为我做一切，"牛郎坚持自己的看法，"但有一件事不做：承认我是有同等权利的人。"他停顿了一下，转过身对王妈说："我想请大婶去看我们的演出。"

在过早衰老的农妇的充满焦虑的脸上，眯眼睛开始放出光芒："谢谢，谢谢。太客气了。我今天必须将这件小衣服做好。下一回吧。"

"你呢，朴诚？"

"我不行。要开会。"

"告诉你的人，"牛郎小声但恳切地说，"我想加入共产党。"

"嘘！"朴诚提醒他，"这件事你可以在巴黎办。"

牛郎低下了脑袋。

"行了，没事了！通通威利谷！"朴诚为了让朋友高兴一些，说起了洋泾浜英语，"同志们非常器重你。"

"他们谈论我了？"牛郎受宠若惊地问。

"经常谈论。哦！但非常谨慎，非常谨慎。他们提到你时从来不讲名字。只是称上海梦生。"

"在巴黎？"

"已经有一个人去了，他会介绍你的情况。但我不能给你写任何东西。没有名字，没有地址。你必须在索邦大学里四处张望，直至你找到他，或者他找到你。或许，他会在你叔叔那里，在餐馆找你。"

"在此期间，"牛郎带着疑问说，"在这么多洋人当中？"

朴诚又讲述了一件事情安慰他。"如果洋人从上往下看你，"他说，"那么，你就想想我最近发生的事情。我拿着一批丝绸在海关登记，排长队，并且人越来越多，有几个家伙往前挤。我们对他们发嘘声。但在后面有两个美国领事馆的司机。其中一个对另一人说，这些中国人甚至不会从中间穿过去，真是愚蠢的动物！又有一些人往前挤。这些美国人忍不住了，叽里咕噜地喊了起来。这时，我听见一个中国人对另一个人说：'这些白种人！他们甚至不会克制自己，简直是野兽。'"

"朴诚，跟你在一起，我还从来没有试过心情不好的。"牛郎微笑着说。

当走进青年基督教联盟的大楼时，他仍然在微笑。离开演还有很短时间。如果他早半个小时到，就会看见他的妻子走进这座大楼。

美音化装成农妇，坐在图书室里，今天，这里当更衣室用。从她怀孕的肚子里升起轻微的恶心。一种强烈的羞涩感在刺激着她的血管。还有5分钟，她就要站在大家的面前。所有人将望着她，许多小手将从她的眼里生长出来，就像是从驱赶瘟疫的魔鬼的眼里长出来一样。即使是相信无神论的理性宗教也无济于事。受折磨的神经造出一副又一副鬼怪的模样。

身上长着光滑的皮肤，这就是仪容。谁去掉了皮肤，就会暴露出血肉和骨头，缺陷和忧伤。美音虽然很聪明，对此却无法明白，彩云这位小妹，女权主义者，偏房生的女儿，游离于两个社会阶级之间，祖父是富贵人家，外公是擦鞋匠。

仪容是好事。它将尊严和自信既给予了幸运者，也给予了不幸者，既给予了哑巴，也给予了善言者，同样，也给予了被追求者和被蔑视者。在儒家的美德中，仪容有很高的地位。但更高的是宽容。她要宽容地对待那个为公正的世界秩序不倦斗争的人，这个人同时也是她的丈夫，她冷漠的、被迫接受的丈夫。

牛郎坐在最后一排。今天，他只是一名观众，在做完耗尽精力的工作之后，这是一种很舒服的感觉。

这出戏的故事发生在1927年汉口附近的一个小村。地主是个诡计多端的高利贷者，为了夺取小农户最后的一小块土地，他诱使他们借债，人们对他既恨又怕。尽管他已经老了，样子长得很丑，但是他还是不停地纳妾，而且娶回来不久，便横加辱骂和羞辱。人们无法去控告他，因为官府中任职的官员中一个是他的小舅子，另一个是他的外甥。

几个年轻小伙子聚集在农民儿子李兆林的茅屋里，李兆林在城里一间印染厂工作，他讲述了自己工厂和汉口其他工厂罢工取得的成功，并且提议造反。他的老父亲被地主残酷迫害，但对造反的儿子却非常恼怒，称他是野兽，并且不准他进屋。老母亲在场,却不敢吱声。

牛郎想,鸣凤像以往那样扮演父亲,演技是最好的,新手的表现也不错。可是,谁扮演母亲?这不是那个小个子的、胖胖的、卖葡萄干的店员,而是一个女人,这太好了。虽然是初次登台,而且僵硬得像块木头,但也仍然比男扮女装好。

兆林跟他漂亮的妹妹告别,他本想带妹妹去汉口,安排她当佣人,但姑娘被教育得过于羞怯和虔诚,害怕到大城市去。

第二幕是高潮,地主利用高利贷以及通过当税官的外甥耍手段,迫使老李陷入困境,然后给他一条预先想好的出路:卖女抵债。

在一个十分滑稽的场景中,老狐狸向矜持的姑娘保证,他不会碰她,他只需要一个美貌的妾,以便在城里商界朋友面前炫耀自己。姑娘因为害怕和厌恶病倒了。父亲心中进行着艰难的斗争。最后,他说:"我必须卖掉她。"这时,母亲冲破了默默无言的谦卑,说:"是的,卖掉孩子比理解孩子要容易些。"这句话击中了老人的心,在深夜里,他颤动着花白的胡子,冲到街上,要把赶出门的儿子找回家。

钟声荡漾,牛郎想。这或许是可能的——不,不可能。

第三幕,年轻的农民大声欢呼迎接归来的儿子:"虎子来了!"一场自发的反抗将斗争矛头指向由地主、警察和税吏三者组成的强权统治。

牛郎平静地坐在那里享受着成功。他的戏剧曾经生存过,并且将继续生存下去。

牛郎从座位上站起来。楷盟和鸣凤站在他面前。"你必须赶快回家。美音流产了。"

"她扮演母亲。她救了我们的演出,但是却发生了不幸。"鸣凤不无严厉地说。他对牛郎去逛妓院仍然耿耿于怀。

牛郎坐在车里。红色、绿色、蓝色的圆圈在他眼前飞舞。

他步子飞快地穿过天井,冲到妻子的床前跪下,说:"美音,你是我的大姐,你是我的老师!"

"不用担心,"美音微笑着说,"没有什么危险。"

"你比任何其他的女人更值得疼爱。但你要明白:我们之间有的是钦佩和尊敬,但没有——"

"我全都明白。"美音劝慰他。

她从枕上抬起美丽的头。"我一生都默默无言,但今天我可以说几句。你明天就出国了。你将娶另外一个女人。如果你从那些时兴换情人的洋娃娃中娶一个,那么,我对她和你都表示尊重。如果你找了一个跟你相配的,能力非凡、思想开放、内心坚强的女人，如果我将来有机会见到她，我会将她当作姐姐，尊敬她、爱她。你的儿子，我会教育他，让他理解和实现你的思想。祝你旅途顺利。一路平安！"

一路平安！这四个字在浪声中回荡，陪伴他达到马赛港，并在他骚动不安的思想的四周从容不迫地连成一个秀丽的方块。美音就在它们当中，美音夫人，这位有教养的孔夫子的信徒，没有被爱的女人，她比他所感知的更骄傲，但也更有人情味：

"一路平安。"

第 2 部分　片刻幸福

第 1 章

张牛郎站在莫斯科国际工人援助办公室的等候室。他欧洲打扮，身穿褐色的羊毛衣，头戴扁平的列宁帽。虽然十月革命 20 周年庆祝活动已经过去了 5 个星期，墙上红色帷幔绣着的金色大字"1937"依然十分耀眼。两个波兰籍的犹太人靠在一张长桌子旁等候，他们在翻阅杂志，一男一女，30 来岁，身材苗条，高鼻子，黑头发。

两星期前，牛郎和两个同志从巴黎来到莫斯科。3 个人度过了一段自豪的但没有欢乐的时间。牛郎在索邦大学的礼堂里发表了一个反对世界帝国主义的演说，被逮捕了，这让他有机会领略到牢里的木板床也是很脏的。他被囚禁了 5 个月，直至最后新的人民阵线政府宣布释放他。他肺部受到感染，回到蒙马尔特，他叔叔是那里一家名叫"彩灯餐厅"的中餐馆的老板，接待虽然不能说不客气，但令人多少感到有点屈辱。这使牛郎决定无论如何在物质上要自立。最后，他在马戏团找了一份舞台布景的工作。

被捕前，他曾四次到其他国家传递情报，两次去德累斯顿，一次去维也纳，一次去伦敦。他的任务非常秘密，只是在决定紧急问题时才允许与他的同志见面。在日常生活中，他所交往的人多少都与政治无关，学生、画家、马戏团的杂技演员，直到深秋的一个忧伤的夜晚，突然出现了变化。李锦志和韩秋宝两位同志来到后台，告诉他，他们三人被邀请去莫斯科。他们向愤怒的马戏团经理交足了违约金，一言不发带着牛郎走了。挤在地铁的人群中，和两个小个子的活泼的广东人在一起，尽管他们的方言听不懂，尽管在生活中只见过他们四次，但是，牛郎却觉得他们比父母、妻儿更亲，他在一生中头一次对自己说："我现在很幸福。"

在克里米亚，人们将他们跟集体农庄的农民、教授、工程师、擦地工一起，安排住在一间没收来的贵族宫殿里休息，在这里，他们度过了11月到12月色彩斑斓的几个星期。接着，他们搬进了专供政治流亡者居住的国际公寓，三人同住一个房间。这是一间很好的房，柔软的欧式的枕头甚至引起他们轻微的反感。每星期他们从国际工人援助组织那里领到生活费。但是，今天汇款却由于失误而没有寄到。

接待桌旁的官员既不懂英语也不懂法语，但懂俄语和德语。于是，牛郎便凭着他仅会的一点德语，简单地、结结巴巴地说："没钱。"

犹太女人将目光从杂志里抬起，小声地对同伴说："这个中国人说话像立陶宛的犹太人。"

"对不起，"牛郎谦虚地走向前问，"你们刚才说的是德语吗？"

"哦，不，"女人用过得去的英语回答，"这是意第绪语——犹太人的语言。"

"但是，听上去跟圣经的语言不一样。"牛郎说。

"说得对，"犹太女人热心地、不无自豪地予以肯定，"我们民族有两种语言。"

"我们的也是，"牛郎补充说，"学者用的是文言，老百姓讲的是白话。"

"这很有趣！我还是头一次听说！请讲讲是怎么回事——"

一扇门打开了，传出来单调的喊声："汉娜·萨莫罗芙娜·毕尔克！马尔库斯·格塔尔耶维奇·赫尔茨费尔德！"

"对不起，"汉娜·毕尔克说，"我们必须进护照办公室了。我希望，我们还会见面。"

在护照办公室里，有几个人在排队。工作人员请他们找位置坐下。

"你们本来可以让我们在外面等嘛！"汉娜激烈地抗议。

"在外面还是在里头，这还是有区别。"马尔库斯·赫尔茨费尔德安慰她。他们在交谈中变换地使用祖传的意第绪语和习得的精准的书面德语。

他们的证件终于办好了：汉娜·萨莫罗芙娜·毕尔克，1905年生于德罗霍贝奇①，波兰（前奥地利），女作家，无国籍，未婚，1937年从维也纳迁移

---

① 德罗霍贝奇，中欧城市，1772年至1918年属奥匈帝国，1919年至1939年属波兰，1941年被德军占领，当地犹太人惨遭屠杀，1945年该市以及波兰东部地区划归乌克兰。

来。马尔库斯·格塔尔耶维奇·赫尔茨费尔德,1902年生于克拉科夫①,波兰(前奥地利),中学教师,无国籍,已婚,1937年从维也纳迁移来。

"您原来是加利西亚②西部的野蛮人。"汉娜看着他的肩膀,开玩笑说。

"我已经完全驯化了。"

"您的弗兰嘉告诉我的是相反情况。"

"不错,对于我们的妻子来说,我们还不够驯服。"

他们手舞足蹈地聊着天,沿楼梯而下。在大门的入口处,牛郎一动不动地站着。

"我感到,"马尔库斯·赫尔茨费尔德小声地说,"这个中国人起爱慕之心了。"

"理应如此,"汉娜若有所思,带着自嘲说,"如果不是的话,那就太让人难过了。"

"请问两位去哪里?"牛郎客气地问。

"去季米特洛夫卡。您也是吗?"

"我也是。"

"那儿挂着一幅犹太戏剧的广告。"汉娜皱起她的近视眼说。

"您干吗不戴眼镜?"马尔库斯责怪地说。

"出于虚荣心。"汉娜很快地解释。

"在中国,女人也是这么爱虚荣吗?"马尔库斯想知道。

"没有人能摆脱虚荣心,"牛郎断言,"但只有少数人会像汉娜小姐那么坦率地承认。"

他们在广告前停住脚。牛郎提了几个非常专业的问题。

"您知道得比我们多!"马尔库斯惊讶地说。

"我在上海领导一个剧团。"牛郎带着笑声谦虚地回答。

"我们应当四个人一起去看这出戏,"汉娜热情地说,"这是索伦·阿雷舍姆的作品——他是犹太族的马克·吐温。"

他们到达了马尔库斯的住处。

"您已经知道我们的姓名,"他说,"我们是否也可以——"

"请叫我——牛郎。"被问者回答,他在不易察觉的犹豫中将自己的姓吞了下去。

---

① 波兰著名城市,位于华沙南部,第二次世界大战期间,法西斯在该市西南方向60千米建造了奥斯维辛集中营。
② 中欧地区的名称,克拉科夫位于该地区,现分属波兰和乌克兰。

"大多数中国人的名字都特别的美和有意思。"汉娜认为。

"我的小名意思很简单，就是放牛娃。"

"放牛娃？"马尔库斯重复了一遍，他从不放过开玩笑的机会，"那么，我可以告退了，并将汉娜小姐托付给您保护。"

"我还以为您要背着妻子勾引其他女人。"汉娜跟在他后面笑。

"您现在回家吗？"牛郎问。

"我还要乘电车去外文出版社。"

"我去东方学院，同一条路。"

"您看见那边街道里那间小旅馆吗？"汉娜问，"我就住在那里。很高兴跟您认识。"

"如果我可以——"牛郎有些犹豫。

"您必须给我讲很多事情，"汉娜急速但有步骤地说，"一是关于两种语言。二是关于您的剧团。三是——"

电车来了。车上总是挤满了人。对此，汉娜按照白种人粗鲁的方式不停地咒骂和抱怨。奇怪的是，这没有使他反感，倒是令他感到高兴。

他们挤在人群当中，不由自主地面对面靠得很近，他们互相看着对方显得非常陌生的脸。牛郎观察着她的浓眉和黑发中夹杂的几缕白发，汉娜从他的斜眼睛中发现了一种坚毅……

此刻，他们再也感觉不到令人窒息的拥挤。

世界从来没有那么辽阔。

第 2 章

在中国人住的公寓的房间里，人们每天都在猜测："中国的党组织会给我们安排合法的工作还是地下工作？"

经过多年严格的秘密工作之后，他们当中的每个人都渴望可以自由选择社交关系，渴望自己的工作得到公开的认可，渴望爱情关系不受阻碍。

李锦志充满信心。他曾在巴黎的一间鞋厂打工，已经将自己看作是未来的斯达汉诺夫①工作者。但韩秋宝却持怀疑态度。"你们看吧，"他预言，"突然又会隐姓埋名。"

眼前的情况似乎证实了李锦志的推测。他们可以做报告，在东方学院，在

---

① 阿列克谢·斯达汉诺夫（1906—1977），苏联矿工，社会主义劳动英雄，1935 年在苏联开展了以他名字命名的社会主义劳动竞赛。

文化公园，在外国工人俱乐部。人们向他们提供最优秀的教员讲解殖民地史和党史。牛郎从共产国际那里获得一封充满赞扬的推荐信，介绍他去斯坦尼斯拉夫斯基剧院，并请他们发给这位年轻的、优秀的导演薪酬；同时，还收到一份同样用赞美的语言写的委托书，请他写一本关于苏联戏剧的书——用中文写这还是第一本。李锦志成了红十月鞋厂的先进工作者。韩秋宝在共产国际中国部工作，不久就成了党代表的助手——这位党代表也是南方人，他甚至知道毛泽东的绰号。

当然，他们没有护照，不允许将自己的姓和地址告诉外人。但是，在这种限制下，牛郎可以冒险去拜访汉娜。

汉娜欢呼雀跃地欢迎他，这让他既感到陌生又兴奋不已。汉娜没有与他人同住。房子很小，人在里面几乎无法活动，但好处是房间只归个人使用。她接二连三地提问题，牛郎惊喜地发现，回答所有问题是多么愉快的事情。

是的，他曾领导一个话剧团，剧团名叫梅花。他用一支蓝笔，在烟盒上画了一朵五个花瓣的花。梅花作为一年当中最早的花，在严寒和风雪中盛开，对于中国人民来说，是革命的象征。他的剧团也是这么盛开的——面对半殖民地的屈辱和半封建的警察恐怖。几年后，他听说了当时的演出在国内引起了怎样的反响。其他的业余剧团成立了，经过修改的家庭剧《雷雨》被重新搬上舞台，并且上演了同一位作家的一部关于妓女的悲剧①。他们还演出了一部关于太平天国的历史剧②，对日本人奴役下的满洲里给出了一个隐晦但却可以理解的答案。

尽管警察实行恐怖统治，但他的朋友们依然坚守在舞台上，为首的是他的小姨，女权主义者唐彩云。因为他知道欧洲人很难记住中文字的读音，特地按照意思将她名字翻译成外文。

"彩云，"汉娜入迷地重复说，"放光彩的云。"

"这是我青年时期的作品。"牛郎说。他尽力向汉娜介绍和说明自己的经历，这件事既费力气又带来无限快乐，在他的额头上刻出了细细的皱纹。"在我的记忆中，这些作品有时候就像一座五层的彩塔，《咖啡店之夜》《底层》《文舅舅》《农民起义》。周围曾经发生或正在发生的事情只是阴影，将被我们时代的风暴驱除，我造型优美的小楼丝毫无损地保留了下来。这也许只是艺术家的自负。很多时候，我想得更谦虚、更客观一些。于是，我的戏剧演出如同易逝的影子，在黑色背景上温柔的、彩色的影子。"

---

① 指曹禺 1935 年创作的话剧《日出》。
② 指陈白尘 1937 年创作的《太平天国》。

"这既是皮影戏,又是一座塔——既是运动的又是静止的,"汉娜沉思着说,"两种比喻构成的美,令我眼花缭乱。"

"是的,中国的唯美传统!"牛郎答道,"我们革命的中国人有时彻底厌恶了这种传统。然而……在巴黎,我突然思念家乡了,想起了客套的用语、书法、向上翘起的屋脊、象牙雕刻、翠鸟羽毛,甚至南星剧团演出的《牛郎织女》,这出戏按照封建传统将民间故事改编得如此肤浅,以至于我因生气而中途离场。在巴黎,我从事一项政治上必不可少,但孤独而平淡的工作——对此我不能多讲——我所交往的中国人大多数都不问政治,他们完全同化了,喜欢讲法语,尽管语音语调很呆板——如同玻璃罩里的小法国人。在卢森堡植物园里,有一次我用笔在长椅上写下王丕子①的诗:

落叶纷飞人孤独,
秋风萧飒绿树枯。
唯有秃枝在眼前,
不见远方故乡土。"

"我原来想象在巴黎居留是完全另外一个样子。"汉娜半带讽刺地说。

"我也是,"牛郎说,"有时候我路过蒙马尔特,每一刻都期待着遇见一个不寻常的女人——我幻想的女人。有一回,一位画家告诉我,他认识一个西班牙的模特儿,答应介绍我跟她认识。我去到摄影棚,打算探索一个火热的灵魂。可是,当我试图跟她攀谈的时候,这位可怜的、确实非常美貌的姑娘却由于当模特儿长时间站立而累得睡着了。"

"您已经结婚了吗?"汉娜问。

"是的。我19岁的时候,父母将我和一个从未见过面的姑娘凑在一起,我尽义务生了一个儿子。"他用温柔、思索的斜眼睛看着汉娜,"我可以想象,您是在一个自由得多的环境中长大的。"

"您可以结束这种想象,庆祝安息日了!"汉娜笑着说,"我父亲比我母亲大27岁。我的外公外婆将女儿卖给了他,我指的不是字面意义上而是本质上的卖。当时,我母亲年轻守寡,有一个儿子。外公外婆的布店面临破产。他们不得不接受德罗霍贝奇地区萨尔茨格鲁布的大银行家和金融家、当地嗜酒成性的几个波兰贵族当中的老毕尔克的求婚。在这对夫妇中,男的是精明的商人,女的是年轻的女权主义者、锡安主义者,身材矮小,不显眼,不漂亮,但具有迷人的才智。于

---

① 王丕子(音译),原文是 Wang Pi-Tzi。

是，我便来到了世上，作为狐狸和夜莺的产物，贵族和平民合法生下的庶子。"

"但是，您只是按照母亲的榜样成长。"牛郎断言。

"按我母亲的榜样，跟我父亲相反，"汉娜表示认同，"父母的婚姻非常不幸福，8岁的时候，我就说，我赞成爸爸、妈妈离婚。我的态度让上流社会惊诧不已。"

"现在，您父母亲在哪里？"牛郎想知道。

"死了，"汉娜说，"我的哥哥在巴勒斯坦。我9岁的时候，他给我讲解达尔文，这是我最美好的回忆之一。"

"您不是党员吗？"

"不是。但我是政治流亡者。我发表了太多诗歌，主题涉及向前冲锋的群众和飘扬的红旗。"

"什么时候？在哪里？"

"前几年。大部分在维也纳。"

"我想拜读您的诗歌。"

"最好还是免了。今天，我已经不再喜欢这些诗。一位评论者说得完全正确：激情多于生活。"

"您在维也纳多长时间？"

"自从上大学以后。我跟父亲完全敌对，不再回波兰。马尔库斯·赫尔茨费尔德情况也很相似。我们常参加一家咖啡店的聚会——全是左派知识分子。还有格奥尔格·蒙梯尼也参加。他现在是共产国际的奥地利干部。您很可能认识他。"

"点头之交。"牛郎认可。

"他过去不是共产党员，"汉娜说，"他是尼采的信徒。顺便问问：中国哲学史上也有蔑视群众的诗人哲学家吗？"

"不完全相同，"牛郎思考着说，"但我们也有中国的享乐主义者，名叫杨朱，生活在公元前300年前。按照他的学说，人生的价值在于美、乐、雅、逸。我的家庭信奉儒家学说，我的叔公张铭天是个成功的诗人和官吏，实际上是杨朱的信徒，他是中鸦片烟毒死去的。"

"对于信仰享乐主义哲学的人来说，这种死是完全符合逻辑的。"

"是的，他很享受自己的恶习。他曾经给我讲述吸鸦片产生的奇妙幻觉。有一回，他走进了墙上的画中，勾引画中的美女，使她怀了孕。当他清醒后，叫了一名画家来——他有足够的钱——让他在画里添加一个小孩。

"又有一回，他产生幻觉，在山洞中见到一条龙，他给龙朗诵自己写的诗，可是这条龙觉得他的诗很无聊，睡着了。这时，从龙的口里跳出一只小鬼，狞笑着将一支五彩笔递给我叔公，这支笔的毛可以不断变成发光的花。我叔公用这支笔写下了最优美的诗。可是，当他向省的都督念这些诗时，小鬼从这位高官的仁慈的口中跳出来，狞笑着将笔收回。于是，他的诗又变得无聊，令听者昏昏入睡。"

"幻觉产生于一种使人陶醉的恶习。"

"其实，"牛郎纠正她说，"这不是鸦片的功劳。这些幻觉是古代中国的民间故事。对于我来说，叔公是一个值得借鉴的例子，正如您父亲对于您是反面例子。当然，旧病复发也是会发生的。一个人出身于杭州的官宦人家不可能不受惩罚。"

"蒙梯尼也出身于贵族的官员家庭，祖籍在意大利。"

"可是，如果他过去不是共产党员，怎么现在会成为干部？"

"我也觉得奇怪，"汉娜说，"偏偏是他！跟那些通达人情者相比，你们共产党员确实更善于斗争。"

"您的话不假，"牛郎坦率地说，"1925年，我们甚至相信了蒋介石。我们付出了足够高的代价。现在，我们又有必要跟他一起为民族独立而战斗。——此外，这个蒙梯尼是个怎样的人？"

"是个杰出的宣传家，这一点不能不承认。但不是真正的共产党员。他曾经很不友好地对待一大批同志，而且恰好都是犹太人。"

"你们的民族受了不少苦。"

"你们的民族受苦也不少。"

"您曾经答应我一起去看犹太戏剧，"牛郎提醒说，"明天合适吗？"

"一言为定！"汉娜说。她陪同牛郎走到旅店的门口。古老的街道在刚刚落下的雪中闪闪发光。

"我们散一会儿步？"牛郎问。

"在这滑滑的冰雪上！"汉娜吃惊地喊道，"我的脚是扁平足！"

她看着牛郎异样和开心的表情，补充说："您知道约翰·济慈①怎么说的吗？——大地上最没诗意的是诗人。"

第3章

共产国际的中国代表突然被召回延安，韩秋宝顶替了他的位置。"我不久前对你说过，"他向牛郎解释，"对于我们来说，现在没有长期的流亡生活。"

---

① 约翰·济慈（John Keats，1795—1821），杰出的英国浪漫派诗人。

"你的意思是,我们中的每个人都有可能突然被召回中国?"

"我正是这个意思。"

普希金广场上的大钟指着 8 点。他再走 10 分钟就可到达汉娜住的旅店。突然,他感觉到汉娜在焦急地等他。让人等自己,这种想法使他难以忍受。

他拨通了附近的公用电话:"喂,汉娜!我要迟到 10 分钟。"——"那么,我要罚您讲两个中国的童话故事。"汉娜笑着说,同时想,这是第一个不懂得享受让女人等自己的乐趣的男人。

"您刚刚在写书?"当牛郎走进来时,她问。

"不,"牛郎说,"我跟一位同志谈话。"

从他的语调中可以听出,这种谈话属于他的秘密工作,汉娜很快转移话题:"您的书有进展吗?"

"自从我们一起观看莫斯科剧院的演出以来,进展就非常顺利。"

"那么,现在就罚讲故事!"汉娜像往常那样按部就班地吩咐。

"有一个读书人,"牛郎不假思索就开始讲,"半夜醒来,看见一队个子矮小、身穿绿色和紫色衣服的骑兵从门外进来。他们跑到书桌上,大摆宴席,奏乐聊天。声音虽然很小,但读书人听得很清楚。最后,在喝了几碗酒后,骑兵中的领队开始讥笑他的贫穷。读书人忍无可忍,挥动毛笔在桌上扫,这些骑兵消失了,只见一群绿色和红色的蚂蚁在逃离。"

"读书人,"汉娜沉思着说,"恰如其分地处在你们民族的幻想的中心位置上。"

"是的,"牛郎表示认同,"每个想出人头地的父亲都希望找一个读书人做女婿。"

"跟我们犹太人完全相同。"汉娜高兴地说。

"第二个故事,"牛郎认真地继续说,"讲的是天神羿和他的妻子姮娥。羿是神射手,他是中国的阿波罗,从西王母那里得到了不死药,他将药丸藏在屋顶的一根椽下,便去跟巨人凿齿打仗。姮娥在家中坐立不安。战争使她的丈夫变得粗暴和专横。她暗暗地打算离开这个家。就在此时,她闻到一股香味,并且看见屋椽下有一点银色的光,她找来一把梯子,爬上去找到不死药,当她吞下药丸后,感到身体失去了重力。羿打了胜仗,回到家里,找不到药丸。姮娥感到害怕,从窗口飞了出去,她越飞越高,飞上了月亮,那里有一座圆形的水晶宫,白鸟在四周飞翔,银鱼在透明的墙壁后游动,门前有一株盛开的桂花树,一只银白色的小兔快乐地迎着她跑去。

"被离弃的英雄向诸神投诉,而姮娥则要求有独立的权利。诸神决定,羿和姮娥应保持夫妻关系,但不住在一起。羿成为日神,阳的化身;姮娥成为月神,阴的化身。如果他乘着日光去拜访妻子,月亮就呈现为满月。羿的陪伴者是金毛雄鸡,姮娥的陪伴者是白色月兔。明亮的圆月是为了庆贺阴阳合一。"

"您到底有没有离婚?"汉娜突然问。

"按照我们的法律,"牛郎解释,"一对夫妇如果一方失踪超过3年,即被视为离婚。我必须隐姓埋名。这是我的工作的一项基本条件。即使自由恋爱结婚,情况也一样。

"原来是这样。"汉娜拖长声调说。

"我已经罚讲两个故事了,"牛郎停顿了一下说。"现在,我自愿讲第三个故事,关于牛郎与织女的传说。

"在讲故事方面,我们的农民是乐此不疲的。这故事也许是最古老的一则。一位名叫葛兰言①的法国汉学家研究史前状况,研究所谓的异族婚姻、不同村庄的子女的通婚、他们的劳动分工,乃至共同生活时节日的严格区分,推导出这个结论。"

"我明白。"汉娜轻声地说。

"中国的乡下人,"牛郎解释说,"并不认为自己与神仙之间有太大区别。这些神仙正如他们和家人那样是农夫和农妇,只是神仙的性格更优秀一些,精神更振奋一些,激情更纯洁一些——正如人所看见的自我理想形象那样。中国的农民自觉地抬头看天,将西方人称为牛奶路的星星叫银河,把它看作是黄河的延伸,他们的村子在黄河边上,他们想象银河的岸边也有同样的村子,只是更美丽、更风凉,在两个村子之间每年都会发生牛郎、织女的短暂但却永恒的爱情故事。"

"继续讲。"汉娜催促说,并对他摆出张开的双手,仿佛他讲的故事是可以用双手接纳的礼物。

牛郎用充满灵气的手指在她的手掌上描画天鹰座和天琴座。

女人的手长长的、瘦瘦的,雪一样白皙。男人的手更长、更瘦,古铜一般颜色。

"这里,欧洲人认为看见天琴的地方,我们中国人觉得是一个女子坐在织机旁。在银河的另一边,我们看见一个牛郎牵着牛在草地上走。

"牛郎与织女相爱,但两个村子之间隔着银河,他们必须分开,各人干各人的工作。每年的七月七日,天鸟用翅膀搭起一座飞架的彩桥,让他们两人相聚。第二天早上,他们必须分手,重新各在河的一方孤独地干自己的工作。男放牧,女织布。

---

① 葛兰言(Marcel Granet,1884—1940),法国著名汉学家、社会学家。

"今天,街上行乞的艺人仍然打着竹板,半唱半诵地讲述这对农村夫妇的神话故事:

> 月儿明又亮,
> 连接阴和阳。
> 织女与牛郎,
> 隔河两相望。
> 月亮用银光,
> 笼罩苦梨树。

"或者唱道:

> 我们只是盘中棋,
> 掌控在神仙手中。
> 觅得短暂的慰藉,
> 相聚在辽阔星空。
> 直至重新被派遣,
> 我赴西来你赴东。"

牛郎解释说:"这第二首歌谣其实并不典型。封建传统加进了错误的音调。按照民间的观念,他们两人完全不觉得自己是被暴力控制的棋子。他们出于自由的义务感分开,献身给生命中应承担的工作。"
"我明白。"汉娜重复道。
"第三首歌谣,是妇女们将织女当作纺织和针线活的保护神,向她祈求时唱的:

> 女织着稀云,
> 织入远方的星辰,
> 闪电的火光,
> 丝绸般的风,水晶般的露——"

牛郎突然停住。汉娜双眼闪光,额头发亮,浓密的黑眉毛仿佛迸发出蓝色的火花,她的几缕白发则银光闪烁。这是什么?牛郎惊讶地想。尽管他一再自我克制,但还是从内心中爆发出一声沉重的幸福的叹息。两个人沉默了。

"最后,"牛郎定了定神说,"说书人与听众一起唱:

> 离别岁月长又长,
> 相聚时刻短又短,
> 心心相印爱永存。"

两人又一次沉默。

"太美了,"汉娜思索着说,"太悲伤了。"

"是的,"牛郎说,"世上确实有人自愿过艰难的生活。"

"不只有单个的人,还有整个民族,例如你们的民族和我们的民族。"汉娜微笑着说。

"我可以把这看作是对我的问题的回答吗?"

"您向我提问了吗?"

"我当然已经问过您了。"

"您愿意问得更清楚一些吗?"汉娜建议。

"我们中国人在这样的事情上不喜欢讲得太明显。"

"如果中国人喜欢一个人,他不说'我爱你'吗?"

牛郎默默地否认了。他的脸上露出平常那种坚毅的表情。

"也许他爱得并不深。"汉娜怀疑地说。

"在上海,"牛郎说,"现在有些年轻人口里说'我爱你',其实不是真的。它只是模仿英语的'I love you'。"

"如果真的爱,他怎么说呢?"

"他会试图换一种表达。"

"换一种表达?"

"是的。比如说,讲一个古老的传说……"

时钟敲响11点。

"您该走了,"汉娜说,"我要考虑一下。"

"我必须走吗?"牛郎没有笑容地问。汉娜点了点头。他拿起帽子和大衣。她陪着他沿走廊走出去。他再次拿起她的手,贴在自己的眼上,嘴上,脸上,额上,并且再次地贴在眼上,嘴上。汉娜无言地望着他。她不得不靠在门上,房门砰的一声锁上了。这美妙的难以忍受的火的舞蹈,发生在短短的几秒种里,它同时又是几年,几百年,几千年。

牛郎走了。汉娜束手无策地站在关上了的房门前。她的头有一点晕,但不得不下楼去旅馆的办公室向不满的管理员拿万能匙。万能匙找不着。女管理员只好拿着一大串房间钥匙走到她的房前，逐一地试。

在此期间，汉娜坐在光芒四射的织机旁，星星在她身边移动，每颗星星上都可以容纳一个小家庭。有一颗星星上住的是一对中国夫妇和他们娇嫩可爱的黄皮肤孩子。另一颗星星上是一对班图族的夫妇和他们逗人发笑的黑皮肤孩子。第三个星星上是一对印度夫妇和他们的大眼睛、耽于幻想的孩子。汉娜一颗接一颗地织，织出动听的诗歌作品……

"好了，汉娜·萨莫罗芙娜。门打开了。"

"麻烦您了。谢谢。"

汉娜坐在书桌旁的靠椅上，用支起的手臂托着脑袋，兴奋的感觉转变成另一种陶醉。

第 4 章

"我们现在和蒋介石建立了抗日统一战线，"牛郎对韩秋宝说，"如果我们当中的一个人突然被调回中国——你是否认为，他可以完全合法公开地回去，允许跟他愿意的任何人告别，甚至可以带家属？"

"合法或者不合法，公开或者不公开，两者皆有可能。跟蒋介石的抗日统一战线只是从我们方面来说是靠得住的。我们的一部分工作目前肯定要保持秘密状态，以防老骗子重演 1927 年背叛的那一幕。"

"这个可恶的老骗子有时候也会变得坦诚起来。"牛郎思考着说。

"我晓得，"秋宝补充说，"蒋介石可能屠杀共产党人，蔑视老百姓。但他的中华民族的情感很可能是真的。"

"有时候还相当强烈，"牛郎证实，"但比起他的统治欲和自大狂仍然弱得多。"

"我刚找到一个女友。"牛郎说。

"怎样一个女友？"

"一个犹太人。"

"一个聪明的犹太人？"

"非常聪明的犹太人。"

"那么，她会理解的。"

牛郎在思念汉娜时借助了自己的批判力。她高鼻子，不良的姿态使她美丽的身躯变形，不喜欢运动，还有缺乏自我控制，这一切，他都看见。如果她听见一只狗吠，就会慌忙跑到马路的另一边。如果她用手肘撑在书桌上，就会有失尊严地哭诉上 10 分钟。

牛郎记得这一切。但他的眼前，一团喷发出银色火花的白色火焰在清晰地舞动着。

他和汉娜约定，每周只见面两次。他就像当年在梅花剧团时那样有一大堆工作。斯坦尼斯拉夫斯基剧院正在准备演出《安娜·卡列尼娜》，牛郎不想错过每次排练。除了学习党史、殖民地史、辩证唯物主义，还有日本语课程，两门特别考虑到游击战术的军事课程。最后，牛郎还决心无论发生什么情况都至少写完书的第一部分。

在他所从事和计划的所有事情之上，白色的火焰舞动着，喷发出银色的火花。尽管汉娜后天才等待与他见面，他仍突然决定去电话亭给她打电话。

但汉娜不在家。她应邀去马尔库斯和弗兰嘉·赫尔茨费尔德夫妇家喝茶。

"难得的拜访。"黑卷发、蓝眼睛的华沙女子在迎接她时说。

"您真的想我了？"汉娜笑着说。通常，美丽的弗兰嘉对女人之间的聚会是不感兴趣的。

"跟您在一起可以无话不说。否则，有话跟谁说？"

"您不高兴了？"

"昨天晚上，跟马尔库斯吵了一架。他吃醋了，猜忌汉斯·米特涅，猜忌阿罗伊斯·德默普芬格尔，甚至猜忌格奥尔格·蒙梯尼，我跟他从来没有说过话，仅仅因为听说他讲，很乐意有机会……"

"就因为这样，马尔库斯就训斥您？"

"他怎么可以这么猜忌，"弗兰嘉骂道，"他跟尼娜、萨莎、塔玛拉交往，我告诫他，他怎么回答我——对于男人，这算不了什么，对于女人，那可了不得。"

"男人的逻辑。"

"如果我跟适合我的人调情，他应当感谢他的尼娜、萨莎、塔玛拉。"

"一句话，"汉娜说，"您为了补偿不公平而去调情。"

"我真希望有您这样的口才，"弗兰嘉笑了，心中仍存恼怒，"还有您这样的脑袋。但事情正是这样。我经常请他给我解释这，解释那，帮助我成长。但他不理睬，觉得麻烦。他要当高人一等的教授先生，牵着漂亮的蠢鹅散步。好，现在蠢鹅要从尽可能多的人那里听见夸她漂亮。否则，她的生活有何意义？"

"我理解——"

"我知道，您能理解。因为您——噢，马尔库斯回家了。"

"很久没有见到您了，"马尔库斯在门边就抱怨开了，"您和那个中国人有关系？"

"还没有,"汉娜不太客气地回答,"但我愿意发展下去。"

马尔库斯既不生气也不惊讶。他知道,汉娜喜欢直截了当地说话,这跟她实际上沉稳的性格相反。

"不开玩笑,"他说,"您认为一个欧洲女人有可能跟一个中国男人相好?"

"简直不可思议,一个犹太人说起话来怎么跟纳粹分子一样。"汉娜大声咆哮。

"我并没有说,我们是高等的种族,"马尔库斯委屈地为自己辩护,"我的意思是差异——巨大的陌生感。"

"德罗霍贝奇的女人无所不能,"汉娜夸口说,"首先占有火星人的肯定是德罗霍贝奇的女人。"

芭茨卡·德默普芬格尔和她的丈夫以及汉斯·米特涅走进房间,听见最后那句话,不禁哈哈大笑。

"现在,人都到齐了,"马尔库斯说,"弗兰嘉,上茶吧。"

"遵命,尊敬的先生。"弗兰嘉回答,并跟汉斯·米特涅交换了一下眼光。

"幸运儿汉斯,"马尔库斯问,"别来无恙?永远是高个子,小脑袋,金头发?纳粹的理想模样。"

汉斯带着愧疚笑了笑,他心不在焉,两眼一直望着弗兰嘉。

"最好是向我献殷勤。"芭茨卡试图引开大家的注意力。她是一个活泼的、矮小的捷克女子,善于察觉由于不断增长的不愉快产生的紧张气氛。

汉斯和弗兰嘉站在一起,外表看上去,行为规矩,没有什么可指责的,但神情却表明,他们俩情投意合,心中荡漾着共同的甜美的激情。

马尔库斯在芭茨卡旁边,你来我往,不倦地相互逗弄。

"您过得好吗,毕尔克同志?"阿罗伊斯·德默普芬格尔问,他的言语中带着轻微的维也纳口音。

"问谁?——问我,"汉娜应答,她忧虑的目光缓缓地从弗兰嘉和马尔库斯身上移开,"我?——过得很好。"

"工作很多?"

"噢,是的,相当多。我在图书馆里查看书籍,为《人世间》这份杂志翻译俄文和犹太文的诗歌,现在,我甚至开始学习中文。"

"我很高兴,"德默普芬格尔真诚地说,"我只是想提醒一下。您最好自己心中有数。蒙梯尼对您的印象不太好。"

"真的吗?"汉娜尖锐地反问,"即使如此,我也不会去做鼻子整形手术。"

"谁说您的鼻子了?——啊,我知道您的意思了。可是您看,汉娜,这种玩笑还是少开点为好。蒙梯尼是最有影响的人物之一。瓦雷里·波亚诺夫非常器重他。"

"向波亚诺夫同志致以崇高敬意,但他不是一个知人善用的人。"

"您应当去蒙梯尼那里,试一试争取他的好感。"

"如果这么做的话,他会觉得自己是弥赛亚①。"

"为什么这么恨他,汉娜?——他毕竟对您的政治可靠性没有说过什么。"

"他究竟都说了些什么?"

"只说了些常用语:这个歇斯底里的犹太女人!这个失败的女先知!这个德罗霍贝奇的底波拉②!"

"很有价值的供词!您报告了吗?"

"向谁报告?"

"谁?——比如波亚诺夫。"

"我怎么可以这样做?这不是正式的表述,只是几句常用语。"

"明显的反犹的常用语。"

"您自己有责任,造成他不了解您。也许,只要一次友好的谈话就足以获得他的好评。"

"我才不稀罕他的好评!"

"别嚷嚷,汉娜。你们犹太人特别过敏,这一点您自己也知道。"

"过敏比麻木好。"

"您是女诗人,汉娜。您生活在云彩中。"

"Nü dshe – dso tssji Yün。"汉娜喃喃地说。

"什么意思?"

"这是中文,意思是:女织着稀云……好了,我要走了。"

马尔库斯陪她走下楼梯。

"马尔库斯,"汉娜说,"我无权干涉你们的事情。但我希望,我可以说服您。女人不是瓷盘,不能够只将她放在柜子里,保持干净。女人也是人,跟您一样,有自己的雄心壮志,自己的意志,自己的兴趣和期待——"

"妇女解放!"马尔库斯激动地打断她的话,"昔日的口号。"

"你们男人过去对此已经不理解,这怪不了我,"她鼓起劲说,"也不能怪弗兰嘉。"

"您的用意是好的,"马尔库斯突然疲倦地说,"可是我的婚姻已经没救了。"

---

① 犹太人信仰中的救世主。
② 希伯来女先知,曾帮助以色列人战胜迦南人。

冬天的傍晚，汉娜一边行走，一边陷入深思。寒冷变得不那么严酷。

蒙梯尼会针对她采取什么行动？使她失业？将她孤立起来不跟朋友们接触？逼她自杀？——也许吧。但是他不可能阻止往后几天、几星期她注定发生的事情，不可能阻止未来的孤寂和威胁将占领上风。

她行走在路上，身体挺得比平常更直，迈着如飞的步伐。她看见自己吃闭门羹，到处遭到拒绝，全因为这位有影响的人说了几句草率的、不负责任的话。她看见自己倒下了，跳起来，又倒下了。

她看见在星星之间搭起了一座明晃晃的织机。看见银白色阴柔的月兔和金灿灿阳刚的公鸡。看见一副东方人瘦削的脸孔，充满着探寻的文雅和智慧的坚毅。一种闻所未闻的幸福散发出光芒、炽热和色彩，后面是更加阴暗的但无所畏惧的未来。

第5章

她神思恍惚，急冲冲地回到自己房间。牛郎出乎意料地坐在书桌旁。

汉娜一甩手将皮帽扔到床上，严肃而无声地靠在门上。——只有一秒钟。牛郎理解她的沉默。

"你对我将怎样做出决定抱有怀疑？"汉娜问，嘴唇从他的口上脱开。她突然说德语。

"不怀疑，"牛郎结结巴巴地说，"但你知道……"

"我全知道。"她安慰牛郎，并重新讲英语。他们之间的称呼"you"已经变成"du"①。"你已经彻底地、骑士般地、充满诗意地提醒过我了。"

"我还没有告诉你，像我们这样的人是没有护照的。"

"这跟我有什么关系——哦，你是想说，你现在不能合法地结婚。"汉娜毫不客气地直接指出。

她的双手将皮帽捏得皱成了一团。要不是古代犹太人喜帐②的丝绸华盖事先遮盖在她的上方，那么，委身于一个男人，哪怕是最爱的人，也是一件难为情的、令人恐慌的事情。

"好了，"她带着不屈不挠的语气说，"无非是多一张证件少一张证件。在

---

① 英语中第二人称代词 you 没有尊称和非尊称的区别，德语中第二人称代词则区分为尊称的 Sie 和非尊称的 du，前者相当于汉语中的"您"，后者相当于"你"，当人际关系从陌生、疏远变得熟悉、亲密时，互相之间的称呼从尊称的 Sie 改为非尊称的 du。

② 按照犹太人的习俗，结婚时用四根柱子撑起一块白布做喜帐（chuppa），象征新婚夫妇的新房子，并在喜帐下举行结婚仪式。

管理部门那里可以弄到足够多的证件。"

"对于你来说没那么简单。"眼睛细长的牛郎反驳说。

"我的犹太人脑袋不如你,"汉娜忧伤地承认,"你长着中国人的脑袋。对于我来说,事情确实不那么简单。那该怎么办?我还能怎样?"

"我早就想问你,汉娜你至今还是单身,这是怎么回事?"

"我不是美女。"汉娜不太确定地回答。

"我从来没有认为你是美女,"牛郎辩解说,"但你被许多人猛烈地追求——我的这个看法谁也改变不了。"

"我被人追求,"汉娜恼火地证实,"可是,你知道怎样追求吗?——就像有人想说的:她这种长相还给人添麻烦!"

这些白种男人,牛郎愤愤不平地想,从他的愤慨中人们可以听出胜利的微笑。他弯腰俯向汉娜,仿佛能逐字逐句阅读她的思想似的,承诺说:"只要你喜欢,在我这里可以添麻烦。我肯定不会失去耐心。"

牛郎离开后,汉娜在自己的书和纸中找到七条彩色丝带。每一条带子上都书写着中国字,并附有英文翻译。其中有六首中国的革命诗歌,第七首是他自己年轻时写的诗:

<blockquote>
父母称我为牛郎,
逐我天上相思梦,
我在星间觅幸福,
却难返回人世间。
织女当空照耀我,
光芒四射放异彩。
期待之夜终将到,
与你相会在人间。
</blockquote>

牛郎凭借其民族古已有之的谨慎找到了从朋友变为情人的道路。他的眼睛没有瞎,耳朵没有聋,倾诉爱意的嘴巴没有哑。汉娜感觉到,小房间的四壁开始发光,傍晚金色,夜间银色,次日早晨玫瑰红。她身上出现了奇迹,这是在最后的抉择中她自己的意愿。在相爱之夜,只有两个胜利者,而没有被战胜者。一个是智慧的总理,一个是充满希望的女王,彼此之间谁也不臣属于对方。

"人们怎么可以如此不害羞地喜形于色?"马尔库斯·赫尔茨费尔德在普希金广场与她相遇时问,但他同时吻了一下她的手表示祝福。

"我为自己感到高兴,"汉娜坚定地说,"我已经不止 18 岁了。"

"你们俩已经住在一起了吗?"

"您错了!我甚至不可以知道他的地址。"

"流亡者的幸福!"马尔库斯咬牙切齿地说,"流亡者没有正常的生活。"

"一切都挨得太近,"汉娜表示认同,"生与死,友谊与阴谋,守口如瓶与喋喋不休……"

"外遇,像风流的洛可可时期,但快得多。"马尔库斯补充说。

"马尔库斯,你说的是——"

"我说的不是您,汉娜。您由于自傲而奉行一夫一妻。您希望有一个奇特的伴侣——或者干脆不要。"

"我知道,您说的是弗兰嘉。因此,我要告诉您:一切都仍然可以好转。请听我讲 5 分钟。"

"没有用,汉娜。我跟弗兰嘉的关系已经没有救了。得到她的是米特涅而不是蒙梯尼,这对于我来说只是一个安慰……"他从袋里拿出一张明信片,"这是昨天收到的,从海德堡的罗森塔尔那里寄来。"

彩色的卡片顺利地通过了检查,因为上面除了问好什么也没有写。风景是宫廷花园的一角,散发出清纯和可爱的气息。当人们仔细地看时,才会发现寄信者的真正意图——花园里的一张别致的小椅上写着:只供雅利安人坐。

汉娜怒火中烧地看了一下四周。我是在莫斯科的普希金广场,她想,心中轻松了许多。

"至于蒙梯尼,"马尔库斯补充说,"如果在这里有反犹分子想害我,那么,他必须戴上假面具,至少在公开场合要这么做。如果做得太过分了,苏维埃政权会站在我这边。"

"最近,"汉娜讲,"我看见一个俄罗斯的母亲不许她儿子跟鞑靼人的孩子玩,这时,全屋子的人都聚拢过来,尽力向她解释。"

"此外,"马尔库斯说,"您在《人世间》最近发表了关于中国人民和犹太人民的诗——向您致敬!现在,您终于不再写押韵的社论了。"

"永远也不写了。"汉娜保证。

"好了,"马尔库斯向汉娜告别,"请代我向您的意中人问好。"

牛郎在莫斯科艺术家剧院门前等候。他们想观看亚美尼亚歌剧团的访问演出。

"你好吗,汉娜?"他问候汉娜,并领着她穿过人群,没有明显表现出亲热。

"你问我?"汉娜表示惊讶,"我希望,我永远像现在这样。"

她在言语方面比在行动方面表现得更慷慨些。她克制不住的、明确的爱情表白一再让他感到惊讶，并使他想起她给他念过的古希伯来语圣经的一首诗。汉娜骄傲地认为，这首诗是一切民族所有时期最著名的爱情诗。尽管她无疑有些夸大，但这首诗的优美是显而易见的。尽管她性情忧郁沉稳，恪守道德规范，但却随时准备公开说出炽热的内心感受，甚至撕去对于中国人来说必不可少的象征和诙谐的薄面纱，这让牛郎经常觉得陌生和奇异。

他们坐在第十二排，笼罩着他们的是看不见的柔情。舞台上歌剧的女主人公在跳舞。她用狂野的舞姿表达昔日的痛苦：民族的迫害，致命的贫穷，买卖和掠夺妇女的黑暗习俗。她跳着舞，睁得大大的眼中喷射出黑色的目光，流露出苏维埃政权下获得平等权利的亚美尼亚妇女的欢乐豪情。

一个美国黑人听见牛郎和汉娜说英语，露出洁白的牙齿，笑着插口说："我们四位，亚美尼亚人、犹太人、中国人和黑人！我们互相理解！"

在休息厅里，几个乌兹别克人身穿绿色紫色条纹的丝绸长外套站在那里。一个伏尔加河流域的莫尔多瓦人，满头金发，眼睛细长，向一位俄罗斯的雕塑家描述他祖父家里的神像。在这种社交场合，翻译是最抢手的人。

"我们两人在这个城市里相识，"汉娜望着牛郎说，"这不是偶然的。"

她试图挤进艺术家专用房间采访，牛郎阻止了她。在他看来，人们不能不管三七二十一地往里挤。对此，汉娜有点莽撞地反驳说，在她33岁的时候想将她变成一个外交官已经太迟了。由此，两人不知不觉地对人际关系中拘谨与主动的作用进行透彻的分析。

汉娜经常遇到一些人，他们对理论问题的讨论通常会变成个人的争吵，而她跟牛郎之间的个人争吵、互相反驳每次都演变成理论的探讨。他们不像某些情侣那样涉及权利争斗，两人中谁也不需要战胜对方。他们要施加给另一方的不是统治欲和征服欲，而是更美好、更奇特的东西。

第6章

汉娜站在打开的窗户旁。春天慢慢来临了，她想，牛郎不必再为我害怕冰雪而懊恼。

她看见芭茨卡拿着包裹走过彼得罗夫卡街，心情愉快地向她招手。

"天啊，汉娜，"芭茨卡喊道，"我有事情要告诉您。"

胖乎乎的她敏捷地走上楼梯，活泼的脸显然有些阴沉。

"又有维也纳的消息？"汉娜忐忑不安地问。自从希特勒的军队占领奥地利以来，自杀的消息一个接一个地传来。

"不。纯属私人的事情。"

"关于弗兰嘉?"

"您已经知道了?"

"不。但我可以想象出——"

"她昨天跟汉斯·米特涅去了高加索。"

"马尔库斯提前就说了,似乎并不反对。"

"他只是这么做而已,这个目空一切的家伙。他不相信弗兰嘉会离开他。现在,他完全崩溃了。"

"我们最好马上去——"

"我丈夫在他那里。我丈夫说,他现在不想看见任何女人。也许下星期——"

"汉娜·萨莫罗芙娜!听电话!"

"不好意思,芭茨卡。"

打电话来的是牛郎。他的声音平静,但少有的嘶哑。"我今天不能来了,汉娜。"

"当然不能。今天是星期五。你明天来。"

"我想给你打电话,汉娜。我想给你再打一次电话……"声音没有了。

"Hallo,darling!①"汉娜喊道。

寂静。

汉娜放下话筒。她从来不可以问他的电话号码。冰冷的、令人瘫痪的恐惧渐渐爬上她的皮肤。

"天啊!"芭茨卡惊呼,"您的脸色白得像石灰。"

"我是一个神经过敏的人,"汉娜责怪自己,"遇到事情脸色就像死人。"

芭茨卡离去后,她试图为国际文学查阅国家图书馆的几册图书,但她不知道自己读了什么。

我希望时间过去24小时,她想。明晚8点正,他将像往常那样站在门前,嘲笑我无缘无故的担忧。

她试图复习她的汉语课文。情况好了一些。

次日早上,有电话找她。她四肢颤抖地拿起话筒。来电的是《人世间》杂志。

"毕尔克同志,您是否写有关于维也纳的作品?——或者,您已经完全中国化了?"

---

① 英文,意为"心爱的人"。

"等等看吧，"汉娜答应，"我在前几天已经有了一个主意。"

克诺普费尔玛赫尔斯教授自杀的消息使她想起了童年。25年前，这位著名的儿科医生坐在她的床前，汉娜清醒的记忆重新勾画出他的模样，他深灰色的络腮胡子，沉思的微笑。她试图写下来，但图像模糊了。

她又拿起汉语课本，复习"看"字的写法：下面是一只眼睛，眼睛上面斜斜地覆盖着一只手。一阵突然而来的力揪住她的心。"用你的中国人的眼睛看着我，"她费力地说，"看着我。"

晚上8点。三楼她房间门前挂着摆钟。二楼旅店办公室门前也挂着摆钟。一楼大门正对着还有摆种。

汉娜不停地从这个钟跑到另一个钟。它们指向8点，8点半，9点，9点半。从空荡荡的空气中传来一个由于忧虑和自我克制而变得嘶哑的声音：我想给你打电话，汉娜。我想给你再打一次电话。

旅店的工作人员和住客都激动地聚拢在一起。汉娜·毕尔克晕倒在楼梯脚下。

——"好些了，"汉娜两天后对坐在她床边的芭茨卡说，"我对此本来已有所准备。"

"有所准备！"芭茨卡轻蔑地说，"这对您有什么好处？"

"我跟他相处了4个月，"汉娜惘然若失地说，"片刻的幸福。"

"还会再见面的。"

"我怎么知道？"

"也许，您可以给他写信。我在阿罗伊斯那里得到了共产国际中国代表的名字和电话。他叫洪深同志。"

"洪深同志。"汉娜重复念着，在床上坐了起来。

"现在，还要在床上躺一两天，"芭茨卡说，"然后才可以下地走动。"

可是，汉娜已经站在了地上……

韩秋宝在党内的名字叫洪深，他的办公室在走廊的尽头。走廊中间是新闻处的会议室。房门突然打开，格奥尔格·蒙梯尼出现在门前。

他们互相之间早就已经不打招呼。但蒙梯尼依然微笑着——一个老奸巨猾的人的微笑。汉娜并没有简单地无视他，而是做了一个明显带有孩子气的、表示厌恶的鬼脸。

蒙梯尼的微笑似乎在说：现在，黄色的小鸟飞走了？谁还有兴趣为汉娜·毕尔克说话？

汉娜的表情似乎在怒吼：恶狗！封建主！反犹分子！

他几乎比她高两个脑袋，而且也更善于在这种充满敌意的无声的对话中保持自己的姿态。但为此要付出怎样的代价！汉娜一眼就看出，在这种外表的后面没有自然的生命，没有良知，没有分量，以至于一切都分解为过度的圆滑世故。而她虽然处于痛苦的无助的状况，却是一个实实在在的人。

她快步穿过走廊，走进那个矮小的中国人的办公室，他带着好奇客气地接待了她。

"我是汉娜·毕尔克——牛郎的妻子。"她提心吊胆地在他的脸上寻找怀疑或讽刺的表情，但找到的只是善意的好奇。

"洪深同志，"她满怀希望地说，"他跟您说起过我吗？"

"我想，他曾经暗示过。"韩秋宝谨慎地回答。

我希望，牛郎曾经跟他讲起过我，汉娜充满疑虑地想。在目前的情况下，我不要私下的情侣。

"我很乐意跟他一起走，"汉娜重新开始说，"和他共同战斗。"

"不可能，"韩秋宝说，他的笑容消失了，"干这种工作，他身边不能有欧洲人。这太引人注目了。"

"尽管如此，我愿意去中国，"汉娜执着地说，"哪怕我暂时不能跟他在一起。我愿意在其他地方工作。也许，当一名战地记者……"

"您懂中文吗？"

"我在学。"

"也许以后有机会吧。这样的决定不是一夜之间就能做出的，需要有各种各样的条件……不管怎样，您可以经常来我办公室。"

"谢谢您。"汉娜站起来说。

"您物质上有困难吗？"韩秋宝问。

"我是作家，"汉娜骄傲地说，"在苏联，我们作家的收入还可以。"

韩秋宝送她走到门口。汉娜鼓足劲，做出一副理所当然的神态，用颤抖的声音说："牛郎会给我写信？"

"不，"韩秋宝决断地说，但沉思了一下，他又脸带笑容地补充说，"我的意思是，他肯定会给您写信，但不能寄出。"

第 3 部分　两颗星星写日记

第 1 章

为织女写的日记

新疆天地村，1938 年 5 月 7 日
第一站。一个小村。月光透过农舍的门照进屋。
李白是怎么说的？
"举头望明月，
低头思——"
我宁愿没有机会去思。你在等吗，汉娜，小妹妹？等啊等？现在你觉得孤寂，你确实孤零零的，一言不发，没有安慰和希望的话语。

我让你牵挂了？——荒唐！难道能让一个白种女人这么牵肠挂肚吗？白种女人能原谅这么做吗？

汉娜，你是诗人。你是织女星。你织出的诗作能帮助你克服我给你造成的痛苦吗？或者，你会恨我是个负心郎，恨我是名副其实的张铭天的侄孙，有趣的冒险刚开始便立即停止？——不，汉娜。你是知道的，这是怎么回事。

为牛郎写的日记

莫斯科，1938 年 5 月 12 日
我的身体状况没有出现异常。
我非常担心，特别害怕分娩的痛苦。而现在，因为我的担心没有依据，我感到非常失望。

我有时候会梦到一个中国孩子，穿着长长的小衣服，肚兜上绣着一条龙，脸上带着严肃而担忧的神情。

幸好我能工作。我阅读任何我能找到的关于中国的报道。受尽苦难的人民。你说得对，牛郎，你必须战斗，抛弃一切去战斗。而我，我要让你看看，我像你一样坚强。

为织女写的日记

延安，1938 年 5 月 25 日

如果说，对于你和我的分离能有一点安慰的话，那么，我总算找到了。在这里我见到了王朴诚，他是上海最不可战胜的苦力，我的学生、我的老师、我的朋友。

卡尔·马克思说，工人没有祖国。在他那个时代，这是对的。但是，我有另外的感觉。中国的工人是我的祖国。

朴诚的样子跟 8 年前一模一样：瘦瘦的、坚韧的身体，营养不足的脸，突起的颧骨，黑色的牙缝。可是，他在何种情况下获得了那些知识！

在他的背上有一道深深的伤疤。"这是国民党警察用竹棍子毒打留下的，"他小声地解释，并且挤眉弄眼补充道，"今天，人们不提它了。"日本人在审讯时折断了他的一根手指。

他现在担任地区特派员，经常到村子里，在分田地和自我管治方面给农民们想办法出主意。我曾经两次在场。他的北方话已经讲得相当好。他说，起初他根本听不懂当地人的话。当然，他还像过去那样说话带有上海方言的音调，每个 sh 音到他嘴里就变成了 s 音。但是，农民们都迷上了他。自古以来，北方人就给我们南方人起了个外号，叫"蛙子"（因为眼睛大，性格活泼）。如今，他们给朴诚起了另一个外号，叫"金子"。他们爱戴他，因为他满肚子都是故事，爱开玩笑而不失威信，特别是，正如一位花白胡子的农民对我说的，"因为他为每个人都想得非常周到"。

为牛郎写的日记

莫斯科，1938 年 5 月 27 日
莫名其妙！杂志不再接受我的稿件。

莫斯科，6 月 1 日
昨天，在图书馆里，一个和蔼的人跟我攀谈，他是工程师。他告诉我，他已经在我工作时观察好几回了。"您的额头一眼就可以看透，"他说，"看您阅读的是政治读物，还是小说，或者诗歌。"接着，他陪我回家。在路上，我很快地向他谈到你。这样，避免了麻烦。

莫斯科，6月3日

在最近一次出版工作会议上，出版社委托我编一本诗集：苏联各民族诗歌的德译。现在，他们取消了这项委托。什么原因？——我去卡尔波娃同志那里，要求给一个解释，但她没有接待我。

我到过工会办公室的国际部。"我认为，"我说，"避免造成我失去工作，是你们的职责。"他们相当尴尬，正如德默普芬格尔那样，他们建议我去找蒙梯尼谈谈，争取他对我有好的看法。

"向我跪拜吧。"哈曼对末底改说①。呸，见鬼去！

莫斯科，6月7日

现在，马尔库斯常来看我。外表上，他重新成为一个老头，总是喜欢讽刺和挖苦人。如果细心倾听，就会听见一个几乎像小孩子那样需要安慰的声音。但他保持得很好，从不抱怨和诉苦，并且试图分担别人的忧虑。由于编辑部和卡尔波洼对我的书面询问不予回答，他建议我写信给波亚诺夫同志。

为织女写的日记

延安，1938年6月11日

我离开了14天。去哪里，我甚至不能透露给我的笔。几个神奇的小伙子参与了，也许，在类似的行动中还会见到他们，也许，永远也不能再见。重要的是：我们的任务完成了，日本人三次运送武器都没能造成危害。

延安，1938年6月14日

昨天，跟毛泽东、周恩来在他们的菜园子里进行了交谈。在巴黎的时候，我曾经认识周恩来，他当时用的是另一个名字。我们彼此非常理解。②

老子说："学识丰富的人缺乏生活智慧，有生活智慧的人缺乏学问。善良者处世不圆滑，处世圆滑者不善良。正直的人不会讨好人，喜欢讨好人的人不正直。"③

周恩来是性格独特的人之一，他至少驳倒了伟大哲人的第三条格言。他成

---

① 典出《圣经·以斯帖记》，哈曼受亚哈随鲁王抬举，一切臣仆都跪拜他，唯独犹太人末底改不跪不拜，于是哈曼企图灭绝全部犹太人。
② 《牛郎织女》具有自传性质，但小说中不乏虚构的情节，此处的叙事就是一例。牛郎1929年去巴黎，而周恩来在巴黎的时间是1920年至1924年。
③ 此处按小说中引文的意思翻译，与《道德经》的原文有出入。

功地将和蔼可亲与诚实正直结合起来。他是怎么做到的呢？很简单。在每个人身上寻找并发现精华，哪怕是优秀的特性的萌芽，并让他本人感觉到。

毛泽东是头一次见到。在南方，过去人们称他为"白面书生"。对此，我根本无法想象。现在，他脸上充满朝气，袒露出农民的笑容。人们不由自主地想起他童年时曾经放羊。他超常的、经过勤奋取得的知识使他最终与他的农民兄弟更牢固地联系在一起。

我急忙向这两位同志介绍王朴诚，引起他们对其天才的注意，但他们早已认识他。周恩来对他满口称赞，毛泽东则风趣地说："如果我对这样一个小伙子不关注，党就会让我见鬼去。"

对这次谈话的真正目的我不得不守口如瓶。

延安，6月26日
我又离开了12天。这一次，我只是部分地完成了任务。

延安，7月2日
最糟糕的事情莫过于我们必须承担义务，即使在我们自己的区域内也要暂时停止触动大地主的财产。只有那些主动投靠日本人的汉奸，才可以剥夺财产，将他们的田地分给农民。

朴诚向农民进行解释，他们皱着眉头记下他的话，无可奈何地说着"没有法子"，回到他们自己那块狭小的饥荒的土地上。他们的失望令我们心如刀割。他们对谁做出了牺牲？——对一个像蒋介石那样可疑的同盟者。

蒋介石对共产主义的厌恶也不得不在某些表面的事情上受到姑息，但这并没有使我受到约束。好吧，我们的管辖区不再叫"苏区"，而叫"特区"，我们的军队不再叫"红军"，而叫"八路军"。老百姓都亲切地把共产党人叫作"八路"。如果被问到"你是八路吗"，谁能给予肯定的答复，谁的眼前就会突然出现农民的灿烂笑脸。

延安，8月24日
我在等送信的交通员，看来他迟到了。于是，我有时间探讨哲学问题。中国人谁不喜欢哲理？

为牛郎写的日记

莫斯科，1938 年 8 月 25 日
没有得到波亚诺夫的答复。

第 2 章

为牛郎写的日记

莫斯科，1938 年 8 月 26 日
  我去过德国共产党的负责人弗里德利希·纳特尔那里，他曾经夸奖我和我的诗歌。他是一个和颜悦色的白发老人。他耸了耸肩说，我是奥地利的政治流亡者，我的事情由相关的干部管。他不是奥地利人，无权干涉我的事情。共产国际的中国代表洪深也向我做同样的解释。他显得很担忧，一再问我是否有足够的收入维持生活。我请他放心。幸好我在图书馆有一份专家职位。

莫斯科，8 月 28 日
有几个人明显在疏远我。

莫斯科，9 月 1 日
  牛郎，在你的语言里，男人有时称自己的情人为"我的小妹"，女人有时称自己的情人为"我的大哥"。这是已找到的某种幼稚的残余情感的食物，在心理学时代，人们已不再需要为这种情感害臊。
  牛郎，我的大哥，我不理解这个世界。蒙梯尼像长腿蜘蛛那样不费力气地、动作灵敏地玩弄诡计。他不出头露面，不凸显敌意。做一个甩手的动作，轻蔑地皱皱鼻子，顺口说几句贬低的话。其影响是不容置疑的。在此过程中，他利用党的纪律，要求人们严格保持沉默，同时散布传言，说我不正常，患有被迫害狂想症，以此使我的任何抗议失去力量。这样一个人，他在内心里是怎么感觉的？他的行为是自觉的，不自觉的，还是半自觉的？——牛郎，我的大哥，我不理解这个世界。

为织女写的日记

延安,1938 年 9 月 2 日

送信的交通员还没有来。

我再次阅读我最喜爱的小说,我们当代伟大的现实主义作家鲁迅早熟的、精美的生活果实。

他塑造了贫穷愚笨的农村雇工阿 Q,任何人都扯他的辫子,阿 Q 体现了很早以前中国人普遍的缺乏抵抗。跟阿 Q 相似的人生活在世界各国,在犹太人那里,这种人叫作施雷米尔①,在捷克人那里叫作帅克②……

而你,汉娜小妹,尽管你感觉敏锐,意志强大,也会在瞬间里面对这个世界的阴谋诡计,陷于无助的处境,如同傻瓜那样目瞪口呆,像施雷米尔、帅克和阿 Q 那样……

也许,这就是你过去在爱情上遭遇这么多不幸的原因。而我却更爱你,因为你包容世界的心灵也含有可怜鬼的灵魂。

为牛郎写的日记

莫斯科,1938 年 9 月 4 日

今天,图书馆用破绽明显的借口拒绝了我继续在那里任职。现在,我失业了,有可能会饿死。

明天,我要给斯大林写信。

为织女写的日记

延安,1938 年 9 月 5 日

信使终于来了。现在,我又要行动了,但跟我期待的不同。这一次,不是游击队的军事任务,而是在国民党政府所在地重庆进行半公开的访问。我几乎要说:这是一次不信任的友好访问。

---

① 施雷米尔(Schlemihl),指愚笨、倒霉的人。
② 帅克(Schwejk),捷克著名作家雅罗斯拉夫·哈谢克创作的小说《好兵帅克历险记》中的主人公。

为牛郎写的日记

莫斯科，1938 年 9 月 12 日

我在做梦？我有自大狂？

刚才有人打电话来。"谁啊？"——"斯大林同志的秘书。毕尔克同志，您的申诉经过审查，被认为是理由充足的。进一步的处理情况请向中央委员会文化部彼特洛夫同志了解，市区 58163。"挂机，通话结束。

事情是怎么进行的？我只是在 8 天前才写的信。

两小时后

有人敲门：旅店的两个工作人员，格兰嘉和她的婶婶娜塔莎。她们俩一起打扫所有房间，这样，干活时开心些。娜塔莎 40 多岁，文静，不引人注目，略带忧伤。格兰嘉才 25 岁，个子矮小，红红的脸蛋，快活开朗。我称她们是来自晴雨指示箱的两个角色，阴雨和阳光。此外，我还称格兰嘉是"小石榴"。

她们问我是否可以立即打扫房间，因为她们随后要去开会。

我忍不住扼要地将整个事情告诉她们两人。

"是吗？"娜塔莎一边挥动着抹布，一边骄傲地说，"他甚至只隔了 5 天就给我答复。"

"答复什么问题？"

事情是这样的：

旅店业托拉斯开办了一间夜校，以便清洁女工学习读书写字，或者，像这里人们略带自负的说法："扫除文盲"。格兰嘉和娜塔莎去了。格兰嘉报名注册了。那里的一位女领导人很可能出于某种旧式妇女的讽刺欲，对娜塔莎说："你也想学习？可是，你已经太老了。"

娜塔莎大婶受此侮辱，气得说不出话来（我得承认，不要说是文盲，即使是女作家遇上这种事情，也会如此）。她默默地离开那里。回到家里，她哭了 3 天，然后，去托拉斯投诉。

那里的官员当然很愤怒，但过后却遗忘了整件事。

娜塔莎大婶去找教育特派员。她起初胆怯，接着激动，最后变得粗暴。那位官员皱着额头劝告她。她恼怒地跑开了，羞于再去那里。

在此期间，格兰嘉勉强学会了字母。她以大婶和工友的名义，艰难地给斯大林写了一封文字笨拙、有大量拼写错误的信。

5 天后，电话铃响了。"哪一位？"——"斯大林同志的秘书。朱姬娜同志,您的投诉经过审查,被认为是理由充足的。"

3天后,旅店夜校的那位女领导被调离了,也就是说,被安排到低一些的职位上使用。新的领导用公款买了一束漂亮的花,拜访娜塔莎大婶,恳切地请她去听课。

"我有一点不明白,"我提出,"斯大林的秘书怎么能够在短短的几天里处理成千上万份申请?"

"斯大林无所不能。"娜塔莎惊叹道。

"你少说两句吧,大婶,"格兰嘉说,"事情很简单:在他的秘书处有一个特别的投诉办公室。在这个办公室里有成千个工作人员,他们不可以干其他事情。在莫斯科,这是每个孩子都知道的。"

莫斯科,9月15日

今天,我去过彼特诺夫那里。必须等候接见,在此期间,在杂志《人世间》里读到格奥尔格·蒙梯尼关于欧洲局势的文章。一篇耀眼的文章,就像中世纪贵族绣满珠宝的长袍那么闪闪发亮。

彼特诺夫年轻、谨慎、严守纪律。在我印象中,他没有参与决定我的事情。他只是更高一级机构的委托者。

"您的政治诚信和文学质量都是无可争议的,"他客气地解释说,"明天,您将重新恢复三份相关工作。"

"蒙梯尼呢?"我突然问,"他将承担责任?"

彼特诺夫显然吃了一惊。"蒙梯尼同志,"他冰冷地解释,"在此不做讨论。"

我明白。人们想帮助我,但不罢免他。苏维埃宪法赋予每个人工作权利。这种权利在我这边,这足以令我满意。在我的生活的上方像过去那样仍然挂着门第高贵的蜘蛛……

为织女写的日记

重庆,1938年10月3日

这里是中国战时的陪都,一座独一无二的幽灵般美丽的城市。在山崖之间,扬子江由宽变窄形成峡谷。古老的围墙如同泛起皱纹的额头。弯曲的小巷笼罩在斜影的阴暗中。油灯和蜡烛在潮湿的雾中忽明忽暗地闪烁。制垫师傅将纤细的棉花塞满垫子时,为了引起顾客的注意,他们使细细的棉线振动发出低沉的、控诉的嗡嗡声。此时,甚至无神的儒家信徒也仿佛要见到鬼神,受辩证唯物主义训练的马克思主义者离此也不远。

重庆，10月5日

我久久地站在东门，看着他们从公路上走来，成千上万不愿屈服于日本人的人们。农民们驱赶着他们的牲畜，学生们背着他们的书。我的人民，巨大的民众，他们在国家的中部聚集到一起。这是一种对侵略者憎恶以及团结起来顽强抵抗的非凡表现。

但是，在内部，在政府部门，在宴会厅里，情况却显得没那么有希望。蒋、宋、孔、陈四大家族像以往那样掌控政治。他们违背共同抗日的一切协议，朝着反共的方向进行不断的、尽管多数都无效的努力。实事求是地交换意见无法实现。蒋介石难以接近，从他的大舅子宋子文、连襟兄弟孔祥熙的话中，人们只听见钱袋发出的当啷声，而陈立夫——则引用孔夫子的言论。

伟大的孔子！从你古老的财富中，反动派和革命派都可以任意地引用支持自己立场的合适的语录。但我突然想起一位虔诚的孔孟的信徒，那就是我的结发妻子唐美音，我生下来还没有见过面的儿子的母亲。

早在4岁时，这位出身高贵的唐小姐就已经听惯了人们诵读圣人有关伦理道德的名言。早在4岁时，她已经看见人们违反孔子学说，不人道地对待一位可怜的妾及其新生的婴儿。从那个时候起，她已经开始踏上通向我们的道路。

鄙视我吧，汉娜。我这个忘恩负义的人从来没有向你讲述她的事情，这位美丽、文静、有良好教养的美音预感到你的存在并宽宏大量地对你表示祝福。

重庆，10月6日

陈立夫将事情变得容易处置。在他看来，孔孟之道意味着权威、服从、保持缄默。作为文化部长和审查机关的最高领导人，他禁止人们在写作中谈及士兵的处理、赋税、贪污腐败、物价，尤其不许写八路军的功绩。

这就是重庆当前的情况。周恩来也许不那么喜爱我的报道。

途中，1938年10月9日

日本人撤离的村子被烧成了灰烬，烧焦的尸体躺在废墟中，到处都留下了日本人暴行的痕迹。在几具尸体上我还能辨认出沉默寡言的农民的脸，我们品质优秀、满面皱纹、心地善良的农民的脸。

汉娜，以色列的女儿！有谁能像你那样理解我们的人民？

第3章

为织女写的日记

延安，1941 年 1 月 7 日

在跟国民党的军事同盟中，我们从来就对恶意的突然事件有所准备，但是，发生的事情超出了一切警告。我们的新四军遭到政府军队的围攻和屠杀，借口是我军擅自改变进军方向。纯粹是谎言。周恩来当时亲自造访蒋介石，申请他的批准。蒋介石同意了，并邀请他参加圣诞节宴会。在宴会厅里蒋介石强调了自己的基督教信仰。

此外，我们确实相信，蒋介石对这一罪行本来是无辜的。他的刽子手没有问过他就行动。因为对于蒋介石来说，任何东西也没有他个人独裁特权那么神圣，所以，他对于自己失去权威谨慎地三缄其口，并且事后认可这场反共的血腥屠杀。①

我从来没有像现在这么渴望战斗。恰恰是现在，我被留在延安。周恩来担心我的生命安全。他认为，派我去参加游击队的行动是一个错误。文盲也可以参与游击队的行动。而我应当作为艺术家、文化工作者，用我的才能为人民服务。

文化和艺术正是我心之所系。

为牛郎写的日记

莫斯科，1941 年 3 月 20 日

你我分离，至今快三载了。当年我只有一缕白发，如今已有四缕。明天，我再去找洪深。

莫斯科，3 月 21 日

前景暗淡。中国的形势自新四军的事变以来变得更复杂了。我仍然是无党派人士。如果我得到奥地利共产党的大力推荐，也许人们可以派遣我，蒙梯尼是不会允许这么做的。

---

① 据中山大学图书馆的德文藏书《牛郎织女》，朱白兰于 1970 年 6 月 16 日在该书页面上对这段叙述加了如下注释："不！蒋介石对这一罪行并不是无辜的，而是首犯。"

下星期，我的诗集就要出版。也许，这些诗作会加强我的地位，以便……我无论如何都不会让步。"因为，以色列，你是顽强的民族。"《摩西五经》中如是说。

莫斯科，3月31日

5天前，我将我的诗集寄给洪深。今天，我给他打电话。一个人用相当不友好的声音回答："洪深同志不在。"

"请问，他什么时候回来？"

"他不再回来了。"

"那么，我直接跟您谈吧。我是女作家汉娜·毕尔克，牛郎的妻子。"

"您是奥地利人，对吗？——您明天再打电话来吧。"

哦！现在他要向蒙梯尼了解情况了。

莫斯科，4月2日

德默普芬格尔认为，鉴于局势紧张，所有中国人似乎都回国去了。接替的人叫什么名字，他也不知道。

莫斯科，4月5日

他叫切尔诺莫底克，一个可怕的家伙，彻头彻尾的官僚。我不得不恳求了5天，他才接见了我。那是怎样的接见啊！

"您丈夫给您写信了吗？——没有？——原来如此！那么，他对您已经厌倦了。我们这里有更重要的事情要处理，没空去操心您的私事。"

"请把我的书还给我。"我反感地说。

他很快地翻遍所有抽屉，但没有找到。

这倒好！洪深将书带走了。

莫斯科，4月6日，晚10点

今天，我整天像瘫痪了似的。明天，我再给波亚诺夫写信。

为织女写的日记

延安，4月7日，清晨6点

一个明媚的、五彩缤纷的春天的清晨。令人难受的无所事事！欲望重新苏醒，用无法忍受的力量绷紧全身。

正如古典作家说的那样，永远不错过目标的长矛以看似相同的方式为人们所用，或履行传统夫妻的义务，或抚慰绝望的嫖客，或激发追求者出于自己的意愿选择独立自主的恋人。使整个人改变的方式似乎一样，实际上不相同。

这些头脑空虚的人以为，如果男人每星期不使用两三回永不错过目标的长矛，会难以忍受。我对他们无聊的满足，一点儿也不嫉妒。

汉娜！我和你所经历的幸福，对于我们血迹斑斑的时代来说，也许来得太早。而将来，这将是理所当然的事情。将来，当所有人都穿上丝绸衣服的时候……

为牛郎写的日记

莫斯科，1941 年 4 月 19 日

3 年前，当我徒劳地等待你的时候，我从一个挂钟跑到另一个挂钟。它们指着 8 点，8 点半，9 点，9 点半。昨天夜里，在梦里我又一次从这个挂钟跑到另一个挂钟。它们指着 35 年，40 年，45 年，50 年。

莫斯科，4 月 21 日

真滑稽！我作为女人，从来没有引起马尔库斯的兴趣。至少，我从来没有觉察到这种情况。一位熟人曾想在他面前夸奖我，他给予了美妙的回答："我自己既聪明又令人讨厌。"

今天，我跟他有如下经历：

他像往常那样后半晌来找我。起初，我们抱怨了一会儿欧洲的黑暗局势。接着，我们的话题返回苏联，谈论平常最喜欢的题目：弗兰嘉。

弗兰嘉不再和米特涅一起生活。她恢复了当姑娘时的姓——拉宾诺维奇。最近，36 岁的弗兰嘉开始在理工大学学习。

这一切本来是令人高兴的消息。但对于马尔库斯来说，他们只有一句重复唱的歌词：La donna e mobile①。而我则极力维护弗兰嘉，认为米特涅要承担全部责任。在这场并不令人开心的谈话过程中，这家伙突然明显地试图身体接近。

"马尔库斯，"我说道，并将他推开，"我坚信您怀着兄长之情。"

"是的，"他沮丧地回答，"在女人那里我从来没有福气。我的身上肯定有某些令人讨厌的东西。"

---

① 意大利语，意为"女人善变"，出自威尔第创作的歌剧《弄臣》第三幕中公爵的著名咏叹调。

"不，"我安慰他，"不是这样的。即使您集观景殿的阿波罗①和巴鲁赫·斯宾诺莎②于一身——我也不愿意。"

"这是为什么？"

"为什么？——因为我是德罗霍贝奇③的佩涅洛佩。"

"可是这个男人却让您空等。"

"您不要跟我讲什么空等。在这方面我领教过了。已经有几个男人让我空等，大多数甚至在更早之前，因为他们觉得不够快，不够舒服，我对这些男人的感情已经完全克服了，虽然尽了一些力气。而这一次？——对于中国的自由斗争，我并不嫉恨。"

莫斯科，4月22日

恋人的浮想联翩常常比冷漠者的嗤之以鼻包含着更深刻的真理。无论是人类中还是个人的身上都隐藏着胆怯的、枯萎的可能性，这种可能性是任何缺乏爱的人无法猜到的。牛郎，如果今天你想炫耀自己的话，那就是，我将对你忠贞不移，即使分离5年、10年，即使所有聪明人报以讥笑："怎样的自我欺骗！怎样的幻想！"

幻想？——我要将它变成现实。

为织女写的日记

延安，1941年4月23日

暂时已经做出了决定，不再分派军事任务，从事文化工作。

目前，局势非常紧张。我们高贵的盟友——国民党的首领——在重庆用最无耻的借口逮捕共产党人和民主人士。马寅初教授是国民党员，因为在课堂上讲授国民经济学时分析了通货膨胀的原因被关了起来。其他几个教授投向了我们。我们开办了一间国民大学。窑洞成了我们的课堂。因为日本人将他们的袭击，特别是空袭大部分针对我们的地区。炸弹当然是美国制造的！亚洲的全部流血都给他们这些白种商人带来巨大的利润……

同志们决定让我担任戏剧艺术的讲师。这是一个完全公开的职位。汉娜，

---

① 观景殿的阿波罗是一尊白色大理石古代雕塑，由希腊雕塑家莱奥卡雷斯于公元前350年至公元前325年雕刻，在文艺复兴时期重新发现，被认为是最伟大的古代雕塑、完美的典范。
② 斯宾诺莎（1632—1677），西方近代著名哲学家，祖先是居住在西班牙的犹太人，1492年因受西班牙政府和天主教教会对犹太人宗教和种族的迫害逃难到葡萄牙，后又于1592年逃亡到荷兰。
③ 女主人公汉娜的出生地。

我即将就可以给你写信,甚至……明天,我就和周恩来谈。

延安,4 月 24 日
遭到拒绝。不允许与国外联系。我任何时候都有可能重新承担秘密任务。汉娜,我多么想知道你是否理解我的沉默。

为牛郎写的日记

莫斯科,1941 年 5 月 6 日
切尔诺莫底克被开除出共产党。由于个人的粗鲁和曲解党的路线。我的事件远不是独一无二的。
迟早——也许很迟——就会轮到蒙梯尼。

莫斯科,5 月 25 日
在《文学新闻》和《人世间》上发表了评论我的诗集的文章。充满了理解,并且非常、非常认可。他们特别称赞我为最遥远的民族着想的才能。你的晨礼①,牛郎。

莫斯科,6 月 8 日
是的,我感觉到了,我的诗歌将有助于我找到通向你的道路。但该如何做?
苏联作家协会准备在 22 日举办迎夏活动。届时,中央委员会文化部的干部也将参加。这是一个谈论你的好机会。

为织女写的日记

延安,1941 年 6 月 21 日
我的学生来自各社会阶层。我最迫切的任务是建立演剧队。他们将到前线为士兵演出。他们要演出小型独幕剧,提高士兵的政治思想,增强灵魂的力量。
我最优秀的学生是许旺福,一位来自景德镇的陶瓷工人。他创作了一部很好的独幕剧。

---

① 按西方旧习俗,结婚次日早晨新郎要送贵重礼物给新娘,称为晨礼。

日本军队占领了一家陶瓷厂。掠夺时,身体肥胖的少佐吃得太多,睡眠中做噩梦,各种造型的瓷器包围着他,在轻轻的乐声中发出讽刺的言论。"我们永远不属于你!"它们蔑视地喊道,并且用绘有图画的小瓷扇驱赶他。"我们属于那些用灵巧的手、勤勉的心和父辈的智慧创造了我们的人,属于中国的工人。"

今天,我们将在窑洞里排练这出关于陶瓷的剧目。汉娜,我梦想着你靠在灰岩垒的墙边观看排练。

汉娜!我们这里有你的位置。你我被分隔两地,这实在是荒谬透顶……

为牛郎写的日记

莫斯科,1941年6月22日
没有举办迎夏活动。战争爆发了。

第4章

为牛郎写的日记

莫斯科,1941年7月6日
我报名上前线当译员,被拒绝了。很自然的事情!奥地利的政治流亡者必须去问蒙梯尼同志。

牛郎,我没有得到允许与你会面。我不能去跟希特勒战斗。在我的生命的上方吊着一只出身高贵的蜘蛛。

莫斯科,7月25日
每天夜里从10点到3点,德国希特勒的飞机都会准时来空袭。我们旅店的住客和员工要轮流值班。空袭期间,我们在房子四周巡逻,注意不让闲人进入,并准备在发生情况时向救援岗哨发出警报。我每周轮值两次。飞机轰鸣,子弹呼啸。奇怪,我一点儿也不感到害怕。我不知道,我怎么会如此坚信自己不死。

莫斯科,8月2日
收到我兄弟从耶路撒冷发来的消息。他,他妻子,大儿子和小儿子全都平安。

莫斯科，8月10日

马尔库斯要去前线当翻译。今天，他们到我这里来，他，阿罗伊斯·德默普芬格尔和芭茨卡。蒙梯尼不是也试图干扰他的行动吗？——是的。但没有成功。男人们现在不再长时间胡闹，反过来，女人们却对事情的考虑慎之又慎。

芭茨卡坐在我的床上，很不赞成地看着我。到处都在说，马尔库斯想选我做他的安慰者，却碰了钉子。在流亡者的圈子里，人们对我这么做非常反感，并且认为，我因为一个已经3年多杳无音信的男人而像修女那样生活，是不健康的、过于偏激的。

"感觉迟钝！"芭茨卡骂道，"自杀。"

这时，马尔库斯突然睁大眼睛看着我。"也许是自杀，"他说，"但感觉肯定不迟钝。"

为织女写的日记

延安，1941年9月5日

汉娜！韩秋宝在这里，他将你的诗集带来给我了。

他3月底已经离开莫斯科，但在新疆工作了几个月。他党内的名字叫"洪深"，我们大家现在都这么称呼他。他谈到了你，仿佛你是他的亲姐妹。他只可以向你略表同情。他的双手被捆住了。他跟蒙梯尼谈了无数次都一无所得。"您又为这个歇斯底里的女人来找我！"他总是这么回答。洪深完全看透了他，并且肯定，蒙梯尼背后说的全都不确实。"歇斯底里""小资产阶级"，轻蔑地皱皱鼻子，耸耸肩膀。但是，洪深双手被捆，无能为力。这正是党的纪律的不好的一面。

汉娜，你没有能够获准作为战地记者来中国。要是你的愿望实现了——那么，我们现在就可以在一起生活，一起工作。

蒙梯尼阻止这件事，因为他不喜欢你。这个白鬼子！

延安，11月28日

我白天工作，晚上试着读你的诗，但我的德语太差了。我感觉到就像透过面纱往幽深的花园里看。色彩灿烂，鲜花与枝叶在热烈而喜庆的韵律中摆动，一股香气迎面而来，既熟悉又神秘。

我只能理解到这种程度：你的许多诗都涉及爱情，涉及我们的爱情，你理解我的消失和沉默，而这是最重要的。

不，不是最重要的。希特勒的军队已经到达莫斯科的前面。汉娜，你将会怎样？——我是所有丈夫中最幸福和最不幸的一个。

西凤，12月1日

我有任务要去王朴诚当特派员的村里。那里的地主已经逃往北京投靠日本人，他丧尽了天良……农民分田地，实行自治。朴诚非常忙。他也起了党内的名字，根据自己的选择，自称"老百姓"。

"我们老百姓！我们来自人民！"这是他最喜欢说的话。

他的办公室在一间小茅房里。当我走进去的时候，他露出了过去当苦力时那种激动人心的微笑。我让他看你的诗集。我早就跟他谈过你。他的洋泾浜英语已经变成了不错的英语，但是对于德语，当然是一窍不通。尽管如此，他还是开始热心地翻阅，并且几乎在每页都看见 China 这个词。虽然 China 这个词在德语和英语中发音不同，但写法却是完全相同的。他立刻发现，你是我们中国人的积极的朋友。

"她是哪一国的人？"他皱着眉头询问。

"犹太人。"

"哦！"他十分理解地说。

接着，他像以往那样好奇地要求我向他解释你的诗。我自己也不懂，怎么向他解释呢？

有人敲门。两个农民走进来。一个白胡子，另一个是中年人，拿着一根长长弯弯的赶羊棍。一再鞠躬后，老人终于坐下。随后，我们也都坐好。事情是这样的，村里要选一个头头，人们在两个候选人之间摇摆不定。其中一个候选人年纪大一些，另一个则"有文化"些。

"其他方面呢？"朴诚问，"他们对待老婆客气吗？有没有卖自己的孩子？"

"我们把其他农民叫来，"老人停顿了一下说，"我们一起回答你的问题，然后由你决定。"

手拿牧羊棍的年轻人已经殷勤地站起来。他可爱的、低矮的鼻子急促地呼吸着，脸上一副友好热忱的表情。

"老大爷，"朴诚心平气和地回答，"我把决定权还给你们。"

老人微笑着表示惊讶。"你是我们的保甲，"他说，"按规矩，保甲命令农民怎么做。"

"我不是保甲，"朴诚激烈然而不失亲切地反驳说，"你们的保甲是有钱的地主，你们的意见对于他们来说根本不值一提。他们安插自己的侄子和堂兄弟，狡猾地使你们欠上债，然后夺去一切。"

他跳起来，时而模仿目空一切的地主，时而模仿见风使舵的文书。"而我，按照我们上海的说法，是个苦力，用这里的说法，叫雇工，我来这里请你们学会自我管理，因此，对于我来说，你们的意见是最重要的。你们的意见是大米和蔬菜。哦！我的建议只是用来炒菜的一点儿油。"

老人诧异得没有吭声，而年轻人则突然咯咯地笑起来，带着恭维地说："这个金子！"

接着，其他农民被叫来了，他们进行了深入的、实事求是的商量，再也没有谈到命令的事情。

然后，他们要求朴诚给他们讲讲上海。他在描述高楼大厦时跳到空中，描述外国人时装出傲慢的样子，进门不鞠躬，撞到中国人不道歉，付钱给黄包车夫时不是亲手递，而是像主人那样粗野地将钱扔给人家。最后，他还扮美国人的样子坐在椅上，将脚搁在桌上。农民们被逗得笑起来，老人会意地抿着嘴微笑，拿赶羊棍的年轻人问我，金子是不是愚弄他们，这一点我可以据实否认。

在这段时间里，你的书摆在桌上，我觉得它似乎有一双眼睛，这双眼睛对有色人种的蔑视者流露出比我们双眼更炙热、更难以控制的愤怒——这是你的黑色、燃烧的眼睛，汉娜。

为牛郎写的日记

莫斯科，1943 年 3 月 1 日

一年半没在这日记本中写任何东西了。牛郎，我的大哥！倘若听不见你的回答，呼喊于我有何益？

世界上发生的事情，是任何人也无法预感的。各民族的孩子，法国人、俄国人、波兰人、捷克人、罗马尼亚人、奥地利人（乃至德国人！）被关进希特勒的集中营受虐待。六百万犹太人被毒杀。

请放心，牛郎，我很安全。我和其他人一起被撤离，最初去喀山，后来去古比雪夫，我和苏联人民一起挨饿、受寒、面对轰炸的死亡。我和我的诗歌的俄文译者非常要好，以至于在作家圈子中被称为诗歌的双胞胎。在斯大林格勒战役胜利之前，我已经回到这里。我重新试图争取被派往中国或者到前线去。——可惜没有成功。

莫斯科，3 月 20 日

在我的头脑里构思出几句关于格奥尔格·蒙梯尼的诗句：

> 蜘蛛，凌驾于我生命之上，
> 黑色的射线后阳光闪耀。
> 我不知道结局将会如何，
> 我只知道：我永远不会屈服。

　　现在没有时间呻吟。人们必须发挥作用。在这里，有各民族的反法西斯委员会，德国的，捷克的，波兰的，犹太人的，等等。我和犹太人的反法西斯委员会建立了联系。他们将信息资料发送到力所能及的地方，特别是发给在美洲和巴勒斯坦的犹太人。我为他们写些短文。这项工作给我带来快乐。

　　你看，牛郎，我对其他民族的热爱只会强化和深化我对自己犹太民族的热爱。

　　不久前，我站在一个十字路口，心中感到胆怯，不敢过马路。我站了很久。突然，一个上了年纪的妇女对我说话。"Grachdanjitschka，"她亲切地说，"亲爱的公民，我不敢过马路，请您带我过去。"尽管我的力气不比她大，也不比她灵活，但是，我和她一起镇静地、小心地走到了马路的另一边。

　　你看，我的大哥，自从我学会为其他民族的权利斗争，我为本民族的斗争也进行得更好、更有效。

　　"我若不为己，谁会为我？"希勒尔①拉比说，"我若只为己，我将是什么？"

　　莫斯科，3月23日

　　受犹太人反法西斯委员会的委托，我采访了大卫·埃普施泰因中将。起初，我们无意识地讲俄语，后来，我开始讲意第绪语，他高兴得像一个学生。

　　过去，他曾经是明斯克的国民学校的教师，一个文静的、不引人注目的人。只是在战争中，他由于具有战略天才和近乎鲁莽的胆量才出了名。尽管如此，他还是以这样的话来结束自己的谈话："但愿这场可恶的战争早些结束！"

　　仿佛同时产生灵感似的，我们共同说出了先知以赛亚的话：

　　"他们要将刀打成犁头，把枪打成镰刀；这国不举刀攻击那国，他们也不再学习战事。"②

---

① 希勒尔，生于巴比伦，传说与耶稣同为大卫王的后裔，公元前后犹太人的精神领袖，曾创立犹太教圣经学院"希勒尔之家"，此处引用了他的一句著名格言。
② 参阅《圣经》以赛亚书第2章。

为织女写的日记

延安，1943 年 3 月 25 日

自从中国在抗日战争中有了两个新盟友以来，已经过去了一年多：美国和英国，他们曾经是日本的武器供应商。许多中国人对这个同盟寄予很大希望，但希望的实现却让人久久等待……

我被任命为此地驻军的政委，不得不停下演剧队的工作。许旺福将顶替我。他有很高的天赋，在这一年半时间里学习了许多东西。

延安，3 月 28 日

我们这里有一个相当大的日本人俘虏营。当然，在极其公正对待和极为严密考察战俘方面实行了严格的规定。

延安，4 月 3 日

押送来了一个日本军官，他出身于贵族家庭，名叫马尔克维斯·稼雅谷[①]。他曾在柏林读书，喜欢讲话。初次见面他就给我做了一个小报告：

"我们的文化、哲学、尊严、伦理对我们的亚洲民族有什么帮助？它保护了我们免受奴役和歧视吗？我们必须从白种占领者那里学会野蛮。只有这样，我们才能从他们那里夺回世界的统治权。"

延安，4 月 5 日

稼雅谷的腿有些弯曲，但他脸上精神饱满，很有趣。我的任务，正如党的主张，是改造他，但我必须谨慎而有策略地工作；否则，他要么对我保持沉默，要么试图欺骗我。

延安，4 月 8 日

当然，我跟稼雅谷几乎在所有问题上都观点对立。但不可否认，这种争论是一种特殊的享受。我们的思想在互相碰撞中受到启发，变得更加敏锐，更加清晰。我有时候忘记了他是我的敌人。他是一个爱思考的人，我同样是爱思考的人。

早在三千年前，《易经》上已经这么说：

[①] 小说中日本人的名字 Marquis Kayaku 显然是杜撰的，无法按正常日本人的名字翻译，故此处按读音译为马尔克维斯·稼雅谷。

"未来将没有诸侯，也没有臣民，没有帝国，没有防御工事，所有人将亲如一家。"①

延安，4月10日

稼雅谷一再要书。他主要说德语，当然，比我只会讲一点点好多了。因此，我不能不将你的诗也给他看。今天下午，他将诗集还给我。他毕恭毕敬地向我鞠躬，解释说："政委先生，您很幸运，能受到称赞。"

"您指的是什么，马尔克维斯先生？"

"我的意思是，能有一位女诗人作为情侣，肯定有一段不寻常的经历。"

"您怎么会产生这个想法，认为诗的作者是我的情侣？"

"政委先生，"又一个鞠躬，"您的个性清晰地反映在这些情诗中。"

没有法子。他又一次比我狡猾。

接着，他想知道你是否漂亮。

我否定了。

他显然很失望，客气地安慰我，说："著名的女诗人没有必要长得漂亮。"

"不过，"他补充说，"这位女士很可能不是德国人。"

"她是犹太人。"

"是的，这个民族虽然经历了两千年的欧洲化，却不懂得抛弃亚洲人的心灵包袱。犹太人永远占领不了世界。"

"占领世界难道是一种幸福？"我问。

"要么吞食，要么被吞食！"稼雅谷解释说，"按照现代的认识，这是不可改变的自然法则。"

"对不起，我不相信有不可改变的自然法则。自然界的基本规律在于它的可变性。此外，生物之间的关系是极其多样的。有屈服与消灭，也有竞争与合作。"

"完全正确。合作中产生竞争，竞争中产生屈服，屈服中产生消灭。"

"推翻这种过程，将屈服变为竞争，将竞争变为合作，这完全掌握在我们手中。"

"政委先生，这是违反自然的。'此人的快乐，即彼人的痛苦'，德国人如是说。"

"马尔克维斯先生！普遍的、创造生命的自然过程——月亮照射下的风暴的活动——坚决地反驳了这个观点。"

---

① 《易经》上查无此言。

他带着微笑看着我,说:"您自己就是一个占领者。"

"为什么这么说?"我误会了他的话,"我只是保卫我的祖国。"

"可是,您占有了一个白种女人。"

"要知道,"我有些难为情地说,"如今我们种族的男人跟白种女人共同生活已经不稀罕。"

"但是,"他激烈地指着你的诗,反驳说,"也许在任何民族任何时候都没有一个男人能够在女人的心中引起如此深的感情。真见鬼,为什么偏偏您做到了?"

"恰恰因为,"我小声地回答,"我不是占领者。"

第5章

为牛郎写的日记

莫斯科,1944年1月9日

外号"小石榴"的格兰嘉敲我的门,说是拉比诺维奇中尉要见我。我并不认识拉比诺维奇中尉。但是,请客人进来吧。

再次敲门。站在我面前的是身穿波兰军官制服、神采奕奕、蓝眼睛、黑头发的弗兰嘉·赫尔茨费尔德。

一年半以来,她在军队服役。她的老"大哥"尤捷克·拉比诺维奇在波兰犹太人居住区的起义中牺牲了。她的第二位"大哥"列奥生活在波兰森林中的某个地方,是游击队的领导人。消息通过复杂的途径传到她那里。

关于马尔库斯有什么消息?——她从来没有像爱他那样爱过一个男人。汉斯·米特涅是一个善于献媚的人,他给她拿着一面镜子,照出的镜像比她实际的样子更美。

她在等自己成为少校,然后,才去见马尔库斯。我忍不住笑了。

"您偏偏要当了少校才跟他这个顽固的大男子主义者和解?"

弗兰嘉将军服拉平直。"要么他的统治欲大于爱情,他会因此而不想知道我的情况。或者他的爱情大于统治欲,那么,我们的关系将会有新的面貌,我不再需要通过寻找外遇发泄怒气。"

为织女写的日记

延安，1944 年 11 月 12 日

现在，我甚至用充满希望的眼睛看美国人。因为日本人现在也是他们的敌人，他们知道得很清楚，只有我们八路军、共产党人是真正抵抗日本人的。蒋介石最终停止在路上放石头，是符合美国人自己的利益的。

事实是：美国驻华大使帕特里克·杰伊·赫尔利①亲自来我们延安。一个使人有好感的年轻人，容光焕发，行动如一股旋风。此外，他出身于普通家庭，太好了，当年俄克拉荷马州的牛仔。

他毕竟对中国的情况一无所知，甚至不知道我们中国人姓在名的前面。他将毛泽东同志直接称为"我亲爱的领袖东"，并保证他将立刻去达成与石先生的和解，费了好半天我们才弄清楚他指的是蒋介石。

我们不得不首先给他解释清楚蒋介石与我们之间观点的差别。蒋介石要求的是所有人无条件服从他的个人专政。我们要求的是建立一个不仅有名而且有实的联合政府，在这个政府里，我们将按数量比例拥有我们的代表，官员清正廉洁，实行彻底的农业改革，加强反对日本侵略者的斗争。赫尔利热情地解释说，我们的要求是正当的，他将尽一切努力，争取在蒋介石那里推行。

前天，他跟周恩来一起飞往重庆。如果他调解成功，那么，这意味着有一个统一的中国——汉娜！我们不久将可以重逢。

为牛郎写的日记

莫斯科，1944 年 11 月 18 日

每天早晨，我都呼喊着奔向《真理报》，寻找关于中国的消息。美国试图在蒋介石和毛泽东之间为联合政府的事情调解。这意味着终于可以很快就重逢？

牛郎，亲爱的，我完全不知道，你到底是否还活着。也许你在新四军里工作，国民党的刽子手已经将你杀害。也许，日本人的一颗子弹，或一枚炸弹，或一个刑讯打手已经夺走了你的性命。

毫无益处的自我折磨。无论如何我都要重新开始打报告。汇总起来我已经寄出了上百份申请。

---

① 帕特里克·杰伊·赫尔利（Patrick Jay Hurley，1883—1963），美国军人、外交官，1944 年底任美国驻中国大使，曾试图调和国民党和共产党之间的矛盾，但未能成功。

为织女写的日记

延安，1944 年 11 月 26 日

周恩来从重庆回来了。我从来没见过这位总是可亲可爱、神采奕奕的人如此失望，如此心烦意乱，如此气愤。蒋介石让他等了又等，最后，像对待令人厌烦的乞求者那样接见了他一次。对于我们的要求，哪怕只是进行讨论，他也傲慢地拒绝了。

"乌龟！王八！"周恩来愤怒地骂道，"要想我再进他的门槛，有他好等的。"

赫尔利呢？赫尔利和魏德迈将军①突然改变了主意。他们对解决冲突感兴趣，这是肯定的。但在冲突无法解决的情况下，他们当然不会站在人民这一边，而是站在对立面。至于我们是正确的，只有我们才会真正有效地抗日，对于他们来说这是次要的事情。

"宁要反共的泥潭，不要共产主义的耕地！"美国的统治阶级是这么想的。

为牛郎写的日记

莫斯科，1945 年 3 月 3 日
《人权》杂志已经很久不发表我的稿件了。又发生了什么事？

莫斯科，3 月 5 日
跟总编辑卡西安·拜尔进行了详谈。
我直截了当地问，是否又发生了 1938 年阿诺当权时那样的事情。
他一口否认了："自从斯大林投诉办公室介入以来您就受到保护，不会再遇到这类阻碍。"
"既然如此，是什么原因？"
"毕尔克同志，我认为您在德语文学方面是很有希望的。但您的才能有所下降，您在过去一段时间里写的东西是苍白的、缺少活力的。仿佛您内在的财富都耗尽了，您的创作源泉枯竭了……"
说对的地方，他都说对了。

---

① 阿尔伯特·科蒂·魏德迈（Albert Coady Wedemeyer，1897—1989），美国军人，1944 年底接任史迪威成为盟军中国战区参谋长，至 1946 年 3 月卸任。

莫斯科，3月6日

其实，我不仅在内心上，而且在经济上贫困化。我写的无效申请比写其他任何东西都更多。我创作的少量作品不再是高水平的，并且一直躺在抽屉里。再过几个月，我将一无所有，正如20年前，当我上学读到第二学期时，父亲突然破产了。

不要紧！当年我也没有垮掉。

莫斯科，3月8日

鹅毛笔说："让我躺着吧。"墙壁说："你孤身一人。"

铅笔说："瞧，诗人的最佳的力量缩小了，人们将他像你那样分离——"

莫斯科，3月11日

我要来中国，牛郎。我要到你身边。

我的诗艺？——她在你呼出的气下完全舒展开。你就是我的诗艺。

莫斯科，3月16日

我问卡西安·拜尔，他是否清楚我退步的原因。

犹豫了一阵后他做了肯定的回答。

我问，他能否帮助我。

不，他不能帮助我。

那好，另一个人能帮助我，这个人叫汉娜·毕尔克。海涅是怎么说的？

"可惜，我不能亲吻他。

因为我自己就是这可爱的人。"

为织女写的日记

延安，1945年3月23日

关于联合的谈判再次失败。

延安，3月26日

余兴富，也就是当年手持长长弯弯的牧羊棍，跟老大爷一起找朴诚的那个年轻人，已经成为朴诚自愿的助手，并且发展得很好。他、他妹妹余雪梅，还有一大群男女农民热忱地学习读书写字。雪梅在彩色的布条上端端正正地绣或者描上汉字,给他们系在外衣的袖上,每天换一条,以便在劳动时重温学过的字。她是一个受人尊敬的寡妇和受人喜爱的讲故事的能人。此外,她还懂一些接生技术。她和朴诚之间似乎逐渐产生了感情。

为牛郎写的日记

莫斯科,1945 年 6 月 28 日

纳粹的帝国崩溃了。再没有毒气室,苏联人民扫清了地球上的梦魇,重新回到他们的劳动岗位上。但是,反对纳粹和纳粹细菌的斗争仍在继续。他们不仅毒害了他们的追随者,也毒害了他们的牺牲品,还有某些他们的对手。

所有流亡者都已经做好了返乡的准备。拜尔刚才打电话来告别。至于我的情况,我写了 105 份申请,要求被派往中国。

莫斯科,8 月 10 日

没有批准。我可以留在这里或者去波兰。但我想去中国。好吧,我首先去波兰。

为织女写的日记

延安,1945 年 10 月 15 日

欧洲的战争因为纳粹的失败在军事已经结束,但在政治上仍在继续。亚洲的战争甚至没有因为日本人的失败而在军事上结束。因为蒋介石没有让我们有其他的选择:要么屈服,要么内战。

蒋介石军队的优势在于美国的武器装备。我们军队的优势在于跟平民百姓的良好关系。

好吧,那就进行内战。

延安,10 月 17 日

近一个星期,毛泽东在重庆再次进行联合谈判。

一切都徒劳。蒋介石知道,美国人在反对我们的斗争中继续向他供应金钱和武器,尽管他们也知道,蒋介石的高官像妓院老板一样腐败,而且他本人是个偏执狂。

洪深在战斗中牺牲了。

延安，10月20日

昨天，毛泽东回来了。失望，但平静。

"我们已经做了最大努力，"他解释说，"我们问心无愧。现在，我们只能依靠自己，这也有好处。"

我们的领土从现在起叫解放区。我们的军队不再叫八路军，而叫解放军，但八路这个名字将永远留在我们心中。

不再需要顾忌阴险的同盟者。现在，终于可以放手分田地。农民们喜气洋洋地四处奔走，人们深受感动，恨不得拥抱他们。妇女们炖鸡汤，姑娘们穿上红衣服，就像元宵节去赏灯一样。

延安，10月22日

看来，朴诚跟余雪梅情投意合。寡妇再嫁给一个未婚男人，这是严重违反传统的。但农民们心情舒畅，对此表示容忍，并用一句众所周知的惯用语互相劝说："旧的不去，新的不来！"

延安，10月30日

几个地主逃走了，其他的地主对没收财产则相当明智地采取了忍受的态度。他们对此早就有了思想准备。

每个过去的地主完全跟农民一样，按规定得到一块土地，其面积足够其家人耕种并以此为生。但田地有好有坏。如何才能合理分配呢？

在朴诚出席的情况下，十个村子的代表组成的委员会研究了这个问题。经过几个来回后，余兴福拿着从不离手的赶羊棍站起来，说："过去的地主中，有些对雇工又打又骂，有些态度稍好些。态度好些的分给一块好些的土地，态度恶劣的分一块坏些的土地。"

对此，大家一致同意。

延安，11月2日

下星期，我们要庆祝分田地。届时会有一队村里来的人到政府门前表演扭秧歌。余雪梅编了一套健身舞蹈，教一批男女青年跳。朴诚因为新婚妻子的成功而激动不已，并且因为怯场而表现失常。

延安，11月8日

所有谈判失败后，我是多么沮丧，今天，我又是多么开心和充满希望。停滞不前和毫无抵抗！一再地停滞不前和毫无抵抗！中国人几百年的诅咒——你现在终于消除了吗？

七个农民跳植树舞。一个老汉穿紫色银边衣服，一个年轻姑娘穿白底金边衣服，一个男孩穿蓝色银边衣服，一个妇女穿深红色衣服，一对羞涩的情侣穿浅绿色加银边的衣服，还有一个老汉穿鲜艳的紫色金边衣服。他们用舞蹈的方式表演分田地和种植果树，树枝上挂着小小的灯，有梨子形、李子形、樱桃形。余兴福走到他们中间，唱一首朴素的民歌，歌词是他和其他牧羊人共同创作的：

> 黎明村庄闪银光，
> 今晨八路进咱家，
> 鞠躬致意有礼貌，
> 促膝谈心多客气。
> 不抢粮，不夺羊，
> 更不惊醒梦中娃。

另外两段歌词歌颂分田地和自我管理。

余雪梅带领一队孩子，他们诙谐地扮成虱子和臭虫，围着一个小伙子跳舞，这个小伙子在额头、下巴和脸颊等位置化妆，表示患有各种皮肤病，一个神棍出场，在病人的后脑上挂一条辫子，手舞足蹈地作法驱走鬼神，但虱子和臭虫却得意扬扬地哈哈笑，并且还揪神棍的辫子。接着，来了一批男女青年，拿着水桶和喷洒器驱赶害虫，虱子和臭虫四处逃散。这时，病人在护士的帮助下站立在观众面前，他头上的辫子去掉了，脸上干干净净，两人轮唱，歌颂卫生与启蒙，歌颂为穷苦农民谋幸福的毛泽东同志。

晚会在热烈的气氛中进行。朴诚坐在雪梅对面，不敢久久地看她，因为，他不想被严格遵守民俗的农民们看成是有伤风化的上海人。凭他的才能，也许他还能升为部长，但是，当部长的荣誉还远不及今天新婚妻子的创意给他带来的骄傲……

"是的，"毛泽东总结说，"蒋介石拒绝了我们的要求，并且以为因此就可以将我们最终摔倒在地上。一切有统治欲的人都是自高自大的，而一切自高自大的人都是无知的。"

为牛郎写的日记

莫斯科，1945 年 11 月 12 日

一切都办妥了。我获准出境，并且过 3 天就启程。从莫斯科到华沙的票费由国际工人援助组织支付。如果在波兰还没有中国领事馆，那么，我继续绕道一个小国家。如何进行？——我接下来将为此想尽办法。

马尔库斯去克拉科夫，下个月才出发。现在，他正在高加索享受在苏联的最后一次休假。

弗兰嘉又回到莫斯科，暂时住在波兰的朋友那里。她刚才到过我这儿。她与马尔库斯之间的事情怎么决定，我也许永远无法知道。但我不想贬低马尔库斯，因此，我希望：一切都好起来。

莫斯科，11 月 14 日

本来，我想去跟弗兰嘉告别。但她的朋友养了一条大狗，总在门前不断地吠，我宁可走得远远的。

明天就出发了，前途充满了不确定性。我本可以留在这里，像至今为止那样留在苏联，处身于保护和安全当中。

但我想去中国。

第 6 章

为牛郎写的日记

波兰与捷克边界，1945 年 12 月 5 日，晚 10 点

在波兰还没有中国领事馆。我本可以留在这里并找到工作。但我想去中国。

我在一间龌龊的小酒店写这几行日记，并寻找能够带我非法越境的可疑人员。我的胃冷冰冰的，咽喉像木头造的那样。但不要紧。担任游击队领导人的弗兰嘉的大哥告诉我，边界仍处在战后无政府状态。每天有数以百计的人进进出出。

那里坐着七个家伙。他们有三个年老的、声音沙哑的女人可供轮换使用。黑市商人？——当然。否则又能是什么？这时，一个美国人走到他们桌旁。这让你们感到高兴，我的小兄弟，对吧？但是，你们能跟他沟通吗？上帝保佑！你们当然不能。现在，必须我来跟他们谈。现在。开始行——动！

捷克与波兰边界，12月6日，晨4点

顺利越境。

我吃了一碗汤面———一顿神仙的美食！这间小店没有那么糟糕，人相当少，摆放着长板凳。我走过去询问前往布拉格的火车何时路过，票价多少。

我身上剩的钱正好够买一张车票。但火车上午10点才经过。现在，我可以再写写日记，然后在长板凳上躺一会儿。太好了。

上帝保佑，让我永远也别再见到这些黑市商人，对于我来说，他们属于哪个民族，最好永远是个谜。反正，他们说的是德语，带斯拉夫语重音，近似波兰语和捷克语，音调粗鲁，像普鲁士兵痞说话那样。据了解，他们曾在各地集中营里受纳粹折磨。按照这种情况衡量，这些家伙的行为举止还不算太野蛮。

"依我看，"我说，"你们在跟这个美国人做生意的时候需要人翻译。如果你们带我过境，我可以当你们的翻译。"

"过境？价格是两箱香烟。"

"你们不妨试一试，看能否找到这样一个傻瓜，给你们当翻译，另外还付给你们两箱香烟的钱。"

"你搞什么名堂？"最老的那个妓女插话，"你看，这个女人只有一个皮箱。"

我向她友好地点点头（这确实是由衷的），然后转向美国人，用英语跟他谈整件事。

这产生了效果。走私团伙的头领表示同意。商谈开始了，谈了一个半小时。究竟偷运什么货物，我不太清楚，很可能是某种酒。

我们终于在12点钟登上货车。美国人似乎高人一等，占了最好的位置。商人们和他们的女人占了其他位置。使用暴力的技艺！

启程了。我不得不站着。像狗一样难受。"坐到我怀抱里吧。"头领建议。

"如果我这么做，"我说，"您将会有救世主的感觉。"

"救世主已经被人用瓦斯毒死了，"他不无才智地回答，"而神经兮兮的犹太女子还没有死绝。"

最后，我找到一个桶当椅子坐。这算什么坐。我全身的骨头都被弄痛了。

现在，我要伸展四肢，睡一睡。我的皮箱放在板凳下。如果它被人偷走，里面全是撕烂的碎片，小偷见到都会火冒三丈。

布拉格，12月9日

我在犹太人社区的办公室的桌子上睡了两个夜晚。他们无法给我提供住处。但他们有一个犹太饭堂,给我留下了深刻印象。

在捷克斯洛伐克也还没有中国领事馆。但我获悉,在法国无论如何都会有。所以,我必须去巴黎。

布拉格,12月10日

我刚去过红十字会。在那里,人们给了我一些烤面包干。我的胃受凉了,眼下消化不了面包。——"您必须寻求政府间委员会保护,"女官员向我解释,"您在那里可以领到无国籍护照,得到物质上的帮助。总部在日内瓦,但在各地设有办事处,在巴黎也有。"

"我怎么去巴黎?"

"现在,人们正在筹备运送战争难民,一月初开始遣送返国,据我所知,现在仍有空位。我们为您开一份介绍信给德拉贡纳德先生。"

布拉格,12月11日

好吧,就这么办。——我被接受并登记了。在过去的一间学校大楼里,开辟出一块地方接待战争难民,那儿又脏又冷。我和50个人睡在一个大房间里,有法国人、比利时人、卢森堡人、波兰人、波兰的犹太人。负责人德拉贡纳德先生是比利时人。但他对同胞并不偏爱,他不分民族,像对待二等狗一样对待我们所有人。

为织女写的日记

延安,1945年12月15日

新任的美国大使马歇尔将军试图在国民党和我们之间实现停火。

一个惯用的伎俩。他们想争取时间,在战略上部署国民党的军队。

马歇尔是一个年老的先生,脾气不好,军事眼光狭隘。"年轻人,"他对一个赞扬我们的社会成就的美国记者说,"您绝对会轻易地动感情——而我不会这样。"

为牛郎写的日记

布拉格,1945年12月17日

我蹲在床上,如果不写东西,就缝补衣裳。床的对面,住着一个年轻的、美丽如画的波兰女子,她的脸庞上长出了一些胡须,已经消退了许多,只有一些汗毛还能看见。我原本没有察觉。但她引起所有人对此注意,不下十次地问,情况是否仍然很糟,同时全身颤抖,像风中的杨树叶子。

纳粹分子想使她不生育。每天的早、中、晚,他们都会当着她的面,将避孕药片溶在汤里。她必须将汤喝掉,因为,除此以外,她只得到一小块面包,几片卷菜叶。她的女性功能变得紊乱,出现了上面提到的胡须汗毛。

她名叫施塔斯嘉,被美国人从集中营里解放出来。她竭尽所能,试图找到办法,使自己在性方面恢复正常。

她的状况还好。几个星期后,药片的作用开始减弱。月经恢复了正常,汗毛明显消退。但道德上受到的惊吓还没有克服,现在,她愿意跟谁就跟谁上床,因为,她仍然怀疑自己的女性功能。

住在我旁边床的是一个年轻的犹太女裁缝,名叫弗格勒·罗森布卢姆。她的穿着比我们所有人都更糟,这是有其含义的。为此,她还非常热心地让我看她放在皮箱里自己裁剪的漂亮衣服。

"过一段时间吧,"她一边说一边带着平静的笑容锁上皮箱,"我现在是赎罪者。"

当纳粹向比利兹进发时,她来不及逃走。一位年轻的捷克人把她藏起来,她充满感激之情,向救她的人付出了几分善意的柔情。她仍然是黄花闺女。但她亲吻了一个"非犹太人",这种罪过必须赎清。11个月来,她穿着十分破烂的衣服。但在此期间,她跟一个布拉格的婚姻中介联系。而这位中介与一个刚迁入巴黎的年轻拉比有通信。弗格勒心情不错。再过一个月,她的赎罪期就结束了,这样,在上帝的帮助下,她将成为一个洗清罪过的、幸福的犹太教经师的妻子。

布拉格,12月19日

一天三顿清水汤。没有服用避孕药片,这毕竟是一种进步,但吃饱是谈不上的。

弗格勒在挨饿的情况下感受到一种道德的满足。她赎罪时生活越苦,罪赎得越清。

好吧,她将自己所做的事情看作一种罪过。而我,牛郎,亲爱的,我完全没有把自己做的事情看作是罪过。我甚至为此感到非常自豪。但我也必须赎罪。

为织女写的日记

满洲里,蒯丰,1946 年 1 月 15 日

停战告终了。"我是主人!"蒋介石像往常那样宣布。内战重新爆发。我们一段一段地解放满洲里的铁路网。朴诚和我被派去当政委。老百姓投入战斗,跟我们携手工作。到处都是如此。

朴诚是大城市人,看见铁路并不感到新鲜。但是,当年他在上海尚处成长阶段,面对这种情景无动于衷,顶多对煤烟、对富人的皮箱和穷苦旅客的包袱感到恼火,而今,他的目光久久地投向铁路工人的双手,他们使用的工具、信号灯、道岔、铁轨、火车头。他狼吞虎咽地阅读杂志,在纸页的边上写社会和政治评语,令雪梅产生疑惑,因为他老是让煮好的饭菜变冷。如果有一辆单调的货车叮叮当当地驶过,他会用肩膀做出一个放松的动作,仿佛 15 年前在上海街道上搬运的沉重的丝绸布匹如今才从肩上卸下来。在做这种由反射引起的动作的时候,他眼睛里燃烧的火焰当之无愧赢得这个值得尊敬的、风靡全球的名字:天才。

为牛郎写的日记

布拉格,1946 年 1 月 16 日

我们的运送工作本应在 5 号就实施。人们私下议论说,德拉贡纳德先生故意拖延这件事,因为他在这里的职位是能带来好处的。联合国善后救济总署提供给我们由他支配的定量食品至少有一半被他拿到黑市上卖了。我今天在门前碰见他,问:"先生,我们什么时候走?"

他生气地回答:"您又来烦我了!"

跟他相比,边境上那些黑市商人算得上是正直的人。可不,当一个人在获得职务和尊严之前,他还不是真正的骗子。

布拉格,1 月 17 日

我在毛衣里找到两只不难认清的灰色小动物。萨穆埃尔·毕尔克的女儿身上长虱子!要是德罗霍贝奇的上流社会知道了,那还了得!

布拉格,1 月 20 日

我肯定发烧了,在写东西的时候头昏脑涨,但写东西令我心情舒畅。你有没有听说,营养不良也会拉肚子?世上有离奇古怪的事情,不是吗?我的床在

窗边，有穿堂风，但窗外星星闪烁，盛开浪漫派的蓝花，厕所臭气熏天，特别是在晚上，我总是害怕上厕所。施塔斯嘉又跟一个新的男子在一起，昨天以来已经是第三个。风从窗口那里吹来，因为窗框已经坏了。我要提醒德拉贡纳德关注。弗格勒恳请我，最好什么也不对德拉贡纳德说，否则，他最终会将我撵出去。牛郎，亲爱的，我要开辟一条通向你的道路，哪怕要挺着脑袋穿越几百堵墙。我真不明白，为什么在吃早餐时停止发放果酱面包，它是那么好吃……

布拉格，1月22日

今天，我好像没有发烧，起码，感到冷得厉害。

睡在火炉旁的小伙子亨利克·施特切宾斯基过几个小时就要离开住宿地。他在五金工那里找到一份工作，放弃了遣返巴黎。我向德拉贡纳德申请将东西从窗户边搬到火炉旁，因为我感到很冷。

"夫人，"他回答，"您每天都提新的要求，老忘记我是出于怜悯才接收您的。"

出于怜悯，那是应该的。

晚10点

> 你带着中国人的笑容望着我，
> 如此遥远，勇敢，充满渴望。
> 牛郎，我们的幸福陶瓷制造，
> 最小的碎片也是永恒的。

这诗句是谁在7年前写下的？我自己吗？——不可能，那不是我。我的思想不断地围绕着吃、喝、肮脏、暖气、消化等问题转。当我跟某人交谈时，没说几句，话便断了线，所有人的神经都无法忍受我。

不，这些诗句出自别人的手，是织女所为，在深深的夜空，她坐在闪闪发光的织机旁，编织浅绿色丝绸上秀丽的幻想作品，诗歌的线从这颗星星连到另一颗星星：

"……如此遥远，勇敢，充满渴望……"

不，织女，童话国的女儿，你我之间没有任何共同点。我蹲在地球上，令人厌恶，身长虱子，备受歧视。而你在天上，编织你的诗句，五彩缤纷，星光熠熠。我就是我，你就是你。

但织机旁的浅绿色丝绸小人物却另有看法：

"我就是你,你就是我。一根细细的、生机勃勃的茎连接着悲惨的贫困和顽强的情感,连接着黯淡的日常生活和彩色的诗歌,连接着你和我。你是我的根,我是你的花。"

第7章

为织女写的日记

延安,1946年1月30日

王朴诚,或者像大家现在对他的称呼,"老百姓",到军队里去了。人们迫切需要他到某个朝气蓬勃地向我们跑来的部队里当政委。

但雪梅有不同的看法。她皱了皱可爱的扁鼻子,让那双讲故事人的大眼睛散发光芒,向愿意听的每个人解释:"党不应当把他安插到军队里,党应当将他培养成工程师。"

"工程师"这个词她还不能完全正确地发音。但她并没有因此而不喜欢这个词。

为牛郎写的日记

巴黎,东站,1946年2月2日

这是写给跨国委员会的介绍信。那是中国大使馆的地址。《人民》杂志的地址在这儿。给《人道报》的推荐信在那儿。我的身份证在这儿。这是给脑力劳动者援助委员会的推荐信。这是——那是——噢,各种各样的介绍信、证明材料……

巴黎,2月4日

我被登记在册,领到了新的身份证、食品供应证和一点钱。巴黎到处是廉价的小旅馆,每条小巷都有一间或几间,但没有一处有空房间。我跑了整整8个小时,终于在戈贝林街住了下来。

在这里,窗户也是关不牢的。寒冷,寒冷。一面大的立柜镜。8个月以来,我没有对着镜子观看令人不愉快的全身像。

我的头发完全灰白了。

巴黎，2月7日

整整三天，我从早到晚到处跑。没有工作。甚至在左派圈子里也有一种几乎不加掩饰的仇外情绪——啊，天晓得——也许也有对犹太人的仇视。纳粹的细菌。

没有报纸接收稿件。你可以呈上最受欢迎的资料——你是外来人，你不得进内。不，这已不再是老巴黎。当年，它曾经张开双臂接待被驱逐的海涅。

没有预料到在中国大使馆遇到麻烦。一个在苏联生活了8年的人，那是多么的危险！是否有人能够为我担保？——担保什么？——据说是担保我不从事政治活动。

我几乎气炸了："我只想从事生物活动！"

巴黎，2月8日

累极了。但我不想放下我的日记本。

隔壁房间里有人在大声说话。一个男人，一个女人，一个年轻姑娘。他们笑得多么响亮！这种弥足珍贵的笑声令我振奋，令我温暖，令我欢欣鼓舞。他们谈论的是严酷的事情，谈论高昂的物价，谈论社区官员在发放面包证时的粗暴态度，谈论印度支那的冲突，但他们善于在各种事情中找到其滑稽的一面。

噢！太好了！这是些激进分子！他们知道殖民地统治者的罪过簿！他们将印度支那的战争称为"la sale guerre"，即肮脏的战争。

他们仿佛特别了解生活的艰辛，但他们的生活乐趣却是不可战胜的。

他们说的是文雅的法语，带有轻微的外来口音，听上去，法语是他们的母语，但是隐隐约约可以听出背后有另外一种不同源的、被部分遗忘的祖先的语言。他们说法语，就像我说德语一样。

他们时而改说一种我听不懂的方言，这种方言执拗和痛苦地用一种奇特的重音使他们说的法语扭曲、改变颜色，掺杂进西班牙语单词，英语和其他语的腭音与唇音，Ndongo，Mbongo或类似的发音……

他们又笑了，我疲于奔命的心被他们浸入到牛奶和葡萄酒的小溪之中。

巴黎，2月9日

今天，我在楼梯上遇见了那位年轻的姑娘。非常漂亮的身材，生动活泼的眼睛，卷曲的头发，黑色的皮肤——一位黑人姑娘。这就是谜底。

巴黎，2月15日

脑力劳动者救助委员会送给我一大堆旧衣服。这是急需的，因为我已经一无所有。但现在我的衣物又太多了，而我的钱却不足以在途中吃饱。我必须卖掉一点东西。为此又要无穷无尽地奔跑……

2月23日

我到巴黎三个星期了，已经认识了一些人，其中也有狭义上的老乡，德罗霍贝奇人。但有一股别有用心的反共产主义的恐怖在败坏社交的兴致。人们只要稍微说一句苏联不要战争，就会被人看作是共产主义的特务。

谈论个人的私事也是一件尴尬的事情。——"您多长时间没有见到您丈夫了？"——"8年了。"——"您跟他在一起的时间有多长？"——"4个月。"——这时，我看见的是同情的、异样的、往往带有嘲讽的脸。

派一个民间歌手来我这儿吧，牛郎。当他将古老的民歌从默默地、细心地记录在聪明的文盲的额头皱纹中采掘出来时，他微微倾斜的眼睛将兴奋地闪闪发光。随着他敲打竹板的节奏，一个娇小的中国小孩念道：

离别岁月长又长，
相聚时刻短又短，
心心相印爱永恒。

巴黎，2月24日

我始终不渝地自称是你的妻子，其实这是一种犹太人的放肆行为。我感觉自己就像已故的拿破仑，自己给自己戴上皇冠。实际上，用维也纳的话说，我和你只是小有关系而已。

然而，你是我的丈夫！任何的婚姻登记处都不可能像我那样将我们的婚姻看得如此神圣。

巴黎，2月27日

在中国大使馆，关于你的情况，我当然没有透露只字片语。如果国民党人察觉我想去共产党人那儿，一切也就完了……

但我据实向他们说明，我是几家瑞士和美国德文报纸的撰稿人，想写文章介绍中国。我准备发表一份声明，表示在你们国家不从事政治活动。人权委员会为我的诚实做担保，国家间委员会也给中国大使馆写了一封很恳切的信。

可是，对于国民党人来说，这当然还不够。他们要求我在中国境内找到个人或组织为我担保。

巴黎，3 月 1 日

犹太人救助委员会在上海有一个办事处。他们也许可以为我做担保。如果他们愿意……

巴黎，3 月 3 日

我将一份报纸给我年轻的黑人女邻居看。这样，我们彼此就认识了。

她名叫吉尔贝特·雷倍隆，学习罗马族语言。她的父母将她留在了马提尼克，但她在巴黎有亲戚，一个表兄弟及其妻子，她常拜访他们。

我竭尽所能地向她询问。非洲的黑人像所有殖民地的民族一样受蹂躏压迫。西印度群岛的财富仍然掌握在一小撮白人地主手里，而广大黑人群众则不得不与贫困搏斗。在巴黎，黑人受到的对待比在美国相对好些。但是，仍有某些说不出或难言的偏见。他们的处境让我回忆起我童年时期中欧犹太人的状况，当时，反犹主义者还戴着羔羊皮手套，小心翼翼地行事……

巴黎，3 月 15 日

犹太人救助委员会将给上海办事处写信吗？——我每星期三次前往询问和恳求。

如果他们终于做出了决定，信件才开始长达数月的漫游，最后得到答复，需等好几个月。该死的乞讨生活没有尽头。

巴黎，3 月 25 日

吉尔贝特将我介绍给三位黑人女作家，一位是非洲人，另两位是西印度人。现在，我给我们的报纸写文章报道她们的生活、痛苦、斗争和作品。这样，在这段漫长的等待时期，在可怕的饥肠辘辘之中，我至少可以为正义事业做点事情。

为织女写的日记

延安，1947 年 8 月 15 日

纳粹毒杀了 600 万犹太人。汉娜，是否也包括你？——可是，无论是活着还是死去，我都永远再见不到你。这场国内战争永远不会停止。

他们战胜不了我们，而我们也战胜不了他们。因为我们的武器，不是缴获他们的，便是他们的投降者带过来的。

总比没有好。人们必须负起责任。这就是一切。

某地，8月20日

我有如此多秘密任务，必须同时在五个地方工作。现在，我用密码写日记。也许，我根本不应当写日记。但我们中国人喜欢书写的语言。

书写的语言使我感到轻松一些，否则，我会伤心地认为我变成了另一个人。我要尽忠职守，那是肯定的。但我的幻想力不再像过去那么旺盛。恶劣的心情侵袭着我。我不得不尽力控制自己，以免不友好地对待战友。我成了一个郁郁寡欢的老光棍。

汉娜，我们俩搞错了。生活的意义不是幸福和爱情，而是光秃秃的必然性和铁石般无情的自我否认。

很好，贴上这个标签很好。很好，麻木了很好。很好，做一个中国人，如此长久地控制自己的痛苦，直至对自己失去了感觉，直至不再感觉到爱情和希望，直至只有一种感觉：光秃秃的必然性和铁石般无情的自我否认。

为牛郎写的日记

巴黎，1947年8月16日

我到巴黎至今已有一年半。我是否可以在某个时候到达中国？全都在担心爆发第三次世界大战。

我们亿万人民能够制止战争。

我们，只有我们。

为织女写的日记

某地，1947年8月18日

我不可以写出我在何地。我不可以写出我干什么。但是往日的事情，我还是可以讲述的。

大约在4年前。日本人入侵陕西，占领了古老的观神庙。有一天，一个和尚听见两个日本军官谈话。他们计划对这间庙宇采取所谓惩罚行动：他们想洗劫一番，将它夷为平地。和尚们知道我们游击队的秘密总部。首先要拯救的是藏经室，那儿有12世纪印制的珍贵经书，共4000册，9大卷。

我们在半夜进攻。爆发了一场激烈的战斗，我们有8个人牺牲了。但经书获救了。它们起初藏在一个洞里，一旦我们有可能，就将它们运往延安。有朝一日，当北平属于人民的时候，它们将被送到国家图书馆。

我有时候翻阅这些经书，有一句箴言特别深刻地刻在我的脑中：

"石中隐藏着玉，运用你的智慧使玉呈现在世人面前。"

我为什么总是经常想到这个比喻？

古老的箴言。美妙的箴言。它们对我们有何益处？

为牛郎写的日记

巴黎，1947年9月24日

一封来自上海的信。犹太人援助委员会上海办事处为我做担保。

巴黎，9月27日

一个不中断的循环。从国际难民委员会到犹太人援助委员会，从犹太人援助委员会到医生，从医生到法国长官衙署，从法国长官衙署到中国使馆，从中国使馆到国际难民委员会——直至无穷尽。

为织女写的日记

1947年10月3日

莫斯科东方学院的胡平安刚刚到达。他只是间接认识你，但知道许多关于你的事情。你还活着。你竭尽全力，争取被派遣来中国，却没有结果。你从莫斯科前往华沙，发出的誓言是："我要前往中国。地球是圆的。"

你来中国。我却不可以伸开双手迎接你。我不可以向你发出任何信号。你得不到任何关于我的消息。我使你陷入讳莫如深的黑暗当中，疲于奔命，忍饥挨饿，受尽屈辱。我比你忍受更多痛苦，因为我厌恶自己，但我又不得不这么做。我背弃了你，使你受到那些猪猡、乌龟王八的嘲笑，因为你仍然相信销声匿迹的恋人。但你比所有人都更强大。你，一个柔弱的、神经质的、不灵巧的女子，比所有人都更强大。你来中国。

为牛郎写的日记

1947年10月6日

现在，我全有了。无国籍旅行护照，中国的入境签证，三张疫苗注射证明，火车票，船票。吉尔贝特滚动着她美丽深情的黑人眼睛，表示祝福。

为织女写的日记

某地，1947年10月8日

秘密的、最秘密的工作。我在这本日记里写下的东西，必须马上消除。在同志们那里，我被当作已经死去。唯一有联系的是王朴诚——但是，此事我写下来甚至不能超过5分钟。

在杭州，30多年前我曾坐在歌妓苏小小和民国女英雄秋瑾的墓前。我，一个早熟的男孩子，坐在那里思索女性的本质。但直到今天，我才完全理解经典作家的话：一个恋爱的女子就像是凤凰。

我坐在一间小茅屋里等我的联络员。我一动不动地坐着，只有我的毛笔在快速地上下移动。台风摇撼着薄薄的墙，但比不上我心中呼啸的风暴。

我们只有投诚者带过来的武器？——但向我们投诚的人数却超过百万。因为我们八路想人民之所想。

蒋介石，你以及你的腐败集团，还有你那些发战争财的美国人，要知道，未来在中国统治的不是你，中国将实现和平建设，中国将实现人民统治，在中国，老百姓将当家做主。

人们必须尽忠职守吗？——不！人们必定获得胜利，苏联已经证明，这是可能的。

我的麻木将消失得无影无踪？还有不愉快的职责限制和我的失望，全都消失？

汉娜！你高傲的爱情从光秃秃的必然性和冷酷无情的自我否定中雕琢出一种锋利的自我感和五彩缤纷的幸福感：从石头中雕琢出美玉。

第4部分　彩云

第1章

王妈的小屋在上海附近浦东村的边缘，因为今天是欢庆新年的最后一天，挂上了蓝、绿、红、紫色的灯笼。王家历代祖先的名字书写在房顶的一根横梁上，格外显眼。灶台上方的小壁龛里贴着灶神的像，他留着胡子的嘴唇上涂抹了甘蔗汁，好让他向神灵多讲家庭的好话。对面陶瓷造的小神坛上，两座佛像在破烂不堪的橙色丝布后面闪闪发光。没有绘了画的大灯笼。也没有了象牙雕刻的牛郎与织女。在极端贫困之中,王妈将它们拿到集市上贱卖了。跟18年前那样,她的手指灵巧地领着针线穿过布料。但她不再刺绣了。她只是缝补衣裳。

18年前,她是一个贫穷的妇女。如今,她比贫穷更穷。她相信轮回再生,这使她可以对这种毫无道理的苦难给予足够的解释。她常常说:"我肯定前世不够虔诚,所以神灵惩罚我。"

她生了五个孩子,其中三个夭折了。朴诚是老大,十几年前投奔了八路,后来变成怎样,她不知道。最小的儿子恭兴住在城里,在昆平路开了一间木家具作坊,不久前,娶了人力车夫的女儿月音为妻。他的生活过得并不好,干活中过分追求美,以至于发不了财。他将太多的想象力、敏锐感、时间和精力用于制作椅子的窄扶手以及五斗橱和屏风的雕花,可是最后却以大大低于其价值的价格卖出去。他那备受赞赏的妻子不得不做佣人,给人当"阿妈"。

月音并没有那么悲观地看待事情。她因为自己能敏捷地讲洋泾浜英语,有可能给洋人打工,为此,她感到骄傲。她睁大眼睛观察自己打扫的房子的白种主人,按照中国无产者的方式进行道德的评判。铁拳头不能使她钦佩。相反,如果出现了一个先生或太太,人们能够据实称为"goodie",那么,这意味着超越个人偏见,道德上令人满意。这种情况当然很罕见。通常,中国佣人被白种人当作低等的生物,受到毫无顾忌的、野蛮的对待,这时,人们必须拿出全部天生的机智,尽可能减少被剥削,尽可能对付被歧视。

没有一个儿子留在王妈身边,跟她一起住的是心爱的侄女月鸟、侄女婿、两个侄孙女儿月兔和月兰,还有远房亲戚的几个孩子。20年前,王妈从奴隶贩子手里救出了当时才14岁的侄女,而月鸟也用深深的爱戴来回报王妈。

他们从来没有肉吃,米饭也很少,每天吃的几乎都是黄豆、绿皮甘蔗和一种叫"荸荠"的果实。刺绣和手纺挣的钱比以前少了许多。目前,王妈运用她的天赋,非常和蔼可亲地缝补破衣裳,教家庭的妇女和姑娘做针线活,这样,她的手艺就可以得到保持,直至天上的织女大发慈悲,给她们创造更好的活儿干。

今天,王妈在做针线活时有人陪她,小儿子的媳妇从上海来探望她。儿媳妇的名字叫月音,跟这个家庭很匹配,王妈自己叫月明,王妈的侄女叫月鸟,两个小女孩分别叫月兔和月兰。尽管月音见过世面,具有大城市人的活泼开朗,但毫无争议是一个殷勤的儿媳妇,她懂礼貌、守妇道,举止行为无可指责。

她穿着廉价但俊俏的印花布短裤,坐在王妈对面,娇小的身材,一身耀眼的蓝色打扮，闲聊起来嘴巴停不下来：

"贝贵玛太太的面孔本来就很凶，今天，看上去像一只被许多跳蚤叮的母老虎，她老是到处吆喝我，阿妈这，阿妈那。我开始抹柜子上的灰尘，她就骂起来，问我为什么不先扫地，我扫地了。她又骂，说为什么柜子上还有灰尘。老是阿妈、阿妈，用一种音调，仿佛我是一只她很讨厌的畜生。我觉得太蠢了，于是放下扫帚，冲着她说：You no talkie me Amah①, You Missie, I Missie②。"

"你这么对她说？"王妈感到惊讶。

"是的，难道我说得不对？"

王妈若有所思地摇摇头。按照中国老百姓的感受，甚至女的乞丐也可以称为"太太"，更何况是一个值得受尊敬的工匠的妻子。

"你当然说得对，"王妈终于表明看法，"但是这些白鬼子理解我们的权利吗？"

"并不是所有白人都是鬼子。"月音反驳说。

"但贝贵玛太太无论如何都是一个魔鬼。"王妈用不可反驳的逻辑断言。

"正因为如此——"月音激动起来。

这位不驯服、不安静的大城市的孩子就像希望吃到桃子一样渴望得到认可，王妈微笑着朝她点点头。

"当然，"她赞扬说，"你给了她一个很好的教训。她活该如此！后来呢？"

"突然，"月音说，"侧门打开了，一个女人走了出来，她是刚搬进屋的，她在我们面前走过，就像一个老是在思考的人那样，没有看我们一眼，取了点水就想回房去。贝贵玛太太拦住了她，说了几句话，她说什么，我不知道，因为虹口的外国人互相之间不讲英语，他们说的是另一种语言。这时，那个女人看着我们两人，有意地用英语回答：这位女工说得对！您应当向她道歉！"

"你也许听得不清楚！"王妈提出疑议。她忘记了手中正在做的针线活。

"婆婆，我听得很清楚。"

"贝贵玛太太道歉了吗？"老的追问，希望听到新的奇迹。

"没有，"小的笑了，"她将房门关上，事情就这么结束了。"

"我想，"王妈琢磨着说，"也许走道里黑，你没有看清楚。也许，那不是个白人。"

"比所有白人更白，"月音保证，"她的头发也是白的。但眉毛又黑又浓，

---

① 意思是：您不要叫我阿妈。
② 意思是：您是太太，我也是太太。

灼热的黑眼睛，高鼻子，身材像年轻姑娘。"

王妈使劲地朝佛像望去。但是佛像没有给予任何回答。

"我的大儿子在哪里？"她喃喃地说，"他也许可以解释这种事。"

"你的小儿子，"月音反驳说，她感到委屈，失踪了的老大因为长子的特权在家中拥有权威，使她的丈夫黯然失色，"你的小儿子也可以解释。他对我说，也许她是个女八路。"

"嘘！"王妈谨慎地看了看四周，因为在日常生活中追捕共产党人是常见的事情。

"是的，"月音笑着说，"说这个词是危险的。不久前，有个人在花柳街等八路电车。他等得无聊了，自言自语地说：'八路什么时候才来？八路什么时候才来？'嘭！——两个警察来到面前，将他抓走了。"

王妈又接着做她的针线活，她一边缝补一边默默地思考。

"那个外国女人叫毕——丽——克太太，"月音带着发现者的骄傲宣布，"我每星期两次打扫她的房间。"

毕——丽——克太太，或者像德语和意第绪语所称呼的汉娜·毕尔克，在上海战时移民之家度过了7个星期，然后，犹太人援助委员会分给她一个房间。屋子只有两层，像虹口的大多数房屋一样，已经有点腐烂。住在底层开门诊的是一个从德国逃出来的医生。汉娜的小房间位于摇摇晃晃的矮楼梯的上面，旁边是贝尔格曼夫妇的房间以及一个名叫列奥·布劳施泰因的维也纳鞋匠的房间。

汉娜跟布劳施泰因、他的妻子以及10岁的儿子相处得很好。她与贝尔格曼夫妇由于阿妈的缘故今天发生了第一次争执，而且，这肯定不是最后一次。

贝尔格曼夫妇出身于改宗的犹太人家庭，住在中欧的一个省城，拥有房产，不工作，生活富裕。他们对犹太人，特别是东犹太人表现出一种理所当然的蔑视。希特勒当局查出了他们的犹太出身，宣布他们属于劣等的种族，没收了财产，强迫他们在汉斯和露易莎的名字后附加上犹太人的名字阿伯拉汗和萨拉，并且用其他更严厉的措施威胁他们，于是，他们逃来了上海。在这里，他们挤在来自奥地利和波兰的犹太人之间生活，不得不跟他们平起平坐。幸好有中国人。他们作为白种人有可能并且允许向中国人摆出主人的身份。在家乡经历了百般屈辱之后，这是一种让人振奋的情感。

汉娜吃惊地发现，贝尔格曼夫妇以及同类的人没有一次在谈话中不骂苦力和阿妈的。他们这么做已经习以为常了，就像谈论天气那样。汉娜用一种跟她43岁年龄不相称的愤怒做出反应，并且当面告诉每个愿意聆听的人，她自己是一个中国人的妻子。

她从来没有像现在这样感到能够应对自己的命运。站在这个巨大国家的门槛上，她心情愉快，她要搜遍这个国家，寻找自己的心上人。这个门槛已经让她喜爱。斜眼睛的小贩用扁担挑着两个箩筐，在她的窗旁走过，口中有旋律地喊道："嗨！卖东西喏！"有些人甚至从逃亡者那里学了几句德语。在华德路舟山路交界，一个擦鞋童喊道："哈罗，Missie！Putz-putz！"[①]

各式各样的面孔、活动、语音，所有的一切在汉娜心中都唤起一种谜语般的触动。"Missie"这一称呼中间带有让人想起波兰语的柔和的咝音，听上去没有低三下四的感觉，而是显得温柔和亲切。同样，笑容也显得温柔和亲切，没有卑躬屈膝的样子，那种奇特的魅力，比起营养不良、缺乏修饰、黑色牙缝、破相的皮肤病，给人留下更强烈的印象。上海方言总是将 sche 音发成 sse。中国人钟鸣般的声音总是将沉闷的 R 变成响亮的 L。中国无产者的洋泾浜英语，就像法国黑人的方言，或者像汉娜先辈说的意第绪语，使语言产生扭曲、变形、变色。罗曼语的词语冒出来，I savie，我知道，这是一个更老牌的葡萄牙帝国主义留下的疤痕。

汉娜坐在一个角落里补袜子。她不是将裂口缝合起来，而是用一种滑稽的方式，有条不紊地用线网将洞填满。月音在煤油炉旁干活。

"请好好擦！"汉娜用汉语说。

但好胜的月音并不想埋没自己的语言天赋。

"Eh，Missie，"她提醒对方，"I talkie Inglis。You savie。"[②]

她扫去汉娜书籍上的灰尘，同时轻声地哼着一首小曲。

"再唱一遍！"汉娜请求她，"我要把歌词记下来。"

"这没什么特别的，"月音谦虚地笑着回答。"我在浦东的婆婆——她唱的歌才好听！她待我很好，很客气，这么好的婆婆还从来没有过。"

"我很想拜访一下老太太。"汉娜用汉语说。

"她会很高兴的，"娇小的月音十分庄重地回答，"您什么时候有空？"

"我？——任何时候都可以。比如说，明天下午5点半。"

月音打扫完房间。她脱下工作服，穿上蓝色印花布短裤。她尽可能掩盖紧张的期待心情，明天，她将在婆婆的村子里庆祝自己的胜利。

"明天5点半。"她在门边再一次重复，将英语单词"five thirty"说成了"five thillety"，听上去像云雀的啼叫。

[①] 意思是"太太，擦——擦"。

[②] 意思是"我会英语。您是知道的"。

第2章

她们乘船渡过黄浦江去浦东。春天的微风小心翼翼地在南方城市的上空吹拂，汉娜愉快地陷在沉思之中。

正如犹太人常说的，她的幸运出乎人们的意料。纵身跳入不确定性中，这是非同寻常的。犹太人援助委员会就像对待其他人那样，为她提供了一个贫寒但安全的住处。她可以平静地收集和整理自己的各种印象，谨慎地寻找跟中国左派人士的关系，持续一段必要的时间后，最终打听到牛郎的消息。她住在虹口，没有住在租界的豪华区域，这个选择是对的，虹口是令人眼花缭乱的异国城市中一个不显眼的小市民的区域，这里有大约7万来自中欧的犹太流亡者，他们住在一起，产生了某种程度的人间温暖。当然也会发生一些尴尬的事情：流言蜚语、恶意中伤，敌视华人的无聊谩骂，前途未卜的沮丧情绪。但是，汉娜并不觉得这种生活不舒服。人们有共同的回忆、焦虑、希望，人们又见到了老相识，人们扶植一种要求不高的文化交流，音乐，讨论，演唱。最有趣的是上海的统计数字：男人远远多于女人。空气中到处弥漫着对女人的渴求，它使情欲的火炙热地燃烧，但同时又令人有点胆战心惊。

汉娜自诩能够用几句话就使好色之徒冷静下来，她准备好了一些荒诞的用语：

"我完全相信您具有兄弟般的情感。"

"没有我明确的命令，不可以对我施加暴力。"

"在上海，女人即使又丑又老，统计数字也会像一位好大婶，给她找到爱慕者。"

但通常情况下，这些用语是多余的。汉娜直接讲述牛郎，这些男人按照不同的水平和性格，或受感动，或觉得扫兴，总之，被引开了。

"到了！"月音说。她将衣服整理了一下，然后推开小屋的门。王妈只是诧异了几秒种，很快便平静地说："你是毕尔克太太，对吧。"

侄女走过来了，随后是两个侄孙女和孩子们，许许多多的孩子。他们凝视着汉娜，好像她是神话中的笨蛋，他们挤在一起，咯咯地笑着。

汉娜的目光从满脸皱纹、和蔼可亲的王妈转到10岁、11岁女孩子腼腆聪明的脸，最后又落到最年幼的孩子令人发笑的眯眼睛上。现在，那种猜不透的情感又产生了，这是一种兴奋和感动，每当牛郎皱起眉头探讨哲理，每当吉尔贝特转动她的大眼睛,每当月音给出她的道德评判"Missie goodie①",她都会有这种感觉。几百年来对有色人种欠下的爱与尊重,几百年来拒绝给予有色人种的爱与尊重,一下子全涌入汉娜的心头,激发出急风暴雨式的念头:将这几百年缺失了的东西补上!这种眼睛的形态,这种皮肤的色调,这种语言的节奏,在她身上唤起的感觉,表面上并毫无意义,实际上有深刻含义:它触动了她的人生使命。

小屋安静下来了。汉娜的脑门在熊熊燃烧,眼睛闪闪发光,嘴唇上的微笑倾注了深切的好感。

所有人都理解这种微笑:从65岁的王妈,她安详愉快地观察着这位特殊的客人,到一岁半的女娃,她脚步蹒跚地走过来,开始闪动着眯眼睛,尖声地欢叫着,紧紧地拉住汉娜的裙子。

汉娜从文件包中取出彩色的纸——她必须用某种方式表达自己的情感——为年幼孩子折叠小船,为大一点的孩子剪小纸垫。11岁的月兔和10岁的月兰被领到她跟前,规规矩矩地向她三鞠躬。月兔的名字,使汉娜陶醉在一种莫名其妙的伤感之中。其实,这只不过是一个普普通通、生活中常用的名字。

月音请王妈唱歌。年老的农妇开始用缓慢的悦耳的声音唱一首向观音祈祷的歌,人们相信这位大慈大悲的女神不仅听见绝望者的呼唤,而且能使堕落者净化,使麻木者恢复活力。月音以应有的热忱用随意的洋泾浜英语翻译汉娜听不懂的内容。接着,王妈讲了孟姜女呼唤失踪的丈夫而哭倒长城的故事,讲了王宝钏②等夫10年,最后,丈夫当上皇帝,回到家中,妻子认不出他。——"你的丈夫去了哪里?"皇帝问。——"皇上,民妇不知。"——"朕为你另找一个夫家。"——"请皇上宽恕,民妇不愿再嫁。"——于是,天子表明身份,将忠贞的妻子扶到皇帝的座位上。

"晓得了!"汉娜突然大声地说。

这时,所有人都想知道她的话是什么意思,是表示赞同还是否定。

汉娜解释说,这是一句犹太人的惯用语,无法翻译,表示的是完全赞同。

王妈还讲了许多关于他大儿子朴诚童年时代有趣的事情。他衣不蔽体,给富人搬货物。慈悲的菩萨创造了奇迹,18个苦力同时停工,老板突然没有了人手,不得不向工人让步,问他们有什么要求。她儿子挺身而出,这时,菩萨在他身上创造了第二个奇迹,从这个穷青年的口中说出了绝顶聪明的话。但这

---

① 意思是"太太好"。
② 王宝钏,唐懿宗时期宰相王允的女儿,下嫁贫困的薛平贵为妻,被父母赶出家门。薛平贵入伍后,王宝钏独自在寒窑中苦度18年;后薛平贵成为朝廷高官,接王宝钏入府,然而仅过了18天的幸福生活便死去。

使有权势的人更加反感。菩萨又创造了第三个奇迹：富商自己的儿子站到了工人一边，最后，高傲的父亲担心自己的继承人，软下心来。

"自己的儿子！"汉娜丝毫没有猜疑地发出惊叹。

但她受震撼最深的是王妈最后讲的故事。两个喝醉酒的外国人狂妄地将一个人力车夫推入黄浦江中。朴诚将他救了上来，他走到这两个白鬼子面前，只说了几句话，他们便像两个不知所措的学童逃走了。

汉娜仿佛清楚地听见这位失踪的儿子的声音，王朴诚，一个不认识的苦力，像诊断畸形病的大夫那样客观地、几乎带着同情说出的声音：

"You no can talkie sollie, no can, no can.①"

当她们启程的时候，已经很晚了。在昆平路的木家具作坊门前，汉娜打算向月音告别，但是，月音执意要陪同婆婆的客人回家。在华德路阴暗的小巷里，突然响起贝尔格曼太太的声音，她跟一位熟人站在门前，尖声地说："您相信，一个白种女人会眷恋上这些肮脏的中国人吗？——我们不得不跟这样一个不要脸的家伙一起住。"

好看的还在后头呢，汉娜一边想，一边登上摇晃的楼梯。

不愉快的事情果然发生了。就在第二天的上午，贝尔格曼太太站在她的门边，一场污秽的漫骂开始了，说她是无耻的波兰人，将中国人的肮脏东西带进屋里，只有淫妇才会跟中国人上床。

汉娜正在将昨天听到的民间故事和真实事件记录下来，构想怎样描述这间农民小屋及其居住者。愤怒使她无法写下去。字句开始乱舞。

"这个淫荡的中国人的婊子！"贝尔格曼太太尖声地重复道。

汉娜将门打开："您到底还要不要闭上臭嘴，让我工作！"

突然，整栋楼的人都聚拢来了。贝尔格曼先生挥着拳头向她冲去，身强力壮的工人布劳施泰因将他拉回去，粗暴地赶他回房间。

"我必须搬家，"汉娜说，"谁受得了这？"

"不，"萨比娜·布劳施泰因深思熟虑地说，"更令人生气的事情我们也忍受过。"

汉娜立即决定去一趟南京路。离几条马路远的地方有一间书店，她在那里听一对俄国人说，他们有一间小房间想出租。

这里是当年的英国租界——这座富豪和乞丐共存的城市里最繁华的区域。

当年？可是至今仍有一些建筑物不允许中国人进入。外国人仍然趾高气扬地走来走去，在精美的陶瓷店购物，用一种不堪打扰的表情将站在门前的乞丐

---

① 意思是"你不可能请求宽恕，不可能，不可能"。

赶走。他们仍然用脚踢催赶人力车夫快跑。

汉娜的喉咙有一股难受的感觉，她的脑袋充满了人世的厌恶，厌恶自己的无能。不，她不想在这里找自己的住处。

一个长得高高、穿着讲究的白人走过，好奇地打量她。这不就是蒙梯尼善于处世的恶意微笑吗？——不，这是某个英国的殖民地花花公子。

赶快返回虹口。

屋子里已经没有吵闹声，只有私下激烈的议论。但汉娜的大脑和神经里依然是一片噪音，心脏像锤子般猛烈敲击，四周回荡着刺耳的呼啸声。她试图工作，但不行。眼前飞舞着黑色的圆圈。从空中传来一个因为忧虑和自我控制而变得嘶哑的声音：我要给你打电话，汉娜，我要再次给你打电话。

我不能变得软弱无能，汉娜想，我不能这样。

她拖着身子走向房间的门，打开了一条缝："布劳施泰因太太！您可以叫舒里去药房给我买点药吗？"

没有动静。

"布劳施泰因太太！！"

贝尔格曼夫妇的房间里有人带着嘲讽模仿她的叫声："布劳施泰因太太！！！"

对了，布劳施泰因太太带小舒里上电影院去了。

汉娜缓慢地摸索着走下摇晃的楼梯。在华德路和舟山路的拐弯角有一家药店。像往常那样，那儿坐着擦鞋童，他从老远就向她喊道："Hello, Missie! Putz-putz！"①

当看见汉娜的脸色像死一般苍白时，他那种勤快的高兴劲突然变得哑然失色。

"No goodie?"他惊恐地问，"No goodie?"

汉娜忧郁地向他点点头，伸手去抓药店的门把。但门拉不开。

"Missie,"擦鞋童喊道，"I savie.②"

他一下子跳起来，将刷子和鞋油盒放下，拔脚就跑进屋。15分钟后，药剂师被叫回来了，他打开药店的门，将缬草滴剂卖给汉娜。

"因为我的缘故，您错过了三个顾客，"汉娜说，她拿出一张钞票，递给擦鞋童，"请收下。"

---

① 意思是"喂，小姐，擦鞋，擦鞋"。
② 意思是"我知道了"。

"No，Missie，"鞋童平静而坚决地回答，"No wantchie.①"他的斜眼睛里流露出不可摧毁的人性的骄傲和温良。

"谢谢您，"汉娜用汉语说，"您费心了。您费心了。"

她沿着华德路边想边走，凝视着已经变得无用的药水瓶。

因为她已经没病了……

第3章

几天后，两个不认识的中国人站在她的门前。他们穿着衬皮里子的深蓝色丝绸长衫。年龄大些的约70岁，高个子，白胡须，斜眼睛，如同绘画中的偶像，他向吃惊的汉娜问好，讲的德语无可指责，略带巴戈利亚地区方言的音调："尊敬的夫人是汉娜·毕尔克太太本人吗？请允许我自我介绍：我是吴贤礼教授。"

"研究歌德的学者！"汉娜高兴地叫起来，"请坐，我的先生们！"

来人没有就座，不，他们丝毫不动地站着，直至汉娜坐下。

吴贤礼教授讲了几句客气的开头语，介绍跟他一起来的人。姚民祥教授大约50岁，戴着眼镜，学者模样，沉思的表情使端正的相貌具有一种本能的文雅。

汉娜惊讶地获知，这位文静的先生将席勒的整部作品和凯勒的半部作品翻译成了中文。吴教授举出许多例子，赞扬他精雕细刻的翻译技巧，被称赞者则不断用谦虚的笑声试图阻止他这么做。吴教授又补充说，可惜他同事的口语远不如笔头好，因为他还从来没有离开过中国。

"是的，"姚教授证实，他说话略带一点口吃，但这并不影响他的文雅，"我没有练习。"

"目前，"著名的歌德研究者接着说，"姚教授主管我们大学的图书馆。我们藏有全部古典作家和20世纪许多作家的作品。"

"还有您的诗歌。"姚教授亲切有礼地说。

"它们很受我们大学生的喜爱。"吴教授补充说。他稍微压低一点声音："尊敬的夫人，我们的大学生是热情的政治家，对于他们来说，革命的抒情诗是振奋精神的饮料。最近，我和这些年轻人一起读海涅的《罗蕾莱》《唐·拉米罗》和《西里西亚织工》，我要求他们背诵其中的一首，您想，尊敬的夫人，他们选哪首？全都选了《西里西亚织工》。"

---

① 意思是"没有必要"。

"这的确是一首重要的诗歌。"汉娜谨慎地说。

"当然,"吴教授表示认可,"对于我来说,他们是否批评蒋介石,我们的最高统帅,并且欢迎毛泽东,这都一样。我是一个做学问的人。但有时候,事情令人相当不舒服。1月份,发生了一场政治罢课。大学生们要求立即停止反对共产党的内战。在此之前,9月份,他们罢课,因为我们教授工资太少。"

"这确实很好啊!"汉娜插口说。

"大学生首先应当学习,"吴教授摸着白胡子反驳说,"歌德在诗中写道:'对于世间的卑鄙,／没有谁好发怨言',歌德认为,'因为它强大无比,／无论人们对你说什么'①。最后,市政府派警察监视他们,市长先生亲自视察我们学校,看看他的指示是否得到严格的执行。但是,这种荣幸却让我们付出了昂贵的代价,几个激进的年轻人冲过去打他,警察开枪了,现在,六个学生还躺在医院里。"

"不过,"汉娜说,"我觉得,上海到处都酝酿着不满,不仅仅在大学生当中。"

"是的,"吴教授表示认可,"例如,电车工人经常罢工,并且采取了很巧妙很规矩的方式,他们像往常那样开车,但不收车费。这样,他们既让外国剥削者感受到他们的不满——上海的电车一部分是法国人的财产,一部分是英国人的财产——又不给居民造成麻烦。因为,对于中国人来说,最重要的美德是仁义。"

"和尚也罢工。"姚教授补充说。

"甚至和尚,"吴教授笑着说,"他们整整8天拒绝为死者念经。因为他们以前念经所得,连吃饱肚子都不够,如今得到的并无增加。是的,尊敬的夫人说得不错:全国人民都动荡不安。"

"这——这——这些问题,目前,是很困难的。"姚教授结结巴巴用不确定的谨慎的口吻说。

"可是,多少有才华的人却在这个过程中毁掉了,"吴贤礼忿忿地说,"我认识一个天才导演,张先生,这场内战的深渊把他吞没了。"

姚教授向老先生送去一个询问的目光。是不是该谈谈今天拜访的真正目的?

"尊敬的夫人,"吴教授开始说,"您是否有兴趣来我们大学教书。大学生们会很兴奋,您也会在年轻人身上得到快乐。我们有一栋自己的宿舍供教授住,虽然不像应当有的那么漂亮,但还是不错的。工资当然——"

---

① 见歌德诗《漫游者宁静的心》,收入《西东合集》。

"我知道，"汉娜点点头，"我不介意。我什么时候可以搬？后天？"

"白种人的速度！"老先生会心地微微一笑，"那就后天吧。"

汉娜急忙给犹太人援助委员会写一封信，对迄今为止得到的救助表示感谢，并且骄傲地宣布，她已经找到住处了。她还由衷地跟月音以及布劳施泰因一家辞别，他们不仅待人真诚，而且态度分明。

"梨大学"这个名字来源于一个和尚的故事。教授们住的宿舍是一间红砖砌的屋子，中国人根据著名的长篇小说《红楼梦》，称之为红楼。汉娜住在三楼。同样住这层的还有吴贤礼教授及其夫人，一个50岁的普通家庭妇女。姚教授是个鳏夫。他的儿子是汉娜的学生。在年轻人中，没有一个将德国文学作为主修专业的。他们中的九个学医，其余人学工。这两个专业中德语知识都很有用。但是，中国人天生的美感要获得自己的权利。他们并不满足于读机械和医学的教科书。如果没有抑扬顿挫的诗行，没有精雕细刻的句子，没有修辞对偶的运思，那么，这种学习是不算学习的。

吴教授开设课程讲授歌德的《浮士德》，汉娜接替他讲授海涅，同时开阅读和写作课。汉娜很清楚，只给学生讲德国文学是不够的。她还必须同时考虑拓展他们的语言知识。因此，了解他们的知识、口味、能力和兴趣，是很必要的。

恰恰这点是很困难的。他们坐在板凳上，规规矩矩，很有教养，但却如此内向，如此沉默，以至于肤浅的教育者有可能将他们看作是低能的。

学生们知道这点。由于某些外国教授的蔑视，学生失去活力，整个教学毫无成效，他们对学生的低估，使学生更加拘谨，反过来，学生的拘谨更加深了他们的低估。

毕尔克教授的情况则完全不同。学生们知道她的诗以及她对中国人的态度，不必担心她会瞧不起人，在她面前也没有必要拘谨。他们乐于公开讲出自己的思想，当然，不会在第一天就立即如此……

一星期后，汉娜在黑板上写了一个作文题目"我的家和家人"。她问学生，这个题目是否合大家的意，他们还有没有其他的建议。学生们低声地议论了一下，客气地表示同意，然后开始写作。

汉娜带着学生的作文回到家，几乎还没有脱下大衣，便集中精神开始阅读这些作文。

突然——

"提到我的家庭，我必须写一个悲惨的故事。我还是小孩子的时候，我父亲为了不让警察抓到，不得不离开家庭。因为他为人民创作了一个美丽真实的戏剧，他演出新的中国的话剧，也演出俄国的戏剧作品。他出国了，没有回来。许多年了,我长大了,越来越大了,我父亲没有回来。许多年没有音信。没有人知道,他是不是还活着。叔叔送我上学,现在读大学。我的家人:母亲、叔叔、阿姨和她的三个孩子。我叔叔的第一个妻子和大儿子在乡下。在上海,有我母亲的妹妹彩云阿姨,我叔叔的第二个妻子。彩云阿姨头里装满了新思想,18年前已经在我父亲的剧社里工作,她讲了许多当时的情况。我常常梦想:父亲啊父亲,如此伟大,如此勇敢,总是不停地战斗,为自由而战,为进步而战。

"今天,年轻的中国人已经不再为家庭而活。他们活着,只为人民和人类的一切。但我的家人,好朋友,大家的感情相同,思想相同,属于他们中的一员,我很幸福。当我有点想偷懒时——我想楷盟叔叔,他为新人工作——我也就能够工作。我感到有点愚蠢和郁闷时——我想到彩云阿姨,她总是神采奕奕,总是生机勃勃——我就又高兴起来。如果我感到有点不耐烦——我便想我母亲,她总是非常安静,非常庄严——我的情绪就会变好。我梦想建造很大很大的桥——我能行吗?——这时,我想到我失踪的父亲,他建造从过去到未来的英雄桥——我也要建造。"

作文的署名:张新路,机械系学生。

红笔从汉娜手指间落下了很长时间。她好像准备跳跃似地俯着身体,坐在靠椅上,凝视着想象力在空中描绘出的这个小家庭的图像。牛郎不是曾经谈起过他妻子的妹妹,一个女权主义者,革命的女演员,名字是"放光彩的云"?中文里的"彩云"会不会就是"放光彩的云"?

4点半钟。威海卫路上的德文书店为汉娜预定了《少年维特的烦恼》,这本书她明天的阅读课就要用。乘有轨电车要行驶40到50分钟。时间很紧了。

汉娜在静安寺路下车,她的目光落在西边天空上的一小片云上。这朵云像一座雪白色的庙宇,带有蓝色的装潢,屋脊向上翘起的边缘银光闪闪,银光来自侧面一个半敞开的门。

"这在中文里叫彩云吗?"汉娜激动地指着天空,问附近一个靠在门边的男人。

但是被问的人似乎怀疑她的理解。他笑了笑,耸耸肩膀。

"您想知道什么?"另一个中国人用还可凑合的英语斡旋,"The shining cloud[①]?——是的,这叫彩云。"

第一位中国人仍然用诧异的目光打量着汉娜。

"您不要觉得自己被冒犯,"第二位中国人再次试图调解,"我们不习惯外

---

① 意思是"发光的云"。

国人提这样的问题。他们在我们上海通常找的是其他东西，而不是发光的云。"

当汉娜从书店里出来的时候，已经是傍晚了。庙宇形状的云彩变得宽大和透明。透过敞开的侧门，人们看见的不是银光，而是一座小玫瑰花园。

晚安，美丽的小姨，汉娜一边想一边抬头看着天空。踪迹找到了，踪迹确实找到了。明天，你将收到一封信。

第4章

汉娜按照顺序分发作文簿，表扬，批评，解释，鼓励，同时，用她近视的眼睛第一次清晰地看着学生的面孔。最后，轮到长得高大的张新路，他像所有其他学生那样恭敬地站起来。

不要再敲打了，暴躁的心脏，汉娜想。你再见到的不是你的恋人，而是一个年轻人，他碰巧是你恋人的儿子。即使他的样子跟父亲相似，自己也没有理由失去自制。何况，感谢上帝，他长得只有一半像父亲，脸更宽，眉更浓，眼睛没有那么斜，只是嘴巴——他继承了父亲嘴巴显示出来的勤于思索的优雅。安静，安静。每个人都是与众不同、独一无二的个体。恋人是独一无二的个体，他的儿子是独一无二个体，每个人都是各自的世界。不要盯着看，不要叹息！站在你面前的是你的学生，而不是其他人。

"您的作文，"汉娜用庄重但不能完全控制的声音说，"写得很好，结构符合逻辑，它包含着美好的思想，特别是结尾。您的拼写除了一个错误，其余的令人满意，但语法错误不少。德语的句子结构给您造成了困难。请首先复习一下概念：主语、谓语、宾语、定语、状语。然后继续看。在内容方面，正如已经说过的，您的作文非常好。"接着，她把作文簿递给这位高兴得眯起眼睛的学生。

"现在，我想请您帮个忙，"汉娜继续说，而年轻的中国人则热情地鞠了个躬，"我认识您的阿姨，我是听说她的，我知道，她曾在进步的话剧运动中起过带头作用。您可以把这封信交给她吗？"

汉娜是用英文写的，当下午接到一个女人用德语打来的电话时，她十分吃惊。当然，来电者说的是任意的难懂的德语："我早就认识您，您是一个大诗人。我来看您，好不好？"

没有过多久，40岁的彩云已经坐在她对面。她丝毫没有失去魅力。还是那副黝黑的姑娘的面孔，大眼睛，向上翘起的睫毛，18年前曾经诱使理智的黄浦鱼做出无声的爱情宣言，如今，几根细细的皱纹反倒使它更加迷人。她仍然把自己的丈夫称为"黄浦鱼"，既大胆随便，又带着崇高感，以至于那些旧式妇女常常因此几乎要昏过去。

汉娜很快就发现，她具有牢固的语言知识，然而却令人发笑地拘泥于将汉语修辞的特点逐字逐句地翻译成德语。

"我该怎么称呼您？"汉娜问。

"唐小姐，或者傅太太，随便。在中国，可以这样，也可以那样。"

"您还演话剧吗？"

不，不再演了。但她常做报告，并从英文和德文翻译了许多作品。她的姐姐美音缝制戏服。两人没有在剧社登记注册，但都为戏剧做好事。

政府高官的贪污受贿，宋子文的徇私舞弊，这位受人憎恨的国民党叔叔将亿万财产存进了美国银行，广大群众却过着贫困的生活——这一切多多少少已是公开的秘密。几乎每个上海的中国人都将盼望中的政治变动称为好事。

随着思想的突然跳跃，彩云开始关心汉娜的日常生活。究竟谁为她打扫房间？

"一位大学校工，"汉娜笑着说，彩云无微不至的关心使她格外欢喜，"此外，我还有一位阿妈，王月音太太，她也是我的朋友。但她只是偶尔来探望我，因为她住的地方离这里很远，在虹口，昆平路。"

"您的朋友！"彩云留神地重复道，接着很快地推导出结论，"因此，您将可以很快就看到中国内部，因为您热爱老百姓。"

老百姓，值得尊重的百家姓，汉娜早就认识中国平民自尊心的这个古老暗喻。

"还有我，"彩云满腔热情地说，"也属于老百姓。我的外公是擦鞋匠。"

"您不想继续对我讲述您的家庭？"汉娜重新开始问，"特别是关于您的姐夫。他的全名是张牛郎，对吗？"

"没错，叫张牛郎。"

"他是著名的导演。"汉娜压低声音说。

"哎！"彩云克制着悲哀叹息，"他是一个很聪明的人。"

"您没有他的消息？"

"我们想，他已经死了。"

"有证据吗？"汉娜机械地问。她的神经极力抵抗，不想在自己的意识中由于彩云的话产生具体的想象。

"没有证据，"彩云回答，"我们在寻找。我们想知道他最后留下的话。"

现在，具体的想象进入到汉娜的意识。她坐在那里，心脏像锤子那样敲打，双手颤抖，脸色苍白。

"怎么了？"彩云惊愕地问。

"我要将一切告诉您,"汉娜开始说。"我是为了他来中国的,他是我在世上最宝贵的人。"

彩云紧紧握住她的双手。两个人沉默了几分钟。

突然,彩云用东方人甜美的、尖细但有力的声音念了一句汉娜的诗:"'你的脸逐步变得瘦长,/你勇敢坚定,善解人意……'哟!我知道了!"

两个人又沉默了。

"不能确切地讲,"彩云低声地说,"他有没有活着。"

"只要他的死没有得到证实,"汉娜固执地表示,"我就认为他还活着。"

"但是,用什么方法找?"

"为此,我已发现了他的家人,"汉娜坚定地说,"你们一定得帮助我。"

"请您光临寒舍,"彩云提议,"我们一起商量。黄浦鱼很聪明。"

"您姐姐——"汉娜不安地开始说,但又打断了自己,"我想,她再婚了吧。"

"没有。"

"为什么?"汉娜难过地问,"她完全有这个权利……"

彩云于是用一些比喻描述她姐姐的性格,她将中文译成干巴巴的德文,并说,美音奇特但和谐地综合了传统和进步的思想。

没——有?汉娜想,但不敢继续问。

彩云陪同客人去乘有轨电车。但她没有上车。她们还有太多话要说,便沉浸在交谈之中,漫步从一个车站走到另一个车站。彩云了解到,汉娜在莫斯科跟牛郎一起生活过,但并不知道他的地址。他甚至不可以跟她当面告别。

"是的,"汉娜耸耸肩膀说,"共产党的纪律。"

"dis——zi——pi——ling",彩云优雅地将"纪律"这个难消化的单词分解开,逐个音节地念出,"我知道了。"

她招呼一辆载客的三轮车过来,这种人力车与双轮黄包车的区别在于,苦力不必像牲畜那样在前面拉,而是骑在车上踩,即使如此,有时候一天工作14个小时,也是够辛苦的。不过,毕竟不像拉黄包车那样残害和作践自己。

"人不再像牛马那样。"彩云在上车的时候评论道。

"唐小姐,"汉娜客气地问,"也许您有牛郎的照片?"

"我看看,"彩云答应,她挥动着瘦长黝黑的小手,"我给您打电话。"

第二天上午,彩云就打来了电话,她邀请汉娜当天晚上去她家。

汉娜翻出一件蔚蓝色半丝绸的裙子,正如她的大部分衣服那样,这条裙子是从慈善会那里得到的,她还从来没有穿过,因为,那是专门为牛郎准备的,如果不能直接为他,至少也要有间接关系。

她细心打扮自己，在这过程中，显得很不熟练，并且说出了几句古老的犹太人的常用咒语。

彩云家住在蒲石路上一间当年法国人的房子里。牛郎的父亲在第一次空袭时就已经失去了生命和财产。傅楷盟在上海花旗银行当高级会计师，凭工资不仅要负责养活已经搬到乡下去的前妻，而且还要供养现在的家庭，此外还要照顾妻子的姐姐以及外甥。尽管供他们用的钱不多，但美音按照中国人的口味将当年外国人的房子布置了一番。墙壁上挂着锦旗。汉娜请彩云解释题词的内容。有些是私人赠言："傅楷盟，精心组织，不胜感激，银行职员文化协会""挚友唐彩云为我们的工作增添光彩，特表示由衷钦佩，蓝风妇女联合会"。有些出自8世纪的古代诗词，例如杜甫的愤世名句："朱门酒肉臭，路有冻死骨。"它的旁边是已故的现实主义者、革命作家鲁迅写的诗句："横眉冷对千夫指，俯首甘为孺子牛。"

这里还挂着熟悉的诗句，它们用雨点般的幸福火花喷洒在汉娜身上：

父母称我为牛郎，
逐我天上相思梦……

她吃了一惊。门槛旁站着一个完美的、丝毫没有老年迹象的女人。
"我的大姐！"彩云介绍。

汉娜试着学中国人的样子鞠了一个躬，美音得体地回礼。她们默默地相互看着。汉娜的眼里流露出艺术家审视美人时所表现出的那种严格的、专注的赞赏；而美音的神情则表达出一种认可，它是那么宽宏大量，又有一点儿自以为是……

"我已经知道了，"她说，"我祖父的孙女婿，我儿子的父亲，是不会选一个普通女人的。"

傅楷盟走进来，跟在他后面的是张新路，今天，他在问候老师时显得有点倔强。

"叫她妈妈！"美音吩咐。

"就叫阿姨吧。"汉娜婉转地说，她感觉遇到了一种无声的抵抗。

美音被阿妈叫走了，新路也悄悄地不见了踪影。

"请看！"彩云打开一个抽屉，说，"他的照片。"

终于又见到了，这张瘦长的、没有胡子的东方男人的脸，充满幻想的斜眼睛，嘴巴四周显示出执着探索的神态。

"L'homme inspirateur①,"汉娜低声地说,尽管彩云和楷盟都不懂法语,但是,他们却理解了这句话的意思。

"您不要再抱希望了,"楷盟用流利的英语说,"他不可能还活着。我们已经18年没有他的音信。"

"他还活着。"汉娜坚持自己的看法。

"他没有给我们写信,"彩云用中文辩解,"远远不意味着他已经死了。也许,共产党的纪律不允许他写信。"

"那么,毕尔克太太目前也是不可能有所收获。只有在革命胜利之后,他才会公开露面。"

"说得好!"汉娜说。她不得不赞扬楷盟的幽默。

但是,彩云却扯了一下丈夫的袖子,露出温柔但批评的表情,责怪他这条黄浦鱼过分理智、缺乏幻想。"不,"她转向汉娜,用德语继续说,"我不能放下心。我们必须帮您寻找一条容易的道路。"

"不管怎样,"楷盟接着说,"您永远是我们欢迎的客人。今天,我还邀请了您丈夫的两个老朋友。现在,您该认识一下我的儿子,他的名字跟失踪了的伯伯一样,为此,他特别骄傲。"

一个13岁的男孩子冲进屋,跟在他后面的是一个10岁和一个7岁的姑娘。汉娜给孩子们带来一个万花筒。他们围着万花筒跳,不断地转动它,发出阵阵惊呼,并互相叫着名字,牛郎、玲玲、杏杏,汉娜仿佛身处悠扬的钟声之中。

过了一会儿,李鸣凤和赵永强来了。"我们两人,"他们介绍说,"都是您丈夫培养成演员的。"

"我们三人!"彩云纠正说。

鸣凤和永强有时参加银行职员协会的业余剧团的表演。往后的几天里,将演出一部社会剧《小人物狂想曲》。

"我们试图按照他的精神继续工作,"鸣凤解释说,他的头发过早变白,眼睛比年轻时显得更深,"但没有了他,事情总出错。"

"我们的工作并非没有他参与,"永强用温和的、抚慰的语调反驳说,18年前,他扮演游僧用的便是这种语调,"我可以肯定,他参与了我们的工作,只是我们不知道他在哪里。"

此外,汉娜还发觉,银行职员文化协会除了文化活动外还完成其他任务……

---

① 意思是"这个男人使人产生灵感"。

第 5 章

汉娜经常可以用自己的讲课吸引住听众,但是,她更常发现,这些男女青年在干另外一些更紧迫的事情。如果她讲授赫尔韦格和弗赖利格拉特的诗歌,联系到1848年革命的学生运动,这些兴奋的、年轻的脸就会转向她。新路浓眉紧锁,他聚精会神地思考着课间的提问——这时,一个同学递给他一张条子,他带着严肃的神情读了又读,他写了几个字,又将写好的撕掉,尽力地思索,再一次写条子,汉娜不忍心斥责课堂上的这种干扰。这几个月,人们无法要求这位1948年的亚洲学生将注意力集中在一百年前欧洲学生的身上,因为他现在进行的斗争更艰难,范围也更大……

有时候,汉娜对上海大学生的生活及英勇斗争的零碎情况有简单的了解。他们生活在显而易见的贫困之中。因为他们与苦力同甘共苦,苦力是他们的战友。他们蜗居在简陋的学生宿舍,六个或八个人共住一个小房间。罗柱陵坐在那里,他最近对大自然的描绘令汉娜感到惊喜:"我的四周一片寂静,天几乎还没有亮,只听见山谷间的溪水在低语,我的心充满快活、高兴、温柔……"他身边挂着一件带血迹的衬衣,这是他昨天参加示威游行受到警察虐待的铁证。他那孩子般的圆脸显得苍白,手中的毛笔在上下移动着,他在书写传单。男女大学生们分成小组,前往所谓的泥屋区,那里是黄包车夫、三轮车夫、工厂工人、流动小贩居住的地方。他们送衣服给穷人穿,送草席子给他们挡雨,教他们读书写字。

新路没有住在学生宿舍。他是联络员,联系同学与银行工会中负责策划、宣传、组织工作的更成熟的革命者……

汉娜与姚教授进行辩论,他充满忧虑地抱怨,在图书馆里又发生了一场政治争论。而阅览室本来是用来读书的。

"原则上您是对的,"汉娜安慰他,"但也有例外的时间与情况。"

是的,情况确实很糟糕。姚教授讲述了官员贪污腐败的一宗新案件。这对于中华民族来说是一个耻辱。

"为什么你说是对于中华民族?"汉娜激动地问。

"在你——你——你们国家,没有。"姚民祥带着伤感和客气猜测说。

"教授先生!"汉娜明确表示,"毕苏斯基[①]时期,在伦贝格,一位城市官

[①] 毕苏斯基(1867—1935),波兰政治家,曾任波兰第二共和国(1918—1922)国家元首,1923年退位,后又发动政变,建立独裁统治。

员毫无约束地对我叔叔说：'不要对耳朵说话，要对手说话。'"

姚教授显然感到一丝安慰，他正想做一点说明结束自己的话，有人在门外很有教养地咳了一声，然后推开门。

原来是美音，她穿着翠绿色的缎子衣服，外加无袖的黑色绒夹克，脚穿一双娇小的装饰有绿色绸缎的黑绒鞋。匀称的永葆青春的脸显示出恰如其分的真诚，匀称的永葆青春的肢体显示出恰如其分的优雅。

姚教授如同看到仙境一样忘记了身处的世界。他不再看着汉娜。她不得不问三遍才从他那儿得到回答。要是在其他的情况下，她也许会感到受伤害，但这一回，她带着兴奋望着客人的侧影：这是一个男人的侧影，他看上去正热心地准备着为她碾平压在良心上的重负。

"我有一个主意，"汉娜使尽她仅有的一点汉语说，因为美音不懂外语，"我想在14日晚上举行一个小聚会。我邀请你们两位参加，还有吴贤礼和他的夫人、彩云、傅先生、李先生、赵先生。"

姚教授呆呆地望着美音娇小的绒鞋，忘记了回答。美音乐意地接受了邀请。她和汉娜非常客气地互称"姐姐"，虽然这并不完全符合逻辑。

现在，姚教授每天都来跟汉娜谈论德国文学，奇怪的是，所有德语诗人都对这位美丽的中国女人有所预感。雅各布·瓦塞曼①小说《劳丁和他的家人》中的皮娅就是一个德国的美音，黑贝尔②悲剧作品《居格斯和他的指环》中的罗多菩也许更像她一些。美音这个名字意味着美妙的音乐，莱辛在创造出"凝结的音乐"这个不朽的词汇时，想必眼前曾经浮现出一个具有同样和谐的理智和文静的女性形象。姚教授和汉娜的谈话再也离不开这个话题。文学、哲学、美学，这一切都只是包围着美音的优柔之美的一个框架。

汉娜超强的记忆力是众所周知的，但是，由于斗争和疾病而严重受损，为了帮助记忆，她将姚教授关于美音的任何表述都认真地记录下来。她同样认真地将任何赞誉、暗示、比喻私下告诉受到赏识的美音，但是她得到的只是捉摸不透的微笑……

1948年5月14日是一个喜庆的日子。以色列国宣布成立。汉娜为晚上的聚会上街买甜点心。半路上，一个可爱的中国少年跟她攀谈，他大约10岁，学生模样，从老远就认出她的犹太人外貌。他友好地望着汉娜，说："今天是

---

① 雅各布·瓦塞曼（1873—1934），德国作家，婚姻小说《劳丁和他的家人》创作于1925年。
② 黑贝尔（1813—1863），德国剧作家，悲剧《居格斯和他的指环》创作于1854年。

你们的胜利日！"①

彩云比所有其他人都来得更早。她讲述了最近听到的有关解放军挺进的传闻。国民党的整个师团溃败逃窜。"我们是中国人！"她解释说，"国民党只是一家美国的贸易公司。"

"我已经一个星期没有听到任何新消息了，"汉娜抱怨说，"新路已经三次没来听我的课。我想，他有时候对我有偏见。"

"大错特错！"彩云笑着说。"他在所有同学面前夸耀：毕尔克教授是我父亲的外国妻子。"

吴教授按照欧洲人的方式敲门——他的夫人因为有事没来——并兴奋地向彩云问好，他们已经多年没有见面了。他特别称赞彩云当年扮演女招待员艾菲和无产阶级妇女侍萍的出色表演。他知道，彩云现在常做演说，但是，在他看来，彩云不必因此而荒废了她的演员天赋。

"如果我演戏，"彩云执拗地说，"我必须说别人的话。如果我演说，我说的是自己的话。"

美音、傅楷盟和赵永强到了，话题又回到解放军的挺进。楷盟虽抱怀疑态度，但也被众人充满期待的喜悦打动。彩云用德语跟吴教授讨论的过程中常常因为激动而不顾语法。

"自由是一种特别的东西，"老先生说，"自古以来，人们都梦想自由，但是，他们顶多只能部分地实现它。"

"梅花，"彩云使用古代中国的革命比喻回答，"开了一枝又一枝，开了许多许多，最后，树连着树，鲜艳的梅花一大片，到处飘香。"

李鸣凤到了。他和汉娜找了一个靠边的地方坐下。他给她念一篇悼念文章，那是两年前，他相信牛郎已经身亡写的，发表在杭州报纸上。鸣凤详细地描绘了牛郎的个性、他的长处、他的弱点，甚至不隐瞒他逛妓院的事情。

"至于我，"汉娜愤怒地回答，"我将他看作是圣人，他视我为例外。"

姚教授是最后一个到的，他又一次旁若无人，眼睛只看美音。汉娜设法让他们两人挨着坐，以免交谈受到干扰。她竭尽全力，促使美音和这位著名学者互相接近，她的举止显得如此笨拙，即使在欧洲人看来，也不甚得体，对于中国人来说，则更觉得荒诞。

气氛逐渐变得没有拘束。吴贤礼教授唱起了一首巴伐利亚地区的逗乐歌。

---

① 据中山大学图书馆的德文藏书《牛郎织女》，朱白兰于1970年6月16日在该书页面上对这段叙述加了如下注释："当时，我们还不知道，以色列国会成为美帝国主义者反对阿拉伯民族的血腥工具。"

他笑着承认，他在慕尼黑求学期间，这首歌曾经使他感到十分忧伤：

> 在那小山顶上，
> 站着一个华人，
> 他用林堡的奶酪，
> 擦抹自己的秃顶。

汉娜按照一首十分陈旧的卡巴莱流行歌曲，为自己创作了一段歌词：

> 我是清朝的小官吏，
> 直接来自中国。
> 实际上我是犹太人，
> 出生于布科维纳。

当两姐妹并排乘在三轮车上回家时，美音突然问："你知道汉娜最大的美德是什么吗？"

"你这个不可救药的孔孟之徒，"彩云笑着说，"你又要高谈阔论美德？"

美音泰然自若地重复她的问题，说："你好好想想。"

"这有什么好想的？"彩云脱口而出地说，"她的诗艺、精力、坚定不移的爱情——"

"不对，"美音回答说，"是她的正义感。"

第二天上午，新路仍然没来上汉娜的课。她向其他同学打听他的情况。学生们报以神秘的微笑。一个星期后，罗柱陵也缺席了，接着又缺了三个。

汉娜渐渐地知道了真相。他们作为技术员、护理员、战士，已经秘密地潜往解放区。

第6章

炎热笼罩着上海。梨大学在暑假期间乱哄哄的，如同被捣的一群嗡嗡叫的马蜂。友邻的交大有三个大学生因为"搞颠覆活动"被处决。在宣布对他们的判决时，他们回答："我们判决国民党专制政府死刑。"

有一次，汉娜去拜访布劳施泰因夫妇，路过警察局的监狱，听见被捕的男人和女人的惨叫声。"那是我们的政治犯。"黄包车夫、小贩、乞丐评论说。城里流传着秘密警察的头子毛申的一句话："在把上海交给赤色分子之前，我要像击碎玉雕那样将它砸烂。"

夜里，汉娜梦见一块被砸烂的翠绿色的玉雕。被打断的头颅上有一双熟悉的梦想者的斜眼睛，脸上带着坚毅的表情……

下午，月音来了。她瘦小的身躯上显露出初期怀孕的特征。她邀汉娜再次同去浦东。

"今天还是不去了吧，"汉娜抱歉地说，"我身体不舒服。"

"哦，小姐，"月音解释说，"今天是牛郎织女的节日。"

"牛郎织女的节日？"

"当然了，"月音强调说，"旧历七月七。"

"好吧，我去。"

妇女、姑娘和孩子们聚集在王妈那里。王妈带着一丝忧虑问候汉娜，抚摸她的白发，将一张脚凳挪到她的脚下。

"你脸色很白，"她说，"今天你身体不好。"

在一只蓝色的盘里，节日的糕点散发出香气，那是些小方块形松脆的甜品。紫色的花朵点缀着陶瓷砌的小祭坛。上面已经摆放着彩纸做的手镜、扇子、粉盒，那是献给天上织女的礼品。

一位年轻的妇女从邻屋搬来织机，在黑色的缎面上织金色的飞鸟。另一个妇女在深红色的丝绸上刺绣银色的百合花。两人都抱怨，她们做的活不可以再拿去卖，因为早就已经作为抵押品换了钱。其他人在缝补衣服，她们怀着极大的热忱将破烂不堪的罩衫和裤子重新补好。

汉娜希望允许她一起干活。人们给她一双穿了孔的长袜子。她开始有条不紊地补袜子，这种工作方式对神经产生的安定作用，她是屡试不爽的。几位姑娘赞许地观看着。

天色黑下来了。穿过敞开的屋门，看得见南方夏夜的天空上闪烁着明亮的大星星。王妈在圆形的小油灯上加满廉价的植物油。萤火虫飞入室内帮助照明。

"织女，"王妈带着虔诚的表情说，"体恤我们的苦难。她跟我们一样，同是女工。"

"是的，"月鸟边强调，边将铺在膝盖上的一件补丁罩衫抚平，"织女庇护我们。20年前，她隐身下凡，帮助我的姨妈将有钱的人贩子赶跑，因为他要将我买下，再转卖出去。这样，我才没有成为妹仔，当别人的奴婢，直至今天，我都是一个堂堂正正的农妇和裁缝。"

"还有我，"汉娜边表白，边用针线将破损的地方补好，"我对天上的织女也有特殊的心愿。"

"她跟我们一样,"老太太重复说,"农民并非一定贫穷,并非一定愚蠢,并非一定无知。"她走到门前,指着银河。"这条银河,只是我们的黄河的一段。没有人知道,这条河在哪里结束,那条河在哪里开始。几千年前,秀才张迁①想寻找黄河的源头。他拿来一段树干当船,逆水而上。他划呀划,却找不到河的尽头。水变得越来越清,直至泛出银光。风更柔和,花更鲜艳,村民更友善,人也长得更俊俏。在一个村里,一位姑娘坐着织布。岸的另一边,一个小伙子牵着牛走到草地上。

"我在哪里?"秀才问。此时,姑娘将一个梭子向他扔去。"回家去吧,"她说,"将我的梭子给星相家看。然后,你就全知道了。"

张迁照着姑娘的话做了。星相家想知道事情在哪一天发生,张迁告诉了他。"对了,"星相家喊了起来,"那天晚上,一颗新的星星沿着银河向上行驶,直至织女星那里,又重新回到下面,然后离去。现在,你该知道,你到过哪里了吧。"

王妈的声音变成了单调的吟唱,她摇着脑袋说:"农民住在黄河边的村子里。神仙住在银河边的村子里。黄河与银河是同一条河。农民结为夫妻,神仙也结为夫妻,农民干活,神仙也干活,农民有忧愁,神仙也有忧愁,一样的。"她在星光下摇着脑袋说,"一样的,一样的。"

寂静。夜晚的呼吸变得更深沉,更甜蜜,更缓慢。

"时间到了!"王妈吩咐说,"拜祭织女!"

怀有身孕的月音优雅地将微薄的供品收拾在一起,那是彩纸做成的手镜、扇子、粉盒。月兔从她手中接过供品,走到门外,朝天三拜,然后将供品抛到稻草铺的屋顶上。

蓝色小盘里的甜点吃完了。月鸟端着空盘挨个地走到妇女们的面前,她们将绣花针放到盘里,汉娜也将钩针放进去,女邻居放的是丝线。月兰捧着蓝色小盘走出门外,摆放在一块大石头上。

"织女会将她的光芒照射进去,"王妈解释说,"这样,就会使她们将来做出的针线活光彩夺目。"

"然后,"女邻居接着说,"喜鹊就会飞过来,在银河上搭一座桥,织女就会过桥,到牛郎那里。"

"可是,时间不长,"汉娜心情压抑地说,"这是为什么?为什么?"

月鸟用蝉鸣般优美的声音唱起一首大家熟悉的歌作为回答,但这首歌并没

---

① 原文为 Tschang Tschien,此处按读音译为"张迁",据《史记·大宛列传》,西汉张骞出使西域后,有黄河发源于于阗,东流至盐泽,再潜行地下,南出为河源的说法。

有说出为什么相会的时间不长:

> 离别岁月长又长,
> 相聚时刻短又短,
> 心心相印爱永存。

王妈回到屋里,重新坐下。

"未来,"王妈用吟唱的语调预告,"村民将更友善,头脑更聪明,干活更自豪,生活更美好。没有贫困,没有屈辱,我们乡下妇女刺绣花草,编制箩筐,像天上的织女那样将星辰织在锦缎上。未来——"

"对不起,我的老奶奶,"月音打断王妈的话,"不要老说未来。这一天很快就到来!"王妈对这位活泼大方的城市女人的失礼宽容地笑了笑。

"也许很快吧,"她表示同意,"到那时,我们这些从事绣花织布的妇女将用完全不同的方式庆祝今天的节日。绣花鞋里将填满鲜花,象牙碗里将盛满大米、杏仁、各种甜点心,闪闪发光的玉石缸里,做出一个小池,养上成群的七彩小鱼,上面搭一座用禾秆、叶子、鲜花编成的小桥,桥上巧妙地暗藏小灯泡。我们将唱呀唱——"

其实,她们今天就已经唱起来了。一个由妇女、姑娘和孩子们组成的小合唱开始唱一首歌,10年前,汉娜在旅店的小房间里,在幸福的时刻,在她生命强大的时刻听过这首歌,并且突然领悟了中国的美。

她们唱着歌,在祈求勤劳的织女促进她们的工作的同时,用真正中国人心脏的脉搏,带着友情和幻想赞美她的苦恋,努力安抚她,帮助她克服心中的忧愁:

> 女织着稀云,
> 织入远方的星辰,
> 闪电的火光,
> 丝绸般的风,水晶般的露——
> 这意味着更大的幸福。

突然,她们几乎同时停下歌唱,呆呆地看着那位外国女人。织女在汉娜身上创造了奇迹。在她刚进屋的时候,她看上去像60岁的老太婆,而现在,却像30岁的模样。

几个礼拜后,秋季学期开始了。但学校里已经失去了正常的教学秩序。大部分学生没来上课。那些没有去解放区的学生，都以各种借口到附近的农村，帮助农民组织起来，用消极抵抗的方法，成功地反对国民党军队拉壮丁和搜刮民财。

教学秩序不正常，社会生活也同样乱了套。蒋介石的儿子蒋经国不敢触动大投机商，便试图拿中小投机商人下手。对于任意抬高物价，他实行严厉的监禁措施，个别情况下甚至处以死刑。短短的几天内，所有商店都空了。然而，每个上海人都知道，在大发横财的人那里，其中包括政府高官，他们隐蔽的地下室囤积的肉和大米多得腐烂发霉。

汉娜甚至在正常时期都不善于购物，如今则完全陷入无助的地步，每天只能靠吃两块巧克力维持营养。经过一场充满激情但缺乏实质的斗争后，出尽洋相的蒋经国向他的舅舅宋子文以及其他经济界的领袖人物屈服了。禁止抬高物价的法律取消了，商店又摆满了货物，肆意提价的狂潮开始了。汉娜和她的同事在省吃俭用的情况下，用一个月的工资只能生活一个半星期。但是汉娜却充满期待地在 11 月潮湿的风里奔走。满洲里（原文为 Mandschurei，汉译即满洲里）已经在解放军的手里，他们不可阻挡地向天津和北平挺进，也许，牛郎就在部队里。

傅楷盟和妻子、大姨子一起开家庭会议。汉娜明确扼要地向他表明，她存的钱正好够去一趟北平。她想到解放军里找一找，看能不能遇到牛郎。"如果我运气好，两个星期后他将率领解放军进入北平。"

楷盟认为这么做相当冒险，但他了解汉娜浪漫主义的倔强性格。要阻止她，那是徒劳的，只能尽可能使她在北平减少一些困难。

美音表示，愿意写一封介绍信交给汉娜，让她去找自己的母亲，作为唐家的大奶奶，她母亲在北京社会上仍然起着举足轻重的作用。她的热情好客人人称道。在这位富贵的老太太家里，汉娜将会得到最好的照料，直至解放军入城。

美音的建议显得如此明智和清晰，另外两人都热烈地表示赞同。但是，当她走进侧房写信时，彩云扯了扯丈夫的袖子，不安地说，汉娜在这位老竹竿似的贵夫人那里会感到难受，而且也不易得到理解。

"我的母亲，擦鞋匠的女儿，九姨太，要是她还活着那就好了！汉娜肯定在她那里能得到支持。可是，她在两年前去世了，家中其余的人都向这位力量大但没头脑的女主人不断磕头。"

"那么，你有什么建议？"楷盟问。

"我们必须给她再写一封介绍信，以免她只依靠唐夫人。"

"写给谁？"

李鸣凤走进屋,他是被请来出主意的。他不假思考就提到马叔平,此人曾在他们的革命的业余剧社扮演过卓越的角色。他在北平出版的《晨华报》里担任了多年的总编辑,也许现在仍然担任,这份报纸被称为"中国的晨报",具有国民党专制下作为公开报纸所能持有的左的倾向。此外,他年近七十的父亲马炳南在北京是著名的考古学家。

自从战斗日益靠近以来,上海与北平之间的铁路运输中断了。汉娜打算买船票前往北平邻近的天津港,但必须等5天,风暴太大了。人们成群结队地迎着红色部队向北方涌去。王妈为了寻找她失踪的老头子,在月鸟的陪同下也朝前线方向去,其他的家人将随后而来。

月音尽管即将分娩,也要和彩云、鸣凤一道送汉娜去乘船。一个湛蓝色的孕妇身影,尾随在汉娜后面,像护身符那样寸步不离。汉娜请她回家去,但并不管用。月音不顾身孕,挺着肚子坚持前往。

第5部分　老百姓

第1章

三个士兵,或者像解放军里正式称呼那样,三个战士走进屋里。他们完全不拘礼节,就像平民百姓那样,但是,从中间那个人的表情上可以看出,他被另外两个人拘捕了。"怀疑是搞颠覆。"他右边的人解释说。他左边的人迅速补充:"但目前只是怀疑,上校同志。"

担任政委的老百姓上校将目光从他正在研究的地图上移开,并且重新垂下斜眼睛,因为他不想让被捕的人不必要地陷入思想混乱。

"您从头说一遍,"他说。通常情况下,八路互相称呼"你",但在这种情况下,用"您"来称呼对方,在他看来,更妥当、更谨慎些。

"起因是,篮子。"战士笨拙地说,他刚开口便说不出话来。

"谁的篮子?"

"当然是我入住的杨家。"

"在哪一条村?"

"小夏隅。"

"唔。继续说?"

"附近,在大夏隅,有很好的梨子。杨家的人经常借篮子给我,好让我买梨子。"

"您买了梨子,也付了钱?"

"是的,上校同志。"

"肯定?"

"他从来都付钱。"站他左边的人插嘴说,站右边的也附和。

"后来,我想回大夏隅,当时,部队集合在大路上准备出发,又要继续前进。我站在老梁和小刘的中间,"他指了指陪同他的两个人,"手臂上提着篮子,我想,到下一个村子我们停止行军的时候,我再回头将篮子还给杨家。因为他们家总共只有三只好篮子,一只儿媳妇用来卖鸡蛋,另一只侄女用来卖油炸鬼,还有一只小妹妹用来卖纸花。但是,我们的部队没有停下来,走了又走,不断地向前挺进,现在仍然如此。对此,我既高兴又失望。突然——"他没有再往下说。

"突然,他跑了,"姓梁的补充说,"我立刻想到,他是要去还篮子。我们在路上谈论这件事,我们八路军,共产党人,不允许拿群众一针一线,不能白吃群众一粒黍,不得调戏妇女,要尽量少给群众造成不便。"

"正因为这样,"被捕的人接着说,"我往回跑,整夜跑,只稍稍休息了一回,因为我必须将篮子还给他们。他们需要三只篮子,一只儿媳妇用来卖鸡蛋,另一只侄女用来卖油炸鬼,还有一只小妹妹用来卖——"

"两天后,他才回到我们部队,"小刘打断他的话,"我们当然必须拘捕他。但是,我立刻就说——"

"因为他们确实需要三只篮子,"被捕者打断小刘的话,"一只儿媳妇用来卖鸡蛋,另一只侄女用来卖油炸鬼,还有一只——"

"我明白了,"上校安慰他,"我全明白了。"

一阵安静。

"上校同志,"被捕者深吸一口气说,"这事情没有结果?"

"嗯!"上校说。此刻,他的样子看上去又像19年前在上海时的王朴诚,那个有许多故事、喜欢突然给人惊喜的苦力,农民的儿子。"这件事肯定要有结果:你要得到嘉奖。"

"嘉奖?"这位战士结结巴巴地说,"为什么?"

"因为你对平民百姓体贴入微,堪称模范。"

老百姓上校看了看钟,正好12点。他站起来,颧骨突起的脸向三位战士露出告别的微笑,这已取代了"退下"的命令,他疲惫地拖着瘦削但坚韧的身躯,朝食堂走去。半路上他走错了三次,因为在石家庄这里,部队的驻地是一座可怕的迷宫。他终于找到了食堂,穿过坐满人的桌子,挤到柜台前,要了一杯茶。在要茶的时候,他不是说"cha",而是说"ca",因为他还改不了上海话的口音。在他身后,两位战友正在用午餐,一个是来自莫斯科东方学院的胡平安,另一个是陶瓷工、前线导演许旺福。只听见夹筷子发出的轻微声音。

"这么说,牛郎死了?"胡平安突然问。

"死了,"许旺福肯定地说,"人们还不知道细节,但再也没有人怀疑这一事实。"

"14个月前我见过他,后来又听到一次他的消息。再后来就没了!"

"死了,"许旺福重复了一遍,"如此一位艺术家。如此一名教师。"

"而且是如此一个人。"胡平安补充道。

"据说,他在国民党统治的三个省组织了反掠夺斗争和策反运动,"许旺福说,"在浙江、南昌和广东。国民党到处搜捕他,匆忙将他处决了。"

"他的儿子在这里,你知道吗?"

"张新路?什么时候来的?"

"几个星期了。现在,他在这里的大学学习工程。"

"你说什么?他早就是工程师了!"

"他?——他才刚满20岁。"

"可是,大家知道,他在建造孙家里桥中起了什么作用。"旺福提醒说。

"我自己当时也在场,"旺福笑着说,"我教建桥工人读书识字。当时,老百姓是政治委员。新路只是技术人员,但是,他年轻有为,热情活泼,说服了总工程师考虑工人们的建议。结果,桥梁提前了6天完成,这对于部队和后方的供给极为重要。"

"加快进度对质量没有造成影响?"

"完全没有。人们在工作中发扬了牺牲精神,并且表现出无可比拟的认真态度。这是一座坚固的桥梁,而且非常漂亮,就像旋律一样有起有伏。"

"这有张新路的一份功劳!可惜张牛郎再也不能感受到这份快乐!"旺福抑制着悲伤说。

"张牛郎有个外国妻子。"胡平安说。

"是俄国人?"

"是波兰犹太人。她来中国找牛郎。"

"认识牛郎的人都不会觉得奇怪。"

"但大家都认定他已经死了?"

"是啊,可惜再也没人对此表示怀疑。"

王朴诚在他身后,慢慢地喝着茶,聆听着这场谈话。他本想坐到他们两人的桌子旁。但他最后还是紧闭嘴唇,在他们身边走过。

只听见夹筷子发出的轻微声音。

第 2 章

汉娜的文件包里放着两封介绍信,一封长,一封短,她只认得少数几个汉字,但在船上,一位友好的旅客给她念了这两封信。

长的那封是用旧体书信文言风格写的:

"母亲大人膝下,敬禀者:女儿举目仰望,如见慈颜,诚惶诚恐,有事相求。承蒙母爱,女自幼受教于名师,奉家慈谕训,铭刻孔孟之道于心,至今不敢有忘。孔子教导,君子有德,敬之如宾,勿以狭隘之心为难之,而应胸怀友善勉励之。

"女谨遵圣人教诲,介绍汉娜拜见慈母。她乃女之异国妹妹,您失踪女婿之次室,还盼母亲大人友善待之。她非华人,然颇有美德,爱夫之深,溢于言表,秉贤女之坚贞,兼匹夫之神勇,渡重洋寻夫万里,精诗艺名扬四海,忠夫君,德比孟姜女、王宝钏,爱中华,情深意切,其诗可以为证。

"汉娜初次进京,人地生疏,无依无靠,一心盼望尽快找到夫君,女特此跪地三叩,恳请慈闱援手相助,彰显唐府高门敞开、热情好客之美德。"

另一封用现代汉语草拟,言简意赅:

"亲爱的叔平!兹介绍波兰女作家汉娜·毕尔克(拉丁文写法 Hanna Bilke)前往你处,她是我们老朋友牛郎的外国妻子,请给予应有的接待。"

信末署名:傅楷盟、李鸣凤、赵永强。

汉娜搭乘的三轮车停在大门上方画有紫金龙的唐府前。两个佣人打开屋门,一个接过她手中的箱子,另一个请她稍为等候。过了一会儿,又来了一位年长者,自称管家,问她有何愿望。

"请带我见老夫人,"汉娜请求,"我有她女儿的引荐信。"

"老太太会很高兴的。"管家不假思索地亲切回答。他彬彬有礼地领着汉娜走进宽阔的院子,穿越月门、天井,绕过岩石堆砌的小山、花叶凋零的灌木丛和宝石型的金鱼池。她的箱子被放在一间没有窗户的杂物房里,那就是彩云出生的地方,但汉娜并不知晓。

老管家客气地说:"等一会儿,我吩咐下人为您去取其余的行李。"

"除了这个箱子,我没有其他行李。"

管家的表情仍然无法看透,但他的态度和说话的语调发生了几乎觉察不出的变化。

汉娜的脸和手指尖开始发冷。老人的眼睛显露出奴才的本色,没有光泽,缺乏胆量，不置可否。

唐老夫人庄重地坐在一张黑色的雕花椅上。她身旁的墙边上靠放着一把镶银的竹烟筒，头的上方，挂着一幅丝绸饰品，上面写着五个大字，汉娜能辨认出，那是儒家提倡的五德：仁、义、礼、智、信。

"这位外国女子，"老管家禀报，"带来我家大小姐给老夫人的书信。"

汉娜弯腰鞠躬。唐老太太立起身回礼，并请她就座。

另一位佣人端来茶水和小方块形状的饼。

描漆的屏风分立在客厅的两侧，屏风四周的木框雕刻着精美的花鸟、龙纹，中间的平面上贴着用翠鸟羽毛制作的画，蓝色发亮的羽毛拼成树丛、曲桥、小船、碧瓦飞甍的亭台楼阁，整体呈现出一幅奇幻的蓝色月亮照耀下的迷人风景。

眼睛近视的汉娜发现小桌上放着一个牙雕的人物，靠近看，那是一个仕女，两眼低垂，作沉思状，右手拿笔，左手持扇，仿佛在思考扇面上该写些什么，怎样才能将心意传给最亲爱的人……

对面屏风前的牙雕人物是个中年男子，挂着一根弯曲的长长的牧羊棍，两只绵羊偎依在他的长袍边，羊身上的细毛清晰可见，男子形态栩栩如生，头部侧向一边，鼻子俊美，嘴角挂着微笑，脸上慈祥的皱纹表达出同情和关爱。

"真是绝无仅有！"汉娜禁不住惊呼起来。

"这还不算特别的，"老夫人谦和地笑答，"全是紫禁城里流出的东西——宫中的用品。"她见汉娜不解地抬起头望，便补充说，"现在，故宫只是博物馆。一部分艺术珍品仍保存在那里，另一些成了大户人家的藏品。还有他，"她朝管家方向摆了摆头，只见他像扎了根似地呆立在门边，一副奴才的样子，"他也在宫中当过差，人们完全看不出他已经有 75 岁了。"

"有意思——"汉娜尴尬地喃喃自语。她从文件包中拿出美音的信，恭敬地递给老太太。

唐老夫人轻声地读信，逐句逐句地念，最后读到写着"无依无靠"的地方。

老夫人的表情仍然看不透，但她的态度和说话的语调发生了几乎觉察不出的变化。她将信读完了。

汉娜默默无语。唐老夫人也一声不吭地把弄着镶银的竹烟筒。

太可悲了！活到 45 岁，美音年轻时乖戾和小题大做的脾气仍然没有改掉。她仍然在最不恰当的时候谈论孔孟之道。20 年前，她曾经这样出面维护出身低贱的妾生下的女儿，浑身油污的擦鞋匠的外孙女。

伟大孔子的学说是为了让高官们多点去庄严地思考，少一些空闲的时间。

为了对付低贱的人，人们并不需要它。

不错，唐府的大门敞开着，但只是为那些重要人物而开，而不是为一个跑来的女乞丐。

对华友好？——中国需要的是杜鲁门的友好。在近期里，中国也许还需要斯大林的友好。但中国并不需要一个挨饿的流浪女子的友好。

"美音不知道，"唐老夫人有气无力地开口说，"我们家的客房全都住了人。我可惜无法安排您的住宿。"

汉娜急不可待地站起身，从牙缝中脱口说出："美音会感到很惊奇的。"

唐夫人只当没有听出话中隐含的讽刺。老管家打开了房门。

透过近视和忧伤造成的薄雾，汉娜望着象牙雕刻的牧羊人充满关爱的脸，觉得他的嘴唇仿佛在轻轻地说：

"你会再见到我的，异乡人。你会再见到我的。"

汉娜跌跌撞撞地奔向杂物房。老管家从容不迫地跟在后面。

另一个佣人跑过来，他望着箱子，等待着老管家的命令，但命令没有发出。

他惊愕地看着汉娜，满头的白发，黑色的眉毛，年轻但柔弱疲惫的身躯。最后，他喃喃地询问管家，管家歪了一下嘴巴，似乎说："好吧！"

汉娜快步地穿过院子，提着箱子的佣人几乎跟不上她的速度，她一边走一边思考自己的处境。也许这样更好些。她还有第二个方案。赶快去马叔平那里！

猛烈的寒风，不可阻挡地吹过这栋结构明晰的城市建筑物，将沙子刮进汉娜的眼、耳、口、鼻。马叔平住的房子位于北池子，紧挨着紫禁城。

汉娜信心十足地敲了敲门，将信递给看门人。他很快接过汉娜的行李箱，并将箱子连同它的主人安顿在简陋但生了炉子的门房里。

"您先暖和一下身子吧。"他兴奋地说，"我这就去转交您的信。"

但是，他回来的时候却显得不那么兴奋。"马叔平先生几个月前去了香港。"

这看上去不像撒谎。许多左派知识分子也从上海逃去了香港，在最后一刻躲开国民党警察局的迫害。

"那么，我想跟他的父亲谈谈。"汉娜非常客气地请求。

看门人显得有些颓丧地走进屋里，回来的时候就更颓丧了。

"马先生不能见您。他不认识您。"

"他看信了吗？"汉娜吞吞吐吐地说。

"他看了。"

汉娜拿起提箱，转身就走。

"暖暖身子再走吧，"看门人说，"在门房这里我是主人。等一等，我给您倒杯茶。"

"这里附近有便宜的旅店吗？"汉娜问。

"噢，有的，名叫'游星'，在南池子那里。——这是您带来的信，拿回去吧，也许还用得着。"

"我可以把箱子放在您这儿吗？——我明天就取走。"

"请不要超过明天。因为我想另找一份工作。对于那些寒冬腊月拒人门外的人，我无法再为他工作。这里不适合我。"

当汉娜沿着南池子走的时候，从西北方向突然传来一阵机枪的响声。

他们来了，汉娜想，她深深地吸了口气，他们来了。

游星旅店是一栋一层半高的楼房，欧式结构，带有简朴的通道和老式的百叶窗。

汉娜因为长距离乘坐三轮车，钱包里剩下的钱已经不多了。她预付了两天的房租，剩下的钱只够明天填饱肚子。后天怎么办？

枪声停了，次日下午重新又响起，但又停止了，接下来的24小时，一片寂静。

"同志们，"汉娜双眼凝视空中，说，"你们来得太晚了。"

电灯经常处于停电状态。晚上，店里的招待端来一盏煤油灯。马路上漆黑一片。

汉娜透过近视、无助、身体虚弱和心情紧张造成的薄纱，在这漆黑的后面，感觉到了白天匆忙和无意识看到的一切：北平，世上最美丽的城市。

第3章

第三天，风停了，天气暖和了一些，汉娜还没有饿到身体发软，她决定参观一下这座城市。

北平是一个方方正正的首饰盒，完全对称，城中心藏着一个小一点的、同样方方正正的首饰盒：紫禁城，那里过去是禁止进入的皇宫，尽管早已不是皇宫，也早已不再禁止人们进入，但仍然保留着原来的名字。

汉娜穿过深红色高墙的南门，在那儿，有五六座门一个接一个，透过这些门，可以看到一幅梦幻般的情景：建筑物和庭院，庭院和建筑物。突然，她站立在一间大殿里，天花板上画着金色和紫色的图案。在她的上方，龙飞凤舞，龙象征皇帝，凤象征皇后，她再次明白了，所有颠倒的、令人颓丧的东西都可以变成美。

四周的城区也不缺乏美。围墙和树木之间，这儿一片小湖，那儿一片小湖，只见湖水碧波荡漾。城里凡有十字路口的地方，都立着由四个巨大木拱门构成的牌楼。远处一座小山上，庄严地矗立着庞大的藏式白塔，它处在文雅精致的汉人世界中显得如此奇异，那里是北海，曾是皇帝的冬宫。

汉娜四处闲逛，诧异地看见一间庙宇里的古老的大树如何被锯倒。她还看见，穿制服的工人拆除东单牌楼的拱门。在哈德门大街的南端，突然出现在她眼前的是一片宽阔的、被铲除得光秃秃的平地。

在她住的旅馆里，简陋的小客厅摆放着一份名叫《北平编年史》的英文报纸，上面直截了当地宣称，光荣的国民党军队最终击败了共产党人。当汉娜在读报的时候，外头响起了枪声，距离比前天近了许多。汉娜继续读报，据称，根据北平城防司令傅作义将军的命令，为了抗击红色军队，有效加强北平的防守，哈德门大街的南部被改用作机场。

旅馆老板走进来，要求汉娜亲自走访警察局外事处，这是当今的规定。

汉娜又要出门。起初，登记手续进行得非常机械，可是，工作人员突然说，冯玉廷上校要亲自跟她谈话。

"请坐，毕尔克小姐。"他的英语讲得非常好，汉娜情不自禁夸奖他。

"我到警察局工作时间不长，"上校微笑着说，"我本来是英国文学教授，起初在中学教书，后来到大学工作。其间曾在军队服役，进行抗日斗争。可惜大学教授的薪水不足以养活家庭，甚至连自己也养不起。"

"我已经察觉到了。"汉娜愤怒地说。

"我的责任是问您为什么来北平。"

"我是《桥》报和《时代洪流》报的记者，"汉娜解释说，并从公文包中取出两份委任书和几篇报纸文章，"根据报纸的需要，我想接近战地。"

"但是，现在您跟报纸的联系已经被割断了。"冯上校说。

"完全断了！"汉娜证实。

"您至少有一个好的落脚处吗？"

"我住在一间旅馆的小房间里，但已付不起房钱。"

"我虽然有一栋正经的小房屋，"冯上校补充说，"但是，我每天都要担心，城防司令部可能派几个士兵进驻我的房屋。傅作义喜欢占用中等阶层的住宅。穷人的房子太糟糕了，至于有钱人家，他又不想给他们造成不便，还有外国人也是。如果我家住了外国人，如果毕尔克小姐作为客人住在我家，那么，我就可以防止军队进驻。"

"我很乐意，谢谢！"汉娜喊道。

"可惜我不能照顾您，"冯上校抱歉地说，"食品的价格不断上涨，我有两个儿子一个闺女，我的妻子又怀孕了。此外，我妹妹住在我家，我大哥的儿子也住在我家。"

"也许，我可以给私人上课，"汉娜说，"我会说波兰语、意第绪语、德语、英语、法语、俄语。"

"据我所知，这里有两个雇员想学俄语。"

时代的标向！汉娜想，但她尽力按照中国人的模式，做出一副让人看不透的样子。

"可惜他们不能付很多钱。"冯上校说。

他把年轻的登记员和女助理叫来，很快，他们就谈妥了。汉娜上15节课，得到的报酬正好够接下来四天填饱肚子。

最后，冯玉廷又打电话给旅馆老板，请他考虑到现在是特殊时期，免掉汉娜的第三天房租。

冯玉廷的房子坐落在北池子旁边奴奴房胡同。这是一栋平房，像城里大多数房屋那样。三个房间和一个厨房围着一个正方形的小院子。汉娜与上校的妹妹冯玉琳同住一间房，冯小姐还未结婚，30岁了，身材高大，待人有点冷冰冰，她在哥哥曾经任课的中学里当出纳。她利用汉娜的到来，努力练习，提高自己差劲的英语，她常令人发笑地造出一些中英混杂的句子：

"Miss Pi-Li-Ke have you 吃饭了？"

"Miss Pi-Li-Ke, today it is very 冷。I go 睡觉。"

冯玉廷的侄子是个20岁的小伙子，喜欢沉思冥想。晚上，一家人打麻将的时候，他坐在角落里写东西。汉娜问他写什么，他羞涩地说是写日记。但是，此后不久，《晨华报》上发表了他的一篇文章，他思想早熟，才华横溢，超出人们的意料。他在文中写道，按照中国人的传统，子孙满堂是最大的福气；但是，在目前的情况下，没子女的感到满足，多子女的感到疑惑。按照中国人的传统，妻子怀孕，丈夫充满希望，感到高兴和骄傲；但是，在目前的情况下，丈夫只会充满忧虑和害怕。妻子的肚子愈大，丈夫的担忧愈大。

汉娜的钱只够四天伙食。她已经两天没吃饭了，但还要尽力瞒着冯家的人，不让他们知道自己挨饿。最后，她终于做出决定，步行很长的路去唐府。唐家大宅在金华门路，华丽，令人憎恨，大门上方的牌匾上画着描金的紫龙。第三等的仆人打开宅门，唤来老管家。

"您有什么事？"老管家问。

汉娜的胃壁隐隐作痛。"告诉你们有钱的太太，"她由于愤怒而失去理智地吼道，"如果她无心接待我，至少应当考虑让我有点吃的，否则，我要大吵大闹，使整个北平的人都跑来看热闹。"

投向她的是奴才的目光，没有光泽，没有勇气，不置可否。"留下您的地址，"他气喘吁吁地说，语气中带着轻蔑，"等着看吧。"

"你父亲的父亲被恶魔附体了。"汉娜低声地用意第绪语骂道。

"你想断子绝孙。"汉娜又低声用汉语骂了一句。老管家担心会惹女主人生气，因为他竟然允许这个不受欢迎的人来讨价还价。

汉娜艰难地拖着身体，踏上回家的路途。每走一步，她破损的长袜都在撕裂。

汉娜和她的两个学生同时到达约定的地点，她使尽最后的力量，给他们上俄语课。

他们刚走，汉娜就发现一个熟悉的身影穿过院子：唐府的管家。

汉娜顾不上所有礼节，快步跟在后面，追上去，与他同时走到冯上校的面前。

"我是唐府的佣人，"管家自我介绍。"老太太让我告诉您——"他的话说得很急，并且接连不断，汉娜无法跟上他的语速，但能区分出他话中一再出现两个字："八路，八路，八路。"

"这个善于告密的无赖！"汉娜厌恶地说。她转过身，回到自己的房间。

为什么我仍然不感到害怕？她不无惊讶地想。也许，我已处在白痴病的后期。

她将一张小板凳移到煤油灯旁，开始按部就班地补破袜子。

她似乎完全没有了时间感。已经过去了半小时？一个小时？还是两个小时？

冯上校按照欧洲人的方式，敲了一下门，走进来。"毕尔克小姐，我必须跟您谈谈。"

"请坐，上校先生。"汉娜带着忧郁和傲慢说，"对不起，我不能停下手中的针线活。"

"您是共产党员吗？"

"不是。"

"那您丈夫是共产党员吗？"

"是的。"

"您来中国找他？"

"是的。"

"您也搞文学创作——"

"这也是我来华的一个目的，但不是唯一的目的。"

"这么说，您不知道他如今在哪里？"

"我不知道。要是我知道——"

"您也不会告诉我，这我理解。——您到底在哪里认识您丈夫的？"

"在莫斯科。"

"您跟他分开多长时间了？"

"10年了。"

"您什么时候开始失去他的音信？"

"也有10年了。"

"您没有再结婚？"

"没有。"

"您没有这个打算？"

"没有。"

他沉默了，似乎在整理自己的思绪。汉娜在继续补袜子。

"我是警察局外事处的官员，"冯上校垂下斜眼睛，开口说，"根据规定，我必须现在就拘捕您，并移交给秘密警察。但您是我的客人。您选择的丈夫是一个有色人种，一个被压迫和受侮辱者，您对他不离不弃，保持着忠贞，您，一个白种女人，享有特权的种族。"

遗憾！汉娜心想，我的种族享有特权！

"从儒家的道德出发，"冯玉廷继续解释，"您应当受到最大的尊重。毕尔克小姐！我作为爱国人士，我愿意保证您个人的自由和安全。"

"这是——这是真实的——"汉娜结结巴巴地说，开始控制不住地哭起来。

冯上校尽力很策略地绕过这种情感的粗鲁爆发。

"有一点，我必须责备您，"他诚恳地说，"您已经两天没有吃任何东西了。为什么不对我说？"

"我不能夺走您孩子口中的粮食。"汉娜抽噎着说。

"没有那么严重。今晚您无论如何都跟我们一道吃饭。明天，我给您一个地址，也许这个人能够继续帮助您。"

夜里，汉娜必须在冯玉琳小姐那里通过第二次更严厉的审问。

"Miss Pi-Li-Ke，您是不是八路？"

"不是。"

"您是。"

"不是。"

"您当然是八路。"

汉娜笑了，"您爱怎么想就怎么说吧。"

"您的丈夫是八路。"

"是的。"汉娜说。

远处又响起了枪声。

"您的丈夫来了。"冯小姐说。她带着真正中国人的从容表情将深褐色的脸贴在又小又硬的头枕上，看上去像睡着了。

冯上校提到的地址是：纳旦·赖波维奇·贝迪切夫斯基，天津市马厂道二十五号，北平市使馆街三十八号。

贝迪切夫斯基是一个非常富有的皮货商人，并且是天津犹太社团的首领。他是12月初过来买皮货的，北平的皮货比天津的便宜很多。在此期间，战火逼近，两座相邻城市的任何联系都被割断。贝迪切夫斯基随之临时但舒适地在北平住下了。

汉娜穿上鞋袜出门，她满意地自言自语，赞赏自己昨天补的袜子。

贝迪切夫斯基先生带着几分陌生感接待汉娜，但经过较长时间的交涉，还是以犹太社团的名义给了她一次性资助。汉娜连奔带跑地走进最近的一间食品店。

事后，她那副经过严峻考验的神经却开始造反起来。每天早晨起床的时候，她都感到眼前发黑，被恶心和强烈的下身疼痛折磨，但俄语课还能上。冯小姐早晚坐在她的床边，给她讲笑话。冯小姐讲了这么一个笑话：有一个中国的官员以通常的方式邀请美国人到家里做客，他说："恭请仁兄光临寒舍吃顿便饭，望勿嫌弃。"——"见鬼！"这个美国人喊道，"这个中国佬以为，我会为了他在一间寒冷的茅屋里受冻并享用糟糕的晚餐。"

汉娜哈哈大笑，冯小姐得意地用她的中国式英语说：

"Miss Pi-Li-Ke, I made you 笑，your 肚子 no more 痛！"

第4章

冯小姐的笑话不是汉娜心情好的唯一原因。她有了一项新计划，看来很实用。

北平城外，离西城门好一段路程，有一间著名的高等学府，叫明大学。它已经掌控在解放军部队的手中。但是，学校在城内赤合园巷设立了一个办事处代理招聘工作。

汉娜因求职的事情而前往该处。办事处的负责人是一个年轻的讲师，名叫严永霖。他无法答复汉娜的问题，但对她说，他认识上海梨大学的许多教授和学生。他们便兴奋地谈论起共同的熟人。他说起话来从容不迫，但汉娜很快就发现，这却显示了他办事明确果断的性格。渐渐地，她感觉到对他摊牌是有好处的。

"如果您首要的不是为了求职，"他同情地说，"如果您最终是想跟新的人民政府联系，那么，有些事情是肯定可以做成的。"

他写了一封引荐信给著名的历史教授陶求敏，介绍汉娜是位语言和文学教师。凭这封信，警察局外事处可以毫无困难地给她发一张通行证，冯上校带着意味深长的微笑在证上签了名。

汉娜将自己的行李箱交给主人保管，快速出了西直门。道路上很安静，只是偶然有个农民在赶路。她来到一个国民党的岗哨前，一个营养不足的年轻士兵草草地检查了一下她的通行证就让她走了。

现在是一片无人的地带。某处响起零星的枪声，但并不是针对她的。她不停地走，即使已经很累了，但也只是走完了一小半的路程。

终于出现了一个岗哨。汉娜用眼睛打量了一下哨兵。这是她亲眼看见的第一个八路军战士。她试图在他身上找到某种标记，但没找到。他胸前既没有苏维埃的红星，袖子上也没有镰刀斧头。他身穿的制服跟国民党士兵唯一的区别就是头上戴了一顶暖和的皮帽。

这并不重要。反正，她来到了解放区，来到了牛郎的身边。

汉娜出示她的通行证。它被仔细地检查，显然比先前的仔细得多。"这里还有一封引荐信。"汉娜兴奋地说。其他的解放军战士走过来，好奇地望着她，带着一种苦力常有的微笑友好地问她是否真的懂那么多种语言。

"没错。"她肯定地说。一片赞叹声使她深感得意，她又问了一下去明大学的路。

她还得步行大约两个小时。一直朝西走。

对于这个战士来说要走两小时，汉娜想，那么对于我的扁平足来说，至少要走五小时。

她走呵走，用近视的眼睛凝视每个路过的人，一个又一个，但都不是牛郎。

我立刻就要昏倒了，汉娜想。

路旁有一个小村庄。她在一间小屋前敲了敲门，要杯开水。她得到了开水，还得到了一小碗小米粥。

"黄米粥是我最喜欢吃的东西。"汉娜欣喜地说。

"可惜我不能再给你了。"农妇抱歉地说。

"谁想再要？"汉娜为自己辩解，"称赞这些小米粥总可以吧。"

对于这位农妇来说,这是一个倾吐心声的好机会。"他们在撤退之前——"她在空中画了一个国民党士兵青天白日的标志——"把我们的粮仓洗劫一空,将成袋的大米和小米抢走,而且还骂人,因为屋里没有肉和蛋。他们挨饿,这当然不假。当官的总是私藏军粮,将它们卖掉。"

"是的。"刚住下的八路笑着说。他坐在留着白胡子的老汉旁边,帮助他编草鞋,那是农妇的公公。"他们搬走那么多粮食,以至于不得不将枪支扔掉,那是头等的美式武器,我们正好可以拿来用。"

下午4点,汉娜才到达明大学。别致的小住宅围在大学建筑物的四周。经过一番打听,汉娜找到了陶求敏住的小房屋,她递上引荐信,并脱口说出自己冒着生命危险跑到城外的真正原因。

"欢迎您,"教授说,"我刚和家人一起听收音机。您也想听吗?——待会儿我们再商量所有事情。"

收音机里传出了东北野战军司令员林彪的声音:"傅作义将军,为了平民百姓和我们民族的艺术珍宝,我提议,我们离城50里进行决战。如果我们打胜了,我们保证您和您的部队自由撤走。我们紧急敦促您,不要躲在北平居民的后面,不要再砍伐寺庙的树木,不要再拆除牌楼,尤其是,不要再危害和平的人民。"

声音停了。

"诸位怎么看?"汉娜问,"傅作义将军会同意吗?"

"很难,"陶教授回答,"他太了解,他的军队远远比不过我们。"

"这么说,北平城内会发生巷战!"汉娜失望地喊道,"他们将会毁掉地球上最美丽的城市。"

"也许傅作义将军会及时投降,"陶教授安慰说,"这大概不是第一个,也不是最后一个。"

他的夫人、年轻的儿子和还没有成年的女儿都笑着表示认同。接下来几分钟,耳边响起了十来个国民党将军的名字。

"您是共产党员吗,教授先生?"汉娜问。

"不是的,汉娜小姐。"

"对于一个无党派的学者来说,您现实政治却持有难得的见解。"

"我并非无党派,"陶求敏笑了,"在中华民国,共产党不是唯一的政党。我们还有十来个不同的政党,例如民盟、民革、三民主义联合会、民进、致公党,等等。只要他们试图批评糟糕的经济状况,蒋介石就对他们进行无情地压制。也许我们迟早会靠近马克思主义的意识形态,但蒋介石加速了这一过程。他和宋子文以及整个腐败的集团,都不自觉地、但却最有效地为共产党做了宣传,国民党军队为解放军不断地提供武器弹药。"

"教授先生,我可以问问您属于哪个政党吗?"

"我是民进的。我最喜爱的学生严永霖也是。顺便问一句,您喜欢他吗?他的英文说得怎样?"

"他说得跟您一样好,教授先生。"

"现在,毕尔克小姐,我们谈谈您的事情。作为中国的爱国人士,我对您抱着最大的同情。但眼下,可惜我无法为您提供职位。还要过好一段时间,我们对整个教学计划和财政预算才会有一个清晰的想法。但是,我也许可以帮助您找到您的丈夫。军管会的驻地离我们这里不远。我马上给他们打电话。"

他走进侧房。

"您已经吃过饭了吗?"教授的夫人用中文问,她一直在微笑,没有出声。

"多谢!"汉娜回答,"早吃过了。"

"那么,请喝茶。"

陶教授回来了,同样坐到茶桌旁边。他的情绪明显低落。

"您有没有什么证明材料?"他问,"我指的是,证明您跟张牛郎关系的材料,有吗?"

"这里有封信。"汉娜说,她将写给马叔平的引荐信找出来。

陶教授仔细地读信。"还有其他的吗?"他问。汉娜耸了耸肩。

"毕尔克小姐,军管会约我明天早上10点见面。我会将那些同志对我讲的事情逐字逐句向您转达。"

"怎么?"汉娜问,"我不能一起去?"

"可惜不允许。人民政府暂时不接待他们不了解的外国人。"他停顿了一下,"您必须休息了,毕尔克小姐。您看上去非常累。"

汉娜现在才意识到,她可能给主人造成了一些不便。陶教授家里除了两个大人,还有四个小孩。所有人待她都很友好。她吃上了一顿很好的晚饭,并且得到一张舒适的床。但是,想到给人造成了麻烦,她怎么也睡不着。

早上5点她就起床了,写了一份报告,打算交给陶教授。报告中,她重点讲述了自己的生平简历和工作情况,自愿提供自己的诗集和在报上发表的文章,以便人们对自己进行政治审查,最后又表达了在新民主主义中国做点有益的工作的愿望。

刚过11点,陶教授回来了。今天,他的心情显得更加不好。

"毕尔克小姐,"他说,"我不得不告诉您一个坏消息。您的丈夫死了。"

"我已经听过10遍了,"汉娜回答,"他在什么时候死的?在什么地方?怎么死的?"

"大约在 1947 年,在南昌或者广东的某个地方。确切的情况人们也不知道。"

"只要不知道确切的情况,我就认为他还活着。"

"那么,您现在有什么打算?"

"我想工作。"

"您目前找不到工作。一切都在过渡当中。在最初的过渡阶段。没有人了解您。国内战争还远没有结束。"

"我必须跟那些同志谈谈。必须。"

"请跟我来打电话吧。"陶教授接受了她的要求,带着忧伤和客气。

他拨通了军管会的电话,将话筒递给汉娜。

对方接电话的是徐旺福中尉。

"中尉同志,"汉娜用中文喊道,"我是一名反帝的作家,我是张牛郎的妻子。"

停顿。然后传来一个温和、忧郁和尴尬的声音。

"张同志!可惜我现在不能为您做任何事情。很抱歉。"为了让对方明白自己的意思,他又用英语将最后一句话重复了一遍。尽管非常失望,但是汉娜还是注意到,他在表示抱歉的时候不是说"sorry",而是说"sollie",而且在称呼这位不认识的人时,是按真正中国的礼节称她为"同志"。尽管非常失望,她再次体会到那种谜语般的兴奋的感觉。

"您认识我丈夫?"

"我当然认识他!"

"您不愿意接待他的妻子?"

他的声音很轻,几乎轻得听不见:"可惜您丈夫死了。"

"您不想接待她的遗孀?"

"我不可以。确实不行。没有任何人能确认您的身份。"

"洪深同志认识我。"

"洪深同志 3 年前在战斗中牺牲了。"

"您本人没有听说过我吗?"

"我想,有的。几个星期前,在石家庄,有人说起过您。但只是粗略地提起,而且不确定。因此——"

"我明白。您能告诉我,是谁说到我?"

"是胡平安上尉。"

"我怎么能见到他?"

"可惜现在不行。他在西部某个地方作战。而且——他也不是亲自认识您。"

"我明白了。对不起。再见。"

汉娜转向正在留意倾听的陶教授,说:"我当然预计到可能不会立即找到我丈夫,可能在此期间被共产党人怀疑,我有思想准备被他们监禁,甚至枪毙,但是,他们干脆不理睬我,对此,我倒是始料不及。"

第5章

次日早上,收音机里响起了傅作义将军的声音,他的疲惫有所减轻。他承认,无论是在城内还是在城外,继续打仗都会造成无谓的流血。他打算和平交出北平。为了国家的和平,他准备为新的人民政府服务。

"果然如我丈夫事先说的那样。"陶教授的妻子笑眯眯地说。

"一切都会好的,"汉娜沉思着说,"我丈夫还活着。"

她们互相手握着手,没有说更多的话。

下午,从北平来了一位客人:严永霖。

这位身躯瘦小的年轻讲师走进屋门,当他点头用狭窄的戴着眼镜的脸打招呼,并发出从容不迫但包含着坚定的声音,在汉娜看来,就像是亲兄弟走了进来。

据严永霖描述,北平的气氛如同从噩梦中醒来。城市的面目只带有容易医治的小伤疤。北平保持着美丽,期待人民军队的和平进入。

"毕尔克小姐,我给您带来一个特别的消息,"他转身对汉娜说,"我偶然跟《晨华报》的一位编辑交谈。他们在等马叔平过几天到来。"

"那么,我立即跟您回北平。"汉娜决定。

"您再安心等几天,"陶教授的妻子说,"也许汽车很快就会恢复正点行驶。"

但是,24小时后,汉娜已经坐在了冯上校的家里,并且赞赏新出世的孩子,孩子起的名字叫小平,寓意是小的和平,一个充满乐观主义的名字,因为目前暂时只是停火,局势并不稳定,还在进行复杂的谈判。

汉娜本来想请求住在冯上校的家里,但她看到,在这种既欢喜又担忧的纷乱当中,她如果留宿,显然会打扰这个家庭。毕竟天津犹太人社团的资助还可以维持一段时间的生活,于是,她在游星旅店又租了一个小房间。她继续将自己获得的印象记录下来,并开始将她在街头和广场上听到的歌曲译成德语。

两天后的早晨,严永霖带来了消息,说马叔平已经到达北平。汉娜等了3天,然后去拜访他。

跟上次一样，猛烈的沙尘暴从戈壁滩吹来，刮过那栋结构明晰的城市建筑物，将沙子吹进汉娜的眼、耳、鼻。汉娜又一次信心十足地敲了敲门。从前那个看门的已经不在了。接替他的显得更年轻、更笨拙。他接过汉娜的引荐信，过了一会儿，非常尴尬地将信又带了回来。

"马叔平先生不能接见您。他不认识您。"

"他读信了吗？"

"读了。"

"从前那位看守去了哪里？"汉娜感兴趣地问道。

"我叔叔？——他如今在一间国有的棉纺厂。他不想留在这里。他不能忍受这些人。我也忍受不了他们。父子两人，我都忍受不了。我也想去工厂。"

严永霖对此几乎无法相信。汉娜从来没有看见过他安静的戴着眼镜的脸如此气愤。"为什么他不接见您？"

"因为他像他父亲那样，是个令人厌恶的家伙，"汉娜坚决地说，"相反，许旺福看上去是个很正派的人。但是他也不接见我。"

"您手上没带有写给许旺福的引荐信。这是问题的关键。毕尔克小姐，我尝试跟马叔平谈谈。"

即使被马叔平接见了，但要跟他谈话也是不容易的。

"马同志，您是不是张牛郎的朋友？"

"张牛郎死了。但我并不喜欢封建主义崇拜先人的义务。坦白地说，人们对他评价过高。其实，他不过是一个充满幻想的店员。但大家都迷恋他。所有人，包括女人，包括白种女人。现在，就有那么一个跑了半个地球来找他……"

严永霖凝视着马叔平咬紧的嘴唇，只感到一阵寒冷袭来。他强行保持平静，说："如果张牛郎真的死了，怎么人们不知道任何细节？"

"谁晓得他的死因。也许，他是个托洛茨基分子。也许他背叛了党，用生命付出了代价……"

"那么，他的妻子呢？总不能任由她这么毁了吧。"

"任何人都知道张牛郎死了。这个女人突然来这里，说是要找他。这是值得怀疑的，很可能是个假面具，想利用我们多愁善感的小资产阶级。我们必须防备，不要帮助了外国间谍……"

严永霖站了起来。"马先生，您不把封建习俗当一回事。我当然不可强迫您，但我可以说出我的想法：谁要是像您的态度那样，那就不是共产党人，不是民主人士，根本就不是中国人。也许，您仍会良心发现。为此，我将我的名片留给您。"

马叔平孤零零的，手里拿着名片。他慢慢地将它撕碎。不，他不会让这个乞讨的白色幽灵踏入门槛，她可怕地促使他注意，人世间有多少为他人的爱，这种爱超越肤色的隔阂，超越死亡的栅栏。她是一个女间谍，至少有可能是。这样，他也就完全有理了。

他的意识使劲地紧缩在一起，阻止不受欢迎的认知进入脑海。他不想知道，目光敏锐的傅楷盟、思想纯洁的李鸣凤、感情深沉的赵永强，这三个人是不可能介绍一个女间谍来找他的。他也不想知道，自己陷入在最恶性的循环中，早在青年时期、童年时期，甚至早在出生前、孕育前，就已经如此，因为他的父亲就陷入在同样恶性的循环中。

他不讨人喜欢。他认为人是卑鄙的。他愈认为人卑鄙，就愈不讨人喜欢。他愈不受人喜欢……无限循环。

汉娜去找冯玉廷。"那位文书和女助手是否还想继续学俄语？"——"他们俩已经结婚，并且在天津找到一份职位。"

"我们在报纸上登广告，"严永霖安慰说，"您肯定能找到一份家教工作。"

事实上，有很多人想找私人教师，有的想学英文，有的想学俄文。他们当中有商人，也有工厂主，有些穿精致的丝绸长衫，有些穿笔挺的西服。因为，私人的贸易公司和企业没有被废除，废除的只是地主，还有所谓的买办资本主义，人们称之为私有化的洋人对中国工人的殖民剥削，最后还有官僚资本主义，人们称之为国家政府权力与私人牟利公司结合起来吸血，在这方面，国民党大佬宋子文达到了登峰造极的地步。与此相反，在新民主主义中国，民族资产阶级和无产阶级、农民以及小资产阶级是明确得到认可的社会阶级。

但是，同样的民族资产阶级，对于从今以后必须付给合理公道的工资，在理解上不是没有困难的。在工会的压力下，他们大多数人或多或少会愿意对他们的工人和职员做出让步。但对于他们来说，私人教师仍然是能够廉价得到的劳动力，甚至比人力车夫更容易得到。那些衣冠楚楚的先生们付给填不饱肚子的工资，这令汉娜气得脸色发青。只有一个学生，汉娜是可以认可的，他是一家纸厂的工人，看上去，他确实无法付给更多的酬金。

"您想学哪种语言？"汉娜用中文问。

"马克思是用哪种语言写作的？"他羞涩地反问。

经过几次来回后，汉娜了解到，他指的是卡尔·马克思。

这位新的学生名叫陈超天，现年47岁。他的老板是一个小资本家，甚至还是他岳父的侄子的表兄弟，但这于事无补。他的收入，以小米计算比新中国成立前大约多了一半，这个数量即便是现在也很不够。尽管如此，他已经能够请人做一点家教。

陈超天每周上门两次，他显得谦虚和拘谨，不嫌麻烦地找一个合适的地方放下宽大的草帽，然后打开他的小布包，拿出钱、课本和簿子。在汉娜就座之前，他决不坐下。每一节课，他都准备了许多问题，学习中他的理解力高得令人吃惊。他的笔记本上用颜色漂亮的墨水对称地分成三个区间，一栏写德文单词，另一栏用中文标示发音，还有一栏注明中文意思。给他授课令汉娜感受到很大的快乐，但是，这不能解决生存问题，否则，她真愿意再接收20个这样的学生。

就这样，汉娜没有冒着生命危险投奔共产党，而是站在一旁，没有加入任何工作团体，没有卷进事件的洪流中，处身于牛郎的战友旁边。

她去朝花报、人民报和民主妇女杂志的编辑部，但没有一个地方接待她。

一天傍晚，当她白跑一趟回家时，她突然产生了一个想法：我曾经走过这样的路，我曾经站在过这些大门前面。

莫斯科。冬天的夜晚。她从弗兰嘉和马尔库斯那里回家。阿罗伊斯·德默普芬格尔曾警告她："蒙梯尼同志对您的印象不太好。"当时，她眼前突然浮现出未来的景象，她看见自己吃闭门羹，到处遭到拒绝，全因为这位有影响的人说了几句草率的、不负责任的话。她看见自己倒下了，跳起来，又倒下了。

只是没有心跳。只是没有皮肤起疙瘩。这一切都可以很自然地得到解释。如果不是蒙梯尼背后搞鬼，那么，她就可以作为战地记者从莫斯科到延安，就可以作为可靠的战友受到接待。全因为他善交际、没良心、耍阴谋，才切断了她的这条路，只留给她一条无人认识的冒险者的路。而对于一个素不相识的冒险者，人们当然会关上大门。

一个白种人，高个子，穿着讲究，在身旁走过，好奇地打量她。这不就是蒙梯尼善于交际的奸笑吗？——不，这只是一个准备启程的美国人。

但汉娜的脸上怒气十足：蒙梯尼！我一切都预感到了，但我不惧怕。即使面前是一片孤寂和威胁，我享受到的是一种前所未有的幸福散发出的光、热和颜色，你不能阻挡住，在我的眼前，世界变得越来越宽广，无论我为此要忍受什么痛苦，都是值得的。

她思想盲目、跌跌撞撞地走回家。次日早上，又思想盲目地出门，向天坛走去。这座弥漫着湛蓝色的建筑物坐落在雪白色圆形梯级的平台上。最普通的中国建筑工人对于优雅和对称的感受力使它得以建成。完美的圆形天坛，深深地染着润泽明亮的蓝色，像一个有生命的动物，因为美而呼吸着空气。

第 6 章

3月23日，严永霖来告别，他受政府的委派，将跟随一个教师团队，前往邻近的一个同样已经解放的省份，在那里建立教育事业。他年轻的戴着眼镜的脸光彩耀人，充满了骄傲。他说，唯一使他担忧的是，要让汉娜听天由命。

"情况总会改变的，"汉娜像以往那样乐观地认为，"在后几个星期，人民政府和国民党一定会停战。我的情况就会好起来。在和平环境中，人们会减少怀疑。"

"我担心不会出现和解。"严永霖一边说，一边忧虑地擦着眼镜。

"要么实现和平，"汉娜固守己见，用教训的口吻说，"要么蒋介石进疯人院。"

"蒋介石要依靠他的集团，尽管他仍然很专横独断。他的集团是不会同意的。人民政府的停战条件够温和的了，但在一个问题上，所有的谈判都将失败，那就是：消灭官僚资本主义，废除政府权力与私人资本的结合。对此，宋子文及其同伙是不会接受的。这些人不会自愿堵塞他们百万财富的来源。"

"可是，一个集团对抗全国人民，它能坚持多久？"

"在美国军火投机商的帮助下——还会坚持相当长的时间。"

"也许您说得对，"汉娜承认，"但是，无论是打仗还是停火，您都面临一项美好和重要的任务，我衷心地祝福您。"

"谢谢您，汉娜。我很担心您。"

"野草是灭绝不了的。"汉娜安慰道。

她写信给天津的犹太人社团，请求继续给予资助。3天后，收到了答复，说是社团正在解散，因为其成员迁移去以色列，而天津市跨国委员会接收工作的负责人刚刚去了北平。

汉娜去找该组织的负责人。她得到了援助，在最省吃俭用的情况下，用这笔款项维持了三个星期。在此期间，天气变暖，汉娜卖掉了她的棉被。

4月20日，内战重新爆发。战争何时能结束，无法预计。

4月25日，她再次一无所有，只好变卖冬大衣。这件大衣已经磨旧了，卖掉所得的钱，只够她生活一天半。

我还没有去找过革命的艺术家，汉娜思忖。也许，他们中有人跟牛郎有联系。

她于是去负责接收文化机构的委员会，但是没有被接见。

她决定直接去找市政府。经过一番寻找，在城西寂静的湖边，她找到了这座楼。在底层的一个接待室里，坐着一个中年男人。他的鼻子低矮、可爱，泛起皱纹的脸和蔼可亲。看样子，他在这个职位上的时间并不长，因为他使用毛笔写字的速度像农民那么缓慢,当他在办公室里走动时,家具总是给他造成障碍,他的目光遇见四周墙壁,就像被捕捉住的小鸟那样迷乱。

当汉娜走进来时,他客气地站立起来。

"我是犹太反帝作家,"汉娜用汉语说,"我想请一位懂英语,或者俄语,或者法语,或者德语的人接待我,这样,我就可以说清和证明一切。我寻找我的丈夫,他是共产党员,名叫张牛郎。我想工作,对中华人民共和国有用。"

他脸上露出了同情的微笑:"马上,马上!我立即给您通报。"

他打了四次电话,脸拉得越来越长。

从急速的谈话中,汉娜获悉,他打电话给家属离散救助处,从那里被告知去找外事处,因为外事处不受理;他打电话给文化办公室,那里又将他推回去外事处,外事处再次拒不受理。

他向汉娜走过去,汉娜疲惫地站起来。他的头侧向一边,充满信任和关心,诚恳地表示,他确实已经尽了最大可能。汉娜眼前一片漆黑,地面升高、降低,又升高,仿佛有一张小桌子在生长,上面站立着乡镇文书,那是一个象牙雕刻的小人,向侧面倾斜的脑袋靠着一根弯曲的长棍。

"您过去是牧羊人?"汉娜问。

"您从哪儿知道的?"

"我只是问问而已。"

"我的内心很不安,"这位乡镇文书说,"可是我能干些什么?"

"我感谢您,"汉娜笑着说,"一切都会好起来的。我是在中国啊。"

4月28日,汉娜要等她的学生陈超天晚上来上课。但他下午就来了,并且要请假,因为他从明天起开始休假,这是他一生中第一次过带薪假期,打算到乡下去14天。

当他走后,汉娜想,这样更好。我反正也没力气了。我现在要看看,如果上床休息,胃会不会少些疼痛。

她躺上床。当然,胃痛减轻了。

入睡了,迷迷糊糊地醒来。入睡了,又迷迷糊糊地醒来。再一次睡着。

在一阵急速的响声中,汉娜醒来。她试图回忆日期和时间,但不成功。她感到强烈的耳鸣。床边坐着一个陌生的上了年纪的女士,是个白种人,在急迫地对着她继续说话,但汉娜听不懂。

她发现,枕头旁边放着一个小盒子,里面垫着白纸,上面放着六块面包干。她吃了第一块。

现在,她明白了,这位女士在要求她相信救世主,耶稣基督,上帝。

汉娜默默地啃着第二块面包干。

"您太好心了，"她开始说，"但坦率地说——"

这位女士婉言拒绝感谢。"这是我的义务，来这里拯救您的灵魂，以免永入地狱。"

汉娜从床上坐起："我一直是犹太人。"

"您是信教的犹太人？"

"我属于犹太种族。"汉娜说。她集中思想，因为在任何情况下她都不喜欢给出一个模棱两可的回答。"但我并不是犹太教信徒。"

"您也许很快就会死去，"女士叹息，"到那时就太迟了。您的灵魂将被打入地狱，地狱里是很可怕的。"

"您是好意的，"汉娜承认，"但必须诚实地告诉您，我一点儿也不恐惧。"

女士在大声地为汉娜祈祷后走了。

汉娜又啃了两块面包干，剩下的她要留在第二天早上吃。

远处响起锣声、鼓声、歌声。汉娜披上带补丁的睡袍，走到窗旁。

一个眯眼睛的小姑娘，大约7岁或者8岁，将一张装饰有大朵紫色鲜花的凳子拖到街上，用一根盛开鲜花的枝蔓缠住凳的四条腿，又将圆形的凳面围成一个花环，然后爬上去，小心翼翼地将她的小脚站到花环中间，充满期待地举起小手臂。

锣鼓声和歌声越来越近。汉娜费力地推算日期。今天不是5月1日吗？

乡村姑娘头上包着丝巾，长长的扁担上分别挑着两个花篮或果篮，每根扁担上都显眼地插着用七彩面团捏成的蓝鸟。花、果、鸟和头巾的各种颜色像旋律的乐音，和谐地组合在一起。

人们抬着一块标语牌走过，上面写着汉娜不认识的大字，但是，响亮有力的男人声音已经表明了标语的意思：

"植树造林！住地四周种上一条绿带，你们的田园就不再害怕水灾和沙暴。"

高个子的男青年排成两个同心的圆圈，跳着秧歌舞旋转而来。内圈的人穿着黄褐色的衣服，身体前俯后仰，做着播种插秧的姿势。外圈的人穿着绿色衣服，模仿抵挡风沙的高大树木。他们用嘹亮年轻的声音唱道：

    防洪水，
    抗风沙，
    毛泽东教导种植树。
    绿树成荫护耕地。
    子孙后代喜洋洋。

下一个标语牌同样写着金色大字，伴随着响起一阵口号声：
"打倒帝国主义！各民族和平万岁！国际友谊万岁！"

接着抬过一个巨大的地球模型。四个精美灵动的陶俑围绕着地球转动：一个是金头发的工人，一个是黑皮肤的农妇，一个是缠着白色头布的亚洲学生，一个是头戴羽毛冠的印第安小孩，它是如此的迷人，以至于站在用鲜花装饰的凳子上的小女孩伸出双手，尖声地欢呼起来。

天暗下来了。一块标语牌上简短有力地宣告："我们的目标一定要实现。"

接踵而来的是运输工人。他们手持玻璃纸制作、里面亮着绿灯的小船和蓝灯的小飞机。他们还抬着一辆长长的、内外亮着灯的火车模型，火车头上悬挂着留大胡子的卡尔·马克思的肖像。车轮转动，喷出彩色的火花。

由于身体虚弱，汉娜伏在窗台上。她再也感觉不到病痛和失望。对于她来说，面前只有一个美丽的尚未成为现实的世界。

生机勃勃的理想世界！它在劳动者的意志中颤动，在诗人的幻想中活跃，在黑人的大眼睛中滚动，在中国人的微笑中冉冉升起，这是一个美丽、和平、公正的大地，它不是由上帝创造的，它是由人开始创造的，人虽虚弱、有缺陷、受到千重威胁，然而却开始创造。

黑暗中，汉娜一动不动地靠着窗台。她是否重新找到自己的幸福，已经不重要了。如果她找不回自己的幸福，那么，活着或者死去，已经无所谓了。如果死去，那么，她是英雄还是傻子，已经算不了什么。唯一重要的是在她的梦幻中活着的美好的、尚未造就的大地。

游行队伍在汉娜的窗前走过，沿着南池子和北池子前进。天上的星星更亮了。农民的步伐缓慢而端庄，铁路工人则急匆匆的，因为他们还要赶去北海参加集会。运输部长将要演讲，他是他们大家庭中的成员，而且是最受喜爱的演说家。

他们拐弯向西行进，经过紫禁城的北门，接近北海，那是一座绿色的山丘，山顶上矗立着白塔——当年皇帝的冬宫。

他们到达了目的地。缓缓升高的坡地上人头拥挤。集会的领导人也是一位铁路工人，他请运输部长老百姓同志发言。

出现在人们眼前的是一具瘦小坚韧的身躯，营养不良的脸上颧骨突起，一身新政府官员的蓝制服，悦目的深蓝色，是中国日常生活中常见的颜色。面对欢迎的掌声，他微笑作答。苦力的这种微笑让人看见了他黑色的牙缝，但却具有惊人的魅力。显然，这位知名人士至今仍然不可能花钱去修补他的假牙，因为，政府的薪水仍然少得可怜。

在这具劳累的苦力的身躯后面，庄严地屹立着雪白的巨大的白塔。

第7章

"同志们,"老百姓说,"我们接管了铁路,一条落后的、荒废了的铁路,事故频发,故障不断,与西部省份的连接既无规律又不顺畅。整个地区陷入了饥荒,因为这些地区与其他地方的联系被割断了,那里得不到需要的东西,当地的产品也卖不出去。

"铁路员工处于腐败专横的管理下,领到的工资不足以糊口,举行抗议遭到镇压,创意被扼杀在萌芽当中。在这种条件下,没有也不可能有高的工作质量。再加上内战爆发,时而这里袭击,时而那里围堵,炸毁桥梁,捣毁铁轨,火车头残破,信号灯失灵。

"毛泽东同志告诉我们,我们是个大国,迫切地需要一个完善的铁路网,为人们供应生活资料、煤炭、教科书。他说,我们的人民军队去到哪里,火车就必须开到那里。

"工人们没有让他失望。哦!在两个半月里,他们就重建了1080公里铁路线。在紧接着的4月份,他们的工作效率将提高百分之七十。中国的工人能够做出这样的成绩,甚至做得更好,只要听取他们的意见,只要他们参与管理,只要他们感到自己是受尊重的人。

"同志们!我是上海的一个苦力。我曾经用肩膀扛着丝绸布匹,气喘吁吁地做搬运,从工厂到货栈,又从货栈返回工厂,尽管在技术上早已发明了货车。我在货栈里匆匆忙忙吃饭,空气中飘浮着灰尘、棉絮、毛发,尽管早已发明了抽风机。上海是个现代城市,在科技上显得很进步,但是,却没有任何技术进步有助于减轻我们的劳动。因为,工人的身体比机器更加廉价。所以,我们比货车更便宜地出售我们的体力,急冲冲地吞吃夹杂着灰尘、棉絮、毛发的米饭,我们很快就先患上肺结核,然后又患上痢疾。

"但最糟糕的病是警察规定的麻木。我想得到多一点工钱,这让我的老板不高兴。如果我了解一些他不知道的事情,他会大吃一惊。

"同志们!我们搬运工逃出了地狱,但我们并没有直接迈入天堂。在漫长的道路和弯路上,我们必须将我们国家僵化的那部分唤醒,使它活起来。我们要用我们认真、艰苦修筑的铁路,用准点和连续运行的火车,将皇帝、官吏、军阀、资本家阻止的东西追回来,那便是:中国的粮食供给、中国的建设、中国的启蒙。

"这是一项繁重的工作,是一项物资严重匮乏的工作。但是,它不再使人麻木,不再使人无聊。哦!它不再使人失去尊严。每一项技术进步都将减轻你们的负担，都将帮助你们更好、更敏锐地使用你们的头脑去思考。对我们当中任何一个用官僚主义、不理不睬的态度对待你们的人，你们可以提出批评。因为，你们的工作才是最重要的。

"我们的日子过得不容易，同志们。还有很长一段时间会是这样。但我们知道，我们活着是为了什么！"

在雷鸣般的掌声中，有人递给他一封信。为什么偏偏在这时候？也许是紧急的事情。尽管如此，现在还没空去读。他去了沈阳几个星期，回到北平才7天。人们欢迎他回来，向他提了无数问题。他终于可以在车里坐下来，从袖子里取出信。这是他大舅子余兴富的来信，不久前，余兴富被调到市政府工作。信中写道：

尊敬的同志，我的老兄，你们刚到这里，雪梅就来找我，说你现在不能见任何人，因为你工作繁忙，就像秋天里院子的路，被埋在金黄色的落叶下。

所以，我只好用这封写得很差的信打扰你。我想先讲讲我的一些情况，然后讲点最重要的事情。

在老家西凤，我当了两年半乡村会计，我很喜欢这项工作，它使我的头脑变得敏锐。

在这里，我做另一项工作。我负责接待来人，登记下他们的姓名，并打电话向上级通报。

大前天，来了一个外国女人，她对我说，她是张牛郎的妻子。可惜张牛郎已经死了，她却不知道。她看上去饿得厉害，她说，她独自一人，到处碰钉子。我于是打电话帮她联系，情况确实如此！到处碰钉子，没有人愿意接待她。因为，梅花还没有开满枝头，人们必须小心谨慎，恐防她是个女间谍。

没有法子。或者，能找到办法？

我回到家里，整个夜晚都在思考，心里头怎么也闭不上眼睛。我想友善地对待好人，或者，这一切全都不值得做。是的，她也许是间谍，但也许不是。怎么办？总得想出法子。我们的父辈常说，忙身无智，人一急便没了主意。

因此，我写信给你。她叫汉娜·毕丽克，住在游星旅店。也许你能做点什么。你肯定能行。

我尊敬的老大哥，如果你迟些日子有空，希望能光临寒舍。恭候你的到来。

你的大舅子余兴富

第二天上午 10 点,汉娜穿好衣服,坐在床沿整理思绪,只听见有人敲门。旅店的服务员打开门,兴奋地说:"运输部长老百姓同志找您!"

汉娜慌忙站起来,试图找到一个中文的称呼。

"Please, please,"部长友好地说,"I speak Inglis."

英语?汉娜想。啊!上海人。

"您吃过饭了吗?"这是一句常用的客气用语,但这一次是当真问的。

"吃过了!"汉娜回答,"两块面包干。"

"走,上饭店去。"

汽车行驶得很快。汉娜昏昏沉沉地坐着。

"老百姓同志,您究竟从哪里知道我的?"

"我通过许多人知道您。首先是通过我的母亲。"

"通过您母亲?"

"王妈,浦东的农妇。我原来的名字是王朴诚。我将老太婆安置在北平附近一个小村,参加了一个纺织妇女组成的合作社。她给我讲了许多关于您的事情。再有,许中尉将你们通电话的内容告诉了我。第三,我的大舅子为您写了一封信给我。您还想得起吗?哦!4 天前,他在市政府办公室接待过您。"

"哦!"汉娜困惑地说,"您大舅子是象牙雕像,手持又长又弯的牧羊棍。"

"第四,"朴诚继续说,"——不过,我迟些再告诉您吧。"

他们下了车。现在是上午 10 点半。这间在灯笼街的中式小餐馆几乎还是空的。店主给客人递过来湿手巾。

"想吃点什么?"朴诚问。

"鱼!"汉娜欣喜地说,"红烧鱼!"

他们默默地坐着。

"张——同志,"部长开始说,"您都吃了什么苦头,我不难想象。不过,您不能责怪我们。我们现在必须非常谨慎地对待外国人。几百年来,他们如此没有良心地对待我们!如此的蔑视!如此的残酷!"

"这您不说我也知道!"汉娜好强地说。

朴诚将头转向窗外的外国使馆街。"就在那里,几年前一个美国人酒喝多了,路过看见一个中国人,姓洪,这美国人将他推倒在地,朝他吐唾液,残忍地用脚踢他。当时,人们不能在中国法庭上控告白人。外国的法官问他:'你为什么如此残酷地虐待这个可怜的中国人?'——'我不知道,'被告为自己辩护,'我不能忍受这只黄猴子的目光。'外国法官像圣人达摩那样明智地做出判决:'如果你不能再忍受黄猴子的目光,那么,你就必须回老家!'"

"没有惩罚!"汉娜感到惊讶。

"没有任何处罚,"朴诚证实,"这个美国人在回国前,朋友们在瓦宫丽酒店为他举行告别晚会,他们跳舞助兴,而就在这时,姓洪的中国人却因伤在北大医院死去。"

他沉默了。但是,汉娜在精神上仍听见他在继续讲述,不再是标准的英语,而是洋泾浜英语,殖民地无产者使用的五色斑斓的语言,极度贫穷和高度人性的语言:

"They no can talkie sollie, no can, no can."①

"而我们,"王朴诚接着说,"我们现在怎么对待你们?——我们只是态度冷淡而已。随着时间流逝,年复一年,我们将会发现我们能够喜爱和尊重的人。"

"这我十分清楚。"汉娜表示认同。

店主端上绿茶。汉娜充满期待地凝视着自己的杯子。当她抬头看时,朴诚已经写好了三封引荐信。

"这已足够帮您找到工作,"他解释说,"现在,我还要给您讲一些事情——"他沉默了。

汉娜纹丝不动地坐着。

"是这样的——"朴诚重新开始说,"我们必须宣布他已经死了。出于秘密工作的考虑。这确实是必要的。"

"他?"

"是的。"

"我知道,他还活着。"

"他活着。"朴诚说,他的声音那么小,以至于汉娜必须直视着他,才明白他说什么。"他在从事一项比一切都更重要的工作。"

"那么,现在终于允许我再见到他?"

"不,"朴诚忧伤地说,"还不允许见。"

寂静。

店老板递上干净的湿手巾。

"我们必须将我们的事业进行到底,"朴诚几乎是喊着说,"否则,就会重新开始受苦。"

"一旦全中国都解放了呢?"汉娜问。

"到那个时候,"朴诚回答,"也许战争和世界霸权的投机者们会就此罢休,不再把亚洲作为他们的武器交易所,不再作为他们的雇工寝室。但是,如

---

① 意思是"他们不会说'对不起',不会,不会"。

果他们不顾一切事实,仍然想在这个交易所获利,仍然想对雇工们咆哮,那么,他们将会重新侵犯亚洲,就像当年对待姓洪的中国人那样。那么,这将意味着要进行反抗。在公开的战线上,进行公开斗争,在必须秘密斗争的地方,进行秘密斗争。苦难必须结束。"

他弯着肩膀,就像当年扛着沉重的丝绸布匹,不敢看着汉娜。也许,他在汉娜的神情中会看到何等的失望和责备?

但是,当他终于担忧地眯着眼睛抬头望时,只见汉娜湿漉漉的眼睫毛下露出的是充满赞同的微笑……

"他一定会来见您,"朴诚突然说,"至少几个小时。哦!这应当能够做到。"

汉娜等他继续说下去,几乎不敢呼吸。

"最好是,"朴诚断然地说,"几天后,您去村里找我母亲。月兔会来接您。"

第8章

今天我将梦见什么?汉娜上床时想。睡前,她刚经过一场紧张的思考。她睡着了,又醒了,再睡着了,再次醒了。

月光透过百叶窗,跳到她的箱子上,变成小兔子的样子,银白色的毛,一张12岁小姑娘的脸——月兔的面孔——头戴银白色长耳朵的绒帽。

"你为什么到处跳?"

"我是月兔,陪伴女性,阴将最终获胜。"

"阳也获胜。"窗外传来一个声音。外面雄赳赳地站立着一只金色羽毛的公鸡。

"你们两个都对。在爱情之夜,两人都是胜利者,没有被战胜者。"

"织女,"鸡和兔问,"牛郎在等你。你准备好了吗?"

"我准备好了。"

百叶窗突然拉开,他们三人站在银河边上。夜空当中飘动着一条彩带,巨大的喜鹊,黑白相间,长长的尾巴,棕色的朱雀,魔幻般蓝色的鱼。各种大小和种类的鸟用展开的翅膀搭成一座桥。它们的声音汇成一片。这不就是王朴诚的上海音调、严永霖的深思熟虑、余兴富的热情关心、冯玉廷深藏不露的真诚、唐彩云如花似锦的语言?

此时,许多翅膀托起了女子,急冲冲的脚步变得轻飘飘。织女跨过了银河……

3天后,一个瘦瘦的中国人,步子不快,沿着村子的路走来。他窄长的脸不能像他的同胞那样永久地保持青春。人们看他的岁数,足足有46岁,不错,人们甚至可以将他看作是50岁的人。他左手拿着行李小包,右手挂着一根竹棍。他是不是有点残疾?——靠近看,人们发现,他的身体还是笔挺的,而且经过体育锻炼。使他走路困难的,是慢性关节炎。

他穿着一件深蓝色粗布长衫。他是图书馆馆员吗?抑或是会计?旅行推销员?——不,这分明是一张艺术家或者政治活动家的面孔,一个寻找并且找到了大量幸福和痛苦的人。

一座小屋,四周被灌木围住,灌木上长着的深红色的花,形状如卷起来的花边小手帕。

他在用竹棍推开门之前,很有教养地轻轻咳了一下。王妈回敬了三鞠躬:"欢迎你,牛郎!"

"轻一点,轻一点,"他客气地请求,"我仍然处在地下状态。"

他环视四周。那儿铺着一块刚刚制作好的帘子,深色的锦缎,织着金色的斜纹。这里摆放着女人穿的小鞋,淡紫色的丝绸面料,绣上去的花草微微闪光。那边挂着一件非常喜庆的小孩衣服,深红色的缎子,肚兜上飞舞着一条银色的龙。

"这里是一个集市?"牛郎惊讶地说。

王妈笑了。"那件绣有龙的衣服是给月兰穿的,其余的我们当然打算拿去卖。我们还远远不能够将它们都留着自己用。不过,我们已经不再需要预先将它们拿去作抵押。这也已经不错了。"

她为客人端上饭菜:两碗饭、竹笋、剁成很小但美味的肉末。在无数次鞠躬后,牛郎终于开始吃饭。

"你们干的针线活好卖吗?"他问。

"大部分好卖。如果一下子卖不出去,我们也就只好等。月鸟和月音带着货物每星期进城一次,在一间新的客栈过夜,这间客栈是合伙者为自己人设立的。政府帮助他们,他们为农民提供方便,在销售中提建议,以免农民受骗上当。我们的东西很受喜爱,在客栈里总能听到欢迎的叫声:'来了,他们来了,织女合作社的能工巧匠来了。'"

王妈试图模仿说"官话",即北方京城的标准汉语,但并不成功。

月音走进屋。她手上抱着儿子。虽然孩子只有四个半月,还不会说话,但这并不妨碍他伸出小手,咿咿呀呀地确认家里来客人了。

"你觉得我儿子怎样?"月音问。

牛郎表达了应有的赞美。

"我们的邻居说他是'暴风雨中孵化的小鸟',"王妈说,"这种北方人的表达方式真难,我还不能正确模仿!"

"婆婆不必忧虑,"月音夸口说,"要我在这儿干啥?"她的官话已经说得相当流利。

"我这儿子,"她继续说,"将来能说南方话、北方话、英语、俄语,还会说好多其他语言。"

发表了这个纲领性的宣言后,月音转入了议事日程,她将未来的语言天才抱出去,让他朝墙边一个特定的位置撒尿。

王妈宽厚地笑了。"她有点儿爱虚荣、不懂礼貌,但绝不因此而成了一只恶毒的蚊子,她是一只友好的蝴蝶,喜欢展示自己艳丽的颜色。"

"老夫人,"客人说,"您是一个聪明的婆婆。"

"现在,"王妈决定,"你该休息了。下午,你儿子来。晚上还有人来——"

"我知道了。"牛郎说。

"你真有福气!"王妈彬彬有礼地说。

她将一幅补丁多得令人难受的旧布帘子掀起。牛郎走进小屋的第二个房间,将散开的蚊帐整理好。他的工作方式常常使他几个星期都不能真正地睡觉。在这里,他感觉到十分安全。

在梦中,他又回到了上海昆平路拐角的业余剧社。曾经容纳200人的大厅,如今容下了40万人,不,是四亿五千万人。暴风雨般的掌声中,一个年轻人充满青春活力的声音在朝着他呼喊"父亲"。

他跳起来。面前站着一个高大英俊的青年。

"这是我的小天拓!"牛郎惊呼。

"不,父亲,这是您的大新路。"

"新路,崭新的路——谁给你起的这个学名?"

"谁?——当然是母亲!"

牛郎略带挑衅地昂起头。

"母亲,"年轻人继续说,"对我们的事业非常理解。她是一个有品格的人,是的,尽管她没有将自己的品德放在盘子上,到处端给别人看,不像——"说到这,他停住了。

"我的儿子,"牛郎露出了微笑,"我从你的话中听到了指责。清清楚楚地说出来吧,以便我可以自我辩护。"

"不，不，"新路回答，他突然害羞地表示拒绝，"您没有责任向我解释。"

"你的意思是——"牛郎问，他笑得更深沉了，"你的意思是，人们对自己的父亲不可以有批评的想法？"

"您怎么能够这样看我，"新路气愤地说，"在我们的学生团体里，我们早就摆脱了这种封建主义的偏见。但是，您不仅是我父亲，而且是著名的革命者，一直是我的榜样。"

"我担心，你给自己找了一个太渺小的榜样。但是，既然我已经成了你的榜样，我也就更有责任向你解释。"

"那么，好！"儿子做出决定，"我想问您，您是否认为我母亲比毕尔克教授愚蠢？或者，比她落后？不如她革命？"

"不，"父亲解释，在他狭窄的、过早衰老的脸上，突然露出一种苦苦思索的、探寻的神色。"你是工程师，"他开始说，"一份美好的、现代的、重要的职业。你设想一下，如果你不是出于自由选择而成为工程师，而是在没有询问你的意愿，没有给时间让你思考的情况下，命令你选择这个职业，那么，工程师这份职业会因此而没有那么美好，没有那么重要吗？"

"不，肯定不会，"儿子考虑后说，"但是——但是——"渐渐地，在年轻人嘴巴四周也露出了一种苦苦思索的、探寻的神色。

"我听说，你参加孙家里桥的建设，日日夜夜工作，既要加快进度，又要改善质量。"牛郎提到，"你不辞劳苦，废寝忘食，虽然缺乏经验，但却发现了工人们首创精神的价值，并说服总工程师同意你的观点。告诉我，如果这个职业不是你自己的选择，而是我出于传统家庭的某种考虑为你决定的，你是否会有这种成功——"

"不可能！"儿子激动地说，"强迫只会扼杀任何动力、任何创意和——"

"任何爱情。"牛郎将话说完满。

他们默默无言，只听见呼吸的声音。

"19年前，"牛郎说，"我和你母亲告别。她知道，我们互相可以钦佩和尊敬，但不会有爱情，原因仅仅在于——"

"强迫！"新路喊道，"现在，我一切都明白了。现在，您听着，父亲：母亲给了您自由。她为您的选择感到骄傲。还有楷盟姨父和彩云姨也为此感到骄傲。而我是最骄傲的。因为，她是我的老师。但是，我不允许我的母亲因为另一个人而受到轻视，不允许中国女人因为一个外国女人而受到轻视。"

"所以，"父亲接着说，"你质问我，那是对的。"

父子俩互相伸出手，他们的双手紧紧握在一起，久久不能松开。

"您对我的工作如此了解，"新路惊讶地说，"而我却甚至不可以打听您的工作。"

"你可以问，"牛郎笑着说，"只是我不可以回答你。"

"现在，我必须去北京，"儿子说，"陶秀民教授在民主大学生联合会发言。随后，我要报道孙家里大桥的建设情况。明天早上我又要回石家庄。"

"但我还要迅速介绍你跟我们的女主人认识。"

"她们去参加织女合作社的会议。——不用陪我了，父亲。您必须小心谨慎。"

一个小时。两个小时。天开始渐渐亮了。仿佛璀璨的小火花在傍晚的天空上飞溅那样，如今来到门前观望，开始时几乎看不见，模糊不清，零零星星，然后越来越稠密，越来越明亮。但他不允许这样，他必须保持隐蔽。

门帘后面，响起了归来的女人们的声音。

"月鸟，"王妈问，"小旗上有五颗星吗？"

"是的，婶婶，"另一个声音证实，"一颗大，四颗小。"

"如果合作社委托我们制作旗帜，"月音郑重其事地说，"那么，我们必须证明——"她的话中断了。从大门那里连续不断地传来一阵女孩子的快乐的声音。

一阵轻轻的问候的笑声。一阵短促的轻声低语。头发花白的爱人笔直地站立在眼前，她的身后严严密密地挂着打着补丁的布帘。

我要跟王朴诚谈谈，牛郎的脑里闪过这个念头。我确实已经做够了秘密工作。人们对这个女人究竟提出了多高的要求？她是一个人，我是一个人。我们也有权利过私人生活。

尽管如此，他还是说："汉娜，你知道，我们明天必须再分开。"

"我知道。我同意。"

"你后悔来到中国吗？"

汉娜用中文回答：

"我的心达到了巨大的满足。"

"因为你来到了中国？"

"是的，因为我来到了中国。"

"为了我的缘故？"

"为了你，但也为了你的人民。"

她站在那里，在目的地，却又不在目的地，被紧紧地拥抱在怀里，这个拥抱，她已经缺失了11年，明天又将失去，也许几个月，也许几年，也许直至年老，也许直至死亡。

但外面响起了中国女子的歌声:

    女织着稀云,
    织入远方的星辰,
    闪电的火光,
    丝绸般的风,水晶般的露……

香港之歌

（中篇小说集）

香港之歌

（1921/1922）

广州无数污浊的小巷里，住着一个姓林的鞋匠和他的妻子，他们生育了六个孩子，如今身边只剩下两个儿子。大儿子21岁，名叫林家力，用广州话叫"Lim Ga-leh"，意思是家庭的力量，是个身体瘦削但并不灵敏的小伙子，他颧骨宽大，颌骨时常沉思地咀嚼着。小儿子18岁，苗条的身材具有柔韧性，皮肤很黑，活泼的小鼻子微微翘起，一双黑眼睛又大又亮，时而热情地睁大，时而调皮地眯起来，他的名字是林家明，用广州话叫"Lim Ga-min"，意思是家庭的光明，因为他是在1903年中秋节月圆时来到这个世上的。两兄弟在一间小橡胶厂工作。由于大英帝国竞争者的排挤，老板不得不关闭他的工厂，两兄弟也就随之失业。经过几次来回奔波后，家力找到一份工作，在珠江边上的天字码头当搬运工。家明得到叔父林聚福的帮助，聚福在香港当海员，受雇于英国轮船荣昌号，他主动提出带侄儿去香港，设法安排在他工作的或其他的船上。

他们乘坐木帆船沿珠江而下，船上红褐色的帆补了又补，船下深色的江水泛着微光。怀着对叔父的敬意，家明兴奋而熟练地用口琴吹奏几首广东乐曲：《柳浪闻莺》《旱天雷》《彩云追月》《和尚思妻》。在此期间，他充满期待地问叔父，是否到达香港后马上就可以登上番鬼佬的大船。"没有那么快。"叔父解释说，他是一个40岁的海员，脸上布满皱纹，"你不可能一下子就上外国的超级大货船，他们不会录用你，哎呀，连看也不会看你一眼。我必须带你去见中介公司，他们是中国人，但为洋人服务，这些人称作买办。我也许带你去天龙公司，这当然是一些骗子，他们从每个海员的工资中抽取10元港币。玉宫公司是更坏的骗子,他们要拿 12 元回扣。"

"叔父!番鬼佬根本不跟我们这样的人谈话吗?"家明问,他显然非常失望。

"以后,如果你在他们那里干活了,他们会跟你谈话,"聚福回答,"不过,你没有理由对此感到高兴。"

家明眯起了狭长淘气的眼睛。对于这样有趣的事情,他当然感到高兴。他已经见过几个外国人。中国是门户开放的国家,广州是条约规定开放的港口,洋人拥有一切可能的特权,在广州的附近,香港岛,是大不列颠的一块漂亮的小殖民地。现在,他们乘坐的帆船正在朝那里行驶。

"叔父!您在他们那里已经干了多长时间?"

"哎呀!已经 20 年了,我的小朋友。"

"您会讲他们的话吗?"

"那是肯定的。你将来也必须会讲。留心听,我教你一首顺口溜,可以帮助你容易记住英文单词。"接着,他用前人学习《论语》的一种背诵方式念道:

> 来是"糠姆"① 去是"谷"②,
> 有讲"也司"③ 冇叫"捞"④,
> 讲话是"托旗"⑤,
> 收声叫"沙踏"⑥,
> 唔好打叫"冻特赖"⑦,
> 叫开门讲"澳喷多"⑧。
> 洋行买办是"江摆渡"⑨。

家明凭借良好的记性,用功地复习这些口诀,他还不知道,在这种记忆法的简陋箩筐里装着一段多么痛苦的世界史。

---

① 英文单词 come 粤语音译。
② 英文单词 go 粤语音译。
③ 英文单词 yes 粤语音译。
④ 英文单词 no 粤语音译。
⑤ 英文单词 talk 粤语音译。
⑥ 英文单词 shut up 粤语音译。
⑦ 英文 don't strike 粤语音译。
⑧ 英文 open the door 粤语音译。
⑨ 英文单词 comprador 粤语音译。

他们一到香港,就去天龙公司。公司门前,两个男人摇着扇坐在那里,一个是介绍工作的包工头,另一个是他的助手。

"不行了,老林,荣昌号上我已经另外安排了一个二级水手,但是,我可以给你侄儿在豪华客轮水莲号上找一份工作,但愿他会讲英文。"

家明耸起他的小鼻子,神气地念起刚刚学会的口诀。

两个包工头哈哈大笑。"好!"年纪大的那个说,"他每个月的人工是8元港币,我们只收5元介绍费。他永远不会忘记我们是他的恩人吧?"

"可是,我还要寄钱给父母啊。"家明提出抗议。

"是个孝顺儿子!现在,你还是踏上第一次航程吧,到第二次的时候,你会多挣一些。"

"老爷能不能只收4元介绍费?"

"小朋友!你还是快点离开吧,否则,这份工作就给其他人了。"

"走吧,我们去中国海员客栈。"聚福说。

"你们走吧,"年纪小的包工头说,"你们到那里找苏兆征,水莲号的船员,他会给你侄子解释一切。他来自广东的农村,但是说起话来像万代宗师。"

年纪大一点的包工头望着他们的身影,摇着头说:"差一点儿被他多要去一元。我的心肠确实太软了。"

中国海员客栈在一栋四层的楼里,是个空荡荡的房间,这座楼的其余房间全是航运和贸易公司的办公室,有英国的、美国的、法国的、荷兰的、葡萄牙的,等等。一家德国公司的办公室被英国的战胜者接收了。海员客栈下面的房间里,弗洛蒙特先生和颇受尊敬的谭寂侠正在处理扩大茶叶贸易的事宜。尽管谭先生看上去像个大商人,实际上是法国人的下属,只配戴上"江摆渡"的头衔——这个响亮而破旧的头衔,是葡萄牙这个更老的殖民统治者留下的伤疤。在楼梯上,叔侄两人遇见了谭先生。他倨傲而又不失友善地问:"吃过饭没有?"他们谎称:"已经吃过了。"

中国海员客栈里没有床,人们干脆躺在地板上睡。但是,现在离睡觉时间还早。林聚福打听谁是苏兆征,人们指给他看一个身材瘦瘦、约35岁的工人。客栈里挤满了人,大家都同时朝苏兆征喊,这个喊"老苏",那个喊"老苏",每个人都想向他打听点什么,或者告诉他点什么。他不倦地从这群人中走到另一群人中,显得很满意。端正的脸庞映照着内心的生活,一双南海的大眼睛,与家明的眼睛比较,两者如同思想与梦想那样,既有相同之处又有区别。

海员们用五种不同的方言大声聊天和喊叫,有硬邦邦的北方话,有唱歌似的上海话,有嗲声嗲气的宁波话,有笛鸣般的山东话,还有叽里咕噜的广东话。家明跟叔父相反,几乎听不懂一半人说的话。但他捕捉到了几句水手骂人的粗话，他觉得非常有趣。听说，苏兆征会讲几种方言，但在大多数情况下，他讲国语，也称普通话。他跟一些人大声交谈，跟另一些人则低头耳语。大部分人抱怨工钱低、物价上涨、中介费高、洋人态度蛮横。苏兆征从不把外国人称为"番鬼佬"，也不叫作"白人老板"，或者"Masters""Missies""Gentiemen"，而是用一个怪怪的、很长的词，听上去像一连串雷声，家明一下子还记不住。这位船员如此受大家喜爱，这让家明感到嫉妒。否则，家明无论去到哪里，都是最受喜爱的，他把这看作是应有的赞许，看作是他年轻但艰苦的人生的唯一资产。

他们总算逮住了苏兆征，他跟船上的厨师孔棣忠、司炉王尔康交头接耳，谈了很久。聚福向他介绍了自己的侄子，两个人你看我，我看你，一个沉思中带着内心的触动，另一个钦佩中充满忌妒。接着，苏兆征没有用粤语，而是郑重其事地改用国语说："你肯定很关心你的侄子，林聚福工友。我不能答应你，说一定能保护好他，因为我还没有权力。但是我会尽力使家明成为正派的人，这一点我们肯定能做到，从他的脸上就可以看出来。"

9月的南方，阳光灿烂，香港这个小岩岛闪闪发亮，蜿蜒的海岸线上有许多海湾，是个理想的港口。首府维多利亚，连同懒洋洋依傍在半山坡上的豪华别墅、豪华酒吧、豪华官邸，秀丽高雅，风景如画。通往维多利亚湾的路上，头等舱的乘客沿着海滨大道闲逛，他们已经托运了大批的行李，临行前正在做一次悠闲的散步。阳光照射在两位香港行政院的主要成员的秃头上，普伯斯基尔航运公司的普伯斯基尔先生和格莱巴格航运公司的格莱巴格先生。

两人年龄已过45岁，格莱巴格丧妻，普伯斯基尔未婚。普伯斯基尔有两个美丽如画的女秘书，但其中只有一个是他的情妇。普伯斯基尔今天带着他的两个女秘书、一个部门经理和两个必要时可担任德文和法文翻译的文书，乘船前往伦敦和汉堡。他以双重身份乘坐水莲号客轮，一是乘客，二是船主。

格莱巴格先生是他的生意伙伴，今天来送行，一方面是表示客气，另一方面是想尽可能多地了解他的意见和想法。但是，在他发问之前，普伯斯基尔已经先向他提问。

"格莱巴格先生，您去广州休假，过得好吗？可惜我没有时间一道去。太可惜了！我想，您一定玩得很开心吧。"

"您是凭经验说的吧？"

"是的，先生！沙面是外国人的小岛，十分秀丽。少数人享用的小剧场非常雅致。10年前，我在那里看过一场艺妓演出，至今难忘。社会的顶尖人物都到场了。还有法国俱乐部的舞会！还有花艇！您——"

"我很遗憾没有去北平或天津休假。在那里，现在是军阀统治，会舒适很多。而在广州，孙中山的政府呈玫瑰红色……我认为，中国将会变得危险。"

"中国人过去、现在、将来都不会危险。他们传统的消极性融在血肉之中。我认识他们已经20年了。我必须知道这一点。军阀可以用小费来安抚。对待苦力，则小费也可以免给。他们不会动肝火，只要让他们能够活下去，就会很满足。"

"是的，但是现在有各种各样……"

"谣言，老朋友，全是谣言。军阀散播这些谣言，为了得到更多小费。"

他的话听上去明白易懂，并且令人放心。格莱巴格先生充满钦佩，微笑着说："您确实是个老中国通，在我们当中不愧享有权威。"

他们走到维多利亚湾。水莲号船体下身乌黑发亮，上身洁白耀眼，停泊在港口里，显得非常优雅，不像一艘客轮，倒像一只巨大的游艇。在它的旁边，还有两艘轮船，一艘是美国的威尔逊号，另一艘是荷兰的萨丝奇娅号，就像两座浮游的工厂。

"精美的样本，"格莱巴格承认，"有一点奢华，对吗？不过，您肯定有自己的理由……"

"确实有我的理由。人们有时候必须考虑排场。这一次，我们要接一位新任命的行政参事，他是一个古老家族的年轻勋爵。香港总督甚至也亲自向他发出欢迎函。"

"是的，罗纳尔德·迪姆福斯特先生，巴勒斯坦的迪姆福斯特。对不对？"

"正是。尽管他在巴勒斯坦表现得很好，但是，他自己申请调离，他在那里感到不舒畅。"

"国王陛下的政府本来想把他吸收到英国代表团，参加九国代表会。"

"这个计划后来放弃了。罗纳尔德先生太自大。他更愿意在耶路撒冷或者香港当个有权有势的人，也不愿意在华盛顿代表会里当个有名无实的摆设。一切都安排好了。我们在哈伊凡接他，送他去伦敦，他在那里逗留10天，然后，我们再去接他。"

"我明白了。水莲号在这期间专门去一趟汉堡。"

"没错。"

"荣昌号同样如此。"

"同样如此。"

"德国通货膨胀，人们从中可以赚一笔钱。"

普伯斯基尔先生没有吭声。

"你不吭声也没用，"格莱巴格先生想，"你将购买什么，我知道得很清楚，你要买造船的材料,当然,花极少的钱。你要赚 4 倍到 5 倍利润。但在我这里却不行。我要压低你的价格,直到你受不了。我和我的女儿罗雯娜,我们也要生存。"

霍普金斯牧师手里拿着《圣经》走来,这位老先生头发花白,圆圆的脸上带着习惯的笑容。

"啊,霍普金斯牧师!您是如此的友善,是否可以翻开《圣经》,为水莲号做一个良好的预言?"

霍普金斯牧师做出闭上眼睛的样子,实际上眯起眼睛偷看。他要了个小小的欺骗,假装是神的旨意,翻开了希望揭开的一页,一本正经地念道:"拉结却生得美貌俊秀。"①

"这跟您女儿有关,"普伯斯基尔微微一笑,"在船返程的时候,罗雯娜·格莱巴格小姐很可能会随着到来。"

"我不想有过分的要求,"格莱巴格回答,"不过,我女儿是有可能见到的。她在洛桑的学习已经结束了,她终于可以回到我的身边。"

"您允许一个如此漂亮的年轻女子在毫无保护的情况下旅行?"

"不要紧。我们都是现代人。罗雯娜已经 22 岁了,而且她既理智又矜持。"

又响起一阵笛声!

声音穿过空气,穿过大脑,穿过骨头,一种不可名状的可恶的响声,充满着蔑视、冷酷……

3 个小时前,也就是夜里 11 点,家明在煤舱门槛旁的船舱板上睡着了。他确实应当睡上一觉。他先是扛煤,然后削土豆,接着打扫餐厅,帮助开饭,最后又洗盘子。船舱里充斥着污浊的空气和机油的气味,跟这种气味相比,家乡贫困的小巷简直可以称得上是空气清新的疗养地,尽管如此,他还是很快睡着了。现在是夜里 2 点,乘务长叫醒他,舞会结束了,他该去打扫舞厅。

他不是懒汉,不是的。如果乘务长有礼貌地叫醒他,跟他讲:"工友,起来吧,有要紧的事要做。"他会乐意地起来干活。可是,这笛声!这尖锐的、充满蔑视的、极其可恶的笛声!它是配上外国词句的曲调,是白种人向华工发出的常见的号令。

他们被大副称为"狗",被二副称为"中国狗",被三副称为"天生的无赖",被四副称为"黄猴子",被大厨称为"该死的华人",被乘务长同样称为

---

① 见《圣经》创世纪第 29 章 16、17:拉班有两个女儿,大的名叫利亚,小的名叫拉结,利亚的眼睛没有神气,拉结却生得美貌俊秀。

"狗"。拳打脚踢也是常有的事。

家明将舞厅打扫干净后问是否还有活要干,乘务长喝令:"走吧!"家明回到船舱下面。因为中国水手既没有卧室也没有床铺,他重新躺在煤舱旁的舱板上。但是,这一回他无法入睡。

他已经在船上航行了14天。水莲号在新加坡、孟买和其他一些港口停泊,但是,只有白种人允许上岸。

孔厨师曾经满心欢喜地期待着在新加坡找到当人力车夫的哥哥,但是,他失望了,整个人垂头丧气。家明对他的评价高于对所有其他人,高于对王司炉,甚至高于对苏兆征。王司炉是渔民的儿子,来自福建省,他愤怒的表情、刀一般锋利的嘴巴,令家明感到害怕,苏兆征充满友善的严厉使他不知所措。家明有一种不太理性的习惯,那就是按照别人是否喜欢他来评判人。凡是喜欢他的人,都是明智的、好的、值得崇拜的,并且具备所有美德;凡是不喜欢他的人,都是愚蠢的、坏的、可笑的,并且身染所有恶习。对于他来说,世界就是这样划分的。

孔厨师脸色总是阴沉沉的,但是一看见家明,就会明亮起来。他为每件小事夸奖家明,毫不吝啬地说些安慰的话,正是他自己更需要别人的安慰。他特别爱听小伙子吹口琴,最喜欢的曲子是《彩云追月》。他常常塞些零食给家明,家明出于客气,不管这些零食味道好不好,都会露出欣喜若狂的样子将它吃下去,因为他还不习惯吃外国的食物。

孔棣忠来自山东,正如2400年前的孔子那样,被英国人称为"孔夫子"。他非常认真地认为,自己是这位伟大圣人的后裔。他是一个读书人的儿子,童年时代受到很好的文学和哲学方面的教育。贪官使他的家庭破落了,他的兄弟到外地去了,而他却至死跟随父亲。这一切他都告诉家明,甚至讲过多次。他曾经想在梨树上上吊,几位和尚及时地将他救了下来,很好地照顾他,并且教他烹调技术。

他厨艺高超,无论中餐还是西餐,制作的技艺都同样精湛,让最娇惯的旅客享用到美味佳肴,然而,那位从来连铁锅也不碰的白人大厨,却把小费纳入私囊。此外,孔棣忠能写一手好字,菜单写得龙飞凤舞——但乘客的赞扬也被大厨占为己有。尽管这位厨师身体弱、手艺高,但是,人们有时也叫他去扛煤或洗碗。规定的工作时间和劳动分工只适用于白人。侍应生要去装煤,船员要削土豆,看守在连续值班几小时后要去擦传动轴隧道——因为他们只是华人。

天蒙蒙亮,早晨的阳光从船梯上爬下来。家明一跃而起,伸了伸四肢。他没有睡觉,而是彻夜思考,这也是值得的。他年方十八,人生的乐趣和力量感在身上又活跃起来。他爬到船板上,将摆在客舱前的皮鞋擦干净。作为鞋匠的儿子，他觉得自己特别能胜任这项工作。可惜没有人关注他。他擦去鞋上的尘土，抹上鞋油，然后用布条打磨、抛光，直到皮鞋像黑色、黄色、蓝色、银灰色的提灯那么光亮。他低声地用洋泾浜英语问："Goodie, no goodie?" 然后又自我回答："Very goodie!"

苏兆征在上面洗散步甲板，家明跑过去帮忙。他们一齐洗完了整个散步甲板，最后又去洗诊室甲板，从那里朝上看，散步甲板就像剧场里的舞台。普伯斯基尔的两个女秘书清晨正在一起散步。金色头发的多罗特娅·布朗小姐是普伯斯基尔的情妇，她的昵称是"多莉"；褐色头发的保利娜·维特小姐，昵称"保莉"，还没有结婚，她们异口同声地咒骂西冬尼·弗洛蒙特夫人，这个红头发的恶妇，卖弄风情的法国女人，乘船去巴黎购买化妆品。

现在，诊室甲板也洗完了。家明按习惯充满期待地问苏兆征自己的工作干得好不好。

"你当然干得好。但是，家明，你不应当总是乞求表扬。这会使你的大脑忘记重要的事情。"

家明无疑听明白了。他擦了擦额头，仿佛要将刚才听到的话记住。然后，他做出一副淘气的样子："你又不用粤语叫我的名字了。为什么你要用国语跟我交谈？我们是同乡啊。"

"为什么我们总要说方言？"苏兆征反问，"这会使人们互相对立。"

家明气喘吁吁地说："你听说了吗，苏大哥？昨天，客舱的乘务员阿刘和装煤工阿梁是怎么吵架的？——'你们山西人是山中豺狼，麻木不仁。'阿刘说。'你们上海人是土匪恶棍，老奸巨猾。'阿梁回应他。"

苏兆征笑了笑，但并不高兴，并且很快又变得严肃起来。他们两人并排蹲在救生艇的后面。

"你看，正因为如此，我们应当说全国通用的普通话。我们大家都是中国人。如果我们互相之间不理解，每个人都贬低其他省，往后我们怎么能够——"他突然停住没有说下去。

"苏大哥！你在哪里学的国语？"

"当然是在船上。但是，在此之前，我在村里已经开始学，在牢房里。"

"你坐过牢？"家明一边问，一边挪了挪身体，离苏兆征远一点，因为他是一个诚实的鞋匠儿子，不想跟坏人有任何关系。

"那是在 15 年前。1906 年秋天。当时，皇帝还在位，但已摇摇欲坠。我还是个农民，年轻，但已经结婚。我的邻居是 70 岁的邢大爷，一个很好的人——脸上每条皱纹都充满了慈祥。

"有一天，村里的地主马老爷派了两个仆人去邢大爷家收租。我说：'他已经没有再欠租了,地主却千方百计提高地租。'老大爷恳求他们宽容。他们却踩他的腰,并且抢走了四袋大米——这是储备过冬的全部粮食。我把邻居叫来,挡住仆人的去路,迫使他们将粮食还给老大爷。就这样,我被关进了牢房。"

"押送到哪里?广州吗?"家明敬佩地问。

"不,只是在村里。地主老财既是强盗,又是法官和警察长。他的屋子有半个地窖用作牢房,关押反抗的农民。在地牢里,人只能睡在潮湿的地板上,没有垫子,到处是老鼠、蝎子、毒虫,成千上万吸血的蚊子。

"但是,他们折磨我的时间不长。我的老婆兰花暗中窥探,如果没有人在附近,她就给我送各种物品,从铁窗里传进来:一根捅火钩,用来打老鼠,一把火钳,用来夹毛虫和蝎子,还有打蚊子的拍子。

"后来,她又将垫子剪成条,卷起来,通过铁栅塞进来。这样,我又可以好好地睡觉和思考。当时我就想,来自各省的农民应当互相帮助,还想了许多其他问题。"

"你是怎么从地牢里出来的?"

"有一回,兰花给我送包子和图书。地主突然来了。兰花吓了一跳,因害怕而绝望,由绝望产生勇气。她挺直腰杆质问:'老爷要将我丈夫关多久?他尊敬一个70岁的老人,不该受到惩罚,应受奖励才对!'

"兰花是个普通的受苦女人,长得既不漂亮也不丑,但她突然变得光彩夺目,以至于我眼花缭乱,从铁窗边向后退。"

"你总算受到了称赞。"家明轻声地说。

"地主也向后退缩,并且突然变得客气。'放心吧,苏大姐,'他说,'我会将一切处理好的。'他将我释放了。后来,农民们听见他说,观音菩萨附在她的身上显灵,通过一个贫苦农妇的嘴,向他宣布了神的命令。

"我们村更穷困了。所以,我当了海员。3月份我回家。兰花说,地主越来越相信,观音有时在她身上显灵。而我现在知道兰花为什么会光彩夺目了。我不再信神。不久,她要生孩子了。如果我们又回到香港,也许已经有信寄到海员客栈了。"

水莲号停泊在海法港。罗纳尔德·迪姆福斯特先生和他的陪同登上船梯时,乐队奏响了《统治吧,不列颠尼亚》①,这是船长经过反复思考提出的主意,普伯斯基尔先生当然更愿意让乐队从他最喜爱的小歌剧《艺妓》中选一首华尔兹演奏。新任命的行政参事还不满35岁,是个花花公子,身材高大,

---

① 英国著名的爱国歌曲,歌词取自詹姆斯·汤姆森(James Thomson,1700—1748)的同名诗作,由托马斯·阿恩(Thomas Arne)于1740年作曲。

五官端正，严峻的脸上露出一副自命不凡的样子——融合了老爷的派头和时装模特儿的风采。大多数女士都"偶然"地站在散步甲板上。西冬尼·弗洛蒙特夫人优雅地举起长柄眼镜，靠在经验丰富的眼睛前，忘记了将它放下来。金发女秘书多莉评价说："英俊，但高傲。"褐发女秘书保莉微笑着说："高傲，但英俊！"

他的两个陪同者科恩先生和塔巴里先生利用这最后的机会讨论政治问题。"我们犹太人，"科恩说，"是一个几千年来受迫害和受驱赶的民族。巴勒斯坦是个人口稀少的地方。阿拉伯人有许多国家，我们只是想跟其他民族那样拥有我们自己的一小块领土。"

"您在阿拉伯人面前不该表现得如此多愁善感，"罗纳尔德·迪姆福斯特先生蔑视地笑了笑，"阿拉伯人是一个好战的民族。要使他们敬佩，必须握紧拳头。"

"塔巴里先生，也许您可以做件好事，建议双方直接谈判？"

"完全没有用。阿拉伯人根本不想听。他们对你们犹太人有太多成见。"

接着，罗纳尔德先生跟塔巴里交谈。

"小心谨慎的家长懂得及时关门，"这位阿拉伯人说，"如果犹太人在近东定居了，谁能晓得他们接下来会不会试图在我们这里扮演主人和统治者。"

"是的，谁能晓得？"罗纳尔德先生重复了一句，"犹太人是狡猾的。他们今天说友好的话，明天会向你们挥舞捏紧的拳头。我们英国人对你们当然负有某些义务。但是，如果我们不同时提醒你们阿拉伯人，那是有失公允的。"

"迪姆福斯特大人的善意像宝石那么珍贵。最好、最公道的当然是两个民族的代表举行公开的会谈。"

"这是不可能的事情。犹太人根本不想听任何意见。他们对你们阿拉伯人有太多成见。"

罗纳尔德·迪姆福斯特先生可以对自己说，他按时并巧妙地完成了政府交给他的任务。这是一件艰难的令人头痛的事情。他必须不断地引导这些人，使他们不考虑摆脱英国的宗主权。否则，在这个神圣的火药桶上，他待的时间最长也不超过半年。

现在，他想消遣一下。但这也不容易，因为他有一种高贵的习惯，那就是认为一切都是无聊的。

他认为，半路上时而在这里、时而在那里遇到中国人，这不仅无聊，而且令人感到恶心。不错，他们是廉价好用的劳动力，普伯斯基尔先生这么宣称。但是，他们应当尽可能不被看见。对于罗纳尔德来说，最理想的是罗马人的橹船，船身两边配有壮观的长排的桨，表面上看，它们在自动地有节奏地划动，而低贱的奴隶则藏在黑暗的船身里，满头大汗地划桨。

除此之外，水莲号确实不错，一艘雅致的船，吃得很好，床也舒服，还有漂亮的女人。罗纳尔德先生在弗洛蒙特夫人和褐发女秘书之间分配他的宠爱。保莉并不反抗，西冬尼·弗洛蒙特则从延长谈判时间中获取卖弄风情的乐趣。在此期间，家明将救生艇后面的隐蔽地方选为自己最喜爱的休息场地。晚上，他从那里可以听见舞厅里传来的乐声，他开始喜欢上了西洋的音乐。

一天上午，罗纳尔德先生站在船舷的栏杆旁，他身边的西冬尼·弗洛蒙特经过精心考虑，让她的金红色的头发在地中海的阳光中闪闪发光。罗纳尔德先生用话挑逗她："夫人，人生是短暂的！"——"先生，"西冬尼回答，"这是一个很独特的想法！"说完她就走开了。

"我必须更犀利地进攻，"罗纳尔德先生想，并且沉思着朝诊疗室方向走去，"我要将她引到救生艇那里去，并且让她想到，即使在技术最完备的船上，随时都会有生命的危险，然后——"

他神思恍惚地从各个方面望着救生艇，突然，他看见家明的眯眼睛。家明有礼貌地说："古摸宁，马士特！"（对应的英语是"Good morning, Master！"）然后谦卑地往后退。罗纳尔德露出厌恶的表情走开了。家明没有任何不祥的预感，他6个小时不停地干活，擦鞋子、洗甲板、搬煤、削土豆，谁会责怪他在清新的空气中稍作休息？

但是，罗纳尔德对二副说，这个黄皮肤的恶棍没教养，不懂规矩，占了他的位置。

下午3点钟，响起一阵笛声。家明小心翼翼地将刚洗净的盘子放到餐桌上，沿船梯快步向上跑。二副站在那里，吼道："中国狗！你成天在甲板上到处闲逛！乘客们已经提出投诉！"

家明使劲地思考，他想说些理智的和解的话，但一下子找不到英语的词句。这位年轻的中国人温顺的脸更加激怒了二副。他脚上穿着家明今早擦得十分明亮的皮靴，飞腿朝家明的膝盖踢去。家明本该说："不要踢！"但这句话他想不起来怎么讲，便喊道："冻特赖！"这句话在此处大体上也适用。在紧接着的一瞬间，怒气冲冲的二副已经挥拳朝家明的脸中央打来，鲜血从活泼的翘起的小鼻子中流了出来。

家明将一切顾忌置之脑后，他还没有站稳，已经举起小拳头进行反击。这时，只见二副脸色惨白地在他面前向后退。不，不是在他个人面前，他的身后站着二十，三十，甚至更多人……他又听见苏兆征发出的雷鸣般的叫喊声，这喊声令他难忘："帝国主义者！你们竟敢打人！"——"你们真野蛮！"孔厨师加上一句，他的手里拿着一张刚写好的菜单，随即将它撕成两半。撕开的裂口正好横穿过两只银色的母鸡，母鸡嘴上叼着一条紫色的带子，上面印着银色的字"炊鸡"。

"我再也不给你们写菜单了。谁愿意对牛弹琴！"

"我们是人，不是奴隶。"装煤工阿梁喊道。"请问Gentie-man，你当刽子手得到了多少小费？"乘务员阿刘讥讽地说。王司炉慢慢逼近他，问："我们难道就不能喘口气？你想让我们躲开？为什么是我们，而不是你们？"

二副继续向后退缩，他伸手抓住舱门的把手，仿佛要急忙听从王司炉的吩咐。

"对了，躲到安全的地方去吧，"苏兆征坚定地说，"如果你们再次打我们的人，那么，我们将以十倍来偿还。"

二副躲在舱门后面，一边小心地朝外看，一边大喊："到了香港，将你们全都解雇！"说完赶快将门关上。

"随你们便！"苏兆征大声回应，"可是接着我们怎么做，那就是我们的事了。"

水莲号向北航行。天气变冷了。按照弗洛蒙特夫人的策略，在瑟堡靠岸前的最后一夜是她缴械投降的最佳时间。褐发女秘书在通向罗纳尔德房间的路上，看见一个穿松鼠皮大衣的身影站在门前，便赶紧溜走了。虽然她讨厌这个法国女人，但她毕竟只是一个职员，要将优先权让给资本雄厚的茶叶商的夫人。她回到自己的房间，看着勋爵前天夜里送给她的精美糖果，陷入了沉思。她轻声唱起普伯斯基尔先生最喜爱的小歌剧中被遗弃的金鱼小姐的一首歌，这首歌，她的老板在口授休息时经常独自哼唱：

> 他将饼碎扔给她，
> 这不是别的而是爱。
> 她说："毫无疑问，
> 给我食物就是爱。"

罗纳尔德的思想重新集中在政治上。船在伦敦靠岸时，等待他的人中有几个官员，还有一个与他同等身份、比他年轻的人，名叫理查德·兰兹雷格，罗纳尔德跟他偶尔有通信。普伯斯基尔参加了欢迎的会晤。这个年轻贵族的政治狂想，他对战争经历绘声绘色的描述，一个名叫墨索里尼的意大利政党领袖举办的盛大招待会，这一切都令两个成功的男士万分欣喜，诱使他们给予肯定。普伯斯基尔则有点心不在焉，他在想汉堡的生意。家明也在想汉堡，他为即将再见到荣昌号上的叔父感到高兴。但是苏兆征提醒他，将会有一场可怕的苦役，他应当预先利用自由支配的每一分钟，充分睡觉，积蓄力量。

在汉堡，他们头一次被允许登岸，但只是因为他们必须在岸上干活——如此而已！整整12个小时的搬运工作，先是箱子，然后是钢筋，最后又是箱子。普伯斯基尔的一个年轻的文书当翻译，事实表明，褐发女秘书能听懂德语，任务完成得比他更好。在荣昌号上，家明见到了叔父，他自豪地讲述了同伴们怎样忠诚地保护他。聚福叔叔对苏兆征表示感谢，眼睛睁得很大，过早出现的皱纹在疲惫的脸上颤抖着，他想送一件纯银做的小塔给兆征，但兆征没有接受。

"我当海员20年了，"聚福说，"但这样的航行我还没有经历过。我们的人前后判若两人，他们不再忍辱负重。回香港后我把一切告诉你。"

箱子，箱子，没完没了的箱子。总算有一个空闲的下午。

"我去睡觉。你们呢？"

"你侄子头一次出海，"兆征说，"我带他到处走走，增加点见闻。"

他们来到一间大的港口酒馆。"大哥，"家明惊奇地问，"你怎么会对这里如此熟悉？"

"我曾经来过这里，"兆征笑着回答，"去年，在荷兰的奥兰尼亚号上工作。我们一直航行到彼得格勒。"

三个德国海员坐在一张桌旁，口里唱着歌：

> 黑夜仍在延续，
> 黎明已经苏醒，
> 红色舰队全速前进！
> 我们是红色水兵，
> 海洋上的先锋，
> 乘风破浪勇往向前！

兆征似乎也熟悉这首歌。他高兴地唱着歌曲的旋律，甚至断断续续地哼着几句歌词。

"哈罗，伙伴！你们会讲德语吗？"德国海员用德语问。

"No talkie German."兆征笑着回答。

"不要紧。我们可以说英语。来我们这张桌子坐吧。"

兆征坐下前，向他们鞠了一躬，家明按照小时候学的规矩，也鞠了一躬，并且把腰弯得更低。

"我叫苏兆征，这位小兄弟的名字是林家明。我们两人是从广东来的。"

"我是费特·米勒，来自基尔，两位同伴是来自柏林的艾德·施蒂克和来自不来梅的库尔特·格勒辛。来喝一杯吧。我们看见，该死的约翰·布尔卑鄙地迫使你们像牛马一样干活。"

桌上放着一本小册子。封面上画着一个巨大的工人，他交叉着双臂，眼睛朝下看着一台巨大的齿轮传动机构，一个小小的资本家身穿燕尾服，头戴大礼帽，恶狠狠地朝上对着工人骂。标题是："只要你停手，轮子全停止。"兆征看不懂标题的字，但是画面的意思一目了然。

"必须这么干。"他表示认同，并将充满理解的眯缝眼转向艾德。

"3 年前，我们在基尔举行了一次海员罢工，接着是船厂工人总罢工。"费特插口说。

"什么是总罢工？"家明很想知道，"好还是不好？"

"别打岔，"兆征向他示意，"我迟些时候给你解释。"

"一年半前，"艾德说，"我们柏林人举行了一次总罢工，8 个月前又举行了一次。"

"这有什么用？"库尔特用德语问。

"有屁用。"

"不对。我们粉碎了卡普政变①。"

"全是胡扯蛋！"

"你的阶级觉悟怎么这么低。"

"说我没有阶级觉悟？我可是参加了罢工。"

"是的，为了增加工资。对于你来说，政治是无关紧要的。"

"无关紧要。"库尔特承认，并将杯中的酒一饮而尽。

远处亮起了两三盏彩色的灯。

"那是圣保利②，"库尔特跟随着家明的目光，用英文介绍，"那里的夜晚有音乐、美女。"

"Very interesting."家明高兴地说。

"去一趟吗，伙计？我带你们去看看汉堡的夜生活。"

"有阶级觉悟的无产者不去嫖娼。"费特用德语骂道。

但是库尔特坚持自己的看法，回答说："天下女人都一样。"

"我可惜要值班，"兆征撒了个谎，"我的小兄弟也许能来，也许不能来。你们可以从 8 点 3 刻到 9 点钟等他吗？最晚不会超过 9 点。"

---

① 1920 年 3 月 13 日，卡普和吕特维兹在柏林策动了一场企图推翻魏玛共和国的政变，魏玛政府被迫放弃柏林，然后号召德国工人以大罢工对抗政变，政变历时 5 天后宣告失败。
② 圣保利是汉堡市中心的繁华区域。

他们要回去了，临行鞠了几躬。

"有教养的无产者！"柏林人说，"也许有些造作——不过，这是他们国家的风俗。"

兆征和家明在半空的船上休闲地散步，然后，在救生艇后面蹲了下来，从那里，他们可以看见港口大钟上发光的钟面。

"现在，你已经知道了什么是总罢工，什么是工会、共产党、革命和团结。"兆征结束了他第一部分的解释。

"团结——"家明睁大热烈的眼睛接过话题，"当时我在船舱门前已经知道了，我用流血的鼻子体会到了。在此之前，我没有察觉。你们大家那么喜欢我。"

"我们大家喜欢你，家明，这是次要的。最重要的——我最后再给你解释。"

"好的，现在，你给我讲讲彼得格勒。"

"去年，我在奥兰尼亚号上当装煤工。到了彼得格勒，我将几箱黄油和菜干扛到岸上，这时，走来两个搬运工和一个士兵，这位士兵帮助他们搬运。三个人穿得很破烂，不像其他白人，但是，他们的脸上散发出光彩。我们的货主全权代理说要见他们的老板，他们哈哈大笑，俄罗斯人低沉的嗓门发出隆隆的响声，他们说：'没有老板。''没有老板？'我想。当士兵帮助我卸下最后一箱货物时，我低声问他会不会英语，他说'会'。然后我们去一家小酒店。他给我讲了许多事情。在帝国主义者的大战——你明白吗？——番鬼佬的大战打了两年半后，他们掉转枪口，将他们的皇帝从皇位上打了下来。"

"好。"家明兴奋地说。

"好是好，但还不够。我们在中国也已经没有天子了，但是我们的情况怎样？仍然在外国资本家和本国地主的脚下。俄国的共产党人将地主和资本家赶走了，土地归农民所有，船舶和工厂归工人所有。"

"但你说，他们穿得很破烂。"

"因为一切都毁坏了，资本家从外面攻击他们。但他们挺直身体，笑对困难。如果消灭了吸血虫，人们当然可以摆脱贫困。"

"一切都改变了。工人是光荣的称号，那个士兵帮助搬运工，不，后来我了解到，他实际上是红军的上尉。我为人人，人人为我。"

"就像当时在船舱前那样……"

"在他们那里，所有的穷人都是兄弟姐妹。是的，女的全是姐妹，不允许再有妓女，也就是我们南方人说的'野鸡'。如果女孩子跟小伙子睡觉，那么,并不是为了出卖色相,而是两人你情我愿,无论是男的还是女的,都从对方那里得到帮助和鼓励。"

"就像你老婆在地牢的铁窗前那样。"

"正当我和他们谈得火热的时候,船上鸣笛催我们回去。从那时起,我知道了该怎么做。我对伙计们说,'这就是我们所需要的'。"

苏兆征站起来。他悠然地伸了伸四肢,朝码头上的标准钟望了望,说:"现在是8点半,你上不上码头?"

"不,我要和你继续谈。我有一个主意——"

"那夜生活——"兆征忍住笑用英语问。

"马马虎虎,我对夜生活不感兴趣。你听我说,大哥,如果我们回到香港,我们必须立即成立工会,你在海员客栈演说,我吹口琴助兴。"

"我肯定要演说,而且不止一次。你的音乐我们也可以很好利用。至于工会,我们3月21日在香港已经建立了。你想成为会员吗?"

"那还用说。然后,我们建立共产党。"

"我们在7月1日已经建立了。"

"哪些人?在哪里?"

"在上海法租界一条叫望志路的街道里。参加会议的人中有一个人姓李,是北平的教授,有一个姓陈,还有一个来自湖南乡村的年轻人,姓毛,年纪不到30岁,但对农村的事情比其他人都更了解。"

"原来如此,所以——"

"所以,我的小兄弟,大家喜欢你,这对你没有多大帮助,重要的是,我们穷人的地位能够提高,再提高。"

罗纳尔德先生在伦敦上船,三个外交官员隆重地为他送行。弗洛蒙特夫人穿着新买的巴黎制作的精美礼服在瑟堡出现。而在热那亚升起了一颗新星:罗雯娜·格莱巴格小姐。

大多数男士都"偶然"地站在散步甲板上。普伯斯基尔先生心跳加速,仿佛年轻了20岁。船上几位副官低声地议论着,赞美格莱巴格小姐的金色头发、深蓝色的眼睛、红润的肤色以及嫁妆的数量。

罗纳尔德先生也了解这些嫁妆的数量。但是,如果年轻的、还不太有名的理查德·兰兹雷格先生娶格里斯蒙特侯爵的千金梅奇亚小姐为妻,那么他,作为一个成功的政治家,为什么要凑合着与一个殖民地的吝啬商人的女儿结婚?况且,他还很依恋单身汉的自由。不过,这丝毫不会改变以下事实:罗雯娜是盎格鲁撒克逊种族的样板,他对她的偏爱超过了对其他的女人。

褐发女秘书保莉小姐大胆地吞下剩余的一点宠爱，她从早到晚坐在打字机旁，登记公司购买的德国货，梦想着成为普伯斯基尔轮船公司的部门经理，首位驻香港的部门女经理。弗洛蒙特夫人非常恼火，她最新的巴黎时装由于这位傲慢的小姐而被人冷落了。罗雯娜·格莱巴格小姐终于陷入对罗纳尔德的遐想。这是她每天要做的功课。在她脑海里，罗纳尔德时而是中世纪身披银色盔甲的骑士，时而是现代的世界占领者，时而是魔鬼般的唐璜，然而却静悄悄地准备跟随一个美丽、富有、贞洁的女骑士走上美德的征途。

她站在栏杆旁浮想联翩。星星像成熟的果实挂在热带的天空上，印度洋闪烁着隐藏的生命的光芒。

一个男人的声音在她后面唱道：

哦，跳舞吧，小艺妓，
再唱上一首甜蜜的歌。

罗雯娜转过身来，露出有教养的笑容，极力将内心的失望隐藏起来："噢，普伯斯基尔先生，您很有音乐才能。"

"过奖了，格莱巴格小姐。一个终日劳累的商人怎么可能有音乐才能？我船上乐队的演奏，倒是很可以听听。"

"确实，很迷人。"

"我们马上就要举行告别舞会，到时候，乐队就会大放异彩。"

"爸爸写信告诉我，彭宁苏拉旅馆开了一个新的音乐咖啡厅。"

"如果我可以带您四处走走——"

"我不想占用您宝贵的时间，"罗雯娜拒绝了，"我只和爸爸一起外出。"

普伯斯基尔先生在走开之前，恭敬地点了点他的秃头表示告别，心里想："你会愿意的。"

"这个花花公子有什么企图？"罗雯娜不安地想，"他应当在他的金发女秘书身边才对。"

她很快就忘掉了这一切：罗纳尔德先生站在她面前。

"您在这，罗雯娜小姐！我在到处找您。"

"您找人，这是不太可能的。您太高傲了，不会这么做。您知道吗，弗洛蒙特夫人给您取了个什么外号？——公用餐桌国王，罗纳尔德一世。"

"西冬尼也可能称我是另一种家具的国王，"罗纳尔德想，但是，他吞下了这个评语，并且引用了一句名言，"奥斯卡·王尔德①说过：'谁能够管理好餐桌，谁就能管理世界。'"

"这不是奥斯卡·王尔德说的，"罗雯娜翻出了在寄宿学校学过的知识，"只是他笔下的人物伊灵沃斯勋爵②说的，王尔德并不喜欢这个人物。"

"您喜欢这个臭名远扬的伊灵沃斯勋爵吗？"

罗雯娜意味深长地微笑着。

"如果您喜欢他，"罗纳尔德先生说，"那么，对于这个人物而言，作家是否喜欢他是无关紧要的。"

"您这么说，是对我的莫大恭维。"

"这只是对您的小小敬意。"

"但王尔德全世界闻名。"

"全世界也只是一个混杂的社会。"

"人们说，这个人物很不道德。"罗雯娜喃喃地说。她垂下眼帘，这是一个很好的机会，展现她的长睫毛。

"我指的是另外一个意思，"罗纳尔德说，"他披着一层薄薄的诙谐和高雅的外衣，以最可怜的方式兜售忧伤和同情。"

"您不赞成同情？"

"同情跟丑的东西有关，而我只愿意接触美的东西。"

为什么他试探性的、逼人的目光带给她如此少的乐趣？

她又将身体转向海上的灯光："最美的莫过于这样一个夏夜——12月2日。"

"是的，我们离赤道不远了。"

"这些巨大的星球，"罗雯娜热忱地说，"人们充满着渴望，却不知道自己渴望些什么。"

"她还不是一个成熟的女子。"罗纳尔德想，用手臂搂着她。

罗雯娜呆呆地望着海上的灯光，她没有发现，罗纳尔德正贪婪而蔑视地俯视着她笑。

告别舞会！

乐队奏了一首热情的爵士乐。这一次，罗纳尔德真的寻找罗雯娜。他们在船梯的阴影中相遇，并且陷入了长时间的亲吻。接着，罗纳尔德请她舞会结束

---

① 奥斯卡·王尔德（Oscar Wilde，1854—1900），英国剧作家、诗人、散文家。
② 王尔德剧作《无足轻重的女人》中的人物。

后去他的房间。罗雯娜觉得这个举动是令人害怕和不愉快的。凭借价值高达几十万磅英币的嫁妆，她完全有权要求得到更温柔的追求。她向舞厅走去，经过罗纳尔德身边时，带着嗔怪说："我希望，您是一个绅士。"罗纳尔德随即流露出讥讽的微笑。

家明藏在救生艇后面，躺在甲板上听着舞厅的音乐。这个18岁的年轻人举起瘦瘦的褐色的双手，仿佛捧着荔枝那样捧着许多巨大的星星和希望。

罗雯娜在散步甲板上倏忽而过，她几次向后面张望，但没有人跟随她。她暗自悲伤，却佯装满意，喃喃地说："我甩掉了这个流氓。"

罗纳尔德先生只跟她跳过一次舞，跳的是断断续续的狐步舞，而跟西冬尼·弗洛蒙特跳的则是浪漫的探戈和柔情的英国式华尔兹。在舞会间歇，他也只跟西冬尼交谈，用目光和言语诱惑她。罗雯娜决定，不再回到舞厅里去。

家明在藏身的地方看见资本家的小姐像在舞台上那样来回踱步。她身穿一件透明的孔雀蓝丝绒做的晚礼服，秀发泛着浅浅的金光。家明身上仿佛点燃了爱慕的火，但立即像一根不耐烧的火柴那样熄灭了。

那首断断续续的狐步舞曲又响起来了。

> 打扮漂亮的绅士，
> 从10点跳到4点，
> 他时而跟你跳，
> 时而跟我跳，
> 但大多数跟她跳。

罗雯娜恼火地哼道：

> The dashing gentleman
> May dance much he can[①]……

家明在藏身的地方用洋泾浜英语模仿着哼：

> The dashie gentie-man
> May dance as muchie can……

[①] 意思是"这位打扮漂亮的绅士／尽其所能地跳舞"。

Gentleman！这个英文单词具有的两重意思——出身高贵的先生和行为正派的人——进入他的意识中，使他感到既可笑又可恨。不连贯的西洋舞曲旋律流入他的身体，融化在他中国血液的节奏中。

    不堪被打，受够欺负！

声音变细了，弯曲，转向，像承载着钟声的龙卷风，不断地旋转，旋转向上。

    做顶天立地的英雄！
    要唾弃鬼佬的暴力，龌龊的暴力，
    卑鄙无耻、横行霸道、不公平的暴力！

硬邦邦的指挥棒变成了轻盈柔软的弹簧。这不再是英国式的狐步舞曲了。这是一首新创作的中国民间歌曲。

家明安静地躺着，继续谱曲填词。

    誓将佢哋赶跑，
    番鬼佬夹住尾巴无处走。

阴暗的经历和闪亮的共性，海员的粗犷豪放和国民的理性寂静，愤怒和希望，这一切笼罩在兴奋的情绪之中，如同发出响声的螺旋桨，向空中盘旋升起。

家明四肢伸展地躺在船舱板上，嘴唇微动，给自己创作的曲子起了个名字，叫作《步步高》。

    步步高，
    海员兄弟齐向上。
    不堪被打，受够欺负！
    番鬼佬，好霸道，
    正义属于谁？
    属于你，属于我，
    属于劳工。要反抗！
    手拉手举行罢工，罢工！

须步调一致，同仇敌忾，
团结奋斗，才能向前走。
工友们，听我对你讲：
大家一起来，
准备好战斗，
个个是好汉，
同声高呼：向上！
做顶天立地英雄！
要唾弃鬼佬的暴力，龌龊的暴力，
卑鄙无耻、横行霸道、不公平的暴力！
睡不安稳，拳打脚踢，
饱受凌辱，如同牛马，
外国轮船，甚于地狱，
笛声阵阵，厉似鬼叫。
我哋华人地位低，
在洋人眼中不如一条狗。
誓将佢哋赶跑，
番鬼佬夹住尾巴无处走。
中国好汉冲破障碍，
新的时代开始了，
新的时代向前迈进，
奴隶冲出一条路，
世间正义实现了，
劳苦大众从此步步高！

水莲号到达香港的第二周，札翰往来，下列几封值得一读：

致理查德·兰兹雷格先生阁下
伦敦　西区

亲爱的理查德：

非常感谢你的友好来信以及剪报。你在报上发表的文章，说出了大胆和中肯的见解。你完全有理由谴责对群氓的崇拜。这在今天已经成了一种时尚，至少在大都市里是如此。幸好在殖民地还不至于这样。每个公园门口都树立着牌子，上面写着："狗与华人禁止入内！"没有一个中国人胆敢在人行道上行走，他们只走马路中间。遗憾的是，在伦敦竟然允许工人们如此无礼……当然咯，那是白人，不能相比。现在是时候清除这种可悲的民主风尚了，无论如何，要赶在生活中一切美好东西沉沦之前。你确实相信，墨索里尼将成功地夺取权力，革新罗马精神？如果真是那样，无论对于其他国家还是我们，都将是很好的例子。

你问，我是否认为你是建立英国法西斯政党的合适人选。那是肯定的，亲爱的理查德，不过，现在时候还不成熟，你必须等待更有利的时机。这段时间里，你不妨在其他政党里视察一下。这是我作为有经验的政治家对你的建议。

你千万不要给我寄尼采的著作。我忍受不了哲学，起码忍受不了德国的哲学。绅士不需要哲学，谁不是绅士，读了它只会遭受损害。

在香港，生活相当安逸，但从根本上让我感到无聊。在这里，殖民地的富人及其家庭是社会的顶层。官方要做的事不多。我常去郊游，打桥牌，骑马，跳舞，购买中国特色的物品。船主以及借、贷双方的骑士坐在行政院里掌权，我们除了从职权方面支持他们，没有什么事情可做，因为他们的权力就是白种人的权利。我曾经对总督说过这个话，他同意我的观点。他也出身于高贵家庭，我们彼此相当理解。

但愿这里的一切不会这么无聊！有时候，从上海和北平传来所谓罢工和叛乱的传闻。我还真想体验一下小小的轰动事件。但是，这些富人中最有经验的普伯斯基尔向我担保，这全是流言蜚语，黄种的歹徒没有能力反抗。

时钟已敲10点。我要去半岛跳舞。祝圣诞快乐，新年幸福！请代向美丽的默西亚夫人问好，若蒙挂念，由衷感谢。

致以诚挚的问候

你的罗纳尔德·迪姆福斯特
1921年12月16日
于香港

申请书
致香港普伯斯基尔造船和航运公司

鉴于部门经理约翰逊先生即将返回普利茅斯，请允许我向公司打听，能否委任卑职负责对外联络部的领导工作。我想冒昧地指出，本人在公司服务期间已经多次证明了我的组织能力。我掌握法语和德语，能说会写。最近在汉堡做成的最成功的生意中有几宗是我经办的。

　　本人相信，我在领导职位上能给公司带来更大利益，因此恳请公司考虑本人的提议。

　　顺致崇高敬意

你们的保利娜·维特
1921 年 12 月 16 日
香港

关于香港总经理秘书保利娜·维特小姐申请的复函

　　将部门领导工作交到女性的手中，有违本公司的原则。对外联络部的负责人特别需要男性的远大目光和男性的权威。此外，用女性劳动力排挤男性劳动力的趋势，哪怕只是轻微地助长这一趋势，也是违反本公司原则的。男人要依靠职业上的成功，女人有其他可能性。

普伯斯基尔航运公司总经理
贝尔特拉姆·E. 普伯斯基尔
1921 年 12 月 18 日
香港

　　苏兆征也收到了期待已久的信，他好不容易才读懂这封信，因为他只认得186 个字。乡下的教书先生马欢是个好人，他跟马老爷有亲戚关系，但却是他的死对头。他写信说，苏兆征的老婆生了个儿子，尽管有点瘦，但身体健康。兆征高兴了好几个小时，以至于将工会和政治工作抛在了脑后。他跑去邮局，寄了 4 元港币回家。然后，在虚荣心地驱使下，他兴冲冲地跑到照相馆。这是一间快速冲印馆，坐落在有陡斜台阶的城隍街上，摄影师是个混血儿，他认为，如果使顾客看上去尽可能洋气些，那就是最好的服务。在蹩脚的摄影棚里立着一个纸板做成的模型，这是一套配有领子和领带的西装，苏兆征顺从地站在模型后面，两眼愣愣地望着镜头。接着，他又跑去邮局，将刚拍的照片寄回家。他身上穿的本是工作服，但从照片上看，刚毅、帅气的脑袋配上西装领带，具有三等普通市民的风度。"太好了！"兆征感到很满意，他想，"样子像上海时装店的售货员。"

随后，他不由自主地向位于中环的工会走去。工会大楼就在普伯斯基尔船厂旁边，船厂广场门前停了一辆货车。这是公司唯一的一辆货车，因为公司宁可雇用苦力运货，那样更省钱。司机李泽明是个天津人，身材魁梧，额头高高突起，他朝着苏兆征呼唤。

"老苏！情况不好，我们很快就连茶叶也买不起了。弗洛蒙特公司的乌龟王八又提价了。我们必须用最后一滴血作代价来购买一点饮料。富乐门太太——"他用中文将弗洛蒙特的名字说成"富乐门"，"每隔半小时就换一条裙子。"

苏兆征有点心不在焉，没有吭声。

"我们当中几位工人成了家——"

"嗯？"苏兆征感兴趣地问，"我老婆生了一个儿子。"

"你真有福气！——但是，你听我说，再也无法忍受了……"

苏兆征尽力控制自己："对不起，我在听你说。物价飞涨，工钱在地上爬行，是吧？——我们海员的情况没什么不同。我们只拿白人海员工钱的五分之一，他们认为，我们是他们的奴隶。"

"我们一起合计合计。"

"你们抽空来我们工会大楼。我想，现在是时候了。"

李司机向兆征走去。他那突起的额头由于思绪涌动而不停地抖动。

"你晓得不，你的话是有道理的。普伯斯基尔比其他的船主付的钱更少。而且，他在汉堡用一堆鸡屎买回太阳和月亮，现在赚的利润垒起来有天那么高。这是他的女秘书对我说的。"

兆征瞪大眼睛："他的女秘书跟你说的？"

"怎么，你感到惊讶？外国人也有正派的。况且，她吃了不少苦，对普伯斯基尔非常恼火。"

格莱巴格在看价格表。

"抽一支切斯特菲尔德？"普伯斯基尔问。

"谢谢，我戒烟了——不过，您听我说，您怎么能这么做？这可是喜马拉雅山的价格。这行不通。"

"随您的便。我不依赖这。我自己迟早能用上这些材料，每一块板，每一根钉子。过了年我马上开始建造两艘新船。"

"我们其他人就没有权利从德国的通货膨胀中获利？"

"有就是有，没有就是没有。"

格莱巴格没有吭声，表情阴森。

"为什么这么生气，老朋友？"普伯斯基尔用试探的口吻说，"对于您来说，这只是一桩小事——您拥有最大的世界宝藏。我指的是您女儿。她是苹果树上一朵花！一个天使！"

格莱巴格将嘴巴张大，又将它合上。几秒钟后他露出了客气的微笑。

有人敲门。

"木匠和搬运工的代表求见。"保利娜·维特通报。

"没时间。"普伯斯基尔叼着烟粗声地嚷道。

保利娜原地不动，说："这些人问，您什么时候有空。"

"我不知道。"

只听见大门关上的声音。

"这些苦力想干什么？"格莱巴格问，"要提高工钱？"

"他们想要什么，那是次要的事情。"

"如果他们罢工呢？"

"中国人从来没有罢过工，现在和将来也不会罢工。我已经认识他们20年了。这一点我很清楚。"

"听说水莲号上曾经闹了一次事。"

"胡说。我没有听到任何报告。人们感到无聊了，便造出耸人听闻的传言。"

普伯斯基尔将烟头摁灭在烟灰缸里，惬意地哼起他最喜爱的小歌剧里的一首歌：

中——，中——，中国人
是可怜的笨蛋。
任何人都可以随心所欲
揪他头上的辫子。

"他们已经不留长辫子了。"格莱巴格说。

"但我们仍然揪他们的辫子。"普伯斯基尔自信地说。

格莱巴格佯装失忆："我们刚才谈到哪里？"

"谈到您那与众不同的女儿。我想邀请她去半岛走走，可惜她不赏脸！"

沉默。

一阵痛苦在格莱巴格的圆脸上引起了激烈但只延续了短短几秒钟的抽搐，很快就屈服于平静而虔诚的商人意识。

"罗雯娜太拘谨了。我们可以三个人一道去。"

"这确实太好了。我们约定：今天晚上？"

"我得先问问我女儿。"

"我们可以明天再商量价格问题。"

"好的，那就今晚去。"

谭寂侠先生坐在法国弗洛蒙特茶叶公司的办公室里，他的名字在广州话里读成 Tam Jip-ha，意思是寂静无声的伙伴。他其实并不寂静，而且压根儿算不上是伙伴。法国人拿去了大部分利润，却要他拼命干活——他只是个华人。在他60岁生日的时候，这个日子没有受到外国人重视，谭先生向公司暗示自己已经不年轻，谦卑地提议，除了法语和英语的文书外，再聘用一个汉语文书。但是，弗洛蒙特先生断然拒绝了。现在，弗洛蒙特和妻子正出席某个盛大的圣诞晚宴，这是本周的第三次。已经是晚上10点了，谭先生却仍然坐在办公室里，费力地睁大熬红了的眼睛，用毛笔给广东、湖北等地的茶叶供应商写信。他暗自嘟嘟喃喃地用汉语骂弗洛蒙特先生是"王八蛋""乌龟"，前者常用于骂私生子、杂种，谭寂侠使用来骂弗洛蒙特，只是一种假定，并没有什么根据，后者多指戴绿帽的人，谭寂侠感到很满意，因为这样骂毫无疑问是符合事实的。而他祖父是注疏庄周鼓盆和梦蝶的文人雅士，他自己是什么人？——他是买办，这个非常好听的词源自葡萄牙语的"comparare"，意思是"天生的仆人"。

他的面前摆放着一个产自甘肃的绿色玉杯，这是著名的夜光杯，诗人王翰在1200年前就曾经歌咏过。老人喝了一口茶，疲惫地靠在椅背上，聆听着夜间的嘈杂声。

他头顶上方的海员客栈里相当热闹，人们严肃而热烈地交谈着，在此期间还奏响音乐，乐器中有口琴、几把二胡，还有声音清脆、富有节奏感的梆子。奏的是大家熟知的广东音乐，《饿马摇铃》《彩云追月》《旱天雷》。还有一首他尚不认识的曲子，这首曲子优雅欢快，清新活泼，比其他乐曲更好听。谭先生叹了一口气，伸手拿起他的象牙图章，这枚图章的侧面用微雕的手法刻了一首关于花前月下的诗，然后在写完的贸易函件上盖章署名，并且自言自语地说："过去，海员们互相破口谩骂，找野鸡，打麻将，酗酒，抽鸦片，对于他们来说，这一切都没有什么不妥。但现在，他们对政治发生兴趣，而且还奏乐。这些海员想成为文人？——这可有点反常。正如女戏子想成为守妇道的贞节女人。乱了套！"

楼上的工人聚会仍在继续，没有理睬这种哲学的异议。苏兆征尽力平静和谨慎地引导他们，但在热浪中，他兴奋极了，眼前像是蒙上了雾一般的金色薄纱。他无畏的、细致的工作结出的果实比他自己和其他人所预期的更快、更丰硕。海员们一个接一个汇报情况，几乎在所有的船上都发生了哗变。过去，苦力们一味地忍耐，不做抵抗，如今，到处都有愤怒的反抗。"不，我们不再任由他人为所欲为。"

荣昌号轮船上，货主委托的全权核查员将林聚福的一位工友锁在煤仓里，因为他干了16小时工作后睡着了。海员们将一箱茶叶扔进了海里，并且警告船主，如果不立即释放这位工友，就继续扔。他们中没有一个人被解雇——包括苏兆征、林家明和他们的同伴，全部都留用；因为没有人敢向自信的普伯斯基尔先生报告形势变得多么困难。在这段时间里，有两个人被解雇，一个姓许，是荷兰船"萨丝奇娅"号上的船员，船上的三副想踢他，被他巧妙地脱去右脚的靴子，结果啪嗒一声摔了个大跟斗；另一个姓詹，是美国船"威尔逊总统"号的舵手，他被乘务长吐唾液，毫不客气地用拳头回敬他的脸。两艘船的船员已经举行罢工，抗议解雇他们的工友。葡萄牙船"菲盖拉"号上有一个海员，独眼、无鼻，他结结巴巴地预言要向虐待者复仇。兆征用轻轻的兄弟般的动作抚摸他有残缺的脸，说："我们都想安慰你，同志！"从家明的口琴里又升起了带有透明翼翅的螺旋桨——他自己谱写的曲子。几位工友掌握了旋律，用二胡为家明伴奏。其他人则用小木棍敲击梆子。

"步步高！"装煤工阿梁喊道，上海人阿刘要表现一下自己，用学会的外语说："Upward，向上，Nawjerch，很好！"姓许的海员想跳独舞，但地方太小。聚福从袖里取出一张纸，低声地请孔厨师为他写一封信："我在广州的兄弟想知道他的儿子有什么长进。"家明第三次奏他的曲子时，头一回看见王司炉露出了微笑。他闭得紧紧的嘴唇慢慢张开，露出了一口漂亮的牙齿，愠怒的脸突然充满了慈祥。

孔厨师将迅速写好的信递给林聚福，聚福连连鞠躬表示感谢，厨师叫他不必客气。

接着，厨师转向苏兆征，问道："你知不知道，2200年前，孟子曾经谈论过你。"

"他根本就不认识我。"苏兆征笑着说。

"他说：怎样的人才是君子？——能唤醒有才华的年轻人才是君子。"

几天后，他们一起前往位于中环的工会大楼。他们路过普伯斯基尔船厂，迎面就看见闪闪发亮的蓝底白字招牌，上面端端正正地写着几个大字：中华海员工业联合总会。李司机和 5 个铸造工、10 个木匠、15 个点货员、30 个搬运工加入到他们的队伍当中。

"同志们,"苏兆征说,他那低沉浑厚的声音充满了大厅,"我们欢迎客人——船厂工人。我们要和他们一起讨论局势,并且制订下一步的行动计划。在水莲号启航之前,海员工会已经向船主联合会提出四点要求:增加百分之三十工资,实行八小时工作制,禁止打骂和虐待工人,由工会介绍工作。"

"非常正确,由工会介绍工作!"阿梁喊道。

"不要通过包工头设立的馆口,他们抽扣我们一半工资有多,天龙公司的这些骗子。"

"玉宫公司是更坏的骗子。"阿刘想显示他更了解情况。

"你是上海人,当然更了解那些骗子。"

"不要再争吵了,你们这些屁眼。"姓王的司炉插口说。

"船主联合会没有答复。"苏兆征接着刚才的话说。

"船主联合会按照普伯斯基尔的话做。"李司机解释。

"普伯斯基尔这个老混蛋从来不答复!"几个搬运工喊道。

中间的喊声并没有使苏兆征不耐烦,相反,使他感到高兴。

"昨天,我们又提出了我们的要求,"他接着说,"还增加了第五项要求:重新雇用被开除的工人。"

"谁被开除了?"

"萨丝奇娅号上姓许的海员,还有一个姓詹的——"

"老许,你干了什么蠢事?"

"我不许人再踢我!"

"万岁,兄弟!"

"你真应当子孙满堂!"

"不过,在此之前先有合理的薪酬。"老许笑着回答。

"现在,我们再等两个礼拜,"苏兆征继续发言,"然后,我第三次和最后一次提出要求,并给他们 24 小时时间。如果他们没有理会,我们就罢工。"

> 讲话系"托旗",
> 收声叫"沙踏"!
> 唔好打我了,
> 否则就罢工!

家明用他响亮的男高音喊道。

"可是,我们不想等两个礼拜。"普伯斯基尔船厂的一个木匠说。

"我们要教这老混蛋学会礼貌。"一个点货员强调。

"普伯斯基尔是香港的国王。"

"他是香港的乌龟王八蛋。"

"另一个乌龟王八蛋是那个新的外国官员,他是劣绅。"

大家都表示赞同,因为劣绅就是那些貌似正人君子,实际上腐败堕落的人。

"他是家明被打得流鼻血的罪魁祸首,"孔厨师骂道,"这个丁——富——德!"

孔厨师将迪姆福斯特的名字说成"丁富德",引起哄堂大笑,因为这名字听上去意思是"富有道德"。

"同志们,"苏兆征跟其他人笑够之后解释,"如果你们想在我们之前举行罢工,这也不坏。但是,最好在1月5日或6日才开始,这样,我们的罢工很快就可以援助你们。"

"对!"

"老苏高明。"

"老苏的智慧可与达摩相比。"

"不同的是,他不信佛。"

"是的,我只相信工人阶级的团结。"

李司机穿过人群走上讲台。他突起的额头在紧张思考时抖动着。

"团结不会自己产生。我们必须向失业者解释,否则,帝国主义者会利用他们破坏罢工。"

"老李说得对!我把最重要的事情忘了!"苏兆征满腔热忱地说。

"我们必须向他们说明,破坏罢工就是工贼,就不是中国人。"

"对!打倒帝国主义及其走狗!"

"中国工人——顶——硬——上!"

亲爱的罗纳尔德先生:

但愿您不会认为,我在困境中向您求助并不合适。我需要您的真诚帮助,特别是您的建议。

普伯斯基尔先生向我求婚,爸爸要我接受他的请求。他说,普伯斯基尔先生是香港的国王,如果成为他的夫人,我就是香港的女王。可我想象中的国王是另一种样子。在我眼中,他只是一个普通的投机商。此外,他比我大35岁。

爸爸说，普伯斯基尔很有威望，因为他善于跟中国人打交道。这又怎样？——难道我是一个中国女人？

如果我同意嫁给普伯斯基尔，他愿意将他在汉堡购买的货物减价卖一些给我爸爸。当然，爸爸可以多付一些钱，但是，亲爱的上帝并不愿意罗雯娜·格莱巴格像裁缝的漂亮女儿那样卖给一个年老富有的花花公子。爸爸说，这不涉及他能否这么做，公司的荣誉要求获取最高利润，为了公司的荣誉，我必须牺牲自己。您理解这一点吗？

罗纳尔德先生！您是一个绅士，不能将一个绝望的年轻女子置之不顾。您是个经验丰富的人，一定能为我出主意。

我希望，我们能够在半岛5点钟喝茶的时候见面。您何时有空，盼来信告知。

您的罗雯娜·格莱巴格
1922年1月4日
香港

罗雯娜整天在等罗纳尔德的回信，但没有收到。

相反，传到她耳里的消息是，普伯斯基尔的工人们罢工了。她感到有点儿幸灾乐祸，但仍然像原来那么伤心。

"真可笑。"普伯斯基尔说。他向后靠在雕刻精致的办公椅上摇了摇铃，让人将买办叫来，这个买办姓陈，是宁波的一个富家子弟，能说流利的英语。

"我们雇用新的工人，但开始时不要太多，10个铸造工、20个木匠、10个点货员、100个搬运工，共140个，如果罢工再持续3天，我们可以再雇用多一些。但这种情况不太可能出现。"

穿西装的年轻中国人鞠了鞠躬，说："总经理先生，几点钟办好？"

"4点钟。"

4点整陈买办来到总经理办公室。普伯斯基尔在看一份时装杂志。

"办好了吗？"他问，但没有抬起眼睛。

"还没办好，没有工人。"

普伯斯基尔摇了摇铃。

"维特小姐，中介公司的地址。"

"在这里。"保莉做出好像在办公室柜子里还要找点东西的样子。

"您去过玉宫公司吗？"

"我去过玉宫公司、天龙公司、月宫公司、浮莲公司、七笛公司。"

"他们怎么说?"

"他们说没有工人。"

"真奇怪。新年的时候,香港到处是找工作的华工——他们全掉进海里了?"

"不是的,但他们说,他们不愿意当工贼破坏罢工。"

"我告诉您,my dear fellow①,我不会被您蒙骗,您误了我交给您的任务,现在又找借口。"

"陈先生已经尽了一切努力,"保莉插口说,"我在城隍街取照片的时候已经看见了。"

"事情背后隐藏着对罢工消息的恐惧。"陈买办试图做些解释。

"部分是由于恐惧,"保莉说得更确切些,"大部分出于自尊心。"

"我没有问您的看法,维特小姐。"

"很抱歉,普伯斯基尔先生。"

迄今为止,香港的冬天就跟温和的阳光灿烂的秋天一样。但是,在1月份的第二周,天气就像往年那样变冷。西冬尼穿着松鼠皮大衣散步,罗雯娜戴着白色的银鼬皮帽,阴沉沉的眼睛闪烁着微光。

1月12日,13艘船的海员开始罢工:水莲号、荣昌号、萨丝奇娅号、威尔逊号、菲格拉号、女王号、不列颠号、泰坦尼亚号、奥兰尼亚号、天星号、圣女贞德号、金仙女号、金光环号。

罢工者的岗哨布满了整个港口,将传单派发给每艘新到达的轮船的海员。苏兆征和其他人一道草拟这些传单,孔厨师用毛笔抄写,并且还画上太阳和星星,就像他写的菜单上画有鸡和葡萄那样。海员们欢呼着抢他们手中的传单,迫不及待地阅读并谈论事件。他们也有发生冲突,用拳脚相对,以辱骂和烦扰结束。

家明在斗争中像发了疯似的,他去各处站岗,时而在维多利亚港,时而在好望港,时而在大潭码头,迷信的人说,在香港仔码头和深水码头同时看见他。他长大了,更有男人味了。但是,他欢乐的脸由于饥饿和劳累而消瘦了。有几个乞丐、小偷和破产的小贩来到码头,想当工贼挣几先令,家明还没有跟他们说一句话,他们在他的注视之下已经不去理睬外国雇主。孔厨师看见家明夜以继日地站在码头,穿着单薄破烂的罩衫,冒着寒冷的北风,身体瘦小,但

---

① 意思是"我亲爱的伙计"。

仍挺直腰杆、精神饱满，心不禁揪了起来，他嘱咐家明要爱惜身体，不要将大伙儿的天才弄垮了，家明只笑不答。苏兆征也为他担心。在这位无产者的灼热的头脑里积累了一大堆各种各样知识，他知道，一个18岁小伙子的肺比年纪大的人更容易受到侵害。"老许明天接替你，"他用一种看似不经意的语气说，"我们必须将募捐到的钱汇集在一起，在这方面你比其他人做得更好。"

普伯斯基尔也在斗争，因为他在船主联合会以及在行政院的权威有所动摇。他在自己的豪华单身住宅举行了盛大宴会，接着又开家庭舞会，以便表明自己的乐观主义，巩固作为商人的威望，引起罗雯娜的敬仰。他让保莉和多莉两位女秘书帮忙招呼客人。"在这种时候，"他说，"每一个认真负责的员工都必须加班加点。"

"你和谭寂侠老板谈过了吗？"苏兆征第二天问。

"谭老板给了我一百港元，"家明用粤语回答，"他说：'我们大家都是中国人。'然后，我遇见天龙公司的老板，他给了45元港币，他说：'我知道你们说我是骗子，但我的心是跟你们在一起的，如果你们赶走了番鬼佬，我也就不再需要当骗子了！'"

"好的，小兄弟，现在，你要找到普伯斯基尔的陈买办，他会将有钱的中国人的地址给你。但是，你必须在路上守候他，不要冒冒失失地去他办公室！"

在普伯斯基尔船厂的门前，李司机为罢工站岗。"家明，"他小声地说，"你现在马上去城隍街照相馆，我们的好心秘书维特小姐在那里等你，她有些东西给罢工者。"

家明跳着跑下有陡斜台阶的城隍街。在照相馆的后屋里，维特小姐得意地递给家明两包东西，里面有牛油面包、冻牛排、冻鸡、火腿肉、蛋、广柑、巧克力、饼，这是她在宴会上留下带来的。

"Missie goodie！"家明用权威的口吻说。

"年轻人，您叫什么名字？"

"小姓林，名叫家明。"

"哦，是林先生，我祝您和您的同伴走运。"

外面有人在拉二胡，轻快的乐音传进后屋。

"多动听的旋律！"维特小姐说，"现在，大街小巷都听见这首曲子，据我所知，是一首广东民谣，但也有点儿西洋味道，甚至可以用来跳狐步舞。"

"Goodie, no goodie？"家明急切地问。

"Very goodie."

"No goodie，"家明微笑着谦虚地回答，"这是我创作的。"

"到现在为止,已经有58艘船参加了罢工,大部分是英国船。"格莱巴格先生说,"罢工海员总共有6500名,是最初人数的5倍。香港跟上海、新加坡的航运交通已经瘫痪。"

"他们要求加薪多少?"

"百分之三十,尊敬的霍普金斯牧师。"一位名叫考尔文的船主回答,他是行政院的成员。

"哦,哦!理由是什么?"

"物价全面上涨。"他的合伙人米切尔森说。

罗纳尔德·迪姆福斯特感到无聊。他不断吸烟,一根接一根,直到淡紫色的墙纸上布满了烟雾。在他的皮夹子里放着几张紫色的纸片,这是罗雯娜求助的便条,他还没有回答。但是他每天晚上都读这些求助便条,并进行小小的独白,他进行得如此有规律,以至于几乎把这称为晚祈祷。

"当然了!船主的千金想嫁人。不,'别碰我'小姐。人家没那么容易成为迪姆福斯特夫人,还有那数十万嫁妆也不是那么容易到手的。"

"他们要求增加工资,理由不只是物价上涨,"格莱巴格说,"还有所谓的种族平等。"

"这是对《圣经》的错误解释。"霍普金斯牧师斥责。

"他们没有提到《圣经》,"米切尔森笑着说,"但他们一直说,战舰上的白人水手拿5倍工钱。"

"这跟他们有什么关系?"普伯斯基尔抱怨,"不要脸的流氓!"

"现在,总算变得有趣些了,"罗纳尔德心想,"我要尝试当这些有色野兽的驯兽师了。在百般无聊之后,这或许可以引起小小的轰动。"

"该死的形势,"格莱巴格叹息,"要是总督阁下在就好了!"

"可惜阁下感冒了。"罗纳尔德说。

"先生们,"霍普金斯牧师开始说,"要求增加百分之三十的工资,这当然是邪恶的异想天开,但是,我们是否应当施行基督的仁慈,同意增加百分之五?"

考尔文和米切尔森交换了一下目光。"这也许是一条出路。"

"先生们,"罗纳尔德说,他敏锐地注意到并理解了普伯斯基尔和格莱巴格拒绝的表情,"我不认为这种妥协是合适的。现在,我们恰恰要表明,我们是主人。吓唬一下这些苦力,也许就够了。"

"也许就够了?"格莱巴格激动地重复道,"大胆的见解!证据呢?"

"为了证明,我自己现在就去跟这些中国海员交涉。"罗纳尔德懒洋洋地回答,并从微微皱起的鼻孔里呼出吸入的香烟。

"罗纳尔德先生,"格莱巴格抱歉地说,"我并不想挑衅您。"

"这我知道,"罗纳尔德带着鄙视地安慰他,"不过,这让我觉得很有趣。"

"官员教训苦力们一顿——这是一个极好的主意,"普伯斯基尔高兴地说,"不过,不应该是您这样的高官!这有失您的尊严。"

"我的尊严,"罗纳尔德稍带严厉地反驳,"在此不做讨论。"他拿起大衣和帽子。"我们要当男子汉,要行动。拜拜!"

同一时刻,在工会大楼的小会议室里,罢工委员会也在开会,苏兆征、詹舵手、孔厨师、甲板工老许、王司炉,以及九位其他成员。房子里没有家具,他们蹲在地上开会。与会者用这种中国人习惯的、他们觉得相当舒服的姿势做出决定:大部分罢工者返回广州,把斗争的总部搬到那里,只留下1500人在香港,负责向新靠岸的船只的海员解释并阻止可能发生的对罢工的破坏。

他们当然没有钟表。詹舵手通过窗口望标准钟。

"哟!那个劣绅从他的劳斯莱斯里走出,向我们这里走来了。"

"哈哈,丁富德先生!"

他们接见了罗纳尔德·迪姆福斯特,14人站成一排并且交替着回答问题,好让他看不出谁是首领。

罗纳尔德先生没有问好。

"Good evening, Master."苏兆征大度地微笑着说。

"我来警告你们。"

"好的,警告吧。"

"你们懒惰成性,是不会成功的。如果你们需要什么,要向雇主请求。强求是得不到任何东西的。我以政府的名义告诉你们。"

"我们是否挨饿,政府是不关心的。"

"正好相反。政府警告你们,罢工意味着挨饿。"

"不罢工,我们就饱吗?"

"你们的雇主认为,你们有足够的人工。他们是对的。你们的收入甚至达到了白人海员工资的五分之一。"

"而我们干的活却比白人海员多。你们什么时候想起来了,就向我们吹哨子。"

"不是想起来,而是我们认为恰当的时候。"

"但是,白人海员可以睡懒觉。"王司炉严正地指出。

"那是白人。"罗纳尔德带着蔑视教训他。

"白人,白人,白人……你是官员还是卖颜料的商人?"

"你们不是有色人种?"

"我们难道做得不对?——我们的工友被开除了——"

"因为他们造反。"

"我们大家都造反。"

"海员必须遵守纪律。"

"你们的纪律?——拳打,脚踢,侮辱。"

"在船上不能那么敏感。"

"在中国不能那么粗暴。"

"这里不是中国。"

"中华民族生活的地方,就是中国。"

"船主们说,你们的收入够多了。至于你们怎么说,我不感兴趣。"

"既然如此,你来干吗?"

"我来警告你们。"

"你最好还是去警告船主。"

他们成群结队地返回广州,有的乘火车,有的乘轮船,有的乘帆船。在火车站,他们受到橡胶工会、金属工会、教师工会的代表的欢迎;在天字码头,受到轮船和运输工会的代表的欢迎。林家力站在他们的前列,沉思地咀嚼着颌骨,倾听罢工领袖的讲述,他是如此聚精会神,以至于没有发现他的弟弟。家明不得不三次拉他的袖子,他才转过身来,眯着的眼睛开始放射出光芒,并抚摩家明的肩膀,这个动作翻译成欧洲的身体语言,相当于热烈的拥抱。

在家明家乡的小巷子里,人们排成两列,向他高呼万岁。大家知道,他创作了一首斗争歌曲,有人将一把口琴塞到他的手中。邻居的孩子们手舞足蹈。家明的父亲从厨房里取出一块柏木板——这是林家的祖宗牌位,并告诉大家,他的曾祖父林达吾制鞋时也曾谱过曲。林妈擦拭着眼睛,请大家让她的小儿子先吃饭。

在广州没有家庭的人,由工会负责安置,有的到工人住宅,有的在城区的楼房里。宽阔的亚书路上的湖南同乡会馆是一座有阳台的漂亮的楼房,如今成了他们的总部,里面有两间办公室、五间大卧室。纺织女工们在方地砖上铺好床垫,放上被子、枕头,又在支梁上张贴剪纸。

五个年轻的知识分子——三个大学生和两个文员——自愿担任义务的对外通讯员。苏兆征干劲十足,向他们口授电报和报道,发给彼得格勒、汉堡和马赛尔的海员团体。

晚上,客人们来到这里。临时凑成的乐队演奏《步步高》。家明穿着刚洗

干净和补好的工作服蹲在平台上,他弯腰做了一个刷天花板的动作,突然立起身,用年轻小伙子的男高音有力地唱道:

    步步高,
    海员兄弟齐向上。

他蹬腿跳起,双手握拳:

    不堪被打,受够欺负!

他的身体欢快地向右转、向左转:

    番鬼佬,好霸道,
    正义属于谁?
    属于你,属于我——

他舞动的圈子越来越大:

    属于劳工。要反抗!
    手拉手举行罢工,罢工!
    须步调一致,同仇敌忾。

家明停下步子,就像汉堡出版的那本小册子封面上的工人,将两个手臂交叉搭在胸前:

    团结奋斗,才能向前走。

他突然展开双臂,走向观众:

    工友们,听我对你讲:
    大家一起来,
    准备好战斗,
    个个是好汉,
    齐声高呼:向上!

家明像弹簧一样跳到空中：

    做顶天立地英雄！

他跳得更高：

    要唾弃鬼佬的暴力——

家明像漩涡般围绕自己的轴心旋转：

    龌龊的暴力，
    卑鄙无耻、横行霸道、不公平的暴力！

3天后，全城都在传唱这首歌。

  在纷乱当中，苏兆征观察到，林家力默不作声、不引人注目，总是谦让地躲到光彩照人的弟弟身后，但对政治报道有深刻的理解，并且记性很好，对于每一句话，他都沉思地咀嚼着颌骨去消化，并且听过后永远不会忘记。苏兆征跟港务长商量妥当：让运煤工阿梁顶替林家力几个星期，为他保留这份工作，因为他想派家力和他的叔父和弟弟去香港送信。

  2月14日，林家叔侄三人带着错综复杂的心情回到广州。罢工已经大范围铺开，166艘船停开了。普伯斯基尔船厂工人的罢工在持续进行，丝毫没有减弱，其他船厂的员工不久前也举行罢工，表示支援。从昨天开始，甚至街道清洁工也开始罢工。

  冷漠傲慢的帝国主义分子大发雷霆。按照香港政府的命令，海员工会的大楼被警察查封了，白底蓝字写着"中国海员工业联合会"的牌子被拆走了。

  次日，广州各报纸上刊登了苏兆征向他的助手们口授的文章，孙中山办的英文报《广州时报》也转载了。

  "我们举行合法罢工，"文中写道，"目的是为了提高工资，实行八小时工作日，正常介绍工作，重新聘用被解雇的工友，文明待人。殖民政府对待我们的合法行动，采取了非法袭击工会大楼的方式。它将会看到，我们工人是决不会退缩的。"

  他走进火车站，打算亲自到香港组织下一步的斗争，这时，一辆火车正好进站，上海的铁路员工跳下车，跟他握手，并递上他们在全国募集到的捐款。火车头上飘着一面大旗："支援香港海员！"

香港的面目已无法再辨认了。所有的港口码头都挤满瘫痪了的轮船。街道上到处是苦力，他们四处走动，阅读传单，用二胡和口琴演奏《步步高》。所有奢侈的商店前面都站着警察。

最后几个星期，李司机和詹舵手在香港代表苏兆征提出：除了原来的五项条件外再增加第六项，那就是，重开工会大楼，政府派代表客气地归还工会的牌子。这是罢工群众的要求。

"他们做得对。"苏兆征说。

他在海滨大道遇见谭寂侠先生。两人都笑了，因为他们是在人行道上相遇的，几个星期前，还没有一个中国人敢在人行道上走。"对于你们这些勇敢的劳工，"谭先生开始用传统的方式说，"对于你们老百姓，本人深表感谢。番鬼佬不再那么傲慢。弗洛蒙特聘用了一个中国人当文书，他不再敢让我这个老人写贸易信函、工作到晚上10点。"

"太好了。"苏兆征高兴地说。

"不过，你听我说，你们不能要求殖民地政府归还工会的牌子。这么做，他们会没面子，会失去威望。"

"不义之人理应没有面子，"苏兆征说，"对于他们，这是一个很好的教训。"

"不，不。我有一个更好的办法。你们干脆改一个名字，挂上新的牌子。例如，'银波联合会'，或者'明珠联合会'。"

"尊敬的老先生为我们罢工捐款，我们永远不会忘记。但是，这场斗争的领导人是我们，是工人。"

苏兆征去搬运工人工会大楼，发现它也被封了。

次日早晨，政府行政大楼的门旁贴了一张用英文写的传单，上面写着："罢工委员会于下午5时在海员工会大楼门前等待罗纳尔德·迪姆福斯特先生前来赔偿其非法袭击造成的损失。"

罗纳尔德·迪姆福斯特果然来了，但是，带着20个警察，并且在大门的对面架起了两门火炮。

"怎么样？"罗纳尔德带着讥讽说。"谁是这里的主人？"

"不是你。"只听见镇定的回答。

罗纳尔德举起拳头。苏兆征也举起他瘦削的、褐色的、洗不掉油迹的双拳，罗纳尔德突然喃喃地说："真是荒唐。"

"别害怕，少爷，"苏兆征笑眯眯地说，"我可不想在你身上弄脏我的手。

他们面对面地站着，一个是白人勋爵，另一个是有色人种的工人，两人都还年轻，两人都长得相貌堂堂。

可是，在局势没有太大改变的情况下，罗纳尔德傲慢的灰色眼睛里，自命不凡的表情突然变得呆滞，嘴角上显示出的强硬变得脆弱，如同水洼上结的薄冰。

他将身体转向少尉警官。"我们还要请示总督阁下。"他有气无力地说，并撤走了警察。

苏兆征回广州之前跟李司机、詹舵手商量必要的准备。对于帝国主义政府的暴力行为，只能有一种回答：总罢工。

兆征答应过几天就返港，并且将林家叔侄三人带回来：林聚福是最有经验的参谋，林家力是最出色的通讯员，林家明是最年轻有为的宣传员。

在广州，来自世界各地的书信等着他开启：彼得格勒的工会寄来一幅尺寸不大但很完美的水彩画，上面画着一位金发的俄罗斯海员向一个中国海员伸出友谊的手。从汉堡寄来了费特·米勒和艾德·施蒂克的信，他们附上恩斯特·台尔曼的照片，报道了声援香港海员的集会情况。在会上，台尔曼发表了有力的演说。从巴黎寄来了一份《人道报》，上面刊登了一篇关于中国工人斗争的文章，苏兆征读不懂，罢工委员会里工作的三个大学生中有一位向他解释了报纸名称的意思，这已经够让人开心了。

次日——2月26日——苏兆征将信件、照片、报纸塞进袖筒中，和林家叔侄三人回到香港。

"我想知道，警察局到底干了些什么！"

香港警察局局长威廉·H. 瓦尔雷惊讶地看着上司震怒的脸。

"我想，罗纳尔德先生，我们认真地执行了您的命令。我们关闭了海员工会的办公楼和搬运工人的大楼——"

"了不起的成就呵！"罗纳尔德嘲讽地说，"你们在那里都找到些什么？"

"在海员工会发现了《共产党宣言》和列宁著作《国家与革命》的中译本，几本孙中山的《三民主义》，还有一本破旧的德国海员的歌本。"

"您懂德文？"

"懂一点点。"

"有啥内容？"

"有一首歌是这样开头的：'轮船公司欢天喜地，从中赚了大量金钱——'；结尾是：'我们在汉堡登上船，将船主的窗户打得粉碎！'"

"有意思。在搬运工人的大楼呢？"

"只有《三民主义》和《共产党宣言》，其余全是蛋书。"

"蛋书？"

"中国人这么称呼他们传统的连环图书，因为它们像鸡蛋那么便宜。"

"都有什么内容？"

"全是仙女故事。"

"无聊。此外，警察局还做了什么？"

"我们抓了一个海员，他捅死了一个所谓的工贼。"

"这个所谓工贼是什么人？"

"女妖夜总会的掮客。"

"捅刀子的又是谁？"

"菲盖拉号上的一个海员，独眼、无鼻，在犯罪现场抓获。"

"这可是警察局完成的丰功伟绩，"罗纳尔德讽刺道，"如果这就是全部……"

警察局长哑口无言。

"24小时内香港实行戒严和紧急状态法。"

"那就在2月27日上午10点开始实施。"瓦尔雷用笔写下。

"依我之见，我们今天就开始实施。但是，总督阁下坚持要向那些该死的土著发出最后通牒。"

"要中断铁路交通吗？"

"当然了。这样无耻地来来回回，从香港到广州，又从广州到香港，这种状况不能再继续下去了。"

"中国人并不娇生惯养，如果不能乘车，他们就会步行。"

"对于一个能干的局长来说，在这种情况下该怎么做？——用警察部队占领边界。不允许任何人通过。哪怕遇到最小的抵抗也坚决开枪。"

"有些罢工者习惯乘帆船沿珠江上行去广州。"

"那就必须严格监控珠江口。"

"希望您会对我表示满意。"

"您是一个乐观派。"

亲爱的兰花：

你问我何时回乡下看小儿子。我自己也不知道。我们的斗争现在达到了高潮。

这封信是孔棣忠同志代我写的，他来自山东省，是水莲号上的厨师，我们最优秀的战士之一。（此话不妥，我孔棣忠不能跟你丈夫或其他英雄相比。）

你每星期带领一批妇女去马老师那里，听他给你们读报，这太好了。你是我的大姐。今年，我还要建立一个农民协会，你也要建立一个妇女会。我们面临着伟大的斗争，革命的重大时期。下一个月，你不仅要为我们的儿子喂奶和米糊。早餐要在饭碗里加一点蔗汁，午餐加一点豆浆，这两样东西都很有营养，并且便宜。不管你相信还是不相信我，农民一天三餐有饭吃的日子就要到来了。这里，我寄给你一张外国人的像，但他不是帝国主义者，相反，我的朋友写信说，这个人是他们的领袖，是搬运工、好人，因为他为我们的罢工发表了一个友好的演说。他的名字叫台尔曼。因为他头发是红色的，扛着一面红旗，工人们也称他"红毛台蒂"。以后，你将这张像举起来给我们的儿子看。过一段时间，黑叶荔枝上市了，你也可以给儿子吃一点，荔枝不很贵，而且很有营养，在广州，有文化的人都这么说。荔枝的壳圆圆的拱起来，就像当年你在铁窗前怒目而视时的眉毛。现在，我们的床已经分期付清了一圆两毫，你再付三毫给邢木匠。目前，更多你也付不起，剩余的五毫等明年春节再给他。告诉他，对于他的友好耐心等待，我要三鞠躬表示感谢，他是一个诚实的工人，这是我们今天对最优秀的人的称呼。对于给你们读报的马老师，我也要三鞠躬表示感谢。但作为妇女会未来会长的夫君，我更要对你致以最深的鞠躬。

兆征
1922 年 2 月 26 日
于香港

亲爱的格莱巴格小姐：

很抱歉，这么迟才给您回信。应对当前的事件，确实需要全力以赴，我必须做很多事情，拿出常人所没有的勇气和力量。前段时间，我在半岛和普伯斯基尔的宴会上几次遇见您，但是，因为有很多人在场，没有机会和您交谈。

您要我提建议。我的建议是：听您父亲的话。必须服从，无论是小事还是大事，否则，世界就乱了套。

您父亲为您定下来的，您必须看作是正确的。您将成为众人钦佩的香港女王，我将是您最热忱的仰慕者，前提是，您不会因为固执和倔强而破坏了您的美丽。

致诚挚问候

您的罗纳尔德·迪姆福斯特
1922 年 2 月 27 日
香港

罗雯娜将信扔掉，用双手捂着脸，仿佛被人扇了耳光。她呆呆地望着镜子，需要得到安慰，可是甚至镜子也没能给她足够的安慰。

"小姐要喝茶吗？"中国的女佣人用洋泾浜英语问道。她手里拿着茶盘，站在罗雯娜面前，脸上带着温顺的微笑。

"见鬼去吧，阿妈①！"罗雯娜吼道，"我不想看见你黄色的丑脸，见鬼去吧，你让我感到恶心。"

女佣人默默地走出房间。每当罗雯娜骂她的时候，她总是这么走开的。但是，今天她的沉默显得更加故意，或者按罗雯娜殖民的说法，更加阴险。随便怎么说，反正不值得对此深思。受侮辱的感觉重新淹没了她，玷污了一切渴望、一切美丽和一切生活的乐趣。罗雯娜哭了，哭着哭着，她睡着了。

次日早晨，天气突然变暖了：香港短暂的冬天结束了。

罗雯娜喃喃自语，这个春天对于她来说太可恨了，还有所有的男人，乃至整个世界。她打开全部窗户，摇铃让佣人送早餐。

没有人来。

她摇了第二次、第三次。然后，她决定自己去开门，提高嗓门喊："阿妈！你聋了吗？我已经摇了三次铃。"

没有回答。

"送早餐给我！"

寂静。

"你想装成受气包的样子？——阴谋诡计，十足的中国人的德行。我可不会向你道歉。真荒唐！"

寂静。

"好吧，我向你道歉。现在，总该给我送早餐来吧！"

没有人来。

漂亮的罗雯娜茫然地耷拉着下巴，动作机械地快步下楼，走进厨房——厨房里没人，进屋的厅里也空无一人。厨师、女佣人，还有三个侍者，全都消失得无影无踪。

"爸！"罗雯娜失去了控制，大声地喊，"爸爸！"

格莱巴格先生从房间里走出来，哭笑着说："总罢工，我的孩子，全香港总罢工，整个岩岛，连同它的金泉水，整个理想的殖民地，不列颠皇冠上的珍珠。谁会想到！"

---

① 此处指女仆。

"爸,"罗雯娜抽噎着说,"像这几个星期那么糟糕我还从来没有过。"

"我至少可以给你一个安慰,"老船主同情地说,"我不再要求你嫁给普伯斯基尔。"

"我可爱的爸爸!"

"我告诉你,他完蛋了。他不得不解雇一半员工。"

"包括他的金发女秘书?"

"是的。他的船厂工人在海员之前已经举行罢工,他遭受的损失比我们所有人都大。"

"这是上帝的惩罚。"

"你理解你的父亲,我的宝贝孩子。是的,普伯斯基尔受到惩罚,他该受惩罚。他误导了所有人,夸口说:'我了解中国人,我了解他们久已有之的消极性。他们从不反抗,乐意过清贫的生活。'"

"这么一个上了年纪的花花公子,而且还愚蠢透顶。"

"他已失去了全部威信,并且不再担任船主联合会的会长。"

"现在由你担任会长?——我祝贺您。"

"不错,他们全都拥戴我,我也只好接受这个荣誉。而且,能干的商人们又怎么能让一个秃子继续领导下去呢?这个秃子认为,今天仍然能像 20 年前那样推行同样的殖民政策!现代的殖民政策必须灵活机动——"

"如果阿妈回来,我也许要将那条有水果污迹的裙子送给她——"

"——对于这些该死的土著,有时候也不得不让步,甚至讨好,哪怕是根本做不到的事情,也全都答允下来。"

"新的殖民政策中最令我高兴的是,我不需要嫁给那个老家伙。"

"是的,你可以按照自己的心愿自由选择,当然,是找一个好对象。——罗纳尔德·迪姆福斯特先生怎么样?弗洛蒙特夫妇认为,你对他感兴趣。"

"别说这个下流的家伙了,我的好爸爸!他在船上向我提出的要求,哦,可恶极了,我都无法说给您听。但我拒绝了他,那是当然的。"

"这个流氓!"老船主惊愕地说,"他根本就不是男爵,只是准男爵。我的好孩子,亲爱的上帝确实保护了你。如果在船上你们之间发生了事情,那么,我就必须给双倍的嫁妆。给他或者另一个人。"

总罢工……

数以万计的罢工者浩浩荡荡地朝内陆行进,抛在身后的香港变成了没有本地工人的殖民地。他们徒步行走,头上戴着宽大尖顶的草帽,身上穿着贫寒的衣服,目光里充满金色的希望,他们当中有海员、搬运工、点货员、铸造工、车工、木匠、鞋匠、裁缝、小贩、面包师、糕点师、车夫、轿夫、花匠、擦鞋匠、清道夫、邮差、电工、司机、印刷工、跑堂、门卫、婢女、厨师、保姆。走在队伍最前面的是林家叔侄三人，他们手挽着手，家明滔滔不绝地说话，另外两人只是时而从喉咙里高兴地吐出一个表示赞同的单音节词"哦"。

他们越过桥，从离岛走到仍然属于英殖民地的九龙半岛，渐渐地，这一群平静的人接近了边境上的沙田区。

"站住！"佩带武器的港英警察命令道，"回香港！"

"你们命令不了我们！"工人们大声回答，"这是我们的罢工权力。"

"我们有亲戚在广州。"一个上了年纪的妇女用温柔而坚定的声音解释。

"前进，同志们！"家明响亮地喊道，"我们的罢工差不多要胜利了。让帝国主义者看到，他们的日子结束了。前进，顶硬上！"

此时，枪声响了。

在骚乱中，詹舵手感觉到有人拉他的手。"我们必须后撤，"苏兆征说，"我们在香港也可以获取总罢工的胜利，避免牺牲许多同志。"

"好的，告诉我该怎么做。"

"几百人可以试图越境前往广州。其余人必须带回去。你负责带领工人，这要容易一些，照看着他们将伤亡人员抬回去。我们负责带领所有的工匠、小贩、车夫、佣人。"

他做了一个挥手的动作。鲜血从手臂上滴了下来。

"你受伤了，老苏？"

"不要紧，没什么大不了的。但我的心好像被刀割——林家叔侄三人……"

林家叔侄三人躺在沙田的沙土上。三具没有了生命的躯体：一个是小心谨慎的林聚福，一个是勤于思考、记忆准确的林家力，还有一个是林家明。

以下的事情将永远不可能发生：

1923年中秋节，家明与兰花最小的妹妹在星光灿烂的夜晚举行婚礼；他的女儿大妹出生；参加革命斗争，在苏兆征和叶剑英的领导下投身1927年12月的广州起义；1937年至1940年参加游击队工作；在延安鲁迅艺术学院接受音乐教育；1942年创作《游击队进行曲》；1942年在延安文艺座谈会上见到毛泽东；1949年创作《解放大合唱》；1952年创作《和平颂》；他的女儿林大妹成为工程师，参加长江大桥建设；1959年创作歌剧《大桥的女建设者》；1962年创作歌剧《共同的道路》；1974年创作第二首更加优美的《和平颂》，并且在世界所有国家同声歌唱；1989年创作《世界交响曲》；1990年幸福地辞世。

这一切都渗入了沙田的沙土中。

广州全城都流传着一个不确定的消息：在沙田发生了惨剧，总罢工仍在胜利地进行，几百个罢工者越过山间小道到达了目的地。林家明父母在小巷里只听说了罢工者到达的消息，理所当然高兴地等待着他们的兄弟和两个儿子回家。

他们没有回来。下午了，傍晚了，仍然没有回来。夜深了，门外终于响起轻轻的呼唤声。两个老人同时打开了大门。

外面站着孙中山，他身穿白色丧服，慈祥的脸上饱含着悲痛，向两位老人深深地弯腰鞠躬。

总罢工……

不，他们向手无寸铁、平静回乡的罢工者射出的子弹对他们没有任何益处；相反，仇恨变得更深，更明显，总罢工牢牢地控制了全岛。

警察看见中国人超过20人聚在一起，就朝他们开枪。瓦尔雷宁可多杀不愿少杀，他更愿意在罗纳尔德·迪姆福斯特的办公室里将此看作是迫使人屈服的时刻。但是，这又有什么用？

中国人带着讽刺平静地散开，继续罢工。

"给我们带来利润的繁荣岛屿凋零了，"外国人想，"世界霸主皇冠上的这颗珍贵的小珍珠失去了全部光芒。"

"我们的未来临近了，"中国工人们想，"一个没有屈辱、没有苦难、具有人类尊严的美好未来。"

3月8日，船主联合会的一封信装在信封里送到了海员客栈。雇主们请求跟他们的雇工谈判。

海滨大道的人行道过去不许中国人走，如今，苏兆征缓步走在上面，他受伤的手臂缠着悬带，同行的有海员代表詹舵手、甲板工老许、王司炉，此外，还有作为搬运工代表的李司机。

船主联合会的大楼门口摆着一对狮子，三个人倚靠在银灰色的大理石壁板上。他们是格莱巴格先生、考尔文先生，还有一个美国人，嘴里嚼着香口胶，他名叫皮克斯特，是威尔逊号的船主。

他们对走来的几位苦力礼貌地说了声"Good morning!"表示欢迎，然后请他们进屋。傲慢的雇主变得非常客气。

米切尔森和萨丝奇娅号的船主冯·德骆先生已经在会议室里等候。香烟的烟雾悬浮在深绿色丝绸般的墙纸上。

"我想首先指出,"格莱巴格开始发言,"欧美的企业家与中国工人不应当将对方视为敌人。我们之间的关系是互为依靠、互相有利。我们英国人将西方文明带来香港——"

"特别是带到了沙田。"苏兆征补充说,他的声音不高,但是凝重而痛苦的神情使会议主持者放弃了关于文明的话题。

"我们同意普遍提高工资百分之二十,"格莱巴格继续说,"这种不同寻常的妥协,在贸易和工业史上从来没有过,它是建立在对勇敢的中国海员的真诚的尊重之上的。"

"八小时工作制呢?"王司炉问。

"将会实施。"

"介绍工作呢?"老许问。

"做新的调整。"

"虐待工人呢?"詹舵手提醒。

"从今天起严格禁止。"

"被开除的工友?"苏兆征追问。

"重新雇用。"

"我已下令重新雇用詹舵手。"皮克斯特故作真诚地解释,并做出要跟詹舵手握手的样子,但詹舵手装傻不理睬他。

"我已下令重新雇用许海员。"冯·德骆模仿着说,他的口气显得不太肯定。

"搬运工呢?"苏兆征问。

"搬运工没有参与要求提薪的罢工,只是举行罢工表示声援。"格莱巴格微笑着对李司机说,"这种高尚的动机给你们大家增了光。"

"给谁?"李司机问,"也许是给你们船厂的工人,格莱巴格先生。我们普伯斯基尔厂的工人在海员之前已经为提高工资开始罢工。"

"这个普伯斯基尔。"只听见米切尔森唉声叹气地说。

"我可以通知你们,"格莱巴格转过话题,"船主联合会昨天已促使普伯斯基尔先生答应,将他付的工资与我付的工资对齐。"

"太好了,"考尔文笑着说,"做到这点并不容易。"

"那么,"李司机表示,"只剩下一个问题:今天就归还海员工会的牌子?"

格莱巴格苦笑了一下。"工会的牌子不是船主联合会而是政府没收的,这个问题的解决不在我们的能力范围。"他掏出表。"现在是10点35分。我想,立刻就复工吧。"

"立刻,马上,很快,"李司机非常客气地说,"只要海员工会拿回了牌子。"

他站了起来，海员们也跟着他的样子：
"Goodbye，先生们。"

紧接着，雇主中的三个人走进了行政院的大楼。他们不需要走很远。船主联合会与行政院是邻居——不只是在空间的意义上。

在贴了紫色丝绸墙纸的会议室里，普伯斯基尔先生阴郁地苦思冥想，霍普金斯牧师默默地读着《圣经》，罗纳尔德·迪姆福斯特先生一根接一根地抽烟。桌子上摆着一封孙中山三天前发来的抗议沙田惨案的电报。

"只要归还工会的牌子，他们立即复工。"格莱巴格汇报。

"好吧，您拿回去。"普伯斯基尔语气中带着嘲讽。

"为什么是他拿回去？"米切尔森问，"为什么不是您？"

"谢天谢地，我太没名气了。"

"你们在开玩笑，先生们，"格莱巴格带着责备说，"主持这个仪式的负责人当然是罗纳尔德先生。"

"我不这么认为。"罗纳尔德反驳，嘴角上依然叼着香烟。

"为什么不这么认为，我的勋爵？"格莱巴格讽刺地说，他故意用高一等的贵族封号称呼他。

"我可不是你们的信童。"

"不，"格莱巴格想，"但你是一个可怜的胆小鬼。无耻地向我贞洁的闺女求婚，倒是有足够的胆量。"

"这个借贷骑士想给我下命令，"罗纳尔德想，"他甚至在自己家里都没有权威。正是我提醒他女儿要服从。"

"我已经说过了，"格莱巴格固执地说，"我的意见是，应当罗纳尔德先生去。"

"您当然不能理解，做这种事有失我的尊严。"

"罗纳尔德先生，您的尊严不再是讨论的题目。"

阴森森的沉默——突然，响起一个故作庄重的安慰的声音："我几乎无法理解，为什么先生们还没有想到最靠近的出路……"

褐色头发的保莉·维特和金色头发的多莉·布朗在普伯斯基尔航运公司总经理办公室前面相遇。

"你被解雇了，多莉？"

"是的，你呢？"

"我也快了。而你!"

"没什么,我甚至不感到很难过。"

"你是想说,你只是白天伤心,到了夜晚会感到高兴。"

"你说对了,保莉。"

"我现在让你看点新闻:在伦敦,工程师举行罢工。"

"真的?在香港还没有人知道。"

"他们不想知道。这是一份旧的《广州时报》,你看:'2月25日',是曾先生给我的。这里,第一页上的消息:广州,纺织女工王雪兼领导成立妇女工会,副标题:为什么男人有工会,我们没有?——这里,第二页:伦敦,工程师举行罢工。——英国的工程师罢工,对于这样一份报纸来说,那是求之不得的新闻。"

"我想,保莉,我们该回家了。"

"说得对,多莉。如果我们找不到工作,就建立一家翻译和教学的机构。"

"哎,保莉,你可以跟一个罢工的工程师结婚。"

"也可以是个会计。"

"或者是一个小学教师。总会有合适的男人。"

"殖民地的花花公子见鬼去吧!"

"说得对。"

在去旅行社的路上,他们在普伯斯基尔船厂前面经过。李司机在门前为罢工站岗放哨。两位年轻的女士充满理解地向他点头。

"请问李先生,你们是否也想推行共产主义?"

司机露出了令人捉摸不透的微笑。

"我们想知道,妇女们是否有平等权利。"

司机凸起的额头由于思考而颤动着:

"是的,小姐。"

"女职员跟男职员同工同酬吗?"

"绝对如此,小姐。"

"女职员不需要跟老板——我的意思是——"

"我们根本不需要老板。"

"她们跟男人一样在职业上可以得到提拔?"

"步步高,小姐。"

"好的,如果是这样,我们祝愿你们获得成功!"

李司机指着工会大楼说:"在那里,你们可以看见我们的初步成功。"

中环的路上，霍普金斯牧师穿行在大片的人群中，他的嘴唇边挂着习惯性的微笑。人们客气地让他通过。当人们看见牧师手里拿着工会的牌子，都赞许地竖起右拇指，说："Very goodie！"

在工会大楼的门前，苏兆征鞠躬接过牌子，老许爬上已经准备好的梯子，将牌子挂到原来的位置上。

顿时响起一阵鞭炮声和欢呼声。

"中华海员工业联合总会万岁！"

"胜利万岁！"

二胡发出了银质的声音：

> 中国好汉
> 冲破障碍，
> 新的时代开始了……

"家明被杀害了。"王司炉激动地说。

"我们的小兄弟被杀害了。"苏兆征回应。

但是，他们深切的悲痛不会划破这首优美欢乐的舞蹈旋律，这首战斗的旋律。

1929 年，苏兆征这位身患疾病的战士在长年艰苦英勇的斗争中耗尽了生命。面对白色恐怖，国际工人援助委员会救了他 7 岁的儿子，将他带去莫斯科。现在，他在北京电影制片厂工作。

这次罢工的四个参加者在广州工作，他们的年龄从 55 岁到 75 岁，一位是司机，一位是电话员，一位担任广州总工会的主席，还有一位在海员俱乐部工作。

年轻牺牲的家明默默无闻地隐匿在无产阶级无名英雄和烈士当中。但是他的《步步高》旋律却仍然活着。瓦工在攀登的时候低声地哼它，老太婆上楼梯时哼，小孩子学习时也哼。我在广州的收音机里听见过无数遍，在北京和南京的收音机里也听过好几遍。当我写完这个故事的时候，我的女管家的 16 岁的女儿正用口琴吹奏《步步高》的旋律。

在乐曲集中，《步步高》被称为广东民间最流行的舞曲。它的歌词已经被遗忘了。社会主义建设很快将会谱出另一首歌词，共产主义又会谱出另一首。但旋律仍然保留下来。它是死去的家明的不朽的灵魂，是人类上升的响亮的螺旋桨。

步步高①

1=C 2/4
快板

3 3 5 | 5 3 2 3 1 2 | 6 1 5 5 | 0 3 5 2 3 | 5 3 5 1 3 | 5 4 5 3 |
步步 高，海员兄 弟 齐 向上。 不堪被 打，受够欺 负！番鬼佬，

4 5 3 2 3 5 6 | 1 1 2 3 | 1 2 3 1 2 3 | 1 1 0 2 | 3 2 3 0 5 |
好霸道，正义属于 谁？ 属于 你，属于 我，属于 劳工。要 反 抗！手

6 1 5 4 | 3 2 3 0 5 | 2 0 3 | 2 3 2 1 6 1 2 3 | 1·6 5 6 | 1 6 1 |
拉手举行 罢 工，罢 工！ 须 步调一致，同仇敌 忾，团结奋斗，才能

5 6 | 1 1 1 6 5 | 3 5 6 1 5 | 1 2 3 | 2 3 1 2 3 | 2 3 5 3 2 |
向前 走。工友们， 听我对你 讲： 大家一 起来，准备好 战斗，个个

1 7 1 | 0 5 6 1 2 | 3 3 0 5 | 1 7 6 5 | 3 3 0 2 | 1 1 | 2 2 3 1 1 |
是好汉， 同声 高呼： 向上！ 做 顶天立地 英雄！要 唾弃 鬼佬的 暴力，

2 2 3 1 1 | 3 2 1 2 3 2 1 2 | 3 5 3 2 1 1 | 0 6 1 5 3 | 0 6 5 4 |
龌龊的 暴力， 卑鄙无耻、横行霸道、 不公平的 暴力！ 睡不 安稳， 拳打

3 2 1 2 | 3 6 7 2 | 3 3 0 6 5 | 3 5 0 6 6 | 5 5 0 6 1 | 5 5 0 2 3 |
脚踢，饱受 凌辱，如同 牛马， 外国 轮船，甚于 地狱，笛声 阵阵，厉似

1 1 0 3 2 | 1 1 0 2 | 3 3 0 2 | 3 2 3 5 | 2 1 7 6 | 5 5 0 6 5 | 4 5 0 4 |
鬼叫。我哋 华人 地 位低，在 洋人眼中 不如 一 条狗。誓将 佢哋 赶

5 5 3 2 | 1 2 3 5 2 5 | 1 1·7 | 6 6 5·6 | 3 3 4·3 | 2 2 3·2 |
跑，番鬼佬 夹住尾巴无处 走。中国 好汉 冲破 障碍，新的 时代 开始

1 5 6 1 1 | 1 1 3 5 5 | 5 1 6 5 1 6 5 | 3 2 3 2 1 1 2 | 3 3 2 3 5 |
了，新的 时代 向前 迈进， 奴隶 冲出一条 路，世间 正义实现 了，劳苦大众

6 7 1 2 3 2 | 1̂ 1̂ ‖
从此 步 步 高！

---

① 原著中旋律的钢琴伴奏（五线谱）由张苏奎教授谱写。

三个正义的妾

(1947/1949)

1947年10月，一个美丽的清晨，冯先礼离开皇宫酒店，他是年轻的大工业家，人们通常称他为 Henry 冯。他把通行证递给门卫，但没有停下脚步，在这种漫不经心的表情后面，隐藏着一种苦涩。在上海的豪华旅店，只有外国人才可以自由进出，不受阻挡，而像他这样的中国人则需要一种特殊的通行证。他现年33岁，拥有两间丝厂、四间棉纺厂，名字常常出现在报纸上，但这也无济于事，改变不了任何事实。

小轿车从夜间1点开始，就已在外滩上等候。他的广东籍司机不太友好地向他打招呼。为了补偿司机通宵值班，冯先礼将一笔可观的小费塞到他手里。司机毕竟不是人力车夫。

5个乞丐几乎同时跑过来，喊道："我也要，我也要！"他们中有两人跪在地上，在路面上叩了三个头，另外两人边抓虱子边预先表示感谢，尽管被感谢的人还没有做出任何表示要给他们钱。第五个乞丐露出苦笑，试图在这位年轻的纺织企业家的西装上擦净肮脏的手。

冯先礼将车门关上，困倦地靠在背垫上。小轿车沿着外滩滑行。海关尖塔上的钟敲响7点3刻。

鸡尾酒会开了6个半小时。喝酒，跳舞，在说笑间将生意谈妥——这需要时间。这一夜的时间没有白费。卡茨曼先生将C–S纺织机卖给他，而没有卖给其他人，尽管所有的纺织厂老板，上海的、汉口的、广州的、其他地方的，都争着要。

上海的电厂是美国人的资产。城市北部的电车是英国人的，城市南部的归法国人所有。即使是民族纺织业也要依靠外国人。因为中国不生产机器，更不要说C–S纺织机了。

小轿车拐进了公馆马路。从这里开始是法租界。但是到他家所在的迈尔西爱路还很远，他还可以安静地思考一下。

每一个能干的纺织厂老板除了标准大小的纺织机外，都添置C–S纺织机，因为它们能大大提高利润。C–S纺织机是一种小型的纺织机，小到可以用低廉的工钱雇用童工来操作，在它们的旁边，成年的女工在普通的纺织机上干活。

雇用童工，不是一件令人十分悲伤的事情。他既不需要对此负责，也不可能改变这种情况。拒绝在自己的厂里雇用童工，帮不了任何人，顶多对竞争对手有利。

他不是个慈善家。也许，他比某些慈善家更诚实一些。刚才在鸡尾酒会上，犹太难民援助委员会的主任特南鲍姆先生说："行善生财！"大家用玩世不恭的笑声回报他双重含义的话。冯先礼喜欢利昂内尔·特南鲍姆，作为中国人，他善于欣赏聪明、幽默、有文学知识的人。下个星期，他无论如何都要应这位犹太慈善主任的邀请，抽出一点时间去观看由他排练的话剧。

可惜的是，他不得不自己一个人去。如果有懂戏的女人陪伴，会好得多。

今天已经是10月5日，他必须把每个月的钱汇去长江边上的小城南通。否则，他在那里的小老婆白玉就可能抱着孩子跑来吵闹。她长得漂亮，但没有文化。

小轿车拐进宽阔热闹的霞飞路，这是法租界的主要街道。但眼下，五光十色的豪华商铺不能令他开心起来。他正在想他的大老婆。

15年前，他的父亲在南京给他定亲，娶了唐宝施。直到婚礼前的5分钟，他才认识这位官宦人家的千金。她是个礼仪的楷模，其余便一无所是。3年来，她跟儿子、闺女住在婆家。

大老婆在南京，小老婆在南通，他的家庭生活就是这个样子！他难道就没有权利娶一个时尚的、有文化的生活伴侣，一个理解他的女人？

他中断了思绪，吩咐司机："去马斯南路！邮局！"因为他想现在就将生活费立即汇去南通。

这间干净的小邮局因为是清晨，几乎还没有人。门的正对面挂着一块牌子，上面用英文、法文和中文写着"汇款"。

冯先礼突然发现，一个美国士兵正好路过，惊讶地看着柜台小姐，自言自语地说："这位姑娘的双眼真长，眼角延伸到了额角！"

冯先礼兴奋地坐到柜台前的凳子上，点燃了一支香烟。的确，这位年轻的邮局女职员长着一副秀丽的少女面孔，这种面孔很少会有妇女喜欢，却常常令男人倾心：隆起的额头，向上翘起的眉毛，充满表现力的眼睛又大又长，颧骨雅致而有力地突起，脸庞向下修窄，下巴有点儿尖。她不慌不忙地用最新的通胀率去乘一列数字。她不使用计算器。从她隆起的额头可以看出，她在静心而精确地工作。

对于他的目光，她的反应既不卖弄风情，也不天真单纯，既不拘谨，也不轻浮，显得严肃而深思熟虑。"这可不是一件随手可得的商品。"冯先礼想。他既有些担忧，又希望是如此。

"可以麻烦小姐给我一张汇款单吗？"

"先生太客气了。这是汇款单，请拿好。"

冯先礼开始填写汇款单，但写了几笔就停了下来。

"看上去您很忙。"他突然改用英文说。

"噢，还可以，"柜台小姐用无可挑剔的英文回答，"我喜欢工作。"

"礼拜天呢？"他的嘴唇上浮出一丝微笑，谨慎而又迷人。

"礼拜天我上教堂。"

"我也是基督徒，"冯先礼殷勤地说，"我是圣·约翰大学毕业的。请允许我——"他将自己的名片递给她。

年轻的邮局女职员差点儿没喊出声，她尽力保持住了少女的尊严。

"非常高兴，总经理先生。这是——"

她的名片跟冯先礼的一样，一面是中文，另一面是外文，中文这面印的地址和名字是：梁爱菲，克列泽路23号；外文那面印的是：Ivy Ljang, Rue Kraetzer, Nr. 23。

这么说，她住在法租界，一条中等的街道。

"不久前，您曾经受到南京大元帅的邀请，"爱菲带着有节制的恭维说，"这是我在报上看到的。"

令人感到意外的是，年轻的总经理露出了一脸的懊恼。蒋介石并不像宋子文那样重视他的拜访。这位有权势的人物怀着猛兽的欲望要求得到迄今利润分成的3倍："否则，中国银行将会取消给您的贷款，这样，您的股票就会成为一箱手纸。"

冯先礼深深地叹了口气，但是爱菲把这理解为一种舒服的叹息。

"您又年轻又有文化，一定喜欢上剧院。"他重新开始说。

"那要看情况。"爱菲有所提防地说。

先礼取出利昂内尔·特南鲍姆印制精美的请柬。请柬的左上方，一只快活的蝴蝶在飞翔；右下方，它毫无抵抗地停在了一朵爱神木花花冠上。请柬当中写着：《阿纳托尔》，阿图尔·施尼茨勒的喜剧。

"外国戏？"爱菲感兴趣但谨慎地问。

"一部非常著名的奥地利喜剧，我对它也不太了解。这场演出只限于少数人看，全是邀请的嘉宾。您看，这张请柬请的是两个人。我有幸——"

"很抱歉，我母亲从来不允许我这么做。"

"也许她会允许？"

"为什么她会允许，如果您没有事先拜访过她？"

他怎么没有事先想到！这位邮局小姐已经想嫁人。他现在得想一条出路。

先礼查阅了一下记事本。"明天下午6点，我想拜访您母亲。"他用中文说。

"她会很高兴的。——不过，现在您得填写汇款单。您后面有人在等。"

冯先礼一边飞快地填写，一边轻松地说："我寄钱给南通的一个穷亲戚。她快70岁了……"

最后的幕间表演。女子学校的剧场带有朴实无华的文艺复兴风格，空间不大但很讲究的观众厅里，充斥着殖民地统治上层混杂着英语和法语的声音。舞台两边的喇叭里悠扬地飘出一首维也纳古典的华尔兹舞曲，这首曲子对于中国人来说也是很悦耳动听的。

冯先礼和爱菲并排坐在金边的红色座椅上，兴致勃勃地交谈着。剧中人物阿纳托尔是一个维也纳的富家子弟，世纪转折时期的浪荡公子，他的爱情冒险故事由于添加上心理描写和哲理思考，很受爱菲喜爱。她赞扬特南鲍姆流利的英文翻译和富于想象力的编导。

但是，阿纳托尔早晨举行婚礼这一场开幕，风流的事实表明，他的最后一个处子之夜是跟一个马戏团的女艺人度过的。此时，爱菲断然表示："我可不愿意嫁给这样一个轻浮的人，即使他是世界上最俊美、最聪明、最富有的男人。"圆滑的冯先礼没有吭声，只是心想："她会收回这种说法的。"

有趣的演出很快结束了。半咖啡色半银灰色的小剧场里，人们纷纷开始在灯光明亮的舞台前面告别。梁爱菲为这个开心的夜晚，向翻译、导演和慈善会的会长说了一番好话表示感谢。特南鲍姆向四面八方微笑着，老练地接受人们大量的恭维。

此时，从蒲石路的阴影中冲出一个女人，身上的裙子打了多重补丁，鞋子也穿旧了，黑色的卷发中已有几丝白发，但瘦削的脸仍相当年轻，黑褐色的眼睛里充满怒火，高高的鼻子，嘴角向下弯曲。她大声地喊道："特南鲍姆先生！"并且不顾一切地穿过成群的宾客，挤上前来。发怒的吆喝声向她的头飞去："你是什么人？""你想干什么？""你怎么胆敢骚扰特南鲍姆先生？"

"我怎么就不可以骚扰他？"她熟练地说着英文，讲话中带着波兰犹太人的语音语调和句子结构，"他骚扰我更多，千真万确，我的名字叫马尔珂·利特瓦克。"

面对这个女人，特南鲍姆泰然自若，表现出一种优越感。

"特南鲍姆先生，为什么您将我和我丈夫的名字从救济名单中删去？——您能为我们找到工作吗？我们靠什么生活？"

"您和您的丈夫在这个月6号上午10点到12点去过波兰领事馆。您大概以为我们不知道……"

一片哗然，充满着对慈善会会长锐利的政治目光的钦佩和对被揭露者的幸灾乐祸。只有先礼、爱菲以及两个中国客人默默地听着。

"为什么我们不能去波兰领事馆？老天保佑，我们不是你们的奴隶。"

"那么，你们去波兰好了，不要打扰我。"

"我们5月初前往。现在是冬天，我丈夫不能去，他患有肺病，你们是知道的。我们靠什么生活到5月？"

"这您应当事先想到，利特瓦克小姐。"

"在救援委员会的章程里写着：每个贫困的犹太人都可以受到救济，不管他的政治信仰如何。"

"那就由章程给您救济。我不会喂养任何共产党人。"

"说得好，特南鲍姆先生，说得好！"

"您不喂养共产党人，但您填饱自己的钱包。行善能发财，《塔木德》经书已经这么说过。我们的救助费里有百分之二十留在了您那里。您就可以大手大脚地花钱演戏。"

"赶快滚开。我的忍耐是有限的。"

"不想听，那就尝尝味道！"说着，这个女人冷不防给了特南鲍姆一记耳光。宾客中有几个人向利特瓦克扑过去，但她一溜烟就消失在黑暗中。

爱菲突然惊叫起来。这是一声奇异的惊叫。

他遗传和养成的自我克制瞬间被冲破，只听见一阵金属般的响声，当中包含着各种声音，受伤害的文明感、同情、怀疑、好奇……

"请过来，梁小姐，"先礼边说边帮助她上车，"不用惊慌。"

小轿车拐进蒲石路。爱菲像一只受惊的鹿颤抖着。先礼抚摸着她的手指尖，暂时他还不敢有更多的动作。"您不用怕。这些外国人斗殴，关我们什么事？"

"您不必担心，总经理先生，我已经平静下来了。我只是觉得遗憾，没想到今晚的精彩演出后会发生争吵。"

"依我说，今晚不该就这么以不愉快结束。我们去爵奇酒吧坐一会儿吧。"

"我不认识爵奇酒吧。"爱菲又警惕起来。

"梁小姐，这可是一间世界有名的酒吧！如果您问一个知道中国的巴黎人，他会很肯定地告诉您，上海滩上的爵奇酒吧能调出最好的鸡尾酒。"

"巴黎人也不完全相同。雨果也是巴黎人。而且，我对鸡尾酒并不在意。"

"我也是，"冯先礼随机应变地说，"不过，那可是一间不错的酒吧，那里的音乐很有气氛。"

"我母亲会担心的。"

"现在才 10 点 20 分，"但愿爱菲会发现，他的手表是白金做的，"我已经跟您母亲明确地说过，今晚的演出可能会到 12 点。"

"好吧，不过只去一会儿。在这个意外事件后确实需要散散心。"

"真奇怪，"冯先礼说，"我们这样的人跟外国人走到一起，免不了会发生不愉快的事情。他们客气地邀请我们去皇宫酒店、中国酒店或者上海大厦，可是在进出酒店的时候总要出示通行证。我们只是华人而已。"

"而且是在自己的国家。"爱菲补充道。她的又大又长的眼睛在暗暗地燃烧着。

"如果做成一桩生意，外国人总是得到更多好处。他们有关税特权、销售特权、地方特权，等等。像我们这样的人，必须用很多钱去贿赂官员，他们把这当作回扣。"

"作为基督徒，我心里不该怀有仇恨，但——"

"有些外国人承诺对我友好，但我不相信任何人。他们了解我们中国人吗？他们能了解我们吗？——他们透过利己和蔑视的眼镜看待一切。"

> 皆因西永远是西，
> 东永远是东，
> 两者走不到一起，
> 直至末日审判时，
> 天与地恳求
> 上帝的宽恕。

爱菲引用吉卜林①的一首诗。

"爱菲小姐！全上海没有一个人像您这么理解我。"

冯先礼突然俯身向前，用爱菲听不懂的广州话命令司机，经过汉口路和江西路的拐弯角去上海滩。

他同样突然向后靠，意外发现爱菲的秀眼在偷偷地看他，这使他感到惊喜。这是一种充满柔情的、令人心醉神迷的目光。

但是，当他寻找爱菲的手时，摸不到手，得到的是嘲笑的拒绝："我的脉搏已经恢复正常了，总经理先生，而且，您又不是医生！"

这还是个姑娘！她总是要控制自己的意志和情感，无论是在阴暗中还是在明亮的地方。

---

① 吉卜林（Joseph Rudyard Kipling, 1865—1936），英国小说家、诗人。

小轿车接近汉口路和江西路的拐弯角。

"您认识这座漂亮的小教堂吗？"冯先礼问。

"当然认识。"

"待会儿我还要跟您谈谈这座教堂。"

"您也是个神学家？"爱菲开玩笑说，她的心又开始快速地跳，"或者，您是个建筑学家？"

"我既不是医生，也不是神学家和建筑学家。我只是普通的商人，很孤独。因此——"

小轿车在爵奇酒吧门前停下。

冯先礼领着爱菲走到侧面墙边的一张小桌旁，为她要了茶和樱桃酒。"我给您只斟几滴酒。您看，我尊重您的口味。"

"您自己的口味呢？"

"我的口味是两只秀丽的大眼睛，从中看出坚定的性格、良好的修养、内心的深情。"

"一个成功的商人不光是对姑娘的眼睛怀有梦想吧。"

巴拉莱卡乐队几乎不停地演奏。乐师全是白俄罗斯流亡者和过去的贵族——至少他们自己是这么认为的。

"我承认，我也有商业的梦想。独立的中国民族工业的发展——这是我美丽的梦想，可惜实现不了。"

"为什么实现不了？"

"爱菲小姐——您想一想，我们中国的企业家眼下心情怎样？上面，有一只高傲的鹰在威胁我们，我们的下面有一条火龙，我们的四周，一只贪得无厌的老虎不停地绕着我们转。"

"您的比喻，我既明白，又不完全明白。鹰是外国的殖民统治者，龙是共产党人。谁是老虎？"

"那是高高在上的人物，谈论他们是很危险的；但是，爱菲小姐，我跟您可以无话不说。"

他垂下眼睛，压低了声音。爱菲暗暗惊奇地看着他的长睫毛，在刮得很干净的脸上，长睫毛投下了斜斜的阴影。

"没有一宗大的贸易没有国民党领袖参加的——我们不得不让他们参加。对于这些统治者来说，职位与利润是密不可分的。职位越高，利润也越高。我们是敌不过这些大家族的。四大家族：宋、孔、陈、蒋——"

"天啊，冯先生，说话当心点！我确实为您感到担心。我们还是谈火龙吧。每个星期我都在报上看到，共产党在中国被最终消灭。当然，老是说

'最终消灭',那是很可疑的。"

"您是世界上最聪明的姑娘。报上写的全是恐吓。我有我的信息。两个月来,共产党的军队又在挺进了。"

"真可怕!"

"因此,上海发生了许多罢工。电厂——"

"学校——"

"还有纺织厂。这方面的事,我可以讲很多。"

"背后藏有共产党吗?"

"那是毫无疑问的。但是,抓不到他们。我们中国的共产党是聪明的策略家。他们不像今天剧场前面的女人那样,笨手笨脚地出击。"

"您是说马尔珂·利特瓦克。"

"您已经记住了这个名字?"

"是的,不是有意的。"

"谁能知道,未来将带来什么。人们总是希望快一点幸福些。"

"您难道不幸福吗?您年轻、成功、有名望。当然,每个人都会有忧虑。"

"可是,人们希望有人能理解自己,分担这些忧虑。"

"您的家人呢?"

"我和我的叔父、婶婶,还有妹妹一起住。我叔叔冯粲虎是地主。长江南岸的冯村是属于他的,所以用他的姓,有良田八百公顷,但是,他自然更喜欢住在上海。有个奴婢操持家务,她来我们家已经35年了,在她8岁的时候,我叔父在四川南部的一个饿得半死的山区农民家里将她买回来。"

"真可怕!"

"爱菲小姐,这并不可怕。远香在我们家过得很好。叔父和婶婶虽然有时候对她有点严厉,但这也是必须的。25年前,她给我叔父生了一个女儿。如果生的是儿子,我叔父很可能就会纳她为正式的妾。"

"现在,这个女儿在哪里?"

"死了。——爱菲小姐,我看您有一颗同情心。所以,我告诉您,15年前,家里按照传统的习俗逼我娶了一个我不喜欢甚至不认识的女子……"

"现在呢?"

"3年前我跟她分开了。现在,她住在南京,我单身住在上海。我唯一感到安慰是一句古话:第一个老婆——父亲的命令,第二个老婆——自己的选择。"

事情看上去只会是这样,这位并不富裕的邮局女职员此刻也许将获得巨大的幸福。他睫毛很长,鼻子挺秀,窄窄的嘴巴能说会道、活力十足。

"汉口路和江西路拐弯角的小教堂里有一位年轻的牧师,是中国人。我跟他很熟悉,他是我的总会计师的儿子。如果有一对基督徒请求他悄悄为他们迅速主持婚礼,他肯定会答应的。"

"为什么要悄悄,还要迅速?"

巴拉莱卡乐队演奏着阿根廷－法兰西的古老梦幻探戈。

"爱菲,有商业上的考虑,也有家庭的考虑。如果我娶一个有钱人家或者名门望族的女子,那么,所有人都会认为没问题;如果我按照自己的真实情感选择妻子,并大张旗鼓地举行婚礼,那么,我的竞争对手就会立即开始恶意中伤。如果娶的不是有钱人家或名门望族,后果会怎样?我的信用马上会降低。为了避免这种情况发生,也考虑到您的宗教良知,以及实现我的最大愿望,只有这条出路:悄悄结婚。"

"我们走吧,冯先生。我想考虑一下。"

当他们回到小轿车里时,先礼重新开始说:"您在我家里肯定会感到很好,并且会有一个受尊重的地位。有谁能像您那么好地体现一个时尚的家?"

"他说是个时尚的家!"爱菲想,"家长呢?——一个买养奴婢的叔父。"

但是,渴望和胜利的风暴将她心中任何嘲笑的欲望一扫而光。

"我们暂且不谈这个问题吧,"她压低声音央求,"我需要考虑。"

先礼顺从地没再吭声。他让车子停在霞飞路和麦高包禄路的拐弯角等候。克列泽路不算太有气派,白天充满了孩子和商贩的吵闹声,现在又暗又安静。只有从远处传来卖夜粥的小贩的敲锣声。

爱菲靠在屋门上。"您刚才说得很对,"她突然说,"对于两个很庄重的人来说,举行盛大的婚礼确实不合适。"

"我可没有这么认为,"先礼想,"她如此看待这件事情,心里会更舒服些。"

但是,渴望和胜利的风暴将他心中任何嘲笑的欲望一扫而光。

"Ivy!"

"Henry!"

爱菲面对这个男人的拥抱,忘记了一切拘谨,将他的脸紧紧压在自己的颈上。她不再用眼睛,而是用温暖敏感的肌肤去赞赏这个漂亮的男人的脸,长长的睫毛,挺秀的鼻子,窄窄的嘴巴能说会道、活力十足。

"Ivy,我们什么时候去,什么时候?"

"您那位牧师什么时候有空,我们就去。"

在一片田野上,紧靠着道路,一个结实美丽的乡村姑娘蹲在地上砍甘蔗,她叫冯阿妹。冯村的大多数村民不论社会地位高低都姓冯。

一个身材高挑的年轻农民路过这儿，他匀称的头上裹着一条破旧的白色毛巾，带着悲伤的表情看了姑娘一眼，可是为了信守诺言，加快了脚步。

"喂！冯阿福！你怎么走得这么急。又要给地主扛米袋吗？"

阿福停下了脚步，说："不，他这次从上海带回一个仆人。可是，我不能跟你说话。"然而，他站在原地没有走。

"为什么不能说话？我们是同一条村的。"在周围的人中，阿妹的名声不好，因为她说话大大咧咧，总是有失姑娘应有的羞涩。父亲的告诫起不了任何作用。她生性活泼，口齿伶俐，心里有啥都说出来——就像扔掉一件汗水湿透的包袱。当然，阿妹也感觉到自己举止不得体，每次快言快语之后，都会从睁得大大的眼中送出诧异的目光。

"我不能跟你说话，就这样，"阿福重复了一遍，"你父亲禁止我这么做。"

"他禁止十遍都有了。"

"是的，可是这次有特别的理由。我不能告诉你。"

"告诉我吧！"阿妹有自己的逻辑。

"你父亲交不起租，因为地主要收取双倍的粮食。"

阿妹顿了一下脚。"这么小一块地难道变大了？"

"不，是钱缩水了。"

在这位年轻的乡村姑娘看来，通货膨胀比魔鬼还黑，但是，她要勇敢地冲破黑暗："这样，地主就可以将大米卖更多钱。"

"我也是这么想的，但是地主说，他现在的管理开支更大了，而你父亲则认为，对于我们农民来说，这一切太复杂了，我们不能跟地主老爷作对。"

"你没有吭声？"

"我说话了，可是你父亲不听我的，因为我太年轻了。现在，这个恶地主要你们用存粮作抵押。"

"这样，我们冬天就要空着肚子坐在那里了。"

"你父亲也是这么说的。这时，冯粲虎大吼大叫，说：要么将钱放在桌上，要么将大米送进粮仓，要么将闺女——"

阿福将最后的话吞了下去。但是，对于姑娘来说，话说不说出来都无所谓。"这个可恶的老虎！"

"你父亲说，在地主家里，你至少能够吃饱。"

"可是我怕。"

"怕什么？"

"你知道怕什么。"

阿福无可奈何地捏紧了拳头。

"阿福！你忘记了中秋节吗？"

"不，没有忘。"

"你当时说，有话要对我讲。我说，你可以对我讲，但是你至今什么也没说。"

阿妹大胆地说完后，不仅惊奇地睁大明亮的眼睛，而且咧开了漂亮活泼的、长得稍大的嘴。

"你知道，人民解放军是什么吗？"

"我又不是小孩子。——人民解放军，就是八路，红军，共产党。"

"嘘！别那么大声。——你还知道吗，他们在北方将田地分给农民？"

"我可不是傻瓜。"

"所有男女青年都可以按照自己的意愿结婚。"

"南方怎样才能变成北方那样？"

"我想，北方的状况不久就会在南方实现。"

"不久，那是什么时候？——我可不想成为这个恶老爷的小妾。"

"你懂个什么？——我现在就去跟冯文明说这件事。"

"冯文明跟这事有什么关系？"

"我确实不能告诉你。"

他走了。阿妹边砍甘蔗边等，直到太阳下山。但是，阿福没有出现，她最后不得不回家去。

半路上，阿妹决心违抗一切命令，哪怕讥讽打骂，也决不屈服。她一踏进家门，就向父母三磕头，与其说表示恭敬，不如说更像做操，她用响亮的声音说："我宁可逃去天涯海角，也不做那个可恶的老虎的小妾。"

她毅然立起身，憋着一股犟劲等待父亲大发雷霆。

但父亲没有大发雷霆，他的样子不像是40出头的人，脸上布满了皱纹，每条皱纹都在抖动，保持沉默的嘴也在颤抖。母亲与父亲保持恰当的距离，坐在一张小凳子上，一面用细细的手指数着低廉的木制佛珠，一面喃喃自语地念着："阿弥陀佛！阿弥陀佛！"

如果是命令、讥讽，甚至打骂，阿妹都可以扛得住，可是这种默默无言的绝望，她却无法忍受。

她不慌不忙地开始梳妆打扮，按照传统的习俗，姑娘从18岁起就该这么做，她穿上一件印有红色小花的布裥，戴上红玻璃镶嵌的耳环，脚穿绣有紫色吊钟花的布鞋，然后将同样紫色的吊钟花插在浓密的头发上。

她慢悠悠地装扮着，眼睛呆呆地望着桌子，她多么希望，冯阿福此时能够进来并大吃一惊。但是，阿福仍在冯文明那里，帮他擦洗水牛，以便他能更好地思考。他有时考虑几个小时，最后做出的决定几乎总是正确的。他的名字叫"文明"，意味着博学多才，一个很常用的名字，寄托着成千上万农民父母难以实现的梦想。奇怪的是，这个名字非常适合这个穷得像乞丐的文盲，他想问题周到，生活阅历丰富，分析判断透彻。

"我们肯定要将冯阿妹从地主的手中解救出来，但不是今天。——你这只牛魔王，脚别动，不然我就不为你擦洗了。——我们现在必须斗争，但要隐蔽。等人民解放军靠近了长江，秘密的农民协会才能公开暴动。"

"你说得轻巧。你是个男人，没有人会强逼你去给那个老恶棍暖被窝。"

"我们俩志同道合，难道你就不知道，我多么想保护你还没过门的媳妇！——但是，如果我们太早暴动，就会扯破从上海到无锡的整个秘密的农民协会的网。"

"网在哪儿？我怎么看不见。"

"因为你太气愤了，所以突然看不见这个网。昨天，你自己还告诉我，地主向周围的农民收租，收到的只有十分之一。"

"因为钞票贬值了，他要我们农民多交粮食。"

"我们向农民解释过了。他们已经知道，他和侄儿冯先礼在上海利用钞票贬值赚了一大笔。——你这只牛魔王，可怜的水牛，我现在无法给你更多饲料。等分田地以后吧。"

"阿妹的父亲不听解释。"

"是的。他就是害怕。"

"我想，他的闺女要羞死了。"

"你必须向她说清楚，强加的耻辱不是什么丢脸的事情。所有耻辱应当归咎于财主纳妾。"

"或许，我可以非常小心地动员她加入秘密的青年团？"

"迟一点吧，冯阿妹很勇敢，可惜嘴巴不严。"

事情确实如此。

即使阿妹独自一人，就像现在这样，在月光下走在去地主家的路上，她也阻挡不住说话的冲动。她无所畏惧，迈着青春的、富有弹性的步伐，嘴里不停地唠叨着，不像18岁的大姑娘，倒像80岁的老太婆："吃霉烂的大米……示众……惩罚……不仅如此，还有更可怕的事情。"

她走到了地主家的门前。这不是一座大宅院，而是一间秀丽的楼宇，彩色的大门，屋脊的两端优雅地向上翘起。两个女佣人打开门，把她领到客厅，告诉她，老爷晚些才到。

阿妹对于主人没有立即出现显然感到高兴，她不客气地坐到一张硬板凳上，看着客厅里的祖宗牌位，绿色的玉板上刻着15个名字。"肯定全是坏人。"姑娘心想，但嘴上没说出来，只是做了个鬼脸。在年轻的女佣人给她端茶的时候，年纪大些的告诉她，老爷在上海和江平镇的屋里有两块同样珍贵的祖宗牌位。前天，她们俩跟随老爷从江平来这里，明天就回去，她们是两姐妹，名字叫郭大兰和郭小兰。

阿妹觉得，她们的客气并非徒有其表的形式。她们在门边听见阿妹的父亲和地主老爷的谈话，后来又知道，老爷没有派轿子去这个穷人家接新娘。正如所有的女仆人那样，她们从心底里瞧不起那些轻浮懒惰的姨太太。但是，这一回老虎买来的猎物是一个像她们那样的勤劳女子，她是为了服从绝望的父母被迫踏进财主的屋里。

她们从厨房里端来三碗米饭，用广东调料煮的美味的烧牛肉，两块芝麻饼。她们知趣地走开，让阿妹独自用餐。阿妹狼吞虎咽地将饭菜吃完。两个女佣人回来收拾碗筷，她们本来无权如此款待这位农村姑娘。上海的仆人老陶终于进来了，他很会说话，两人便交谈起来。老陶说，老爷的侄儿有一个太太，出身于有权势的家庭，但很少去上海，通常住在南京的婆家，少东家这么安排有两个理由：首先，太太在南京，可以跟娘家保持联系，这对他的生意有好处；其次，他并不喜欢她。最近，他按照最时髦的方式娶了一个姨太太，是个年轻的才女，能说外语，成天读的是外文书。老陶没再继续说。因为地主冯粲虎走了进来。他65岁了，与此相应，下巴上留着稀稀的灰胡子，这使他愠怒的表情延伸到了腹部。

阿妹恶狠狠地鞠了个躬。他心不在焉地望着她，感到惊奇，然后想起来了。

"你叫什么名字？"

"我叫冯阿妹。"

因为他既疲倦又恼怒，坐到铜灯旁边的靠椅上。

这完全是一桩快速的买卖！他只是匆匆地见过她两次，这个徒有虚名的乡村美人，外表长得怎样？——浓浓的眉毛，扁鼻子，大嘴巴，厚嘴唇，腰粗，腿短，缺乏优雅的气质。总的来说——有感官魅力，适合不富裕的人家。甚至她的名字"阿妹"也是穷人闺女普遍使用的名字，就像德语中的"丽莎"和"格蕾特"，这使他突然心中冒火。

毕竟已经买来了，就得把她收下。

他盼咐仆人们留在客厅里，他们本来就没有要离开的表情，然后，叹着气站起来。"跪下吧,小妹,"他闷闷不乐地对阿妹说,"我们在祖宗牌位前三磕头吧。"

阿妹勉强地叩了三个头,而老爷子只是用手势施礼。姑娘胆怯地站立着。"好了,"老爷子说,"我们拜过堂了,你现在已经是我的妾。你可以暂时留在父母身边,但是要当心,不要跟小伙子谈话——什么事情也瞒不了我。一个小时后我回上海。"其实,他10个小时后才走,但她没有必要知道。"我一回来,就派人去接你。"

阿妹又鞠了鞠躬,这次,她没有掩饰自己的轻松心情,并且立即往外走。郭小兰陪她走到大门口,悄悄地说:"他也许到11月才回来,在此之前,我会想出一些借口救你,使你不受糟蹋。穷人必须团结起来,不久,一切都会改变的……"

现在,地主又躺在了靠椅上。他用针尖从鸦片烟盒中取出一小点烟膏,放在铜灯的火上热了一下,用手捏了捏,塞在烟斗上,吸起鸦片烟来。

他又回到了30岁的时候。那时,他带着太太去川南的峨眉山,那里是富贵的虔诚佛教信徒施舍行善的地方。他们在万年寺拜佛。菩萨坐在白象驮着的金色莲花座上,慈悲地望着前方。然后,他们登上烟雾袅绕的山顶。阳光下,山峰四周一圈彩色的光环,那是大自然的雄伟奇观,人们称之为佛光。

观赏够了美景,他们踏上返程,接着出现的是最美的景象:一个娇小的赤裸的身躯,像阳光织造的光精灵,在野杜鹃和珙桐花之间舞动,她的头发像飘逸的丝影。这是一个8岁的女娃,出身于饥饿贫困的山民家庭。

"我们可以买下这个丫头。"他说。

"而且花很少钱。"夫人补充说。

9年后,这个低价买回的小奴婢长大了,她的躯体和容貌完美地体现了她的名字"远香"的含义。细细弯弯的眉毛,鼻翼呼吸时微微地颤动,动作轻盈可爱,犹如倏忽而过的天仙——这一切都归他所有,只要他愿意,就可拥在怀中。

"理想中的美是永恒的。"远香永远停留在17岁。除了理想,当然还有现实,远香,一个43岁的愁眉苦脸、劳累不堪的女佣人。直到现在,来访的许多客人仍然赞叹她风韵犹存。但是他的天性是,当花容月貌只残留下忧郁愁容,会令他的感情受到伤害。哪怕只是罚跪一个小时,她就会关节痛,这让他感到恼怒。当她温和的脾气在软弱无能的抱怨中变得粗暴,同样会败坏他的心情。他渴望的是心中的典范——十全十美,永不改变。其他的一切都让他感到厌恶。青春逝去的远香,野性十足的阿妹——他想多抽两口鸦片,沉湎在对远香的梦幻中。

"Ivy，请允许我向你介绍李费德先生。他曾经在比彻航运公司当买办，能说一口流利的英语。"

"是李氏企业集团的 Frederick 李先生吗？很高兴认识您，总经理先生。不久前我还在报纸上看到您的大名。"

"关于您，夫人，人们讲述了许多奇妙的事情。冯老先生一直称您是年轻的哲学家。"

"太客气了！您喜欢喝什么茶，总经理先生？中国茶还是外国茶？我猜想您爱喝外国茶。"

"您从何得知？"

"从您的——无可挑剔的英语发音中。"

"您本想说别的什么。"

"无论如何，您说的英语非常地道，这是个事实。"

Frederick 李笑眯眯地转向脸带笑容的冯先礼，说："这大概是您的——庶夫人吧，她很敏锐。"

他是什么意思？这个崇洋媚外的家伙现在到底用什么来称呼爱菲？

但是没有时间思考。"先生们谈论生意上的事情吧。我的专职是准备外国茶。远香马上会来侍候你们。"她点了点头，走开了。

"Henry，老伙计，您是个有福气的人，" Frederick 李用英语说，接着又改用中文，"在一个星期里，您为工厂购到了 C－S 纺织机，同时又为您的睡房找到这只聪明伶俐、眼睛秀丽的月兔。您在南京的太太有什么消息？"

"她春节来上海。"

"您的小哲学家对此有何高见？"

"作为哲学家，她会忍受不可改变的事情。现在谈生意吧。您来我这里，我想，是因为新的丝绸品种。"

"我只是想防止我们两家公司偶然在我们的商品上用同一个英国商标。"

"这种危险不会再存在。我只用中国商标。"

"可是，即使这样，也不行啊。"

"我们中国货的质量跟洋货一样好。为什么要将它们标明是洋货？"

"因为顾客喜欢买洋货。"

"现在已不再是这样了。"

远香默默地给他们上茶。当两位先生往茶里放进几块糖时，远香细细的蛾眉、眼角上的皱褶，还有秀气的鼻翼，都同时不悦地皱了皱。因为，按照中国人的口味，这些糖会败坏茶叶的香味。

"您的新产品桃花丝呢？您打算给它起什么名？"

"很简单，就叫桃花丝。"

"没有起个洋名？"

"没有想过。"

"嗯，各有所好。我将厚实的蓝色丝绸称为'Queen Mary'，碧绿色的叫'Atlantic'，透明的丝绒叫'仲夏夜之梦'，还是叫英文名吧，Midsummer Night's Dream。稳妥起见。"

爱菲在房间里阅读鲁迅的《中国小说史略》。她听出，生意洽谈很快就结束了，接着，听见丈夫快速靠近的脚步声。

"Henry，你给我带回了精美的邮票吗？"

"在这儿。其他女人要翡翠珠宝。你想要的东西经济多了。你渴望回邮局？"

"你在开玩笑，不过，你说的话也不全错。计算，核查，这不是件坏事，它使人头脑敏锐。当我将信件发出去的时候，呵，就像是游遍全国，游遍世界。现在，我坐在家里，感觉自己就像洋娃娃。"

"你就是洋娃娃！"

"有时候，我不知道自己在这个世界上有何用。"

"你是时尚家庭的理想代表。上海的妇女杂志刊登你的照片不是没有道理的。你甚至迷倒了我的竞争对手。尽管我从李费德鼻子跟前夺走了美国的 C–S 纺织机，他也没有生我的气，这得归功于你。"

"C–S 纺织机，这是什么意思？"

"它的意思——我也不知道它是什么意思。也许，这是公司老板名字开头的字母。"

"Ivy, Henry, 我要去拜访 Peggy 何，"一个姑娘喊道，"我可以用车子吗？"

"进来吧，淑珊。"

冯先礼的 15 岁妹妹冯淑珊身材苗条，患有贫血病，生性好动的脸上闪动着未来的美丽。她在中学的学习成绩还有待提高，但她并非没有天赋。

"你今天的作业做完了吗，Susie？"

"只剩数学作业了。Peggy 会给我讲解的。而且，不懂还可以问她的父亲。"

"那就不打扰你了。"冯先礼想跟爱菲单独在一起。

小姑子一走，爱菲就谈起她最喜爱的话题。"你看，她需要辅导。我最恨游手好闲。让我给她上课吧，这样，对双方都有好处。"

"你做我的庶——做我的夫人,不可以去工作。这会给人一个不好的印象,损害我的信用。"

"做你的什么?"

"做我的夫人。"

"你刚才想说别的。"

"不相信我,爱菲?"

"我清楚地听见,你用的是那个灵魂肮脏的买办使用的蔑称。"

"你说的是谁?"

"李费德。他说:'你的庶夫人。'"

"两个月前,我已经很客气地向你解释,我不能牺牲我的信誉,宣布一个出身普通的女子做我的夫人。我们在教堂里结为夫妻,你已经感到满足了。"

"好了。我们说点别的事吧。你的叔父和婶婶让我告诉你,他们应邀去金家吃晚饭。"

"哈哈!他们将通宵打麻将。"

"真可怕!"

"一点也不可怕。他能开开心地生活,我感到高兴。他在冯村,尽是烦心的事。"

"他对我完全没有说过。"

"他跟你只会说孔夫子和达摩圣人。"

冯淑珊乘坐哥哥的车子在北四川路上行驶。何老师的家在一条狭窄简陋的横巷里,他是冯淑珊就读的美国教会学校圣保罗中学的数学老师,也是她最有才能的同学的父亲。

"Peggy,开门!是我,Susanna 冯。"

一个约16岁骨骼粗大的姑娘打开了门,她戴着眼镜,脸色有点阴沉。

"进来吧。我们马上就做作业。过一会儿,韩文武有话跟你说。有件事,我必须预先告诉你:你犯了个大错,你的名字是淑珊,意思是美好的珊瑚,我的名字是北瑰,意思是北方的玫瑰,好好的名字你不用,叫什么'苏珊娜''佩吉',难道你对我们充满诗意的民族特色没有感觉?我们要永远模仿洋人吗?"

"这是外表的东西,Peggy,我只是机械地这么叫。没有人比我更恨西洋鬼子。"

"人们不叫洋鬼子,这是迷信,应当叫帝国主义者。好了,我们不要浪费时间了。"

"如果 Peggy 在我身上这么到处挑刺儿，"淑珊想，"这对我的政治成长毫无帮助。韩文武就不同，他善于教育我。他是世界上最好的人，不过，这话不能对 Peggy 说，否则，她会认为我把个人感情放在首位。"

然后，淑珊用利落的，但不沉稳、不匀称的字体写道："1947 年 12 月 12 日，家庭作业，含两个未知数的等式。"

她们刚做完作业，韩文武就来了。一个 17 岁的小伙子，样子像 18 岁，身材颀长，英俊开朗的脸上，显示出年轻人爱好思考、勇于实践的特征。他落落大方地跟两个姑娘握手，她们感觉到他手掌上的疤痕，既同情又钦佩。

他在德华中学读书 5 年了。希特勒法西斯的校长因为他拒绝唱"德意志高于一切"，将他的手打到鲜血直流。这个校长现在已经走了，学校收归国有，附属于同济大学。但是，现在学校里斗争仍然激烈。

他住在同一个小市民的城区，家就在附近的某条街道，母亲去世了，父亲很少露面，充满神秘色彩，如果有人问他家的地址，他总是客气地避开不说。七个月前，冯淑珊在 Peggy 何——本来名字叫何北瑰——家里认识这个早熟的青年，他一步一步将她领入上海中学生的地下革命斗争，北瑰对此显然并不赞同。在她的眼中，淑珊仍是一个不可靠的资产阶级小姐。

"韩文武，你有什么任务交给我？"

"你的任务是：对你哥哥说，如果没有人补习，你的学习就不能进步，你无论如何都要有家庭教师。这也不全是假话。说服你哥哥去请教何老师，何老师会向他推荐我父亲。国民党已经开始跟踪我父亲，如果在一个富有的资产阶级家庭任职，可以使他得到掩护。"

"好的，这可以办到。还有呢？"

"你哥哥会不会察觉？"

"我哥哥只关注生意，他不会关注人。——还有什么任务？"

"没有了。"

"我从来没有从你们那里得到真正重要的任务。"淑珊不满地嘟囔。

"别抱有个人虚荣心。"北瑰带着责备说。

"你怎么知道这是个人虚荣心？"受到责备的淑珊为自己辩解。

"反正你没道理，你不该说我们从来没有给你重要任务。别忘了刚过去的 7 月。"

7 月份，冯先礼和家人去疗养胜地庐山。苏珊娜借口学校里成绩不好要在假期里尽量补习，与女佣人远香留在家里。当时，她把几个青年团员安排住在家里，这几个青年躲过了警察的搜查，直接转移去了山东省，那里的大部分地区已经被人民军队解放。

"你知道这些同志平安到达了吗?"

"不久前得到的消息,他们已经平安到达目的地,帮助土改,他们向你们两个问好,特别感谢你家的佣人远香。"

"远香是不是为了讨好小姐所以给予帮助?"北瑰发问,"或者,是出于她的阶级觉悟?"

"关于这个问题,我也跟我父亲谈过,"韩文武说,"他说,最愚蠢的事情,莫过于把群众当傻瓜。中国的老百姓知道得非常清楚,这个世道终于要改变了。"

"说到远香,他很可能是对的。"淑珊思考着说。

"他毫无疑问是对的。"北瑰纠正她的说法。

"现在,冯淑珊,我还有一个重大的消息告诉你。——何北瑰,一切都准备好了吗?"

"一切都准备好了。不过,你是知道的,我有不同意见。"

"父亲说了,我们可以大胆做。"

"那么,我们到侧面的小房。"

侧房是一间没有窗户,散发着一股樟脑味的藏衣房。

北瑰打开一个装满床单的箱子,抽出一面藏得很好的红旗。韩文武就像胜利的化身,突然举起一张手掌大的纸片。

"冯淑珊,你申请加入秘密的共产主义青年团已经获得批准。在这面红旗下,你跟着读这段誓词。"

"我宣誓,竭尽全力,为了解放——"

狭小的地板裂开了,淑珊站在紫色的云彩上。狭小的房顶裂开了,闪光的星星落入她的手里。墙壁裂开了,一股澎湃的洪流承载着她年轻的生命之船向着未来的大海驶去。

因为家仆老陶干差事去了,远香开门,看见门外站着一个高大消瘦的男人,年龄难以断定。他仔细地擦着眼镜的玻璃片,身穿一件旧棉袍,脚上的胶鞋也穿旧了,撑着一把褐色和绿色相间的破损的油纸雨伞,因为外面正下着寒冷的冬雨。

"先生大概是新请的家庭教师?"

"正是,我叫韩泽绪。"

"请进。少东家正在等您。"

家庭教师赶紧脱下胶鞋,因为他发现,她想帮忙脱鞋。

"您贵姓?"

"奴婢没有姓，"她的音调很冷静，略带一丝苦涩，"我的小名叫远香。"

远处散发出的香气。真是名如其人。几乎每个人在年轻的时候都渴望着远处散发出的香气，有时候，年纪大了也是如此。

保持平静，切忌狂热。他有更重要的事情要做。站在他面前的人，具有成千上万中国文盲的刻骨铭心的悲痛和富有同情心的阶级觉悟。无论何时何地，都必须鼓励和武装这种阶级觉悟。

"大姐，我听说过许多关于您的美谈。"

"关于我？"为什么他称呼我"大姐"？这种称呼只适用于没有人身自由的女工或农妇。

"我们下次有机会再谈吧。"

当他走进屋的时候，冯先礼和爱菲从椅子上立起身，说："请坐。"

可是，没有人愿意首先就座，客气了一阵子，大家才坐下。

"先生，您贵姓？"

"免贵，小姓韩，名泽绪。"实际上，他名叫韩耀迪。"20年前我从复旦大学法律系毕业。可是，要想得到一个职位，必须有钱和家庭关系。我两者都没有。今天当律师，无法找到生计。每个人都是自己的律师。"

"说得妙。"冯先礼笑着说。

"所以，我要当私人教师。这几年，我经常当家庭教师，这样，我把中学所有课程的知识重温了一遍。我希望，我微薄的效劳能对您的家庭带来益处。"

"何老师非常热心地推荐您。"爱菲盛情地强调。

"我的妹妹可惜数学很差。"

"我只需要在数学方面给小姐上课，或者其他学科也需要？"

"所有中学课程都要，"爱菲坚定地说，"我的小姑子很有天赋，如果有人指导，她也许可以成为优秀学生。麻烦的是她的脾气，典型的青春期性格，好动、容易激动、缺乏恒心。"

"可惜她不在家，"冯先礼抱歉地说，"但是，我会将一切都告诉她。时间定在每星期二和星期四，下午4点到6点，合适吗？"

"合适。"

"为了您的切身利益，我想不支付现金，而是给食物作为报酬。没人知道，钱在第二天还值多少。每两小时课五斤大米，这是通常的酬金。"

"我同意。如果允许，我现在就告辞了。"

"老陶！——呵，他还没有回来。——远香，送客！"

冯先礼伸了一下身体，全身的关节咯咯作响。"看来，事情已经解决了。

"听其自然吧,爱菲。我坐晚上的火车去一趟南通。"

"去南通?"

"是的,我有兴趣——准确说,我嗅到了一个商机。"

"在这么一个市侩的偏僻角落?"

"商人到处都有。"

"你肯定也去看望那个曾经给她寄钱的70岁的亲戚。噢,将我带上吧,Henry!我想认识她。"

"可敬的老太太已经去世了。"

此时,在房子的走道里,远香想跪在地上帮助韩耀迪穿胶鞋,但他坚决拒绝,以至她感觉受到抬举而诧异地站立在那里。

"我有个请求。先生给我们小姐讲解课本的时候,我可以在场吗?"

"当然可以,远香大姐。您这么做太好了。"

"我是个没文化的下人,很多东西都不懂。只是在一个大户人家干活,见过这么多人,也想开开窍,长一点见识。——哦,我已经耽误先生很长时间了,您的内人肯定已经在家等您了。"

"家里没人在等我。内人已经去世了。"

当韩耀迪第三次来补习的时候,他的学生还没有回家。远香请他坐好,说:"小姐可能晚到一会儿。"韩耀迪似乎一点儿也不惊奇。

奴婢坐在他的对面,绣一张帘子。她用紫红色的线在珠褐色的丝绸上绣一座山,一丛杜鹃花,一个太阳,然后,又绣一座山,一丛杜鹃花,一个太阳。"我的家乡看上去大概是这样的。"

"您对自己在哪里出生的难道没有任何线索?"

"没有。我不知道自己叫什么名字,也不知道什么时候,在什么地方出生的。也许是40年前或者45年前,肯定在山区。因为有一次,当时我还很小,站在高处,太阳在我身后,在云雾里我看见我的小身影,它的四周是一个彩色的光环,我的父亲说,那是佛光。"

"这么说,您是在峨眉山出生的。"

"您可以肯定?红军已经到那里了吗?"

"还没有。"韩耀迪强调了"还"字。

"有一回,我问主人,我是在哪里出生的,他们打了我一顿,以后就再也没有问。"

"您挨打了。"

"当然了。还经常罚跪地板。"

"什么原因?"

"如果家里来了客人,老爷通宵打麻将。我必须随时端茶侍候。要是我困了打盹儿——"

"您的所谓老爷根本无权买奴婢。这是非法的。"

"'非法'是什么意思?"她好奇地问。

"就是说,这是犯法的。"

"原来是这样!"她失望地说,"对于富人来说,犯法又如何? 法归法,要是我逃跑了,警察捉到我,还把我送回来。"

"这一切很快就会改变的。"

"如果我在石板上跪两个小时,最后允许我站起来,我就去厨房,那里有我的一只木箱子,里面放着一块光滑的鹅卵石,上面有彩色的斑点。我望着它,这是家乡的石头,35年前我从山路上捡的,一直带在身边……"

"您还知道,他们怎么买您的?"

"花了五个银圆,我记得很清楚。叮当,叮当,叮当,响了五声。"

"五个银圆,"韩耀迪暗暗地记下这个数字,继续说:"您不是女奴。这一点,您必须知道。一个人即使落到强盗手中,他也仍然是个人。"

"先生可以给我取个姓吗? 这样,我就像其他人那样,成为一个正常的人。"

"因为您现在的状况不可能持续下去,因为对于您来说,一切都必须改变,我给您取个姓,姓范,范远香,范大姐。您觉得好吗?"

"先生费心了。"

冯淑珊像一股风似地冲了进来。

"对不起,韩老师,您知道……"

"我知道:同济大学和同济中学的学生举行总罢课。"他像从梦里醒来那样说道。淑珊头一次发现他跟他儿子的相似之处。透过久经沙场的老兵的脸,显现出一个兴奋的男孩子的模样。这时,一抹未来的美丽在她自己的脸上掠过。

"您的儿子没有受伤,但是,事情很糟糕。小叶头部流血,躺在学生宿舍里,他,还有几个学生。小叶没有外衣穿了,他唯一的一件夹克被警察用刺刀戳烂了。"

远香默默地放下手中的刺绣活,取来一块旧布帘,还有棉花,这是爱菲送给她的。

她问:"他有多高?"并开始为受伤的学生缝制棉衣。

"他们暂时还没有任何结果。老师的工资没有提高。被开除的学生领袖尚未恢复学籍。明天,我们将在圣保罗中学组织一次静坐示威,罢课4小时,表示声援。"

农历最大的节日即将到来，这是中国的新年，尽管冬天的气候寒冷，但却称为春节。今年的春节在 2 月 10 日，但是从 2 月 1 日已经开始筹备过节。中国的老百姓只要还处在国民党的统治下，就得饱受最残酷的饥荒。穷人总归是无法救助的，他们人数太多了。然而，习俗、信誉和家庭的面子却要求过节时拿精美的点心招待客人，还有鳜鱼、咕噜肉、田鸡腿、鱼翅。祭祖时要将银烛台、金酒杯摆放在祖宗牌位前面，以表示对 15 个名字刻在绿色玉牌上的先人的尊敬，按照冯村阿妹的推测，牌上刻的很可能是 15 个大坏蛋的名字。

远香仔细而熟练地做完了冯老太太吩咐的任务，又开始做她的针线活。

"你这该死的奴婢，"冯老太愠怒地说，"离春节只有 4 天，还顾着做针线活？"

远香没有放下手中的针线，说："老太太可以查看一下。我已经把一切都做好了。"

"还嘴硬？——到我房间里来。"

两只雕满花鸟图案的柜子之间，有一块没有铺地垫的石板。

"跪下！"

远香像以往那样服从地跪下，眼睛里充满了仇恨。但是，这一回不只是仇恨，还有一种不断增加的优越感。

"这不会降低我的人格，"她想，"我是落进了强盗的手中。"

冯先礼去了火车站，大概是接一个生意上的朋友。爱菲一个人无聊，去冯老太家里，归还昨天向她借的一件镶水晶的银坠。

"这样做不行！"她看见跪在地上的奴婢，提出抗议，"大婶可知道，远香有关节炎。这块地板多冷！她甚至连棉裤也没穿。起来吧，远香！"

冯老太竭力搜寻恰当的词语。她既想避免用粗暴的态度对待侄儿最心爱的姨太太，又必须向她表明，损害长者的权威是不道德的。

在打开的门口，突然出现了冯先礼，在他身边，还有一个苗条的、年纪尚轻的、身穿花旗袍的女人。

"谁惹婶婶生气了？"

"你那个时髦的姨太太！"老太婆抱怨说，"她不懂规矩。"

"她不太漂亮，"门边的女人想，"能对付得了。"

"走吧，远香，"女主人命令，"去厨房继续罚跪。"

远香试图跟爱菲交换安慰的目光，但没有成功，快步地走出了房间。

刚来的女人从门口向爱菲走去，虽不能说是不友好，但态度专横地握住她的手，说："你现在最好离开房间，三妹，我要请求大姊原谅你。"

"我根本没有想过离开房间，"爱菲反驳，"您到底是什么人？"

回应她的是三个声音的讥笑。

"开门，Ivy！是我，Henry。"

"进来吧！——我要告诉你，你是什么东西：好色之徒，婚姻骗子。"

"你可以说我是好色之徒，我不生气。可是，谁要是说我是骗子，我就到区的法院告他，那里的法官是我生意伙伴的岳父。"

"你怪不了我。我对你说过，我跟我老婆分开了。事实上，宝施长期住在南京，只是偶尔来这里，过几天肯定就走，纯粹是形式。"

"今天晚上你跟她睡，难道这也是形式。"

"别谈这些无聊的事了。"

"我跟你结婚三个多月了，却一点也不知情。"

"你根本没有什么不舒服的。"

"因为我以为自己生活在干净的、一夫一妻的、基督教的婚姻中。"

"你愿意怎么想就怎么想。"

爱菲瞪着愤怒的眼睛向他走去，但很快就将双手垂下。

"我是多么痛恨中国的所谓教养，多么羡慕马尔珂·利特瓦克。"

"你还没有忘记她。"

"永远也不会忘记。马尔珂·利特瓦克和我，我们按照各自的方式懂得，富人是怎样欺骗穷人的。"

"别把事情夸大了。我将你看作是善解人意的伴侣。我需要一个祥和的家，可以让我得到休息，不那么焦虑。严重的焦虑啊，Ivy。顺兴厂发生了可怕的罢工。我有两间工厂的工人开始罢工，表示声援。"

"我现在才认识你，工人们一定有他们的理由。比如说，谈论很多的C–S纺织机，在我看来，就值得怀疑。"

"我不是最坏的，Ivy。即使共产党进了上海，他们也会证实，我不是最坏的。"

"你不是最坏的，这我知道，但也是够坏的。"

爱菲盲目地出了门。在走廊里，她碰见了一个约13岁的男孩子和一个小很多的女孩子。他们是冯先礼的子女。

她来到霞飞路，不由自主地朝母亲家住的路走去。但是，从这儿到克列泽路还有很远的距离。

"到处都见到美孚公司的广告。洋人把我们吃掉了。没多久，将没有中国，没有婚姻，没有爱情……"哎，她把一切都搞乱了。

头痛，头晕。她不能再这么继续走了。她想在这里搭乘有轨电车去麦高包禄路。

她已经几个月没有乘坐有轨电车了。坐的都是小车。不用花钱。至少，她是这么认为的。实际上，冯家雇用的这辆车费用很高。她用什么来付费？——用人的尊严。

在这场混乱中，母亲能够给她撑腰吗？突然，她脑海中响起母亲的声音："我的孩子，这是上帝的旨意。我们不得不屈从。"

麦高包禄路。不，她不想下车。如果将所有卑鄙的行为都说成是上帝的旨意，那么，还有什么地方可去？是谁扭曲了母亲的灵魂？为什么她还从来没有思考过？

她手里一直拿着买车票的钱。司机还没来。

"喂，司机！为什么还不卖票？"

"我们罢工了。"

"谁罢工？"

"法国电车公司的中国员工。"

"你们罢工，但仍然开车？"

"我们罢工，是要损害帝国主义者的利益，但不想给中国老百姓的交通造成困难。"

"真了不起！"爱菲想。其他的乘客也暗暗地赞许和表示感谢。

"南京路上行驶的英国电车呢？他们今天也免费乘车？"

"当然了。众所周知，英帝国主义者并不比法国的好。"

爱菲偷偷地望着司机。他笔直的眉毛又粗又黑，嘴巴严肃，带着愤怒。

打听英国电车的妇女下车了。她背着一只装脏衣服的箩筐。司机小心地帮助她下车。

爱菲决定坐到终点站。乘客一个一个下车了，最后，车上只剩下她和司机。

"我猜，您大概也想参加罢工。"他的脸上闪过瞬间的微笑，但很快又变得严肃起来。

"我憎恨殖民主义统治者，"爱菲说，"但我也恨中国的落后：迷信、家庭专制、一夫多妻。"

"中国是个半封建半殖民地国家。封建主义制度早就已经腐朽，但是，如果我们想抛弃它,外国的资本就会跑来,手持机关枪,或者,至少带着教会学校。落后的国家更好剥削。不久前,洛克菲勒到上海,您知道吗?他将我们的全部石油吸走了。获取的利润臭气熏天。"

"那里又有一个美孚的广告。"爱菲指向有轨电车的窗外,"我不知道,什么东西更臭些,是美孚的油还是一夫多妻。"

"一旦美孚滚蛋了,一夫多妻也会结束。"

"可是,暂时我们还得忍受着。"

"我们忍受?"这时,他的脸上又闪过瞬间的微笑。

"您当然不忍受,但其他人忍受。譬如我母亲,她对所有人说:'这是上帝的旨意!'"

"您母亲大概是教会的学生?"

"您怎么知道的?"

"这可以猜得出。"

乘客上车了。

"我还有些事情要问您,"爱菲低声地说,"我坐到另一个终点站。"

"这大约要一个小时。"

"不要紧。"

"这是一个怎样的电车司机?"爱菲在继续乘车的过程中想,"他说话像大学毕业生。如今,失业这么严重!我见过一些大学毕业生,当小贩或者人力车夫,因为他们没有其他出路。我在邮局的职位一点儿也不高——但我愿意而且也能够重新得到它。"

最后一个乘客下车后,她突然问:"到底 C-S 纺织机是什么?"

"这是 10 岁到 14 岁的童工可以操作的纺织机。"

"C-S?对了,child's size,儿童的型号。我已经预感到,后面隐藏着某些见不得人的东西。如果您知道……我叫冯爱菲,可以知道您的大名吗?"

"您是大企业家冯先礼的姨太太?"

"我——是的。"

"上海所有纺织厂的老板都雇用童工。如果没有 C-S 纺织机,就让童工将手浸在热水里将蚕茧泡软,这更残酷。原因不在于资本家的善意还是恶意,而在于资本主义制度。冯先礼不是最坏的。在日本人占领期间,他捐献了一大笔钱给秘密的民族救援组织,而且还承担了给游击队送衣物的费用。"

"这是很矛盾的……"

"中国的民族资产阶级有两颗心。一颗心为粉碎帝国主义统治而燃烧,另一颗心牵挂着社会剥削的所有手段和方式——其中也包括一夫多妻。"

乘客上车了。爱菲坚持坐回到另一个终点站。

天开始黑了。为什么他避开不讲自己的名字？也许，他不是大学毕业生。也许，他是共产党人，所以知道得这么多。爱菲曾经在某个地方读到，共产党人日夜学习，读的全是共产主义。

终点站在法兰西外滩。

"请原谅我问个没完。我还有最后一个问题。我曾经是邮局的职员。现在，我无论如何都要离开冯家。您认为，邮局还会重新雇用我吗？"

"很难。失业很严重。冯先礼会利用他的所有关系，阻止您得到职位。"

"您怎么知道的？"

"这也可以猜得出。"

"您不必客气。给我更好的安慰吧。"

"一切很快就会改变的。"

爱菲终于下车了。她穿过麦高包禄路和克列泽路，到了母亲的家门口，又掉头往回走。

在麦高包禄路和霞飞路的交叉路口，停着一辆熟悉的小车，车旁站着冯先礼和他的大老婆冯宝施。

"你忘记了吗，三妹？"

"爱菲，你从母亲那里回来？"

沉默。

"三妹，你是个有文化的人，有权利要求受到尊重。但是，谁想得到尊重，谁就得尊重别人。你不可以再违抗老太太的命令，她是不会容忍的，你这样做会冒犯她——"

"——而且也帮助不了任何人。"先礼补充说。

"再有，三妹，你知道，孔圣人要求我们女人不要嫉妒，我不嫉妒你，你也不应当嫉妒我。这样才公正和理智。"

爱菲想回答，但突然眼前发黑，失去了知觉。当她醒过来的时候，她坐在小车里，夹在冯先礼和冯宝施之间。她没有转向男的，而是转向女的说："我相信，我已经怀孕了。"

两个多月来，爱菲只要一有借口，有时甚至没有借口，就会去乘坐同一路有轨电车。但她没有碰见那个司机。因为他拒绝将名字告诉她，她便自己给他取了个名字，叫"勇星"，勇敢的星星。

"我已经认不出你了，"先礼说，"你的热情到哪里去了？你的活力、你的幽默，到哪里去了？"

"据我所知,你还没有经历过怀孕。"

"哈哈!这一点我必须承认。"

"那么,你不要有怨言。"

"你认为,什么时候?"

"今天是 4 月 15 日,我推测,8 月 15 日左右。"

"或许,你到乡下去休息几天?"

"这个主意不坏!我需要休息和好空气。"

"我叫老陶送你去江平。他会吩咐两个佣人将冯村的屋子收拾好。"

4 天后,爱菲在江平的小火车站下车,老陶驾着牛车将她接回冯村。郭大兰和郭小兰形式上客气地接待了她,因为,在她们的眼中,她是一个奢华的姨太太。

晚上散步时,爱菲听见破烂不堪的茅屋里传出一个声音,听上去既不是老头子,也不是非常痛苦的人,而是一个女人在低声地唱民谣:

> 卖女儿,
> 抵田租。
> 没母牛,
> 宰家狗。

她继续走了几步,遇见一个虽然有点土气却也醒目的农村姑娘。她转过身,看见姑娘走进茅屋。她的父亲想卖掉她?卖给谁?她是不是也要跟远香那样忍受同样的情况?

回到家里,爱菲将两个女佣人叫到房间,开始向她们打听。大兰和小兰既惊讶又谨慎,但越来越友好地满足了她的好奇心。爱菲得知那位漂亮的姑娘是老叔父的小妾,虽然还没有完全成为事实,心里很难受,决定进行干预。

"郭大姐!"她向年纪大些的女佣人说:"明天煮点好吃的菜,带阿妹过来吃晚饭。"

阿妹来了,穿着她那件红印花衣,吃饭时胃口很好,她看着爱菲,心想:"她不漂亮,但人挺好,长着猫一样的脸,但有一颗人的心。"接着,她就忘记了冯阿福和郭家姐妹给她定下的全部规矩,嘴巴说个不停。当看见几本书的时候,她尴尬但响亮地喊道:"分田地后,我也要成为有文化的人。"她大胆地说完后,把眼睛睁得大大的。

"这很好,"爱菲赞扬了她,"年轻姑娘应当多学习。老爷子必须放你走。你不必害怕——"

"我，害怕?！在长江以北，已经有三个解放区。明天会有一个上海工人过来。希望您可以将他藏起来。"

"当然可以。"

一个小时后，两个年轻农民进来，二三十岁，头上扎着毛巾。

年轻一些的是阿福。年纪大一点的——

"我在12路有轨电车上找您找了两个多月，"爱菲激动地说，"我还有很多东西要跟您学习。"

"罢工后，法帝国主义者立即将我解雇了。警察跟踪我。"

"我们将他装扮成农民。但这还不够。他在这里最安全，在王宫一样的地主屋里。"

"说像王宫，那是夸张了。"爱菲虽然很兴奋，但心里暗暗地想。此时，电车司机的脸上露出一闪而过的微笑。

门外一阵马蹄的声音。

"大兰姐！带我的兄弟到后面的房间。小兰姐，快去屋子前门——"

"他们不会来的。不管怎样，他们都会先把村子搜遍。"

"然后呢？"爱菲问。

"根据我对他们的了解，他们宁可搜查一千栋茅屋，也不会查一间王宫。"

"无论如何，你现在都到下面去，郭大姐。如果他们来了，就立即带他们来见我。我会扮成贵夫人，夹杂着说点英语，使他们失去搜查的兴趣。"

40分钟后，门外再次响起马蹄声，渐渐地，声音朝江平镇的方向远去。

"谢天谢地，"爱菲说，"给我的兄弟们准备些好吃的，郭大姐。冯阿福如果愿意，也可以在这里过夜。蒸十几个肉包子，给上海来的人带着上路。在他明天走之前，我还有话跟他谈。"

天更黑了。爱菲向受到掩护的人保证，她一定会去拜访他的母亲。

"麦克利克路，四横街7号，您找魏大妈就可以了，这是给她的信。"

"我现在知道您的姓了。我自己曾经想了一个对您的称呼，叫'勇星'。"

"对于我来说，这个称呼太美了。但我愿意拥有它，并且当之无愧。"

"我还能为您做些什么？"

"国民党逮捕了一个电厂职员，说他搞颠覆破坏，他叫汪小和。他根本没有搞破坏，只是组织了几次罢工，反对美国的厂主，这就是他的全部罪行，帝国主义者和国民党反动派却想要他的脑袋。"

"全上海都一定会抗议。"

"是的。人们写传单和抗议信，特别是抗议信。您愿意帮助吗？您能不能跟左翼的外国人联系上？"

"只要能做到，我都愿意做。但现在，您必须走了。天快亮了。"

他们互相握手。他的脸没有刮，她的肚子向前凸起。两个人的眼睛都在炙热地燃烧，丝毫没有含情脉脉；但是，在他们的上方，已经亮起一盏未来的幸福之灯。

"感谢您救了我的命。"

"感谢您给了我生命的意义。"

住在麦克利克路的魏大妈不是爱菲想象的那种悲剧性的英雄母亲，而是一个普普通通的、瘦小但坚韧的女裁缝。她直接用"你"来称呼爱菲。"如果你在家里再也无法忍受，就来我这儿。你可以帮助我缝衣服，小房间里住得下你和你的孩子。"

爱菲沿着华德路一边想一边走。在小市民生活的虹口区的东部地区，居住着来自德国、奥地利、波兰的流亡者，有犹太人，也有一些非犹太人。怎样才能接近他们？他们当中肯定有不少自觉为进步而斗争的战士。

一张瘦削的女人的脸，黑褐色的眼睛里充满怒火，高高的鼻子，嘴角向下弯曲——这是马尔珂——

"利特瓦克小姐！利特瓦克小姐！"

马尔珂惊讶地停住脚步。

"我叫 Ivy 冯，本来叫梁爱菲。当时，在女子学校的剧场前，您没有注意到我，但我十分敬佩您，无法忘记您。"

"敬佩？——这您就大可不必了。值得敬佩的是你们的工人和农民，值得敬佩的是中国人民的军队的伟大胜利，而不是我。我的朋友们都斥责我，说这是无政府主义的狂怒。虽然特南鲍姆该打耳光，这个流氓，别提他了。"

"您马上就去波兰？"

"真倒霉，我丈夫又病了。但愿老天保佑我们 6 月份能前往。梁小姐，有空来我们家。您的眼睛像 2500 年前的埃丝特女王。您的脑袋一定很聪明。"

"您太客气了！您住在这个区吗？"

"是的，我们过去住在这里，后来，特南鲍姆让人将我们甩了出去。现在，我们住圣母院路 30 号，在一个俄国的老工程师那里，他叫亚力克瑟伊·沃洛普约夫。两年前，他成为苏联公民。波兰领馆也帮助我们。"

"我一定来！我有重要的事情求您和您的朋友，我知道，你们一定乐于帮助的。"

致上海刑事法庭

尊敬的先生们：

　　作为一名有40年职业经验的工程师以及在这个城市生活了几乎同样这么多年的居民，我极大地关注汪小和的案件。我在《大公报》上读到了两个中国工程师出具的清晰的鉴定，从中看出，汪小和没有从事通常那种破坏行动，他的全部"罪行"只是组织了几起罢工。判处他死刑，意味着将一个无辜的年轻中国人作为牺牲品，满足美国企业主的报复欲望。

　　致以崇高敬意

亚力克瑟伊·康斯坦丁诺维奇·沃洛普约夫
斯摩棱斯克，现居上海
1948年5月5日

　　……我的民族只有很少人口，但有漫长的苦难历史。该死的纳粹毒死了六百万犹太人。我要说：够了！不能再屠杀无辜的生命。如能避免汪小和被杀害，每一个正派的人都将感谢你们。

马尔珂·利特瓦克
比亚韦斯托克，现居上海
1948年5月3日

　　……我衷心热爱中国，热爱它的文化，它年轻的爱国主义，它不朽的人类尊严。中国最珍贵的文化遗产，它的古代哲学的最珍贵的遗产，是有关仁的学说。以这一学说的名义，我请求你们不要摧残一个崇高的中国年轻人的生命，不要夺去汪小和的生命。

作家：汉娜·毕尔克
德罗霍贝奇，现居上海
1948年5月6日

……我现年19岁，比汪小和年轻5岁，我深信他是无辜的，并钦佩他的诚实勇敢，特此给你们写这封信。年轻人为年轻人求情：不要毁掉这位伟大的爱国者的生命。

图尔科·西尔伯格林
维也纳，现居上海
1948年5月6日

……中国的朋友给我读《大公报》。我永远忘不了汪小和在刑事法庭上的演说。他的演说，跟李卜克内西、台尔曼、埃德加·安德烈的演说一起，留在我的记忆中。作为一名老工人，我知道无私和团结有何价值。杀害一个这样的年轻人，是对自己祖国的掠夺，是对世界各族人民的掠夺。

克里斯蒂安·萨克斯
莱比锡，现居上海
1948年5月6日

爱菲将房门小心锁好，她坐在自己的房间里，将这些信分别放进信封里，用中文写上地址。冯淑珊在隔壁房间里同样坐在桌旁写。她们谁也不知道两人在做同一件事。

但是，淑珊不像她嫂子那么谨慎。晚上，李费德再次来访时发生的事情，就证明了这一点。

谈完生意后，话题转到了家庭。

"Susanna小姐去了哪里？"

"跟往常那样，在电影院。"

"学习怎样？"

"这方面没什么可抱怨的。上几个星期，她进步很大。我给您看看她的英语作文，关于沃尔特·司各特的《肯纳尔沃斯堡》。"

客人开始喃喃自语地读："英国女王伊丽莎白一世既是个天才的政治家，又是个喜怒无常的女人——"

这时，从簿子里掉下一张传单：

"我们抗议处决爱国者汪小和！"

"Henry！Henry！开什么玩笑？你为什么从外面把门锁上？"

"我要将共产主义从你身上驱除，你这个蠢东西！好好待在你的房间里三天！"

"哎呀，大哥要显示一下权威。我要不要告诉 Ivy，为什么你这么经常去南通？"

"我对你的废话不感兴趣。"

在走道里，他遇见了妹妹的两个客人，一个是英俊的小伙子，他还从来没有见过，另一个是何北瑰。

"请跟我来！"他没有讲究礼节，不客气地将他们两人带出屋外，"我有些事情必须对你们讲。"

他们站在马路上。韩文武避免介绍自己，但冯先礼太激动了，以至于对此没有感到惊奇。

"何小姐，我妹妹神经错乱，现在不能接见任何人。如果她情况好一些，我会打电话给您父亲。"他简单地说了两句，让他们两人站在那里。

"神经错乱？"北瑰重复一遍，"资产阶级小姐大概是受了惊吓。"

地下学联派一批大学生和中学生去农村，帮助农民开展地下革命工作。明天，一名同济大学的学生将跟何北瑰、冯淑珊、韩文武一起去冯村。

"神经错乱？"韩文武也重复了一遍，"我不相信。肯定是家人暗中策划的。"

"那么，我们就三个人去。"

"当然了，但这很可惜。冯村是她叔父的，如果她去那里做宣传，肯定会造成特别深的印象。"

此时，远香在急忙地寻找钥匙。如果在把守家门的哥哥回来之前，成功地将淑珊放出去，她就可以藏在何北瑰家里，明天跟着一道去。

但是，钥匙找不着。她小声地叫爱菲帮忙。

"这一点我压根儿没有料到，"当她们一起找钥匙的时候，爱菲小声地说，"我也——"

但她们无能为力：显然，冯先礼将钥匙带在身上，或者放在保险箱里。

三天后，门开了。淑珊含着眼泪跑出房外。她常常骗哥哥，说去看电影，实际上，是在电影院开秘密会议。但今天为了寻找安慰，她去看了一场荷里活的电影。回家的路上，她才开始重新思考。

她脚下的紫云消失了，手中的星星也消失了。澎湃的洪流在她身旁流过，却没有再把她带上。

不，肯定不再带上。她丢尽了脸。同志们走自己的路，连看也不看她一眼。在地下青年团的伟大革命进攻中，她胆怯地落后了，为了乞求原谅，爬到了家庭权威的后面。

对这件事，北瑰正是这样判断的。其他人，比如韩文武，宁可相信她被人用暴力阻挡住了。但这又有什么用？从现在起，同志们不再将她看作是年轻强大的战士，而是在资本家哥哥面前束手就擒的俘虏。

这是无法忍受的，完全无法忍受。她宁愿忘记政治，再也看不见韩文武。

她站在自己的房间里。怎么会突然飘来一股浓郁的香味？它是从哪里来的？——在这种香味中，她想起了灯光灿烂、洋气十足的舞厅，男士的强壮手臂，爵士乐的热烈旋律。

她把电灯打开。屋里放着一件喷了香水、用桃花丝做的晚礼服，还有两双鞋子，一双是用蜥蜴皮做的，另一双是用深红色缎子做的，两瓶"黑水仙"牌香水。将她锁在家里的哥哥用来安慰她的礼物十分时髦，这一点必须得承认。

"韩耀迪！我们派你去解放区参加第六次工会代表大会。"

罗散天是少数知道他地址的人之一，他站在韩耀迪面前，长长的眼睛带着欣喜。"有什么话就说吧！"

韩耀迪在内心深处感到自己比罗散天更优胜。罗散天虽然勇敢，但轻信，心肠软，韩耀迪生他的气，因为他缺乏知人之明，容易受外部印象的影响，特别是他对北平的一个女医生十分爱慕，提起她就说个不停。

现在，他韩耀迪，因为高傲受到惩罚，卷入了个人情感，这种情感由于要离开上海而变得更强烈。

"哎呀，你怎么老不吭声！你肯定心里难受，因为要中断地下工作。但我们要你去做的，也不是儿戏。你不仅要渡过长江，而且要去到哈尔滨。路途当中，国统区和解放区互相交错，情况复杂，要穿过去不是没有危险的。"

"代表大会8月1日召开。那么，我应当——"

"最迟7月13日过江。离出发你还有五天时间。明天，我还要来跟你谈所有细节。今天只谈这么多：你要完成三大任务，担子不轻呵，别再悔恨了。首先，在大会上你要代表两个地下工会：律师工会和教师工会。第二，你要介绍上海的形势，还要报告汪小和的案件——"

"没有其他人从上海去哈尔滨？"

"已经去了三个，当然是分别去的。但你口才特别好，讲得有条有理，而且充满激情。"

"不必这么客气。"

"第三,你要和刘宁一商量,为了救汪小和,我们可以做些什么。国民党反动派一再推迟处决,这表明,他们害怕人民群众。"

"但是,他们最后会按照美帝国主义者的命令去做。"

"这倒是真的。"

"你知道,刑事法庭收到多少抗议信吗?——大约一万封,其中几封还是外国人写的。"

"那就更好了。"

"我当然要跟刘宁一谈。哈尔滨的工会代表大会当然要为救汪小和而斗争。"

罗散天离开后,韩耀迪翻来翻去,找出两本书,出门去冯先礼的家。

近几个星期,他没有给淑珊补习。这姑娘对上课失去了任何兴趣。如果他碰上了冯家的家长,他会用这样的借口来解释自己的来访:带一本代数书给小姐复习。

幸好家长不在。开门的是老陶,在韩耀迪眼中,他是同情者,见是家庭教师来了,马上叫远香出来接待。

"范大姐,"韩耀迪开口说,"如果您以后想离开这里,何老师家随时可以接待。他全家都很敬重您,特别是青年团员何北瑰。必要时,他们也可以将您藏起来,但是,我就不相信,冯家的人现在还敢抓您回去。"

"先生费心了。"

他的话听上去是在告别。毫无疑问,他是要去解放区,但是,这只是必要时才说出来。

"我给您带来一本连环图,"韩耀迪继续说,"内容您可以从图画里看懂,字很少,您也许也已经能认,您跟我大约已经学了200个字。"

她由于兴奋,匀称的鼻翼微微地颤动着,她猜测,书的标题是《奇女传》。

"这是一则古代传说,讲的是一个美丽、有才华、意志坚强,甚至敢于抗旨的女子。"他解释说。

"我也想送一件小礼物给先生留念。"她没有经过考虑就说道。接着,她羞怯地不作声了。按照传统习俗,男女交换信物意味着私定终身,她怎么可以自以为是——

远香站在离韩耀迪五步远的地方,低垂着脑袋。"他马上会回答:'不必这么客气。'这表示明确的拒绝,是我狂妄举动应得的惩罚。"

但韩耀迪没有这么做,他说:

"无论我去哪里,您的礼物都会陪伴着我。我死都不会与它分离。"

远香迅速地跑开,马上又回来,手里拿着她从峨眉山上捡回来的家乡的彩石,这是她唯一的财产。她羞涩地将石头递上,然后往后退,像传统习俗规定的那样,离对方五步远。

她的眼里渐渐地充满泪水,这块常见的鹅卵石开始像钻石般散发光芒……

"祝先生一路顺风。"

"祝远香万事如意。"

爱菲乘坐小车去产科医院。她不要任何人陪伴。

"新中国成立后您想做什么?"姓许的广东司机突然问。

爱菲既惊讶又不惊讶。她早就感觉到,为冯家服务的人员中构成了一个不对外开放的消息灵通的政治团队。

"人民政府要我做什么,我就做什么。也许,我重新回邮局,我很喜欢这项工作。"

"新中国成立后,您可以离婚,没有任何困难,孩子肯定判给您。"

爱菲感觉到她的阵痛再次出现,但喜悦压倒了疼痛。

"您可以肯定?"

"肯定。我在读上海总工会的秘密报纸《团结》。上面说了:哈尔滨工会代表大会抗议判处汪小和死刑。还有:解放区,每个妾只要愿意,就可立即要求离婚。"

"您可以为我保存好这页报纸吗?"

"当然可以。在我这里人们查不出任何东西。如果您还有困难,我可以出庭作证,讲述开车去爵奇酒吧,证明您是个品行端正的女子,总经理不得不利用教堂来骗取您的信任。"

在爱菲的房间里,放着一辆漆成红色的童车。冯先礼看着酣睡的新生婴儿,他的高兴是外表的,因为,这只是个女儿。

"缩小版的爱菲,"他指出,"脸型一模一样,下面窄,上面宽,长长的眼睛。"

"是的,这些只是外表。但我想知道,我的孩子会不会生活在更好的时代。"

"没有人能知道。"

"告诉我,Henry,为什么突然所有商店都空了?"

"投机商抵制禁止抬价的法令,这种新的法令太软弱,肯定持续不了很久。"

门突然打开了,一个俊俏的年轻女人走进来,手里拖着一个大约两岁大、在不停哭闹的孩子。她十分好奇地望着爱菲。

"姿色不尽相同。"她满意地想。

冯先礼满脸怒气,冷冰冰地站到两个女人之间。"白玉!你来干什么?我对你说过,你不要离开南通。"

"共产党昨天占领了南通。"

"你父亲现在到哪里去了?"

"在无锡。"

爱菲从容地站起来,牵着来客的手:"来吧,二姐。你需要歇一歇,吃点东西。"然后,她转向冯先礼,"我希望,对她的排序没有错。丈夫有多个妻室,要分清楚还不那么容易。"

冯先礼带着同样冰冷恼怒的表情跟在后面,然后又陪着爱菲回到她的房间。

"为了我好,你不要激动!"

"我一点儿也没有激动。"

"她在这屋里待不了 24 小时,明早我送她去无锡。"

"你大概对此还感到骄傲。"

"骄傲也罢,不骄傲也罢!对于我上海这个家而言,她太俗气了。不错,如果她是个堂堂正正的女人,像你或者宝施……"

"你说自己是个基督徒。"

"我是个基督徒,但不是圣人。"

"我想嫁给一个完全的男人,可是,后来发现是一半,最后,只是三分之一。天晓得,以后我还要怎样计算分数、百分数、开方根,如果……"

"如果什么?你把这个女人看得太重要了。一个男人,可以在最美好的意义上爱一个女人,同时也来一点寻欢作乐。"

"这不行。"

"你去问我叔父。"

童车里的女婴开始哭了,爱菲小心地哄她重新入睡。

"你看见了吗,Henry?三周大的孩子就已经抗议一夫多妻。"

"这是她从母亲那里学来的。"

"跟你认识,还得归功于白玉的赡养费。"

"不,Ivy,当时,我的确将钱寄给一位老太婆。"

"如果不相信你,你会说我不礼貌。如果我相信你,你会说我是傻瓜。"
"你开玩笑,表明你打算和解。"
"我开玩笑,表明我无所谓。"
"无所谓?那么,我对你更了解了。"
"真的,我仍然喜欢你。但是,我觉得你的家庭关系太复杂了。"

为了拯救汪小和的生命,人们写了数以万计的抗议信,不断散发传单,举行示威。为了拯救汪小和的生命,全国工会代表大会在不断扩大的解放区不懈斗争。但是,三四个美国电气公司的大资本家要他的脑袋,国民党政府听从美国资本家的话。

刑事法庭到刑场的路上围着密集的人群,工人、农民、大学生、中学生、留白胡子的老人、外国的流亡者、母亲、小贩、乞丐、衣着入时的妇女。这位被判死刑的年轻人由两个国民党警察押着,沿着格兰路前行。他英俊开朗的脸上燃烧着无所畏惧的愤怒,他声音响亮地喊道:

"国民党政府屠杀无辜的人!"

爱菲高高地将孩子举起。图尔科·西尔伯格林大声地发出悲叹。汪小和又一次响起他那年轻的、金属般的声音:

"国民党政府判处我死刑,但人民判处国民党政府死刑。"

魏大妈双手抱拳向他致意。工人、农民、乞丐也抱拳向他致意。还有汉娜·毕尔克,她的黑眉毛在雪白的头发下痛苦地抽动着,在中国习俗的感染下,也双手抱拳向他致意。

"时候快到了!国民党政府比我活不了多久!"

大学生和中学生怀着深深的敬意向他鞠躬。克里斯蒂安·萨克斯,额头上有一条长伤疤的莱比锡老钳工,高举拳头,致以红色阵线的敬礼。虽然汪小和是中国共产党人,并不认识这种敬礼方式,但是,他猜出了它的意思,感激地报以微笑。

"这些共产党人多么勇敢!"衣着入时的妇女不得不低声地叹道。一个胡子花白的老汉突然用清晰的声音念起屈原的诗句:

"虽九死其犹未悔……"

在皇宫酒店,Henry 冯让人通知卡茨曼先生,说自己到了。他受到了接见,这一次,两人不是单独见面,而是在利昂内尔·特南鲍姆的公司。闲聊了几句"共产主义危险"越来越逼近后,冯先礼直截了当地谈到此次来访的目的:"我有没有可能跟我的家人移民美国?您能够帮助我办入境签证吗?"

卡茨曼抬起双脚放在桌上,让冯先礼等待答复。突然,他笑起来了:"特南鲍姆先生，我想，您现在正好可以清除这种幻想。"

"我本人，"特南鲍姆说，"正在努力为几个犹太流亡者申请入境签证。我很乐意将我的羔羊救去美国，当然，都是些政治上可靠的人。"

"那是当然的。"卡茨曼侧眼瞅了一下冯先礼。

"美国，"特南鲍姆接着说，"是上帝自己的国家，按照复杂的移民限额和其他安全措施，只有被遴选上的人才能获准进入。我只好将我的羔羊安顿在加拿大、澳大利亚、巴勒斯坦。"

"如果您说到羔羊，"卡茨曼说，"我总是想到您是怎样彻底地给他们剪毛①。"

"好一个玩笑！"特南鲍姆夸奖道，他不仅没有感到耻辱，反而有点得意扬扬。

"这么说，对去美国是不要抱希望了，"冯先礼会意地说，"那么，香港还可以去。"

"我很高兴，您降低了价格，"卡茨曼冷笑了一下，"您还得赶快。现在去香港还不需要签证，迟些时候，谁知道……"

"我需要时间结束我的生意。"

"这我理解。"

"卡茨曼先生，必要时您能否在英当局那里为我说几句好话？"

"哪几个要移民？全家吗？"

"当然。"

"还有您那位小姐妹妹？"

Frederick 李这个灵魂肮脏的买办在一旁插嘴。

"您对我妹妹有何意见？"冯先礼冷淡但客气地问。

"也就是经常对共产党的那些意见。"

"如果美国教会学校的大学生，"冯先礼加重语气说，"在一无所知的女中学生的作文簿里偷偷塞进一张共产党的传单，那么，女学生和她的哥哥对此是没有责任的。"

"上海的黄毛丫头是不会一无所知的。"

"上海的黄毛丫头只知道荷里活电影、爵士音乐、香粉、唇膏。"

"这是一位非常机灵的哥哥的辩护词。但是，您本不该让这个丫头在上海受教育，应当放在南通您父母那里。"

冯先礼看了看手表。"12点我约了人谈生意。告辞了，先生们。"

---

① "给某人剪毛"言外之意是"欺骗某人"。

不难听出，最后一句话包含着讽刺意味。

冯先礼怒气冲冲地上了小车。

"这些自以为了不起的洋鬼子想生吃了我们国家，还要干涉我的家庭事务。他们将我当作什么了？当作奴隶？——奴隶制是不合法的。"

小车停靠在十字路口。海关尖塔上的大钟指着12点差5分。

"难道我要移民，将自己交到这些高傲的骗子手中？——不，我宁可等共产党来。"

"我带来了上海的报纸——地下出版的，"冯文明说，"江平的教书先生郭大爷给我们读报。"

"郭大爷费心了。"阿福以全体在场者的名义表示感谢。

"我发现，第三页上有些了不起的消息。"文明将报纸铺开在地上，大家都蹲着看，马上就看懂了这幅简单的画。这是四张小图，每张图上都画着两个士兵，一个国民党士兵，带着青天白日标志，另一个是人民军队的士兵，带着五角星。第一张图上，国民党士兵很高大，解放军的士兵只到他的腰部。

"这是1946年。"老先生解释说。

第二幅图，解放军士兵已经到了对手的肘部。

"1947年。"

第三幅图，两人眼睛对眼睛，个子一般高。第四幅图，共产党的士兵比国民党的高出了三个头。

"这是现在的情况，1948年11月。"

"真了不起！"阿妹喊了起来。

"别那么大声！"郭大兰提醒她。

接着，教书先生压低声音，但清晰地念："国民党军队整个团整个师地向人民军队投诚。美国人用优越的武器装备他们，现在，共产党用这些武器作战。"

"哎呀！"阿妹发出一声长叹，"我们也需要这些武器。"

农民们你看我，我看你。他们的武器装备有镰刀、长矛、大刀、斧头和少量轻武器，其中技术最尖端的是两支旧的卡宾枪。

"这些武器游击队还是够用的。"文明坚定地说。

"11月2日，沈阳解放了，"郭大爷念道，"掌握在人民手中的有满洲里、甘肃、山西大部地区、陕西、河北、河南、安徽、湖北、山东、江苏——"

"江苏——这是我们省！"一个名叫小龙的年轻农民感到惊讶。

"报上指的是苏北。"文明解释。

"全国各地，劳苦大众支持共产党。"

"那当然！"

"在国民党的后方，游击区在增加。不久前，广东省出现一片很大的游击区。"

"哟！"郭小兰感到兴奋，"前天，冯老爷将他的大老婆和年轻小姐，他的侄女送去广东。他以为，她们在那里会安全。"

"到处都有游击区，无论是东边还是西边，无论是在山区森林，还是大城市的周围——"

"明天起，冯村也是，"文明坚定地说，"冯村和整个江平都是。阿福，小兰和其他三人的任务是通知四周的村子。"

阿妹尽量压低她清脆的声音唱道：

> 长江水，流呵流，
> 日日夜夜奔向东——
> 何时流尽心中的忧？
> 受压迫的人们弯腰走，
> 如今他们要抬起头。
>
> 稻田里，翻波浪，
> 谷子麦粒结成串。
> 丰收的果实谁拥有？
> 党领导我们分田地，
> 没人再能夺走它！

地主冯粲虎下午5点钟来了。他再一次核算田租提高后的总量。天晓得，他怎么会得出这样的数字。形势比以往更加不利，他不得不破费让镇里派警察进村。但愿他们很快就到达。

突然，墙壁上闪动起火把的光。冯粲虎走到窗旁，又撞了回来：他的屋子被武装农民包围了。

"大兰！小兰！把大门堵上。"

"是的，老爷！"她们将门窗上的栓全打开。

文明、阿妹和小龙冲了进来。

"冯粲虎，你当地主的日子结束了。快交出放租契的黑盒子。"

冯粲虎坐着不动。这时，两个女佣人走进房里，一个拿着黑盒子，另一个端着燃烧的炭盆。

租契一张一张地扔进了火中。

外面响起了齐声的呼喊：

> 谁养活了谁？
> 富人收租，耕者挨饿，
> 这种状况不能再继续。
>
> 地主的田，
> 偷盗的田，
> 归还农民，归还农民！

"就这样吧！"文明挺直腰杆说，"你可以走了，老头子。我们不会伤害你。你用饥饿害死了我们许多人，但没有用其他方式。回到上海，告诉那里的人们：农民协会是强大的，但也是宽厚的。"

马蹄声。枪声。又是枪声。然后，突然一片寂静。

三个警察走了进来。大兰、小兰和阿妹抓住他们，文明和小龙缴了他们的械，虽然不是全部。

"拿着，郭家姐妹！你们还没有手枪，这个你们可以拿去用。"

两个女佣人和两个农民像闪电一样消失了。警察抽出尖刀，但犹豫不定地站在一旁。

阿妹没有跟其他人一起离去，而是留下来。她还没有来得及对地主说任何话，凡是她想说的话，是一定要说出来的。

"冯粲虎，"她开口说，"你将我当牲畜买，但我不是牲畜，而是人——"

"帮我把这个丫头抓起来，"地主不失客气地命令道，"她是为首闹事的。我们将她带回上海。"

来到下面，他们看见地上躺着的不是农民，而是两个伤势不重的警察。有三四个警察忙着为自己的同伴包扎伤口，其他人站在一旁看。

"闹事的人在哪里？"

"在他们的藏身角落，无法找到，"警察队长耸耸肩说，"老爷最好还是待在上海。这里现在是游击区。"

"这个为首闹事的，我带回上海。玉制的祖宗牌位，还有几只金杯，我也要带上。在哪里能找到人帮我拿东西？"

"现在，雇工和佣人都无法找到。这儿有两个看守——"

两个看守站在火车厢的门前。车厢里，阿妹坐在地主面前，伤心地哭泣着。

"你想怎样，小妹？"冯粲虎怏怏不乐地问，"今天，我被人夺去了一万三千亩良田，我都没有哭。混乱之中我只救回了六样东西，一座玉制牌位、三只金杯、一个象牙雕刻的仕女，还有你。"

"我不要当着他的面哭，"阿妹想，"这样做抬举了他。"她用拇指和食指捏着翘起的小鼻子，有力而自然地擤去鼻涕。

到了上海，冯粲虎将小费塞到两个警察手中，说："我把这丫头带回家。家教会使她变好的。"

警察奸笑着走了。阿妹激烈地思考自己是否应当现在就逃跑。此时，虽然已经是夜晚，但仍然有许多刺眼的灯光和可怕的嘈杂声。汽车这种怪物亮着火眼，发出妖魔的声音，飞快地向她驶来，又飞快地从她身边驶过。不，在这个地方她不容易找到逃脱的路。还是跟着去姓冯的家里，向有文化的那个姨太太求助更好些。

冯府只有冯先礼、爱菲和佣人在。冯粲虎径直叫醒远香，吩咐她照顾阿妹。奴婢打开电灯，阿妹诧异地喊道："天花板上吊着一个发光的大龙珠。"

韩耀迪曾经用简单的语言给远香解释过电的原理，如今面对乡下来的姑娘，少一点科学的解释更适合些。于是，她说："这不是龙珠，是闪电的孙子。"

这时，阿妹想起自己有一个问题急待解决。她急然跪在地上磕头，坚硬的脑门将地面撞得发震。"大姐！救救我！我还是个黄花闺女！"

"嘘！别那么大声！"远香说，并友爱地将她扶起来，"我会尽力而为。明天我们跟梁爱菲商量。"

"是那位有文化的姨太太吗？我认识她。她胆子大，长长的眼睛在黑暗中像猫眼一样发光。"

阿妹的这种描绘来源于农民的想象力，乡下人从月食中想出一只吞月的天狗，从朝霞中想出飞行的玫瑰园。

天狗吞吃月亮，龙珠和猫眼发光安慰她。地主得意扬扬地将抢救回来的象牙女高高举起，但闪电的孙子在他身边飞过，接着，一辆巨大的货车又在他身边驶过，火眼中投放出蔑视的光芒。阿妹在飞行的玫瑰园里漫步，正如应当发生的那样，她遇见了阿福——

她进入了梦乡。

次日下午，冯先礼前往无锡，这是他现在常做的事情。冯粲虎去金家打麻将，这也是他现在常做的事情。因为，共产党不久就会到来，他们还想尽快享受生活。

远香将孩子裹在温暖的被窝里,爱菲边整理行李箱,边对她说:"远香,这多好,我们迟迟没有离开冯家,现在,我们可以帮助阿妹逃离这里。"

阿妹在帮助装行李,她睁大眼睛问:"这些书你全读过?"

"全读过。"

"我要读更多书。"

广东籍的许司机在客厅里等她们,他惬意地坐着,像贵客那样。

"许同志,"爱菲提醒他,"您再仔细地考虑一下这件事。如果您害怕丢掉这份工作——我们三个人也可以坐火车走。"

"我开车不只是为了你们,我还有我自己的计划。"

他打开天花板上电灯的开关。阿妹默默地念道:"不是龙珠,而是闪电的孙子。"

爱菲的小女儿欢呼着向灯光伸出小手。

"她会想象东西了。"年轻的母亲露出了微笑。

"她三个月大就已经访问游击区。"

"同志们,"许司机说,"如果半路上遇见熟人,没有必要慌张。总经理的阔太太带着孩子和两个女佣人到乡下去。孩子需要乡间的空气。这没有任何值得怀疑的。我们的车开到冯村,梁爱菲和范远香,你们两个下车,回乡下的老宅。阿妹是当地人,很快就会找到游击队。"

"跟我一起去找游击队吧。"阿妹拉着她们的手哀求。

"韩耀迪告诉我,从事游击活动或地下工作最佳的地方,是居住或长期生活过的地方,在那里,你熟悉一切,认识所有人,大家也都认识你。"

"这至少适合你们三人的情况。所以,范同志和梁同志,你们应当回上海。你们有住的地方吗?"

"可以住在何老师家里,"远香说,"他家闺女北瑰是青年团员。"

"她戴一副怪怪的眼镜,"阿妹说,"5月份,她曾经帮助我们开展宣传工作。"

"三个星期以来,魏大妈等我和孩子去,已经等得不耐烦了。远香和我将在我们躲藏的地方迎接上海的解放。这是最好的解决方法。"

"对。但也有其他的做法。另外,你们必须坐火车回上海。没有人会问你们将小车扔在哪里,万一有人问,你们就说,你们叫我去了无锡总经理那儿。"

"这是什么意思?"

"这就是说,我要留在游击队。他们需要一个强壮的搬运工,并且还多一辆车。"

他滑稽地模仿奴仆的样子，打开房屋的大门，说："三位正义的小夫人，请移步上车！"

一面五星红旗在宽阔的旧法庭大楼上飘扬。

人民法官韩耀迪用熟练的文笔写道：上海，1949年10月16日，废除契约及离婚案。原告：范远香、梁爱菲、冯阿妹。被告：冯粲虎、冯先礼。

党的书记走进来。

"同志，听我说，"韩耀迪说，"今天能不能由其他人来审判？你知道，我要娶范远香。所以，这不太合适，如果我——"

书记翻看档案，说："废除契约……什么契约？……卖身契约……原来如此，韩同志，你这个人真死板。我对你的答复是：中华人民共和国的每个公民都有义务为铲除奴隶制而工作。奴婢的未婚夫跟其他人一样有这个义务。放心去审判吧。"

法庭像一间大教室。椅子上坐满了听众，因为，这是一场三个正义的妾的诉讼，它已经成为上海全市的话题。冯先礼衣冠楚楚地坐在他叔父旁边，发现旁听席上不少于12个人是他纺织厂的女工。她们知道，现在，老板已经不可以随意解雇她们。

"范远香！"法官开始审理，他的语音显得不够自信。

他在三个原告中首先提问年龄最大的是合适的。但是远香由于胆怯，用几乎听不见的声音请求法庭先提问梁爱菲。

"我必须承认，"爱菲说，"被告冯先礼在我离开他家以后采取了恰当的做法。他尊重我的意愿，没有追查我的去向。但是无法理解的是，他现在仍制造困难。难道被告人不知道，我们人民政府已经废除了一夫多妻吗？"

"废除一夫多妻，指的是，"两个被选来的陪审员中，有一个是年老的女教师，她说，"不允许新纳妾。过去的一夫多妻可以继续存在，但是——我要特别提醒被告人注意，只可以建立在相关妻妾自愿的基础上。"

"据我所知，"冯先礼说，"人民政府保护所有宗教。原告和我是在教堂结婚的。"

"这种结婚仪式是无效的，"爱菲喊道，"被告人在此之前已经娶了两个妻子：冯宝施和冯白玉。"

"但没有经过教会。"

"被告人说的结婚仪式，是一种欺骗。"

"我想问：原告还是个基督徒吗？或者已经改信辩证唯物主义？"

"原告没有义务回答这个问题。"韩耀迪宣布。

"那好,她可以不回答我的问题。但是,我决不放弃孩子。原告大概不会否认我是孩子的父亲吧。"

"我女儿不能在被告人家里长大,"爱菲表示反对,"她应当在我身边长大,在一夫一妻的家庭。"

"什么一夫一妻?"冯先礼怒气冲天地喊道,"简直是天下奇闻!"

"我请被告人注意,"法官反驳说:"每个离异的女人跟每个离异的男人一样,有再婚的权利。"

"孩子必须留在父亲身边,"冯先礼坚持自己的要求,"特别是,如果父亲经济能力更强一些。"

"谁经济能力更强一些,"当钳工的另一个陪审员干巴巴地说,"谁就可以支付抚养费。"

现在轮到了远香。"我要求,给我白纸黑字写清楚,我不再是奴婢,"她低声地要求,"否则,我不会开心。"

"我是将被告人终身买下的,"冯粲虎提出抗议,"如果我现在放她走,将是物质上的损失。"

"您将被告人终身买下,"韩耀迪重复了一遍,"花了多少钱?——五个银圆。"

"我记得很清楚,"奴婢不寒而栗,说,"叮当,叮当,叮当,叮当,叮当,响了五声。"

"即使您付更多钱,"法官继续说,"人身买卖也是无效的,奴隶制是非法的。"

"奴隶制是非法的,此话是什么意思?"冯先礼气愤地说,"难道我叔父有钱也不能买奴婢?——这是限制个人自由!"

法庭上一片哗然,哄笑声延续了几分钟。随后,冯粲虎说:"我同意解除我的奴婢和小妾远香的卖身契,同意已经拜过堂的冯阿妹离婚。我明白,新的法律是这么规定的。"

"老先生确实通情达理,"法官称赞他,接着转向阿妹说,"您当然也有权利再婚。"

"我不急,"阿妹说,"首先——"她敲了敲自己的脑门说,"——我要丰富一下我的大脑。"

"还有一点,"冯粲虎思考着说,"我提请法庭了解,我跟冯阿妹从来没有睡过觉。"

"谢天谢地!"只听见阿妹喃喃地说。

陪审席上钳工暗自窃笑,女教师懂规矩地将脸转向侧面。韩耀迪语气温和地批评："这与本案无关。"

"我这么讲,"冯粲虎解释,"只是为了防止以后有麻烦。"

"冯粲虎,"阿妹喊道,"你还敢说怕有麻烦?——农民协会对待你够宽大了!没有伤你身上一根头发,还分给你三亩地——"

"不是以前的一万三千亩。"冯先礼挖苦地补充。

"冯先礼,你到底想干什么?"阿妹喊道,"游击队自动将车子还给你,还把它擦得干干净净!你的财产根本没有被没收,我感到不可理解——"

"安静些,"远香请求她,"以后会对你解释的。"

"被告人关于我的世界观的提问,我想现在就回答,"爱菲突然说,"我仍然是基督徒。现在,我认为,基督教的某些教义受历史条件的限制,已经不合时宜了。但是,新教中有一条教义,我到死都相信。

她看着冯先礼。又大又长的眼睛里喷射出最后一点醉意和欢喜,剩余的是明晰的优越感:"骆驼穿过针眼,比富人上天堂更容易。"

1951年3月8日,上海北站停着一辆列车,车上装饰着花和旗子,彩色小灯泡组成一条标语:到淮河去!

在过去的几个星期里,已经有成千上万人从上海朝同一方向去:自愿参加修筑堤坝,防洪除涝的治淮工程。有史以来,这条河流每年都泛滥,祸水淹没河南、安徽、江苏三省。农民们头一次跟大灾害做斗争,城里人头一次帮助他们。

在此之前,去的大多数是男人。但是,今天全车坐的都是妇女,远香、爱菲和阿妹三人也在当中。

她们三人感到非常自豪。人民政府批准了三个人的申请,派她们参加治理淮河的工程。她们每人都保存了一份申请书的副本。但是,在上海没有拿出来念,现在,这三页纸放在车厢的折叠小桌上,期待着三位笔者的互相欣赏。

远香写道:

我们的人民政府在短短的时间里做了多少事情!过去的奴隶如今翻身受到尊重,正义得到伸张,物价不再上涨。现在,人民政府要防洪除涝,这太鼓舞人心了,我们不能袖手旁观。我虽然已经46岁了,并且在过去的3年里才学习读书写字,但是我会做饭,会裁剪。我一可以在工地上办流动厨房,二可以为工人们缝补旧衣,裁剪新衣。

爱菲写道：

我在《人民日报》上看到，淮河沿岸的邮政服务还有很大缺口。我当过较长时间的邮局职员，如果能帮上忙，我将感到幸福。

"郭老先生曾经找党委书记，"阿妹写道，"对他说，要去参加淮河工程。但是，党委书记不同意。老先生将灰白的长胡子剃掉，书记也就不再反对了。这不是极好的事情吗？我年轻力壮，能留在家里吗？——不，不行。确实，我们生产队有很多农活要做，但是阿福说了，必要时一个人可以干两个人的活。"

三个男人的手敲打车窗的玻璃。"你们忘了开窗。火车马上要开了。"

阿妹拉开车窗，有力地跟韩耀迪、魏勇星、冯阿福一一握手告别，远香和爱菲则以温柔的微笑向他们致意。

火车徐徐开动……

"3年前我们是什么？"远香想，"三张美丽的地垫，主人们在上面擦肮脏的鞋底。今天呢？——三个人在向我们挥手告别，一个人民法官，一个工会领导，一个农村积极分子：三个世界上最好的丈夫。这不是奇迹吗？"

"我们的确生活在奇迹的时代。"爱菲的话带着哲学的味道。

阿妹听了她们的话后，睁大眼睛，不以为然地说："这不是什么奇迹。这是我们的权利。"

13 是个吉祥数字

(1954/1955)

上海，1954 年 8 月 10 日
致符高新教授
西安人民博物馆

尊敬的同事：

自从我们在圣玛格雷特大学校园门前尴尬而难过地告别以来，7 年过去了，在此期间发生了许多事情。今天我给您写信，您也许会感到诧异。但我并非人们以为的那种无限度解放的女性。不，我有非常重要，甚至正式的借口——我要说，是理由——给您写信。否则，我很可能不会这么做。

今天上午 11 点，您被任命为太平学院的教授。也许，下个星期您就会收到高教部的官方任命书。

因为您是研究中国古典时期的知名学者，所以，我尝试着用古典的风格来表达：这所新建立的历史研究与教学的学院，是从我们旧的、糟糕的玛格雷特大学的灰烬中诞生的真正凤凰。您肯定听说了，这所美国的教育和冒险机构 1952 年（为什么这么迟？）与其余的教会学校一起被关闭和国有化了。大学生们成功地要求罢免史密斯教士校长。此人原则上给共青团员很差的分数，哪怕他们的学习很好，并且禁止图书馆员借出进步书籍——这种事情竟然在解放 3 年后发生！其他的美国人可以说是自愿走了。要是他们留下来，薪水将不再是中国教授的 15 倍，而是领取同样多的工资。他们怀着基督徒的谦卑，觉得这是一种严重的侮辱。

霍顿夫人在告别的时候称我是"宝贝""心肝"，送我 4 本书：《圣经》，《马尔萨斯的人口理论》，一本关于新陈代谢的伪科学著作——其结论是，有色人种比白种人更麻木，还有托尔斯泰的《克莱采奏鸣曲》。一怒之下，我想将四本书全烧掉，只是由于告别时来访的学生们的极力阻止才没有这么做。

我仍然保留学校宿舍里的房间，做些临时的工作——在人民图书馆当咨询员，为上海新闻报翻译资料——并且研读了许多书：《共产党宣言》《帝国主义是资本主义最高阶段》《新民主主义论》《中国历史》以及《世界现代史》，这是我的癖好。符高新教授的《唐朝的兴盛与十九世纪的改良运动》，我甚至读了 3 遍，是否出于纯粹的兴趣，那是另一个问题……

倘若您不愿意再去想7年前的那个夜晚——这我能理解。那是美丽的晚夏的夜晚，霞飞路上五光十色的霓虹灯广告，其中亮的时间最多、最耀眼的是美孚石油公司的广告。在我们四周，喧闹的上海充斥着肥胖的冒险家和消瘦的小贩、花花公子、乞丐、妓女。当时，我们只能隐约感觉到，美好而悲惨的城市隐藏着一股红色的地下洪流。这种感觉太不确定了，它不能抵制史密斯教士、霍顿夫人以及所有其他传教士在我头脑和幻想中撒下的毒素的影响。当时我对您讲的话，仍在我身边刺耳地响着，今天我要收回这些话：

"我反对婚姻，它是对兽性的妥协。我反对生儿育女，中国人口过多要对贫穷承担全部责任。"

次日，您就走了……

当时我30岁，现在37岁了。我也许永远错过了个人的幸福。那都是由于自己的过错。我听不见从事地下斗争的人民群众的声音，听信了一小撮披着宗教外衣的、谋求统治和利益的骗子的话。甚至我的中国名字也被他们扭曲成半个洋人名字，张爱莲变成了 Irene 张。这不只是个外表。他们需要我以及跟我一样的人去充当美国商品、影响和占领计划的代理人，为牟取中国廉价劳动力和珍贵的原料效劳。他们对我说，美国是上帝的家乡，中国是异教的、低劣的、腐朽的国家，需要洋人的领导。他们欺骗我，说，中国人民群众的苦难不是任何其他人造成的，而是由于他们没有节制的动物般的繁殖欲。他们不断地用说教毒害我的大脑，说什么性爱是罪恶的、带来不幸的、极其尴尬的事情。

够了，不说这些伤心的事情！让我给您讲一些新闻吧：

在这里，除了鄙人外，您还将遇见其他熟人。例如，尊敬的儒士赵劳禄教授，我们过去很喜欢的校工老白，他从不缺席美国人在教堂的布道，否则他就会失去工作，但是，在每次布道之后，还在教堂的门口，他就大声地、毫不含糊地说："他们是在混水摸鱼。"

在这里，您还会遇见一位著名学者，他对您的感激之情，比您谦虚承认的有过之而无不及。您已经预料到了，我说的是潘明德教授，《长安与佛罗伦萨》的作者，北京大学和法国索邦大学的骄傲，他3天前抵达这里。我觉得他一点儿也不高傲，相反，非常讨人喜欢。有时候，他看上去，像是穿了中国彬彬有礼的丝绸长袍后，外面再加上法兰西骑士风度的晚礼服。

我想，他将被任命为副院长。新的正院长名叫罗散天，复旦大学毕业，1930年入党的共产党员。日本人将他关在监狱里，折磨他。在他的手掌上，我曾看见一个厚厚的红色疤痕,这大概不是唯一的。如果跟他交谈,我出于敬佩感到自已很渺小,而他却那么谦逊和友好!受他的委托,我给您写这封信,准确说,这封信的一部分。

"符教授40岁了还是单身汉?"我问他。

"仍然是。"

"罗同志,您很肯定?"

"完全肯定!"他微笑着说。

不管怎样,我都毫无成见地对我们未来一起共事感到高兴。

党委书记严和忠同志也已经来了,他头发灰白,脸上有皱纹,可还不到50岁。他是1925年入党的共产党员。当时,他是江西的一个20岁的农村小伙子,作为农民协会的代表到广州农民运动讲习所,学习文化、射击、乡情、马列主义。他不像院长那么和蔼,但我也很喜欢他。

最后,还有一位教授,名叫马发利,一位来自甘肃的回民。他除了中文,还懂四种文字,阿拉伯语、拉丁语、英语、世界语,一个很有趣的人。

一切都很好,要不是有一个害群之马,我指的是李卓吾教授,或者,像他今天仍然喜欢自称的那样,叫 Joe W. Lee,所有传教士的宠儿,过去院长的心腹和走卒。为什么他不陪着他尊敬的史密斯教士前往美国?——我真心祝他一路顺风。

您的到来是件好事。您跟这个冒充的美国佬正好相反。霍顿夫人根据他狭隘的占领者的理解力,将您称为顽固不化的异端,是不无道理的。您的中国人的性格完好无损。您既有传统意识又有进步思想,既严谨又随和,既意志坚强又待人宽厚。

您几乎认不出上海了。这个巨大的垃圾堆已经变成一座清洁的、勤劳的大城市。过去从事美元黑市交易的豪华酒店,如今是人民享受美食的餐厅。昔日的乞丐和妓女已不再当乞丐和妓女,他们有了工作、地位和人的尊严。洋人的跑马场过去竖着"狗与华人不得入内"的牌子,如今已不复存在。那里建了人民公园、图书馆。余下的地方,将原来狭窄的赛马跑道扩展成明亮通风、宽敞壮观的人民路。

我们的太平学院,从前的玛格雷特大学,包括它的主楼、校舍,种植了桃树和梨树的校园,仍然背靠霞飞路,前面向着蒲石路,但是,前者现在叫淮海路,后者叫长乐路。您的女同事不再叫 Irene 张,而是永远叫张爱莲。

致衷心的问候

张爱莲

西安，1954 年 8 月 15 日
致张爱莲教授
上海太平学院

尊敬的同事：

不久前在安阳的考古挖掘中发现了一块磨出 12 个棱角的石头，它的表面精工雕刻了一个女歌手的像。一个参加挖掘的考古人员偶然用另一块石头碰到这幅像，它发出了清脆的优美的声音。这是一块所谓的乐石，在我国偶尔会出现。

据鄙人的见解，人们应当将它称为宝石：这个词最美的那层意思就在这块宝石上。

现在，一块这种有旋律的宝石就摆在我的书桌上：那就是您的信。我一生最大的希望，它沉没，低落，然而不可摧毁，如今又重新发出声音……

是的，当时我走了，将自己埋在研究中，在西安，当年的长安，唐朝繁盛的、充满传奇的京城。我试图生活在 7、8、9 世纪中，在我国鼎盛的中世纪，在帝王将相、科举考生、富有才华的作家和永垂不朽的诗人当中。我过去关于唐朝兴盛所写的文字，显然很需要进行补充。我研究和写作，再研究再写作，将这座古老的城市，古代的长安，像一幅色彩斑斓、举足轻重的布景推移到我和 20 世纪之间。但是，有一双来自 20 世纪的顽强的手，总是一再抬起，将这幅布景推开：我遭拒绝的恋情的轻柔的手和共产主义未来的强有力的拳头，这两者之间有着一种非常复杂的联系。

爱莲，您现在重新使用的中国名字，意思是莲花中的情人。这个名字的诗学解释，对于您宽广和丰富的个性来说，当然过于狭隘，但却体现了您的一些特点，您的朝气、您的热情，就像莲花盛开的池子，环绕着我的失望，帮助我在任何情况下都保持信心。

莲花中的情人，您的拒绝是十分清楚的，但我要承认，我从来就没有完全认同。我默默地然而无比地恨那些对您施加影响的人。这些贪求利润、捕捉灵魂的洋人认为我无权占有最聪明、最秀雅的女子，如果我对此忍受，那么，这不仅与人类健康的理性格格不入，也违反了男人的天性。

可是，我怎样才能争取到您？——您不是那种用粗暴方法能得到的女子：死死纠缠，强迫意志，或者用嫁妆做诱饵，这一切全都没用。获取芳心的道路穿越您的精神、您的良知、您的幻想。我全部精良的思想武器来自中世纪。我没有任何东西可以抗衡帝国主义，它的心理侵略，它脏脏的但现代的武器：马尔萨斯主义，培养民族自卑感，禁欲和淫荡交替变换的性欺骗——我一无所有。于是，这个中世纪的骑士，面对一位现代女性，采取了所谓的战略退却，回到了古代长安。

可是，古代长安同时也是现代西安，它离苏区不到 150 公里。在这里，1936 年年轻少帅张学良的东北军与红军建立了联系；在这里，张学良将蒋介石关了 14 天——当然是软禁，跟 10 年后在围墙后成堆埋葬的共产党人不可相比。这些牢房以及逃往邻近红色区域的思想，对于我来讲，是陌生的，有一部分是完全无法理解的，但是，却跟我的生活，我的爱与恨紧密相关。

1949 年 5 月 20 日，人民解放军进入西安，5 月 27 日进入上海——我是否应当重新提出结婚申请？孔夫子是怎么说的？"舌头比牙齿长寿。"帝国主义咬住中国的牙齿已经被人民解放军拔掉了，但是，它那根毒舌仍在飞快地搅动。

"起来，反对心理侵略！"这是我的第一个想法，"我要用马克思、列宁主义的武器装备我的头脑。我要重新学习。要改写我的著作。我要将 Irene 从灵魂俘房中解救出来。然后，我才能再次问她——"

岁月流逝。在此期间，我心上的女主人自己冲破了牢笼，这种可能性，我由于男人的自负竟然完全没有想到！

重新学习是困难的。我没有能够像您那样勇敢和直接地去阅读马克思乃至毛泽东的著作，而是像许多知识分子那样，试图从抽象方面去理解事实。我花了几个月阅读黑格尔的唯心主义辩证法。然后，读辩证唯物主义。读的全是中文翻译，当中有许多我不懂的拉丁单词，它们完全不同于您很感兴趣的伊斯兰文字。

两年后，我仍然不知道小资产阶级上层与下层、无产阶级与流氓无产者的区别。

自 1953 年后，我才可能逐一改写我的著作。

现在，您的信摆在面前，一块有旋律的宝石，从它那里升起我受之有愧的幸福的美妙音乐。

好了，我捆好我的 14 包书，在官方任命到达后 5 分钟内买一张前往上海的车票。

您执着的、终于不再被拒绝的仰慕者
符高新

张爱莲和符高新在很小的范围内庆祝婚礼。赵劳禄教授摸着银色的胡子，一再走到新婚夫妇面前，讲每句话都用"我的先生们"来称他们，因为在中文的使用中，对于女教师以至职业女性都称"先生"。

"我的先生们，"他说，"你们答应收下我那不肖之子当学生，我就放心了。这次，他听了我的建议——但愿他永远这么做——报考我们学院。这是最恰当的时候，使他习惯于有规律的学习，我的先生们。他是一个不安定的、思想不集中的学生。请你们多多包涵，我的先生们。"

"我坚定地认为，对于每一个大学生都必须给予细心关注。"张爱莲教授大声回应。她在强调每个意见时都闪动着会说话的眼睛，苗条的身体迅速地挺直，或俯下腰做出准备跳跃的姿势。

"因为我们暂时只有 13 个大学生……"李卓吾教授说，语气中略带轻视。他像平常那样穿着西装，宽边的、反光的眼镜片尽可能遮盖着中国人的眼型。

"1848 年，史密斯教士甚至只有 10 个学生，"爱莲反驳说，"他可从来没有担心过学生们的内心想法，他总是自上而下地对他们说教。"

"学生们根本不让他窥视自己的内心世界。"

"是的——否则他就会到警察局告密。"

"正如圣约翰大学的校长经常做的那样。"符高新教授补充说。他宽宽的、厚嘴唇的嘴巴跟高高的深思熟虑的额头形成尖锐的对比。这种对比既不符合中国也不符合外国的审美理想，但却具有奇特的魅力。

"我们大家都认为，"罗院长平息这场争论，说，"在人民民主制度下，不仅要给大学生们传授知识，而且必须进行教育。"他也戴着一副眼镜，不过，并没有完全盖住长长的漂亮的眼睛，相反，却突显出严肃的脸上的和蔼表情。

"为什么他要打断人们的话？"严书记想，心里有些不满，"宁可让大家争论，听听他们说些什么。"他沉默地坐在那里，头发灰白的脑袋侧向一边，浓眉之间泛起长年形成的皱纹。

"我们迫切需要自我学习和自我教育。"马发利教授大声说。他长着一只勾鼻子，露出柔和光芒的眼睛常常做梦似地向前望着。但是，每当讲话的时候，他总是说得急冲冲的。他具有一种高尚的、模糊的理想，即四海之内皆兄弟，这种理想完全控制了他的思想和感情。

"您儿子最喜欢干什么？"马发利问赵老先生。

"哎呀，他从这件事跳到另一件事，最喜欢的是写诗。有些内行的人认为，他写的诗挺有才气。先父在世的时候，能写好诗是当官的重要条件。"

"但更重要的是家庭关系和行贿的金钱。"党委书记严和忠指出。

"现在，"赵劳禄继续说，"需要的是经济、政治、技术，甚至战争艺术。诗歌已经没什么大用了。"

"那要看是什么诗了。"罗院长纠正他的话。

"您儿子肯定不会局限于旧诗词的四大题材，"符高新猜测说，"只写风、花、雪、月。"

"哦，不，他什么都写，包括我们年轻时不敢写的，他也写。"

"在法国，"潘明德教授带着善于处世的、机智的微笑说，"诗人受到高度的尊重，以至于人们可以让他们去饿死，因为，他们是永垂不朽的。"

正如人们所期待的，罗散天同志任命他当副院长。这位饱经苦难的战士深感欣慰，潘明德这位卓越的学者站在人民一边，与他手牵手为社会主义的科学建设而工作。

新任命的副院长转向符高新，问："您已经修改了《唐朝的兴衰》？"

"当然。"

"我非常感兴趣，您知道得很清楚，我多么感激您，您为我的论著《长安与佛罗伦萨》提供了大量资料。"

"您感谢我，好比厨师感谢种田的农夫。"

"这可了不起。"党委书记笑着说。

"潘教授的《长安与佛罗伦萨》是镶在完美框子里的、光辉的双面镜，"马发利教授兴奋地说，"世界文化的两个鼎盛时期互相辉映：中国的七八世纪与意大利的十五六世纪。在这个魔镜中，人们看见美第奇时期的佛罗伦萨，各种审美和知识的江河流经那里，蒙娜丽莎，洛伦佐创办的米开朗基罗图书馆，阿拉伯天文学的重新发现和继续发展，还有数以百计的其他潮流。"

"人们将这本书偷偷运进日本人的监狱，送到我手上，"罗院长叙述，"它给了我说不尽的安慰。这本书充满爱国主义和对真理的热爱，展示了中国文化领先于欧洲文化！"

"你们对我的赞扬，我的先生们，应当归功于大家，"潘副院长亲切地回应，"至于我自己的贡献，顶多只能算其中一部分。"

"欧洲人也跟我们一样有鼎盛的中世纪吗？"年老的赵教授问。

"不，"潘教授笑着说，"他们有鼎盛的古代和鼎盛的近代，但他们的中世纪是一个贯穿着野蛮斗争的时期。"

"我们在研究唐代的时候，沉迷于文化上的成就，忽略了某些重要的斗争。"符高新说。

"您所说的，非常有意思，而且也很中肯，"潘明德表示认可，"您是从这个观点出发，对《唐朝的兴衰》进行补充？"

"不错，也是从这个观点出发。我写了农民起义，这场起义帮助李渊及其儿子李世民当上皇帝，还写了奋起的手工业者、商人和小地主的阶级斗争，此外——"

"对不起，我的先生们，"李卓吾，或者像他自称的Joe W. Lee，打断符高新的话，"我想问一下，副院长的论著已经翻译成英文没有？"

"已经翻译成法文和意大利文，还没有译成英文。"

"那么，我将它翻译成英文。"李卓吾做出承诺。

"您太好了，但——"

"但不要在他根据马克思主义原理对这本书进行加工之前。"爱莲很快地大声说。

副院长正好也要这么说，但他非常不高兴，因为爱莲抢在他前面把话说出。"在这两个当年的传教士的学生中，"他想，"Joe W. Lee 显然有更好的教养。"

"这是一个多么奇特的婚礼！"赵老先生突然说，"没完没了地谈业务，话说得最多的是新婚夫妇。"

整个桌子的人都笑了。按照传统的习俗，客人们有权拿新婚夫妇开玩笑，向他们提些难应付的问题，再好不过是影射新婚之夜，而最逗人的情况是，新郎和新娘过去就认识，用许多具体的细节来问他们的关系是怎么开始的。

潘明德讨厌这种习俗，因为，鉴于中国人腼腆的性格，这种习俗粗鲁，甚至残酷。

但另一方面，赵劳禄是圈子中最年长的，至少也得将就着点，满足他的愿望。

"这确实是一场不寻常的婚礼，"副院长说，"我们为一对有学问的、还相当年轻的新人举行婚礼，他们肯定有一段有趣的浪漫故事。"

这是一个没有约束力的说明，它不会令新郎和新娘尴尬，也不强迫他们发言。

但爱莲已经一股风似地站起来，脱口而出："你们知道，要不是有帝国主义者，我们7年前就结婚了。"

Joe W. Lee 呆呆地看着这对新人。他的眼镜片反射着光，他的表情，就像某个人发现了一些重要的东西，然后迅速将它放进袋子里。他微笑着转向符高新，说："您追求我们的 Irene 张小姐多年，就像雅各追求拉埃尔。"

"现在，我已经是一个37岁的老新娘，"爱莲补充说，人们看出，她对于自己热爱真理颇感骄傲,"就跟十月革命一样老。"

"对于一个现代的历史研究者,这是最佳的年龄。"献殷勤的新郎最后说。

在会议室北面墙上往下瞧的,已经不再是圣·玛格雷特,而是充满智慧和斗争精神、带有农民相貌的毛泽东。相反,在南面的墙上……

"我们现在开会。"潘副院长开始说。

"哎呀,"爱莲抱怨地说,"南面墙上的那个十字!我无法再看它了!"

在南面的墙上,虽然已经很长时间没有再挂十字架,但是,灰色的墙面上仍然留着明亮的、十字形的痕迹。

校工白喜友将一壶茶水和七只茶杯放到桌上。他微笑地对她说:"别难过!我很快就会弄好的,张教授。"按照中国人的称呼习惯,职业妇女结婚后也仍然用闺女时的姓。

"给我拿一小碟砂糖来,Johnny。"Lee 教授命令。这个美国人称呼校工不用"老白",而用"Johnny"。"糖放在我房间的饭桌上。"

副院长清了清嗓门,爱莲这才醒悟自己打断了他的开场白。

"很对不起!"

"我宣布开会,"潘明德耐心地说,"在即将开学的时候,我们碰到了事先没有预料到的困难:昨天,接到中央委员会的电报,通知我们的党委书记严和忠同志去北京,参加为期七至八个月的党员干部学习。这导致我们的教学计划要做出重大改变,并且,很遗憾,要增加院长同志的工作负担。"

"没问题。"罗院长笑着说。

潘明德将一叠写满毛笔字的纸放在自己面前的桌上。"我的先生们,我想向你们说明以下建议:赵劳禄教授负责中国古代史,马发利教授讲世界古代史,符高新教授讲中国中世纪史,鄙人讲世界中世纪史,李卓吾教授负责中国近代史,张爱莲负责世界近代史。诸位同意吗?"

"我不仅同意,而且很兴奋。"爱莲表示。

"我当然也同意,"李卓吾发言,"我只想说明,这门课的材料对于我来说相当新。"

"我们会帮助您寻找相关的书籍。"罗院长说。

"非常感谢。不必劳烦你们了。我自己的藏书中也有几本。"

"这太好了,您可以省去院长同志很多麻烦,"潘副院长说,心情显得轻松了许多,"他确实负担过重。要讲授中国当代史——从 1917 年起,需要非常详尽。另外,原定严书记给大学生以及老师教马克思、列宁主义。现在,罗同志必须附带承担这一任务。而我们在这方面却帮不上忙。"

"肯定帮不了。"赵教授说。

"可惜帮不了。"高新强调说。

"目前还帮不了。"爱莲的声音压倒了前者。

"她多么夸口,"副院长怏怏不乐地想,"李教授确实谦虚多了。"

校工老白静悄悄地走进来,将一小碗砂糖放在李卓吾的茶杯旁边。然后,他将一面五星红旗贴在南面的墙上。这显然是他自己做的,精心地用漂亮的红纸和金纸剪贴而成。十字架留下的痕迹很快被盖住了。

"谢谢老白。"爱莲小声地说。

"我想建议全体教授互相听课,"罗院长说,"大家可以互相学习很多东西。"

"我一定这么做,"李卓吾保证,"我有必要听课。"

张爱莲突然感觉到一种威胁,俯下身子,仿佛要跳跃似的。

"我们进入今天议程的第二项,"副院长继续说,"非常感谢张爱莲教授,她组织了招生考试。考官除了她本人,还有赵教授、符教授、马教授以及鄙人。现在,请张教授给我们说几句。"

张爱莲重新挺直身体,她的眼睛在闪闪发亮。"所有13个学生全部通过考试,"她说,"其中,四人优秀。他们是:韩文武,23岁,同济中学毕业,也就是过去的德华中学,共青团员,人民法官的儿子;杨大摩,25岁,中学毕业,肺病,无党派,小商贩的儿子;翦梦季,22岁,中学毕业,无党派,医生的儿子;洪小梅,19岁,毕业于刘胡兰夜校,共产党员,工人家庭出身,本人从8岁到18岁在一间缫丝厂当女工。"爱莲喘了一口气,"13岁时,她参加了声援顺兴厂的罢工。"

"一个不同寻常的姑娘,"马发利兴奋地说,"个子才这么小,"他做了一个比量的手势,"但却比10个哲学家还聪明。她看上去像14岁的女娃——"

"像16岁。"罗散天说。他已经考虑到,这个女生凭着她的经验和能力,可以负责大学生的政治工作。

"她也令我感到惊讶,"爱莲说,"我一生中还没有遇见过这么热情、温柔、充满活力的女生。"

"韩文武和翦梦季是很有天赋的年轻人。"潘教授边回忆边说。

"韩文武懂德文,翦梦季懂英文。"爱莲补充道。

"翦梦季……"赵老先生寻思着说,"一个高高的小伙子,对吧,眉毛浓浓,眼睛明亮……他还会写诗。"

"不错!"爱莲高兴地说,"他翻译惠特曼的诗,并且在考试作文时还引用了几行。他的译文很美，我把它记下来了。"爱莲响亮地朗诵：

> 一条坚不可摧的纽带联结着所有人！
> 我宣告，人世间前所未有的、
> 更加丰富、更加强大、更加睿智、
> 更加勇敢的生活即将到来。

"但杨大摩的知识最全面，"符高新认为，"可惜他身体有病。多年来他自学，读了大量书籍，全是在他父亲简陋的小店后面的潮湿的房间里。"

"韩文武也经历过磨难，"爱莲讲述，"德华中学的校长瓦尔特施泰恩用尺子将他的手掌打到出血，只因为他拒绝唱《德意志高于一切》。当时是日本人占领时期，他12岁。"

"他父亲是人民法官韩耀迪？"罗院长问。

爱莲查看后给予了证实。

"一位上海的老革命。我们有一段时间一道做地下工作。"

"两位学生只是勉强及格，但最后还是达到了要求。"

"其中一个肯定是我的不肖之子。"

"不，"符教授安慰说，"您的儿子对我提的几个问题答得很好。"

"对我的问题回答不好。"

"您知道为什么吗？——因为父亲的威严吓坏他了。"

"最差的是冯淑珊。"爱莲断然地说。

"冯淑珊？是不是那个Susanna，大企业家Henry冯的妹妹？"李教授感兴趣地问。

"完全正确。"

"她的无知比她的冷漠更少令我感到惊奇！"马教授生气地说。

"也许是因为人长得漂亮吧，"爱莲经过思索后说，"漂亮的人有时候会认为自己永远不需要努力。"

"不，这不是充分的原因，"高新反驳说，"韩文武也是英俊的小伙子。而且，我觉得，他们现在或者曾经是一对情侣。"

"最近，你到处都看见情侣。"爱莲开玩笑说。

"不管怎样，所有13个学生都有中学教育的程度，"院长总结说，"在这个基础上我们可以继续发展。"

"有三人没有上过正规的中学，而是读夜校，"爱莲回忆着说，"但他们确实不是最笨的。"

"另外两人是谁?"马教授问。

"来自广东的两兄弟,许大旺和许小旺,哥哥23岁,弟弟21岁,苏兆征夜校毕业,他们的父亲是洗刷工,曾经是荷兰人'萨斯凯亚'号轮船上的一名革命水手。"

"王柳平和史金玉呢?"

"他们两人受过正规的中学教育,前者是个孤儿,他哥哥过去是裁缝,现在是鞋厂的领班;后者是个中农的儿子,毕竟家境富裕。另外,还有商人的两个孩子,名叫林宝贵和林宝棠,一个被枪毙的地主的儿子,叫陈波。"

"哎呀!"赵教授吃惊地喊道,"为什么被枪毙?"

"给日本人当汉奸,"罗散天非常严肃地回答,"我请大家谨慎地对待这位青年——保持警惕。"

"该死的工头!"

随着轻轻的喊声,洪小梅从睡眠中惊醒,但她很快镇定下来。在她瘦小的脑袋上方,没有监工的棍棒,而是悬挂着非常洁净的蚊帐,她的小手,不是泡在滚烫的水里,而是沐浴在清凉的月光下。

她有没有打扰室友睡觉?——幸好没有。漂亮的冯淑珊睡得很安详,身材圆滚滚、外号叫"小苹果"的林宝棠甚至还有点打呼噜。

小梅舒展了一下身体,开始用理性之光照射童年的梦魇,直至噩梦消失。

"我要进工厂!我要进工厂!"

"小梅,你将会吃苦的。"

"苦就苦吧,只要有饭吃。"

每天从早上8点到晚上10点,她站在盛满沸水的盆子前,用赤裸裸的双手在水中将蚕茧弄软。这种感觉,就像钝刀子在削手上的皮。有时候,头因为疼痛而开始转动。但是,只要手上的活停下片刻,日本监工就已经站在跟前,用棍棒没头没脑地打下来。

有一回,一位外国报纸的记者来参观工厂,睁大诧异的眼睛在她身旁停住,说:"这个孩子还不满5岁啊!"

可她已经8岁了。她个子矮小,是因为她过去几乎没有吃的。自从每天双手烫伤以来,晚上她可以享受到好吃的东西,有时候是糖包子,有时候是一小碗米饭,加一点酱油,甚至一些青菜。在她看来,这已经是美味佳肴了,但她的饥饿从来没有止住,她的个子一直比实际年龄小3岁至5岁。

当她在煮蚕茧的时候,她想象自己得到肉包子,尽管肉馅不到三粒黄豆那么大，但味道好极了。这种幻想帮助她忍受痛苦。她娇嫩的手上布满难看的疤痕。但是，比开水烫更糟糕的是监工的棍棒，因为它不仅是一种折磨，而且是侮辱。为了忍受它，人们晚上回到家里，禁不住要大喊："该死的工头！该死的工头！"

当她10岁的时候，人们将她安排在一台小孩子也能操作的纺纱机上。像她这样的孩子厂里还有几个，但也有大的机器和成年的女工，她们给她讲解如何干活。她的大脑比胃还要饥饿。人们给她解释两件事情，她还要联系加入5件。她的思想像雨后春笋，不断生长。

日本人被赶走了。他们换了一个中国人老板。这个老板嘴上讲得漂亮，说："我们大家都是中国人。"

小梅接着问："现在，您是否会给煮茧的孩子发胶手套，以便他们不再烫伤双手？"

"这跟你有什么关系？"他反问，"你已经不在煮茧车间干活。"

"可是，您刚才说，我们大家都是中国人。"

"我们大家都是中国人，但是，中国还很穷。"

他有两辆汽车，在亚尔培路有一栋漂亮的房屋。

这天晚上，一位成年的女工请小梅到她家里。她住在上海的贫民区闸北。在她的泥屋里，不可思议地聚集了20个人。她的工友说："这个孩子是阶级斗争的战士，我们大家可以从她身上学到东西。"

3年后，小梅在两个车间里组织了声援顺兴厂工人的罢工。

上海解放了。她的老板并没有被赶走，但毕竟已经不再掌握无限权力。他不得不发放胶手套，安装风扇和安全设备，废除监工和14岁以下的童工，提高工资，让工人干完6小时工作后下班。最小的孩子越来越多离开工厂，因为他们父母的日子逐渐好起来。

洪小梅不再工作14小时，而是每天纺纱8小时，并且被华东人民政府教育局送去上夜校。她在4年里完成了10年的学习任务。教师们出乎意料的称赞比起过去幻想的肉包子还要美味。

现在，她将学习历史专业。美好的现实，使童年的梦魇融化在月光映照的云彩中。

她将从事党的工作，任务不像她想象的那么重。领导12个大学生，其中4个共青团员，4个小资产阶级出身，3个出身于资产阶级家庭，一个出身于封建地主家庭——这项任务她可以胜任。她习惯了在大、小会议上发言、进行解释和说服。许多同志，特别是女同志愿意听取她的建议。鉴于她举止稳重，已婚的妇女有时候会向她提出一些对于19岁的姑娘来说显得不寻常的问题。

但是，小梅从来没有陷入尴尬。她最爱回答政治问题。她的脑袋里任何时候都装着党的总路线、帝国主义和社会主义阵营之间的现实冲突。即使人们问她一些特殊的事情，譬如离婚权、避孕、废除一夫多妻，她也会愉快地答应尽快给予解答，然后，迅速去阅读有关的启蒙资料。提问题的妇女除了得到她承诺的解答，还会得到邻近妇女咨询机构的地址和若干情况，殊不知，这位能说会道的咨询员除了有几行中文资料，眼前什么也没有。

由于从出生到14岁营养不足，她长得矮小，尽管身材匀称，各方面正常，但是个子太小，不足以讨男人的喜爱，而且缺乏性感，这也使她感到苦恼。

一切又恢复了正常。

小梅摆好睡觉的姿势，闭上眼睛。可是，她瘦小的脸上却不再像刚才那样充满幸福。

张爱莲教授边讲边写黑板，时而提问，时而解释，眼睛看着13张可爱的脸和一张可恶的面孔。大学生们坐在宽宽的、右边有一块板型扶手的椅上。在第三排和最后一排就座的是蓟梦季、韩文武、陈波以及李卓吾教授，他像往常那样穿着西装，用一种客气的、实事求是的姿态在听课。

"马丁·路德，"爱莲接着说，"勇敢地攻击欧洲中世纪最高、最卑鄙的政权：教皇，但是又背弃革命农民战争迫切希望得到的权利，他讨好贵族，建议他们将农奴的正义要求淹没在血海中。我现在要问你们：按照你们的看法，该如何解释路德态度中的这种矛盾性？"

"人的本性是分裂的。"教授的儿子、未来的年轻诗人赵达良忧郁地说。他有一副宽大的颧骨，说起话来富于幻想。"人是一片彩色的秋叶，在激情的风暴中时而飘到这儿，时而飘到那儿。"

洪小梅瞄了他一眼，目光中带着抗议，但暂时没有吭声。

"贵族们很富有，"史金玉进行论证，"谁有钱，谁就有影响力——过去是这样。"他猛然更正自己的话。

"赵达良从心理学方面做判断，史金玉则从经济方面，"韩文武做出仲裁，"路德的态度，首先可以从下面这个角度解释，即，他是市民阶级的代表，而闵采尔——"

"但当时的市民阶级并不像今天这样，它还不是衰落的阶级，而是上升的阶级。"蓟梦季反驳说。

"市民阶级不是统一的，"杨大摩边翻阅听课笔记边指正，"正如张教授今天给我们讲解的，手工业帮工虽然同情起义的农民，但并不是议员。"

"富有的市民阶级想削弱教皇，但却不想推翻社会。"韩文武陈述。

"同学们！"洪小梅大声说，"如果跟我们自己最近的历史事件比较，我们就能很好地理解这件事。你们大家很可能都知道1926年至1927年陈独秀和毛泽东之间的冲突。当时，在湖南省发生了英勇的农民起义。群众冲进封建地主的大宅，赶走放高利贷者，实施妇女平等权利。陈独秀称之为灾难，而毛泽东同志则说它是伟大的创举。"

"陈独秀是一颗荔枝，"许家兄弟带着广东人的气质，异口同声地骂，"红皮白心。"

"1929年，他被开除出中国共产党。"小梅补充道。

课室外面，校工摇响了下课铃。

"我们一定要继续进行这场讨论，"爱莲最后说，语气中显然带着肯定，"请大家仔细阅读笔记，下节课尽可能多地向我提问题。同学们，再见！"

小梅跟在她后面，说："张教授，我有一个建议。我认为，我们13个同学，在学期末应当每人就世界史的某一个重要的、有趣的问题做一个简短的报告。"

"这是一个很好的建议，"爱莲称赞说，"我们——啊，对不起，老白在那里。老白！我有事要通知他。"

校工走过来。"老白，"爱莲说，"我看见一则夜校的公示，就在附近，很适合您。"

"我已经知道了，"老白说，"但不适合我。他们用上海话上课。"

"您在上海已经生活了9年，您懂上海话呀。"

"是的，但我不想按方言学认字，想按普通话，那要好多了。"

"那么，"爱莲微微一笑，"有一条出路：我每周用三个晚上给您上课。"

白喜友的眯眼睛开始放出光芒："张教授真好。我已经认识350个字，学到500个字，就可以看报纸和简易的书。"

小梅握着爱莲的手，翻译成欧洲的身体语言，相当于扑上去拥抱她。

其他学生靠拢过来。

"洪小梅同学刚才提了一个很好的建议，"爱莲说，"下一次我们要详细谈谈。"她看见高新在走廊尽头等她，便匆匆跟学生告别。

高新打开门，让她先进屋。

"今天的课很成功。"他说。

"您从哪儿知道？"

"你已经用眼睛告诉我了。"

5个学生留在课室里,跟他们在一起的还有李卓吾。"为什么你们不参加讨论?"他问沉默的陈波。

　　"我不像大城市里的人那么伶牙俐齿。"他的声音有点粗,脸部的特征完全不像人们想象的那样具有地主儿子的派头。

　　"我希望,你们能捍卫路德。"Joe W. Lee突然将眼镜片的反光投向他的眼睛。

　　"要是那样,就会很有戏剧性了。"赵达良带着幻想说。

　　"韩文武反正什么都知道,"漂亮的冯淑珊说,语调中带着讽刺,"在这方面,我们就不必再用功了。"

　　小苹果哧哧地笑表示赞同。她将这位俊俏的同学当作自己的榜样。

　　"韩文武至少还有些学问,"她的兄弟林宝贵力求准确做出评价,"可是那两个广东人只会谩骂。而且还说一口听不懂的方言!他把罗院长、符教授、马教授说成骆院长、富教授、麻教授。"

　　"所以,我给他们俩一个外号:古怪兄弟!"小苹果得意扬扬地说,"他们应当受这个惩罚。他们叫我小苹果,也就算了,可是把冯淑珊叫作交际花,实在是厚颜无耻。"

　　"我邀请你们5位今天下午到我家做客,"李教授突然说,"不过,请你们不要告诉其他同学。我的房间坐不下13位客人。"

　　"Johnny,这里5元,你给我买二两半砂糖、二钱茶叶、一斤半糖果、六朵菊花。"

　　"我是你的佣人吗?"白喜友心想,但他和气地点点头,到街上去了。

　　李卓吾的客厅和书房足够大,可以容纳13个来访者。房子完全是美式布置——正如几天前符教授对妻子说的那样:"在他的房间里没有一样东西是中国的——除了他自己。"

　　白喜友带回了买的东西和剩余的零钱。

　　"今天,我不需要什么了,Johnny。"李卓吾说,话语中没有表示任何谢意。

　　老白回到校工的房间,暗自骂李卓吾野蛮,并且猜测他在接待客人的时候也许会把脚搁到桌上。

　　李卓吾收拾了几只茶杯和糖果碟,将菊花插在一只高高的花瓶里。甚至这只花瓶也不是中国货。它产自英国伍斯特,上面绘有盖恩斯巴勒的贵族打猎图。

"我们可以进来吗,李教授?"

淑珊立即发现墙壁上有一幅女人照片,她的皮肤白里透红,满头金色卷发,露出一口灿烂的牙齿,亮晶晶的双眼朝下望着。

"一定是好莱坞的明星!"

"不是好莱坞明星,"李卓吾纠正她的话,"那是我的前妻,一个美国人。她在中日战争爆发后不久离开了我,我不怨恨她,因为我是基督徒。我还像过去那样仰慕她,而且很明白,这样一个天生的尤物是不该遭受我们当年所经历的磨难的。"

"您真是宽宏大量。"交际花轻声说。

"心胸宽阔。"小苹果带着激动重复她的话。

陈波走到花瓶旁边,停住脚步,面对颜色鲜艳的菊花,凝视了几秒钟,接着,脸庞变形,流露出痛苦的表情,他悄悄地走到房间另一头的角落。

赵达良观察到了这一幕情景。他走到窗边,做梦似地望着外面。过了一会儿,他开始在笔记本里写字。

林宝贵在欣赏教授的藏书。"这么多英文书!Pe-la-ge-ma-ti-sem,这是什么意思?"

"读 Pragmatism,意思是实用主义,是西方国家的一种主流哲学。中国也有一个著名的实用主义者,谢况教授,现在,他没有居住在这里。实用主义教导说,直接的利益是神圣的,所有人都追求幸福,但只有最聪明最能干的人才能获得。人必须信仰上帝,熟悉自己的优势,获得上司的欢心,远离下层的、粗俗的东西。"

"路德是个实用主义者。"赵达良突然庄严地宣布。

林宝贵嘲笑他,说:"看,那儿,封面上写着:实用主义创始人生于1842年,卒于1910年。"

"路德当然不是实用主义者,"李教授说,"但大多数实用主义者属于路德宗。路德是耶稣基督之后最伟大的人物。Miss Irene 今天诬蔑他,令我感到无比气愤。"

大学生们心情紧张地听着。

"我们根本不知道,"林宝贵小心地开口说,"张教授有什么资料来源?"

"资料来源!"Joe W. Lee 轻蔑地笑着,说:"Miss Irene 的资料来源!她对传教士怀有罪恶的仇视——这就是她的来源。她今天给你们介绍路德,讲的内容全是她自己想出来的。你们看这儿——"他拿起一本书,"《实用主义光照下的世界史》,这才是人们应当展示的路德。这位虔诚的高尚的神甫当时怎么可能向贵族提出如此残酷的建议？——他当然不赞成农民暴动。他也不会赞成无耻的暴徒抢掠和屠杀正直的贵族——我说得对吗,陈先生？"

"他该让我心境平和。"陈波小声地对赵达良说。

只听见意外的轻声回答："我写了一首关于你的诗。"陈波张开口默默地读：

> 为何鲜花令他惊恐,
> 西洋花瓶中的彩星？
> 抑郁的回忆触动了他,
> 来自童年神秘的夜晚？

"喜欢吗？"年轻的诗人问,心情有点紧张。

"啊——大家都说你很有才华,"陈波吞吞吐吐地说,语调中带着勉强的客气,"但你知道吗？——下一次你最好写其他题材。"

"同学们,"爱莲用欢快的声音说,因为 Joe W. Lee 今天没来,"在继续讲农民战争之前,我想和你们讨论一下你们班长洪小梅同学的一个很好的建议。每个同学各自选择世界史的一个题目进行研究,在马克思、列宁主义的基础上分析,并且——"

她停住了,突然感到有一股寒气使她难受。

"——在学期末做一个简短的报告。"爱莲将话讲完,她坐下并等待回应。一片沉默。

"8 位同学参加了关于路德的讨论,"她重新开始说,"5 位没有吭声。有些同学不喜欢无准备就发言,这我能理解。但大家都应当发表意见。因此,洪小梅的建议特别重要。每人选择自己最感兴趣的题目,这样做有好处。"

冯淑珊悠闲地在自己俊俏的小鼻子上扑粉,小苹果立刻跟着她的样子做。

"我知道,谁也不愿意第一个发言,"爱莲开玩笑说,"那么,我就逐个问了。陈波同学？"

"我觉得,我们知道得还太少。"这位地主的儿子执拗地咕哝。

"赵达良同学？"

"如果我发言,同学们会笑话我,"年轻的诗人抱怨,"所以,我宁可不出声。"

"谁如此突然败坏学习空气?"爱莲绞尽脑汁想,"我可以想到是谁,但我需要证据。"

她的目光落在林宝贵身上。她看见,林宝贵打算发言。

"林宝贵同学?"

"我认为,我们应当等到规范的教材出版——"爱莲不由自主弯下腰,做出要跳跃的姿势——"现在,我们除了听课笔记,什么也没有。"

"镇静!"爱莲命令自己,"不要激动!千万不要失之公允!"

"说得对,"爱莲实事求是地说,"我们迫切需要新的历史书。但是,谁要是想做报告,可以从我这里得到必要的马克思、列宁主义的资料。"

"又是马克思主义。"淑珊在小苹果耳边低语。

"又是列宁主义。"她的崇拜者发出回应。

洪小梅和韩文武听见了,互相交换了一下目光。

在接着的几天和几个星期里,他们还经常有机会交换愤怒和忧虑的目光。

有一次,符教授说:"在唐代,即7、8、9世纪,中国是世界上最文明的国家。——冯同学,我要是您的话,我会做笔记。"

冯淑珊泰然自若地将粉盒收起来。"对不起,符教授,我不理解文明这个词在这种情况下具有的意思。诗歌、伦理学说、天文仪器,这些跟文明有什么关系?——只是在上世纪和本世纪,才有一点文明传入中国。这一点,完全要感谢西方。"

"工业落后和民族自卑感——这要感谢西方。"符教授挖苦地反驳。

"冯淑珊当然说得不对,"赵达良发言,"我们的确能够为唐代的遗产,特别是伟大诗人李白和杜甫感到骄傲。但是,关于这时期日常的斗争,我宁愿一概不听。这会使它的伟大化为灰烬。"

"正好相反,"符高新解释,"它的伟大产生于日常的斗争。——过去,我也跟您这么想,"他笑着补充,"马克思、列宁主义才教会我正确的观点。"

两位年轻的资产阶级小姐迅速交头接耳:

"又是……"

"又是……"

另一次,马发利教授说:"埃赫那顿·阿蒙霍特普[①]将太阳神崇拜置于首要地位,这对于古埃及艺术具有深刻的意义,这种艺术仿佛是在明亮的阳光中进行创造,其作品出比以往所有作品都更现实主义、更具有人性、更贴近

---

① 埃赫那顿·阿蒙霍特普,古代埃及第十八王朝法老。

人民。"

"我不明白,"林宝贵说,他的攻击戴着谦虚的面具,"我看不出偶像崇拜与偶像崇拜、异端与异端之间有什么差别。"

"你叫人打他,可是他确实交不起租!"

韩文武从梦中惊醒。刚才谁在大声说话?他自己?——不,这是他室友低沉粗哑的声音。

韩文武从床上跳起来,侧耳倾听。陈波在睡梦中呻吟,仿佛他的心破成碎片。接着,他感觉到有一只关怀的手触摸自己的额头,便不再作声,并且睁开眼睛,但他的眼睛很快又怀疑地变得阴暗。

"你在我床边干什么?大概是帮助人民警察?"

"每一位好公民都帮助人民警察,"韩文武回答,没有因为陈波的话而陷入尴尬,"而且,你也可以放心。今天,任何人都不允许打农民。"

"不,我的心不能平静。那是我的父亲。"

"没有人可以为你父亲负责。"

"小时候,我想象,他本人并不残酷,只是因为听了日本人的话。可是,后来日本人走了,他还是那么做。在他看来,从穷鬼的身上榨出粮食,不打是不行的。他让人把他们拉到菊花岛上——小西湖中间的一座美丽的小岛,家里的仆人大打出手,直打得鲜血四溅,他竟然说,这是让菊花岛有更多色彩。16岁的时候,我终于有了胆量。我向他磕头,5次,10次,请求他不要再打。他却侮辱我死去了的母亲。他说,你要袒护那些下贱的雇农?那么,你就不是我的儿子。你是哪个混账农民生下的杂种。只要看看你的脸……"

"那反而更好。"韩文武笑着说。

"其实,他自己也是农民长相。"

"这已经过去了。他已经死了。"

"我们不是名门望族,不像附近姓卢的地主那样。我的祖父只是个中农。他——我再也不愿意叫他父亲,靠放高利贷买地。情况就是这样。"

"为什么你不早些将这些情况都告诉我?"

"我不想让人以为我要讨好共青团员。"

"谈不上是讨好。这关系到,我们大家必须团结一致,不让残酷的旧时代再回来。"

陈波苦苦思索了一阵子。"我有必要向你报告我们学院发生的事情,"他最后终于说,"但你要跟我保密——"

"你说。"

"那天讨论完路德,下午,我们 5 个同学……"

韩文武跳上一辆载满人的公交车。同胞们的温良恭谨让甚至使拥挤也变成一种乐趣。

在虹口区人民法院附近,韩文武下了车。他的父亲和继母远香住在那里。远香是冯家过去的奴婢。韩文武比常理更加客气地称她"姨娘"。

面容开始显老的远香坐在缝纫机旁。"我今天正念着你,心想,你跟冯淑珊之间的事情是否正常。"

"从来就不正常,姨娘。她现在完全受她哥哥的影响,已经变成一个奢侈的洋娃娃。共青团员们给她起了个外号:交际花。这也就罢了,要不是——"

"你要谅解她,"远香一边提醒一边不停手地缝着,她的脸显得十分温柔,体现了她的名字的意思——远远发出的芬香,"还是中学生的时候,她很勇敢。你还记得吗,6 年前,她要跟你们一起走,参加乡村的地下宣传活动?她哥哥将她关起来,把钥匙藏在他的保险柜里,否则,我就会偷偷地放她出去。当时,这可怜的孩子完全失去了勇气。"

"是的,此事勉强说得过去。她哥哥是民族资产阶级分子——资产阶级的身份多于民族的身份,这一点,你可以相信我,我们的国民经济中暂时还保留着资本主义的成分,我们必须跟这种人共同相处,耐心地教育他们。但是,我们有一位教授,是帝国主义的奴才。淑珊受他的影响,这一点,我永远不能原谅她!"

"只要问及你的爱情,"远香笑着说,"你就立即大谈政治。不管怎样,现在你也该喝点茶,吃些芝麻饼。"

"您太客气了,姨娘。我只想回来拿本书——你把我书上的灰尘都打扫干净了!何必麻烦您呢?我自己可以干。"

"不麻烦。在修治淮河堤坝时,我还干过其他活。"

"马克思、恩格斯、列宁、斯大林论德国历史,"韩文武翻阅手中的书,"德国农民战争——第 190 页,路德与闵采尔——第 202 页,'……在这种巨大的裂缝中…… 这些僧侣又……'这些德语简直就像原始森林!哦——在这里,这里:'……戳碎、扼死、刺杀……'她说得没错,完全正确。"

"谁?"远香问。

"我们的张爱莲教授。再见了,姨娘,谢谢。"

"你的芝麻饼!"

"我可以把它包在纸里,这样!洪小梅肯定马上要召集同学们开会了。"

"同学们,"洪小梅说,"我们的学习不如最初几个星期。大家失去兴趣,不统一,充满厌烦和怀疑。我们要研究一下怎么会这样。我们要团结一致,扫清障碍,在美好而陡峭的科学道路上前进。我们应当掌握革命的科学,认识世界,学会拓展人类的幸福。为了完成这项任务,我们必须比过去的大学生更加优秀,要有一个纯洁、真诚、好学、友好的集体!"

她突然感觉自己受到两双热烈的眼睛的交叉扫射——蒴梦季和赵达良的双眼。

"他们完全同意我的观点。"洪小梅想,心里充满了胜利的喜悦。但她根本没有想到,这种灼热的目光可能有另一个原因。

"我们班的气氛被毒害了,"她继续说,"这首先表现在张教授的课上。"

"是的,也表现在符教授和马教授的课上。"杨大摩补充说。

"符教授自己有责任,"小苹果牢骚满腹地说,"他非要这么粗暴地警告淑珊吗?——我们又不是小学生。"

"符教授也许有不对的地方,"史金玉准备发动攻击,"但是,不能因此原谅你们在课堂上交头接耳以及那种上海大城市人的矫揉造作。你们不是小学生,很好。那么,你们的行为举止最好不要像小学生那样。"

"每个人都会犯错误,"王柳平说,"我哥哥也犯过错误,但他是一个久经考验的爱国者,一位工艺大师救了他的命。"

"我知道,"陈波笑着说,几天来,他的心情已不再那么忧郁了,"是我们城市的一位剪纸大师。"

"在马教授的课上,林宝贵讲了一个隐晦的传教士笑话。"许家兄弟骂道,他们那双广东人的大眼睛像煤炭那样燃烧。

"古怪兄弟!"小苹果喃喃地说。

"你们不知道自己在说些什么,"林宝贵反驳,表情使人难以接近,"人民共和国的宪法保障每个人有宗教信仰的权利。"

"但不涉及宗教迷信。"蒴梦季说。

"我认为,张教授上课时,消极抵触的情绪最严重,"小梅说,"同学们,你们怎么看?"

没有人反驳她。

"大家说话啊!"小梅大声地说,"你们干吗针对她?为什么你们突然怀疑起她讲课的正确性和价值?"

沉默。

"现在,你们不吭声了,"蒯梦季气愤地说,"可是,几个星期以来,你们交头接耳,说什么'她诬蔑路德''她的观点没有科学依据,全是自己想出来的'。"

"也许你们更喜欢李教授。"大许的话中带着讽刺。

"我想问一下你,冯淑珊。"韩文武用颤抖的声音说。他英俊的脸变得苍白,淑珊的脸也变得苍白,仿佛她是他镜中的影子。"你不是马克思主义者,这没问题。但你是民族资产阶级的一员。你怎么可以去钦佩一个所谓的中国人,他至今仍自称 Joe W. Lee,一个假美国佬,房子里容不得任何中国东西,甚至容不得中国陶瓷——"

"他的房子跟我有什么关系,"淑珊提出抗议,并且向另外四人投去警告的目光,"我从来没有去过那里。"

"张教授关于路德所讲的内容,起码是不太可能的,"林宝贵振振有词地说,"所有迹象都表明,她对于自己提出的观点没有科学依据。"

"这就是她的科学依据!"韩文武铿锵有力地说,并且将一本书摆到桌上。

大家低下发烫的脑袋朝书本看去,只见几个名字:马克思、恩格斯、列宁、斯大林。

"……市民和诸侯,贵族和僧侣,路德和教皇都团结起来'反对杀人越货的农民暴徒',"韩文武逐字逐句翻译,"'人们应当将他们戳碎,扼死,刺杀,无论是暗地里还是公开地,只要有可能,就像打死疯狗一样!'路德喊道,'让枪炮向他们扫射吧,否则,他们就会千百倍疯狂地枪杀。'"

13个人都深深地吸了口气。

"同学们,"洪小梅停了一会儿后问,"你们中谁要发言?——没有人?——确实没人?那么,今天的会就开到这里,我希望,你们大家深入思考这件事,会后,请共青团员留步。"

8个人离开了,5个人留了下来。

"你们认为怎样?"王柳平问,"学习气氛会改善吗?"

"很有可能,"小梅断言,"韩文武同志对美国文化侵略给予了有力的反击。"

"这么说,德华中学对我们还是有好处,"韩文武笑着说,"这当然不是纳粹的意图。"

"无党派的进步同学也表现得很好,特别是蒯梦季。"

"对此,我们必须给予高度评价。"小梅高兴地说。

"可惜我没能诱使冯淑珊说出去 Joe W. Lee 家做客的事情。陈波是我们的唯一证人。"

"不是唯一证人,校工老白也能作证。"小许提醒说。

"是的，但只能证明是做客，而不能证明他做反动宣传，"王柳平边想边说，"做客的事实不足以揭露他是文化侵略的代理人。"

"为什么淑珊那么可耻地撒谎？"

"现在，先把个人感情放在一边，韩文武同志。"

"洪小梅同志，你说得对。"

"陈波也不是一个随便任人使用的证人。我们必须向他承诺，我们不会将此泄露给其余4个同学。"

"是的，但是我们可以用他的名义提醒张教授，对此，他没有任何反对意见。"

"我们无论如何都要提醒张教授，"韩文武提出，"否则，她又会为了生动授课而忘记说明资料来源，给新的攻击提供理由。"

"其实，她生动的方式会使教学更加有趣。"

"我们大家都很喜欢她，除了反马克思主义的冯淑珊、林宝贵和小苹果。"

"你和院长同志谈过了吗？"

"只谈了几分钟，"小梅抱歉地说，"你们都知道，他的工作负担有多重。但是，我从他那里得到了几点指示。一、他说，我们努力改善学习气氛是正确的。二、我们不应当过快信任陈波，封建家庭是诡计多端的，热衷于血腥报复。三、我们不应当攻击李卓吾，学校里必须保持安定。四、我们有权提醒张教授，尽管没有这个义务。五、我们应当完全信赖潘明德副院长。他虽然是无党派，但是，院长说，他有很高的政治、学术和待人处世的水平。"

寒风刮了几天，现在，它退回到北方去了。南方11月的阳光，重新用温暖的金线缠绕住秋凉的薄薄冰晶。赵达良和翦梦季两人在校园里相遇。

"你已经为明天的课准备好了吗？"达良问。

"当然，否则我就不会在这里散步。"

"那么，我向你提个建议：我们比赛一下写诗。"

"主意不坏。写什么题目？"

"自由选题。你需要多少时间？"

"半个小时。"

"好，我们4点半在桃树下见。"

桃树下摆着一张竹桌和几张竹椅。3点半他们就面对面地坐在那里，带着紧张的表情互相交换写的诗。

达良念自己的诗：

> 头脑迷茫心郁闷,
> 人活世上,
> 不辨真假,
> 眼前一切皆梦幻。
> 火花仙子小精灵,
> 飘过空间,
> 赐我真相,
> 从今以后不幻想。

梦季大声朗诵:

> 你是恐怖暴力的牺牲品,
> 被追逐利润的恶龙吞吃。
> 凭着伟大心灵、娇小身躯,
> 你逃脱了凶残的报复。
> 你的柔情引起我的同情,
> 你强大的思想使我无所畏惧。
> 我的爱如同紧绷的琴弦奏响,
> 此情任何男人都无法感受。

他们的视线像两把利剑交错在一起。达良绷紧宽大的颧骨,梦季锁紧粗粗的双眉。他们发现,他俩不仅在写诗方面,而且作为男人是竞争者,这在他们的内心激起了复杂的感情,隔代遗传的好斗与谨慎权衡的公允,灼热的荣誉感与友好的同情心。

梦季首先镇定下来。他成功地使自己年轻发热的脸露出一种科学分析的表情,这种表情,是他父亲碰上疑难病症进行诊断时经常有的。

"火星精,小火星的精灵,火花仙子——这是一个很成功的比喻,温柔,富有动感,贴切地体现了一位不同寻常的少女的性格。除此之外,我在你的诗中再找不到任何特殊之处。"

"你的诗,"达良气冲冲地说,"根本不是诗,而是押韵的政治口号。"

这个明显不公平的批评在梦季心中引起一阵轻蔑的讥笑。

"我们可以请洪小梅当裁判。"达良提高嗓门说。

"你太不了解她了。她会把我们称为多愁善感的小资产阶级。至于我自己,我会将我的诗藏在最深层的抽屉里。我不想跟她弄坏关系。"

"不,我可不愿意这样去爱。我的诗,我愿意给谁就给谁看。"

"潘教授,"张爱莲对副院长说,"这个 Joe W. Lee 是一个搞阴谋诡计的猪。"

"此人想成为学者,"潘副院长想,"但说起话来像市场上卖菜的泼妇。"接着,他小心翼翼地问:"您有什么事要投诉?"

爱莲将两本恩格斯的《德国农民战争》放在桌上,一本是刚出版的中文版本,另一本是旧的英文版本,并且叙述了事情的全部经过。

"这一定是场误会,"副院长用外交口吻解释,"赵达良有时候喜欢幻想。"

"讲这件事的不是赵达良,而是陈波。"

"您自己说,张教授,这是一个靠得住的证人吗?"

"但他总不会瞎编整件事吧。"

"那好,我现在去李教授那里,尝试调解您跟他的争执。别忘了您的书!"

"我很希望您能核对事实,亲自查证路德——"

"我暂时绝对没有时间。我相信您的话,您的课有可靠的马克思主义的基础。首要的事情是:教授们必须互相保持和气,否则会给工作造成损失。这也是我们的院长罗散天同志的意见。"

潘副院长进入李卓吾的房间,发现书桌上放着一本很大的书,标题是"世界文学图册",便饶有兴致地看起来。

"谢天谢地,"李卓吾心想,"这本书也许能将他的注意力从书柜上移开。要是知道他来,我该将实用主义的书籍,特别是谢况的中文著作藏起来。"

"您懂德文?"潘副院长问。

"我能读,但不能讲。"

"我完全不知道。您太谦虚了。我希望,所有教授都这么谦虚。"

"我没有理由骄傲自大。还有许多东西我必须学习。我很坦率地向您承认,我不是马克思主义者。人不可能在一夜之间变成马克思主义者。但是,我对政府和学院领导是忠心耿耿的,我绝对服从领导,让领导满意,是我的最大抱负。"

"您不会像张教授那样无谓地占用我们的时间。"

"Miss Irene?"李卓吾感兴趣地问,"她想要您干什么?"

"她向我投诉——我几乎不敢重复如此荒唐的观点——她投诉,说您对学生造成不利于她的影响。"

"学生们对她的课的评价并不很高,"李卓吾说,"她想将责任推到我的身上。女人就是女人,学术尊严在这方面不起作用。"

"如今可不能再这么说了。"潘明德告诫他,语调显然比讲的话温和许多。

"据我所知,现在首要的事情是,不要让自己受个人情感左右。"

"您说得对。Miss Irene——我想说的是张教授——有时候倾向于个人的好恶,所以,对待她不要太认真了。她毕竟是爱国反帝的。"

"我知道,她为自己的反帝立场感到自豪,总是咒骂传教士。传教士是否给中国也带来某些好处,我不敢妄加评论。这个问题应当由其他比我更有资格的人去决定。不管怎样,我会尊重那些在高度原则性上敌视传教士的人。而Miss Irene总是带着个人情感——那是怎样的个人情感啊!"

"您的意思是?"

"我最常想到的美国词语是 sexual frustration——用中文说,就是性障碍。"

"可是——"潘明德显然受到了伤害。

"对不起,"李卓吾淡定说,"我想,今天可以谈论一切。"

"是的,但是,对于女士,可不能没有根据地背后说这样的话。"

"我,"李卓吾强调,"从不认为自己会毫无根据地乱说话。您还记得一个半月前的婚礼吗?记得那位美丽的新娘按捺不住地叫嚷,说什么'要不是有帝国主义者,我 7 年前就和他结婚了'。"

"我记得,"副院长点头表示证实,"现在,我知道院领导该做什么了。我们要恰当而明确地让 Miss Irene 知道,我们不赞成她的主观主义,她不应当制造不和。好了,不再耽搁您太长时间。我以院领导的名义,对这次宝贵的、富有启发的谈话向您表示感谢。"

门在他身后轻轻关上。

李卓吾像走完钢丝的杂技演员,精疲力竭地躺在椅上。他有可能看透自己吗,这个才华横溢、在巴黎生活了 10 年的潘明德?不,他迎合自己另有原因:他,正如李卓吾那样,暗地里感到红色政权不能维持下去,美国人还将回来,1955 年、1956 年,最迟 1957 年,这是肯定的。

为什么这种希望、这种肯定,在他心中引起如此混杂的感情?他仍然没有完全脱离那些残余的内心痛苦的中国人?

不,美国人必定回来,到时候,这些群氓的统治就要结束,Johnny 这个校工就不会再那么厚颜无耻地说自己晚上有课,洪小梅这个穷丫头就要回到煮茧车间,不再担任学生干部。

他打开《世界文学图册》,立即找到他最喜欢的作品,一首意大利诗歌的德语译文,旋律中表现出的目空一切使他疲于欺诈的头脑感到十分得意:

> 何人如此愚蠢
> 败坏我的兴致,
> 只会永远抱怨,
> 却不能够效劳——
> 如今的意大利
> 在各民族当中
> 是否继续被提及,
> 这与我有何关系?

Joe W. Lee 将诗句中的意大利,改为中国的英文名称:

> 如今的 China
> 在各民族当中,
> 是否继续被提及,
> 这与我有何关系?

当他继续读下去的时候,一切伤感都离他而去:

> 让异乡人
> 永远逼迫我们,
> 我不能阻挡,
> 外来的奴役。
> 何人昔日
> 在尘土中爬行,
> 绝没有胆量
> 跟我平分秋色。

洪小梅如今被 12 位同学起了个外号,叫"火花仙子"。她说得对,韩文武在班会上坚定不移的表现,至少在某种程度上净化了学习气氛。冯淑珊和林家兄妹——人们把他们称为反马克思主义三人帮——被迫采取防守。其余的 10 个同学重新满腔热忱地学习。赵达良当然有时候还会流露出悲天悯人的唯心主义和忧郁感伤的情绪,但是,他也努力参与教学活动。在火花仙子明察秋毫的小脑袋里产生了一个大胆的计划:将赵达良拉到正确的这边,借助他的力量逐渐瓦解反马克思的三人帮。

谁能做到这？最好是他的诗友。

"蔼梦季，今天下午请来共青团的办公室，我有一项政治任务交给你。"

"洪小梅同志，我担心，你会高估了我。"

"你可以放心。"这句中文常用语的意思是："你不必多虑。"

小梅坐在办公室里等，时而写字，时而打电话。但是，梦季没有来。

晚上，她想看杂志《年青的中国》，但杂志忘在了桃树下面。她匆忙穿过月光明亮的校园。月亮的光线像奇妙的银笔在枝桠上描绘未来的桃花，又像轻盈的银燕在树冠上飞舞，或者，像敏捷的银猴在树干上攀爬。她的杂志就摆在竹桌上，梦季做梦似地坐在桌旁，当他的目光与小梅相遇时，快速有礼貌地站起来，说："我不想妨碍你。"

"怎么会妨碍呢？"火花仙子问，"你大概以为我想在月光下学习？"

他们绕着桃树慢慢散步。

"说实话：我怕你。"

"任何人都不必怕我，"火花仙子为自己辩解，"我既没有宗派主义也没有官僚主义。这就是你今天不来办公室的原因？"

"我不是共青团员……"

"但你是进步学生。"

"你是说，我不必怕你。"

在他的话中，听得出有一点威胁的，但却像谜一般美妙的东西。

"当然不用怕。"小梅心不在焉地说。

"那我告诫你，要当心了。"

"搞什么小资产阶级名堂，没正经。"

"第二次告诫了。"

"双倍没正经。"

"第三次告诫。"

"三倍的——"

她感觉到自己被抱住提了起来。一层柔情的红色面纱盖住了她的脸。接着，她的脚又站在了地上，她喃喃地说："怎么可以这样？"

"请你原谅。"梦季说。

但是，火花仙子凝视着他，仿佛太阳在半夜升起，他是一个著名的天文学家，应当向她解释这种现象。

"我知道，你永远不会原谅我。"梦季深感后悔地说。

火花仙子在任何情况下都不想有失公正。她提起精神说："你不必请求原谅。是我挑逗了你——当然，是无意的。现在我——还年轻——哦，不——一句话，我现在需要独自好好思考。你可以放心。不管怎样，我们都是好同学。"

火花仙子一溜烟跑了。银色的月光在枝桠上描绘一朵又一朵桃花。梦季抬眼望去，又一次念起自己的诗句：

我的爱如同紧绷的琴弦奏响，
此情任何男人都无法感受。

交际花和小苹果坐在桌旁，像专业人士那样谈论着深色和浅色唇膏的不同优点。小苹果用眼睛向走进房间的火花仙子打了个招呼，她拿着两支铅笔，一支长一支短，并排在一起，像玩具娃娃那样在桌面上移动。火花仙子从窗口外虽然没有看见全部，但显然也已经看见了部分情景。

"你真逗，小苹果，"火花仙子友好地说，"姑娘们，不打扰你们。我去睡觉了。"

时钟敲响10点，10点一刻，10点半。

她安歇在飘动的彩云上，半醒半睡，炙热的火花在她的知觉中跳着从未有过的、美丽的舞蹈。不，她已不再是瘦小勤快的女工，她将拥有生活的全部内容，斗争、爱情和知识，知识、爱情和斗争。

爱莲有一个宽阔低矮的书柜，高新将两个10寸高的陶塑放在上面。"李白和杜甫，这一对有着深厚友谊的唐代大诗人，就放这里吧。——爱莲，别哭了。"

"我确实太幼稚了。原因就在于我不会蔑视任何人。我只会爱或者恨。"

"对于这个所谓的中国人 Joe W. Lee，你的恨是太高的荣誉。"

"他奶奶的奶奶是走狗。"

"这种话出自高雅女士的口？"

"你永远也无法将我变成一个高雅的女士。"

"如果骂能使你心情好些，你可以骂我香港海员。"

"高新，你是一个体贴人的丈夫。"

"这全取决于他的妻子。"

"你有几个妻子？"

"只有一个，但她集智慧女神和没头没脑的黄毛丫头于一身。"

"这是一种非常敏锐的特征，但没有理由因此下跪。"

"有双重理由：钦佩和劝诫。"

"劝诫是必要的,但不会有效果。我是一个不懂世故、没有策略的人。所以,这个狡诈的帝国主义奴才占压倒优势。最好是人民政府把我们俩派去西安,你的古代长安。"

高新吟诵:

> 长安,我的故乡,你那里
> 人们仍在演出戏中戏吗?

爱莲模仿其中一个陶塑的姿态,晃动了一下脑袋,说:"这是杜甫被逐期间写的诗,结尾的句子是:

> ……我的身体俯向扇形的窗户,
> 长安,我的故乡,
> 你闪耀在遥远的地方!

"你甚至熟读文言诗词。"

"这有什么奇怪?我毕竟是个旧学者。"

高新握住她的手不放,目光转向陶塑,说:"他的头体现了不屈不挠地寻找正义,他的心充满着温情的梦想。"

"我的郎君有天使的额头,洞庭龙王的嘴巴。"

"我的娘子的眼睛像会说话的花朵,她的身躯像一只野猫。"

"呵,现在,我已经不再难受。"

"院长同志,刚才,我收到北京的来信,学校叫我回去。"

"我看,"罗散天说,他的声音平静,但由于惊愕而变得有点纤细,"潘教授,我唯一可做的,是对您在我院创办过程中提供的宝贵帮助表示感谢。"

"我做的事情很少。要是让我在这里再工作一个学期,那就好了!但是,没有其他办法。2月8日,我必须在北京开始上课。"

"对于我们学院来说,没有比这更糟糕的了。"

"罗同志,您对我过奖了。"

"我永远不会忘记,我怎样在铁窗后面秘密地读您的《长安与佛罗伦萨》,阴暗的牢房因此而充满了中国的笛声和意大利的大理石像。"

"能给革命战士带来安慰,这对于我是莫大的荣誉。"

"您在这里还有一个月零三个星期。"

"有足够时间安排人员接替我的工作。"

"哎呀,谁能够接替您的工作啊!如果不代理党的书记,不上那么多课,我得接受全部领导工作。"

"不,不,您可不能太拼命。"

"那么,谁可以接替?符高新?"

"一位杰出的学者,我很感激他。可惜他完全受妻子的影响。Miss Irene 会让人很烦,要是对她太认真了。我当然不会将她看得太认真……"

"Miss Irene?啊,您是说张教授。您听着,她在我印象中是很进步的,尽管没有纪律性。"

"相反,李卓吾就很有纪律性!"

"有纪律性,这一点得承认他。"

"Miss Irene 进步的基础不是客观的,而是很主观的。我曾经跟您讲过……"

"那还用说。"

"我上的课世界中世纪史由李卓吾教授接替。"

"又一个例子证明他能体谅人!这样的话,他在第二学期继续讲中国近代史,此外——"

"就这么安排。"

"您可以从北京给他写信,时不时给他提建议。"

"好的。"

"我们应当任命谁当副院长?老赵是不用考虑了。马发利呢?"

"马发利是位著名学者,可惜喜欢幻想。面对行政任务,他会束手无策。您需要的是在行政管理方面得到帮助——不,我看只有一种出路:由李卓吾担任副院长。"

"但他曾经无条件追随美国人。"

"那已经是过去的事情了。"

"学院领导权应当掌握在进步人士的手中。"

"领导权在您手中,罗散天同志。有什么比这更进步?李卓吾将会盲目服从您。他习惯于这么做。"

上海，1954 年 12 月 17 日
致太平学院院长
罗散天同志

敬爱的罗同志：

我刚刚获悉，您任命李卓吾担任副院长。这非常可怕！您是共产党员，了解他的过去，并且就在几个星期前知道了我和他在意识形态上的冲突。这表明，他并没有克服反动的意识形态、传教士的遗产，甚至根本不想克服。

您最后是否认为，我在路德的问题上错了？可是对于相反的意见，您却轻易地相信了。恩格斯的《德国农民战争》的中译本上个月刚出版，而在此之前，懂德文的韩文武给同学们读了其中的内容，并且证明我讲得对，李卓吾是错的。请您查阅中译本，第 18 页，倒数第 9 行。

在李卓吾的影响下，学生中的学习气氛短时间内就变坏了。学习中没有兴趣，我向学生提问，一直等到喘不过气了，还没有人回答。我跟他的影响斗争之后，情况大为好转，至少，10 个学生学习热情很高，他们提的问题很尖锐，回答得也很准确，形势大好——我仿佛听见了未来的歌声，喝到了希望的泉水。甚至他们的错误也是一个很好的契机，开展有意义的讨论。

罗同志，现在，我工作中的幸福感将会遭到您的破坏。由于这项骇人听闻的任命，您会加强李卓吾的影响，以便他能够重新毒化气氛，埋葬学习。您不该给我造成这种恶果。

我已经受够了传教士的苦。难道在新中国成立 5 年后，我还要接受一个他们的追随者当我的上司？我不能，不想，也不会这么做。

罗同志！我在深感失望之余，衷心而迫切地恳请您取消这项灾难性的任命。
致以同事的问候

您的历史教授
张爱莲

罗散天露出了苦笑，心想：教育这些知识分子适应人民民主是多么的困难，更不要说适用社会主义了。这封信非常典型：从头到尾，突出的都是"我"，感情用事，冲动，谩骂，抱怨，无节制的指责，没头没脑的攻击，夸大自己的重要性，最后，可以预料的是闹个人主义，拒绝服从领导。

潘明德说得没错：对待这种人，不能太认真了。

他很快拿起钢笔，写道：

上海，1954 年 12 月 18 日

尊敬的张爱莲教授：

关于路德，我知道得很少。我读的不是教会学校，而是国立的复旦大学，学的也不是历史，而是新闻专业——

他放下钢笔，将额头支在手上。我这样写会不会太详细了？是不是应当简明扼要地指出："学院领导已经做出了决定，您必须服从？"

不，那是不正确的。毛泽东和刘少奇都经常尖锐地批评命令主义和宗派主义。他必须像开头那样继续写下去，帮助这个挑剔和爱哭的女孩，用自己例子教育她谦虚谨慎，实事求是。

于是，他继续往下写：

只是在党校，我才学习了历史，而且是当代史。我们在党校按照一定的计划研读马、恩、列、斯、毛的著作。今后，我很乐意去研究德国农民战争的历史，可惜目前没有时间。

对于我的无知，我感到很抱歉，但是作为共产党员，我可以给您提必要的建议。学术上的意见分歧必须凭借尊严去调解，不带主观情感，避免个人好恶。我承认，李卓吾教授不是理想的副院长人选。但是，人们也必须看到他的优点。学院领导经过深思熟虑后才做出任命决定，并要求教授们以工作利益为重，坚决维护良好的、至少和睦的相互关系，遵守绝对的纪律。

我希望，您能把我的话记在心上。

致以同事的问候

您的罗散天

任命李卓吾在第二学期担任副院长，引起了各种各样的反应：张爱莲完全失望，校工老白，还有符高新和马发利暗暗不满，冯淑珊和林家兄妹心中得意，但又有些疑惑不定，其余的学生感到焦急不安。李卓吾将这项任命看作是美国人和蒋介石即将回来的明确征兆。只有一个人对此事件持宿命论的冷漠态度，那就是留着花白胡子的赵劳禄。行政机构中人员的更新、政党的变换——对此，聪明的人必须像对待日晒雨淋那样接受，以便尽可能为自己和家人从中获取最大好处。于是，他开始对李卓吾表示钦佩，去听他的课，每逢跟他攀谈，都礼仪十足，甚至有些谦卑。因为，他想为令人担忧的儿子开拓飞黄腾达的道路。

上海的冬天来了，轻微的寒冷被不断出现的暖流冲破。老赵坐在最后一排，用紫色衣裳点缀课室，他身上穿着衬皮里子的丝绸长袍。冯淑珊和小苹果穿着蔚蓝色的绒毛大衣，其他的学生则穿着冬天的解放装——深蓝色平布缝制的棉衣棉裤。

李卓吾庄重地坐在讲台后面，在整个课室里，他是唯一穿西装的人。

"我们来到了 19 世纪，"他说，"谢况教授非常贴切地称之为中国的黑色世纪。这个古老衰败的大国，民族无能，麻木迟钝，腐败堕落，迷信异端。19 世纪是中国没有历史的时期，要不是当时有来华的外国人，几乎不值一提。外国人带来了基督教和西方文明，使中国的贸易和交通复苏。

"中国皇帝在 1820 年禁止输入鸦片，1839 年不仅重新实行禁令，而且通过查抄和烧毁鸦片，给不列颠的贸易造成重大损失，在这种情况下，英国政府有理由感到受伤害。为了认识这种措施的荒唐，我们来看看医生委员会的鉴定，它印在一本德国的百科全书上，即 1906 年出版的《迈耶百科全书》。这份鉴定指出，鸦片的使用，对于成年人主要产生好的影响。在这件事情上，德国人是可靠的证人，因为他们是英国人顽强的竞争对手，他们没有兴趣进行任何美化。"

小梅递给梦季一张纸条。实际上，这不是纸条，而是书签，上面印了一支白色桃花，她在背后写了几个字："如果反人民，便群起而攻之。"

在一张画了红玫瑰的书签上，梦季写下答复："从每句话都可以看出，这个所谓的教授是汉奸。我准备立即反驳他，等你的指示。"

"英国向中国宣战，"李卓吾继续说，"这是所谓的第一次鸦片战争，从 1839 年到 1842 年。中国人民再次表现出民族无能。它不做抵抗，任人宰割。"

火花仙子彬彬有礼地站了起来。谦虚中掩盖着愤怒，她低声地问："这种对不列颠侵略的不抵抗是普遍的吗，教授先生？"

"这不叫侵略，"Joe W. Lee 斥责道，"我们现在不是在开群众大会，而是在科学的教室上课。我已经说过了，这种不抵抗是普遍的。"

"在进步的历史书籍中，殖民主义的占领者被称为侵略者，"火花仙子大声说，"如果他们代表资本主义最高阶段，就称为帝国主义者，有时候，尽管还处在较早的阶段，也会这么称呼。现在，这绝对是科学术语。"

"这么放肆！"赵老先生嘟囔道，"在她身上可以看到发迹的煮茧女工的粗野举止！"

Joe W. Lee看见火花仙子挺身而起，她那种柔中有刚的表现，令他产生了一种致命的恐惧。但是，现在已经没有退路：他被任命为副院长，这个重大胜利促使他去夺取新的胜利。在脑海里，他看见美国和台湾有成千上万只眼睛在望着自己。他斗争得越顽强，他们将越高度地赞扬他。

"你想教我什么是科学吗？"他带着冷嘲热讽问，"谁是教授，是你，还是我？"

"人民民主的教授必须听工人阶级的声音。"洪小梅丝毫没有恐惧地回答。

翦梦季想帮助她，但大许已经站了起来，像他父亲当年站在船的甲板上那样，叉开双腿。"您是说不抵抗吗，教授先生？那么，三元里农民的英勇抗英呢？"

"所谓的三元里农民抗英并不是历史事实，而是民间的瞎说。"李卓吾居高临下地宣布。

"民间瞎说？"翦梦季无比客气地问，"这或许是科学的表达，教授先生？"

"我可要祝你千岁，千千岁了！"农民家庭出生的史金玉感到非常高兴。

"我也不理解，那个医生委员会怎么会给出如此错误的判断，"陈波问，"我们家邻居姓卢的大地主，抽惯了大烟，最后，变得完全麻木。"

"我不知道您家邻居原来的智力水平。"李卓吾冷冰冰地说。

"所谓的医生鉴定不外乎是肮脏的贸易策略。"翦梦季愤怒地说。

"三元里斗争的胜利难道不是历史事实？"小许气愤地质问，"离广州市区半小时远的地方，立着一块纪念碑，碑文上写着纪念1841年5月30日抗英斗争的农民英雄。"

李卓吾感到奇怪，反马克思主义三人帮怎么没有帮助他。林宝贵和两个姑娘目瞪口呆，像被吓坏了的小鸟。

"一种学说，如果蔑视人民，是没有生命力的。"翦梦季说。

"那是一潭死水，"赵达良进一步强调，"停留在1906年德国的《迈耶百科全书》上。"

"达良，你给我闭嘴！"赵老先生怒冲冲地喊，"一个有教养的大学生怎么能如此无礼？"

"命令无效，爸爸，"达良反抗说，"一个人民民主的父亲怎么能如此封建？"

"所谓三元里抗英的唯一资料，"李卓吾用宣讲的口吻说，他动摇于畏惧和高傲之间，顽固地为自己的权威搏斗，"是陈家发的《一个历史时期的教训》，这本著作包含了相关的英军的报告，书中称所有其他的说法是民间瞎说。我有这本小书，如果你们不偷懒的话，可以拿来读一读。"

"现在，陈家发和他的老师谢况在哪里？两个都在台湾！"韩文武高声说。"瞧，这两个来源都洁白无瑕！"

"另外有一个资料，"杨大摩发言，他丰富的知识、不倦的思维、清晰的记忆，透过苍白消瘦的脸散发出光芒。"书名是《同时代人论鸦片战争》，北京人民出版社1952年出版。从第10页到24页，登载了3个参加过三元里斗争的人提供的情况，一个名叫许金，退了职的政府官员，一个名叫王彪，乡村教师，还有一个名叫何居正，是个识字的农民。"

"韩文武，"冯淑珊突然小声地请求，"你再重复一下3个人的名字。我想将这记下来。"

文武试图这么做，但一种突发的幸福感使他讲不出话。

杨大摩代替他重复了三个名字，接着说："农民群众手拿梭镖、长矛和普通简陋的武器，将全副武装的不列颠军队逼入困境，切断他们的退路。这些占领世界的强盗、买卖鸦片的商人、侮辱妇女的流氓，至少受到部分正义的惩罚。超过两百名不列颠的官兵死于农民的长矛下。"

"只有50人。"李教授拼死反驳。

"超过两百人，"洪小梅强调，"这是我们在夜校学的。"

"军官中无一阵亡。"

"甚至有一个是上校，名叫戈登·布莱莫！"杨大摩进一步说。

"戈登·布莱莫爵士死于中暑。在英军的报告中是这么写的。"

"英军的报告您怎么能够让我们——"突然一阵咳嗽使高高瘦瘦的杨大摩身体晃了起来，他像大风中的竹子，弯下腰又挺起来。他的手绢染上了红色，鲜血透过指间往下滴。

"上帝跑来救我了！"Joe W. Lee不无感动地想。他回过神喊道："快带他回房间！你们几位男生，韩文武、大许、小许！鄢梦季快去叫医生。王柳平也一起去。"

他很快打开课室的门，与白喜友撞了个正着。"Johnny！你在这里干啥？"

"这里的墙上挂着一些蜘蛛网。"校工解释。

"幸好我没有忘记，这里是8块钱，去市场帮我买一棵小圣诞树。"

"您自己去吧。"

"我们可以进来吗，教授先生？"

"请进。"

李卓吾书桌上的台灯散发出的绿色灯光映照着反马克思主义的三人帮，他们走进房间，表情尴尬，但却坚定。

"我们妨碍您吗？"

"不妨碍。请坐。"

但三个学生仍然站着。

"我们有问题想问您，教授先生——"小苹果开口说，可是她却没能继续讲下去。

"您是不是中国人？"冯淑珊大着胆将问题讲完。

"我们的问题，"林宝贵解释，"可以这样来理解：我们想知道，您是否有中华民族的归属感。"由于瞬间的紧张，他在讲话中顾不上用通常的谦虚的套语。

"这间大学过去的、很可能也是未来的校长史密斯教士先生，"Joe W. Lee 解释说，他神情集中，抛出来的话经过细心斟酌，"常常对我说，虽然我生下来是中国人，但却是一个真正的美国人。"

沉默。

"得到这样一种认同，是一个很高的目标。但可以达到。你们也能达到。"

沉默。

"你们还有问题吗？"

"没问题了。我们想回去了。"

"等一下！"Joe W. Lee 打断他们的话，做了一个命令的手势，"我有些话要对你们三个人说。林先生，您要好好考虑，我跟右翼和左翼都有很好的联系。是的，跟左翼也有，否则，现在的院长就不可能任命我担任他的副手。由于这种和那种联系，我既可以使任何一个学生飞黄腾达，也可以毁掉他的前途。

"还有你们俩，林小姐和冯小姐，你们要好好考虑，你们是完美的年轻女士，漂亮健康的女孩子，如果你们以洪小梅为榜样，那就太可悲了，她是个反常的发迹者，用政治口号来抵消身体和社会方面的自卑感。"

沉默。

"最后，我要告诉你们三个：你们必须在西方文明和东方的群氓经济之间做出选择。你们选吧！"

"我们可以走了吗？"

"如果你们答应回去后考虑我说的话。"

"我们答应。"

"我宣布开会,"火花仙子说,"今天是1954年12月23日,我相信,我们大家永远会记住这个日子。——杨大摩,你来这里找什么?回房间去好好躺着!"

"我已经好多了,"杨大摩安慰她,"大夫说,只要我不要说得太多……"

"你根本不应当说话。自从你咯血到现在总共才3天。"

"但是,如果我躺在房间里,不知道情况,放不下心,也会对身体有害。让我做会议记录吧,洪同志。这会使我没机会讲话。"

"好吧,如果一定要这样。同学们,我们现在开会。议程是:李卓吾教授的反动宣传以及我们对任命他下学期担任副院长的态度。谁要发言?"

"我们想首先听听班长的意见。"郭梦季说。

"其实,你们都知道我是怎么想的,"火花仙子笑着说,"我是一个卖苦力的女孩。我站在工人阶级的立场上。我们工人需要一门好的科学,能够帮助我们铲除一切苦难,铲除殖民主义压迫和资本主义剥削。但是,李卓吾教授拿着优厚的报酬,向人民兜售的知识却是对压迫者卑躬屈膝,对被压迫者污辱诽谤。因此,我提议,将我们知道的情况告诉院长同志,并建议撤销对李卓吾的任命。"

"你们注意到没有,"王柳平补充说,"他使了什么花招描绘19世纪?——他将各种阶级混淆在一起。统治阶级是麻木腐朽的。这个家伙却阴险地推而广之,说'中国人麻木腐朽'!谁看不见我们的人民勤劳、有正义感,就让他见鬼去!我完全同意班长的提议。"

"腐败的清政府不能代表中国人民。"林宝贵提醒大家。

"高贵的殖民强盗,"冯淑珊带着优雅的反讽说,"想使我们在鸦片的梦幻中感觉不到他们的践踏。"

她还想说点什么,却因为突然乱了头绪而停住了口。

"因为我们不像李缺吾那样舔他们的靴子——"大许骂道,但杨大摩打断了他的话:"谁是李缺吾?——啊,是李卓吾。老许,把你的广东话口音扔到一边去吧,否则,我无法给你做记录。"

"好,好,我用最标准的北京话说,"大许模仿北方人的语音语调说,"因为我们不舔他们的靴子,将他们的毒品扔进海里,李卓吾就说,'英国政府有理由感到受伤害'。他不配当我们的副院长,他是个屁眼!"

两个资产阶级家庭出身的女孩子听不懂最后一句话。小伙子偷偷地笑。洪小梅狭小的脸上露出一副明智的、缜密的政治家的表情。

"我觉得,李教授想把我们当成傻瓜,"小苹果用羞涩的声音断言,"每个小孩子都知道,鸦片是有害的。"

"德国百科全书中引用的资料到底出自什么医生?"陈波寻思着问。

"我告诉你吧,"韩文武笑着回答,"这是资产阶级科学不自由的活生生的例证。"

"李卓吾把中国的19世纪称为黑色时期,一个无所作为和不抵抗的时期,"火花仙子指出,"他不是历史教授,而是历史的篡改者。"

"甚至英勇的三元里抗英也被他说得一团糟,"小许恼怒地说,"我无条件赞成洪小梅的提议。全广东都赞成。"

"19世纪我们还有光荣的太平天国起义,"王柳平指出,"我们学院也用了'太平'这个名字。"

"可是在这个学院,帝国主义的奴才却要成为副院长,"蒻梦季的话中带着讽刺,"笨猪也想吹笛子。我衷心支持洪小梅同学的提议。"

"他还认为三元里抗英是'民间的瞎说',"史金玉指出,"他诬蔑了农民。我坚决同意洪小梅的提议。但是,我想提一个问题:我们在这件事情上的意见究竟有没有作用?谁来担任副院长,做主的是另外一些人。我们只是学生。"

"你大错特错了!"赵达良用响亮的声音说,"今天,起决定作用的是青年人。孔夫子那套东西过时了。昨天,我还对我家老爷子说:'爸,至今为止,你都用自己的权威观念阻碍我的发展,但现在——'"

"关于这件事,你一定得写首诗。"小苹果故意逗他。

"这对于我一点也不难。但是,回到议题上:我全心全意支持火花仙子的提议。我还有一项补充提议。李卓吾不仅不配当我们的副院长,他根本就不配当人民教师。他应当去接受改造,而且要立即去。"

"这是最好的,"陈波表示认同,"但我们大学生无权送他去那里。"

"我们是没有这种权力,"火花仙子说,"我们能够而且也必须将我们知道的情况和想法告诉院长同志,接下去会发生什么事情,取决于他,而不是我们。至于我本人,我认为赵达良的补充提议非常好,我支持他,并且会在院长同志面前表态支持。"

"Joe W. Lee要培养的是奴才,"韩文武说,"他为国民党反动派和历史的篡改者谢氏、陈家发之流做宣传。因此,我不仅同意洪小梅的提议,而且也赞成赵达良的补充提议。"

"我们也是这个意见！"王、史、蕢和许家兄弟异口同声地说。

"到目前为止，我感到孤立，"陈波开始发言，"学院领导不信任我，因为我是一个被枪毙的地主的儿子，而且，反马克思主义三人帮——"

"反马克思主义三人帮已经不存在了！"林宝贵表示抗议。

"不要打断他，"火花仙子说，"反马克思主义三人帮存不存在，必须由你们自己来证明。"

"我第一个揭露了李卓吾的反动宣传，"陈波继续说，"但我的斗争是胆怯的、孤单的。我没有勇敢地、公开地站出来，争取学院领导信任，而是请同学们不要说出我的名字。从今天起，我要更好地斗争。现在仍有李卓吾这样的人，他们要将我们重新带回到过去的梦魇中。我们必须团结我们的力量跟他们做斗争。我最坚决地支持洪小梅的提议和赵达良的补充提议。"

"我只想讲几句。"杨大摩对洪小梅说。

"给我，"史金玉接过笔和记录本，"我来做记录。"

"我跟洪小梅不同，不是工人子弟，"这位有病的学生说，"但什么是贫穷，我非常清楚。我父亲在勤建胡同开了一间小店，我们完全依靠虞大婶的贷款，她是淮海路和陕西路拐弯角那间大百货店的老板，这你们都知道。她是一个非常顽固的老太太，向我们收取很高的利息，将卖剩的零星商品硬塞给我们；如果我们将这些劣质商品卖不出去，她就对我父亲说：'因为你像瘫痪的佛蹲在店的柜台后面。'早在新中国成立前，我父亲就想让我读书，为此，他向虞大婶借钱，可是她拒绝了，而且还说：'我们国家不需要有文化的乞丐，而需要能干的商人。'

"新中国成立后，我三次报名读书，但又碰到了新的障碍：我的病。虞大婶当时嘲笑我们：'这就是你们的人民政府！这就是你们的民主！'我感到痛苦，恨不得她被没收财产。

"但我不倦地读书、学习，时而在小店后面的房间，时而在人民图书馆。我的身体好些了，现在，我终于成为一名大学生。过去，通过自学和思考，我已经懂得，我们政府的政策是唯一正确的。我们中国的经济关系不能过快取消资本主义，而只能逐步减少。死抱住对虞老太太的愤怒不放，是不会有什么结果的，我必须为进步效力，跟任何反动宣传斗争。因此，我毫不留情地反驳李卓吾教授，不顾他的权威，也不顾我的健康——我完全支持洪小梅的提议和赵达良的补充提议。"

"你说你只想讲几句！"火花仙子心疼地说，"我没有打断你的话，因为你的话很重要。但是，今天晚上不要再讲话了！我求你了！"

"我属于虞老太太的那个阶级，"林宝贵说，"尽管我父亲不像虞兴兴百货店的老板那样有钱,那么冷酷无情,但这不会使事实有很大改变。人们让我们有利可图,在技术和经营方面向我们咨询。杨大摩对虞老太太的感受,是人民对资产阶级的感受。

"为了使人民的仇恨转变为友好,我们只有一条路,它像一切陌生的东西那样使我们感到惊恐,那就是社会主义道路。为了让我们学习走这条路,人民必须帮助我们。而我们只有成为同盟者,人民才会帮助我们。所以,我刚才说,在我们班,反马克思主义三人帮已经不存在了。

"有许多事情我们还不清楚,但有一点,我们作为民族资产阶级的子女,今天是知道的:中华民族是光荣的民族,我们中任何人都不能容忍帝国主义者或帝国主义的奴才污辱她。

"谁宁可相信英军的报告而不相信中国英雄的证词,谁就不能当我们的老师。因此,我坚决赞成两位同学的提议。

"你们知道李卓吾教授对我说了些什么吗?他说:'我跟右翼和左翼都有很好的联系,所以,我能使您飞黄腾达。'同学们!我还有很多东西需要学习,但是,有一点我今天已经能够对你们讲:我不需要民族叛徒恩赐的飞黄腾达!"

冯淑珊犹豫地站起来,说:"对于社会主义道路,并非所有民族资产阶级家庭的子女都不了解。有些人走这条道路,直到英勇牺牲。有些人走上了这条路,又离开了。我就属于这种动摇分子。韩文武,你还记得吗,1947年12月11日,你怎样把我吸收进共青团?在那一刻,我预感到了生活中一切伟大和美丽的东西。可是,当我们在5月写传单的时候,我哥哥发现了,将我锁在房间里三天三夜,放我出来的时候,你们所有人都已经走了,去农村进行宣传。这时候,他送了许多礼物安慰我,桃花丝绸做的晚装、蜥蜴鞋、缎子鞋、两瓶黑水仙牌香水……

"我刚才说了,殖民主义者想用鸦片麻醉我们,以便扼杀我们中国人的尊严。他们不仅用鸦片,而且用他们的奢侈品,他们的荷里活电影,他们全部的所谓西方文明。我被麻醉了,甚至超过了我哥哥所希望的程度。为了忘却由于他的阻挠而错过的伟大和美丽,我需要这种麻醉。我需要缎子鞋,需要香水、唇膏、爵士音乐——我一心只想成为时髦的女人。

"我的麻醉延续了6年半,直至3天前我才醒悟。李卓吾也许认为,他已经完全扼杀了我们的民族尊严,我们必须吞下任何污辱。但是,我们中国人的尊严,比帝国主义者及其奴才想象的更牢固。

"洪小梅的提议和赵达良的补充提议,我完全支持。由于我的过失,我当然永远失去了韩文武的喜欢。"

"你对此这么肯定?"

淑珊没有回答,坐到椅子上,她低着脑袋,用颤抖的笔在纸上不断涂写一个日期:1947年12月11日,1947年12月11日……

"在旧中国,"小苹果说,"我们女孩子被人瞧不起,甚至一钱不值。在童年的时候,我常常问,我为什么来到世上?后来,人们对我说,为了讨男人的喜欢,结婚嫁人。于是,我追求漂亮的衣服、挺括的鞋子,因为淑珊打扮得比我时髦,所以我钦佩她、模仿她。我自认为是她的忠实朋友,比世界上任何人都更了解她。可是,刚才我听了她自己讲的故事,我才知道,我对她根本不了解,我跟她的友谊是非常非常表面的。我甚至不配跟她交朋友。我再一次问自己:我究竟为什么来到世上?——同学们,你们必须教我。但是,此时此刻,我知道了一点:如果有人污辱了我们的祖国,他就要受到应有的唾弃。为此,大家需要我跟其他人那样表明态度。我很高兴,我对洪小梅的提议和赵达良的提议表示热烈的赞同。"

"好!"蒻梦季胜利地说,"两项提议被一致通过。我们不再是杂七杂八凑在一起的乌合之众,而是一个坚固的班级,为祖国和进步而战的团体。我们比过去更紧密地团结在党的周围。在这里,我向洪小梅同志提出加入共青团的申请。"

"你们向我报告的情况当然非常重要,"罗院长说,"但是,学院领导的决定是不可能朝令夕改的。你们必须有耐心。"

"好的,我们耐心等待。"韩文武虽然心中不太高兴,但客气地表示服从。

"不仅耐心等待,"火花仙子补充说,"而且遵守纪律。"

他们三个人的手握在一起,每个人都突然感觉到了另外两人手上的疤痕:罗散天在日本人的牢房里受刑留下的,洪小梅在煮茧时被烫伤结的,韩文武在纳粹学校拒绝唱《德意志高于一切》挨打留下的。

此时,他们知道,他们眼下的疏远感将会像上海冬天里雪花那样在回暖的空气中融化。

他们刚走,潘副院长就来了。

"您来得正好,"罗院长仍然非常友好地欢迎他,"我有许多事情要告诉您。"

"我全知道了。我可以想象,您一定对我很生气。"

"对《长安与佛罗伦萨》的作者,我永远不会生气。最好是,您能够在我们这里再工作一个学期。"

"您还不知道，这段时间，我写信给北京的妻子，请她私下向校长探听，看我是否可能推迟回去，但他很干脆地拒绝了。"

"这个拒绝给您妻子带来更多的是高兴，而不是委屈。"罗院长开玩笑说，语调中带着伤感。

"她对此没有提及。倒是孩子们写得更多。"

"您真有福气。"

"罗同志，您的家属也在北京？"潘明德问。

"是的，脱不开身。我妻子必须参加北京协和医学院的重组工作，这是洛克菲勒基金会创办，一个帝国主义者的巢穴，在那里，人们用苦力来做试验。我们还是谈谈我们学院吧。我没有全部记住洪小梅和韩文武讲的情况，因为他们俩都很激动，讲得有点乱。他们断然要求免去李卓吾的职务。全体学生指责他歪曲历史。"

"'年轻人心直口快'，"潘教授笑着说，"这是德国古典作家席勒的话。"

"十月革命以后的历史我很熟悉，在此之前的就不太清楚了，"罗院长说，"在这些问题上我不是专家。"

"这涉及第一次鸦片战争期间广州郊区的一次农民斗争。我们不能期待一个传教士的学生在一夜之间转变态度赞成造反。"

"不管怎么说，任命他当副院长是错误的做法。"

"我不想反驳您，但是，撤销对他的任命，可能是一个更糟糕的举措。学院领导会因此而丢脸，失去威信。Miss Irene 基于她缺乏纪律性会因为这个胜利而完全失去自控。"

"她是没有纪律性，这一点从她的信中可以看出。这里是李卓吾的一封信，这封信再次展示出他好的一面。他非常关心杨大摩同学的健康。"

"这个问题他也跟我谈过。学习任务对杨大摩生病的肺造成过大伤害。他必须休学一至两年。"

"总而言之，您认为，撤销对李卓吾的任命可能毁掉学院领导的威信？"

"那是肯定的。"

"那么，李卓吾将留任副院长一个学期，在某种程度上作为试用。"

蒭梦季冲进共青团的办公室。

"你已经有答复了吗，小梅？"

"是的。"

"免职？"

"保留对李卓吾的任命。"

"别开玩笑。"

"我根本没心思开玩笑。"

"这个家伙继续当我们的副院长？我的头简直要炸了。"

"我也是。但我们必须遵守纪律。"

"我们必须？"梦季大喊，"你也许必须，我可不。幸好我还没有加入组织。请退回我的入团申请！"

"马上就退。"火花仙子声音平淡地说，但她的小手颤抖得厉害，以至于无法打开抽屉。

"我明天再来……"梦季转身要走。

"随你的便！"小梅从牙缝中吐出几个字，"但是，我今天就要告诉你：我不知道谁是你未来的妻子。这也跟我毫无关系。但我知道，她会有一切理由为你感到羞耻。"

"我知道了。我可以走了吗？"

突然，火花仙子站在了他与门之间。

"梦季……是我错了……我最怕的是做事不公正。"

"你刚才向我表明的是相反情况。"

"我说了，是我错了，我不该将两件事情混淆在一起。我们个人的事情没有那么重要——"

"我对于你来说是不重要的。而你对于我来说，是世界上最重要的。"

"你不该这么——"眼泪从小梅的眼里一涌而出。她用抽泣的、变得像小孩子似的声音重复道："你不该这么说！"

她乌黑的眼珠和晶莹的泪水迸发出的火花交织在一起。梦季自己也感到意外地突然跪在地上。

"我不想被你看成是最重要的！"火花仙子一边抽噎，一边用左手抚摸他俊俏的额头，同时用右手掏出手帕，为自己擤鼻涕。"对于女孩子来说，你的话是很中听的，但是——"

"如果你瞧不起我，那么，我也必须瞧不起自己。"

"如果你要拿回申请书，我是必须给你的。"

"我刚才是一时糊涂……"

"回你的房间去，解开所有线头吧。"火花仙子露出了微笑，她想起了自己在缫丝厂的旧手艺。

"我可以给你端一杯水吗？"

"不必客气。"

在马发利按阿拉伯风格装饰的房间里,招待客人的黑咖啡冒着热气。

"我听了您三次课,"李卓吾说,"对于您高度评价希腊古典,我完全不能同意。那些戏剧,大理石雕塑,华丽的建筑——全是异端的偶像崇拜。"

马发利用他的杏眼无畏地迎着客人的反光的眼镜片,他对即将上任的上司说:"您仍然从传教士的立场,而不是从人民民主的立场出发进行判断。"

"人民民主……耶稣基督的教义比其他所有插曲的寿命都更长。"

"您正是这么想的。"

"谁能够禁止我这么做?您不也信仰真主吗?"

"我信仰真主,但我不会试图用他的名义压制科学的启蒙。"

"为什么不会呢?——因为你们的真主跟佛、奥尔穆兹德①、阿图姆②、阿波罗一样,是异教的神。"他站起来,冷冷地告辞离去。

"怎么这样看待我们少数民族,"马发利想,"礼貌地对待少数民族,是最重要的国家准则之一。可是我们却遭到践踏。"

他为了得到安慰,拿起刚到的一份杂志。杂志的名称是 *El Popolo Cinio*,在世界语里,意思是"人民中国"。马发利怀着充满幻想的激情喜爱这种语言,将它看作是一种发育良好的小人,这种人用匀称的句子结构、水晶般的构词法和一目了然的拼写规则,在各种自然生长的语言形态当中盘旋,一种人造的光辉的侏儒,它预言了未来最美好的前景:全世界的相互理解。

符高新夫妇坐在爱莲的宽矮的书柜旁,那是他们最喜欢坐的地方,书柜上摆放着李白和杜甫的塑像。

"冯先礼的工厂最近改成了公私合营厂,"高新说,"部分财产仍是私人的,但大部分是公有财产。"

"什么时候轮到虞老太太?"爱莲急不可待地问,"她对杨大摩的病负有责任。"

"她是一个肮脏的旧钱袋,但她避免公开暴露自己,不像冯先礼那样,新中国成立初期,他跟偏房离了婚,他叔叔的两个妾也离了。"

"我知道,是韩文武的父亲审理这宗离婚案。"

---

① 古代波斯多神崇拜中的神。
② 古代埃及的神祇。

"是的。上海的报纸称她们为三个正义的妾。"

"此外,冯先礼还将他的妹妹变成时髦的模特儿。"

"他认为,是她自己变成这样的,他只是想让她脱离共产主义。"

"自从人们部分剥夺他哥哥的财产后,冯淑珊像朝霞一样出现在课室里。"

"她对每个愿意听的人说:'不久,人们将不再瞧不起我,把我看作资本家的妹妹。'"

"最近,也开始认真学习。"

"这要归功于李卓吾。"

"高新!我不想听人对此开玩笑。罗散天不愿撤销对这个家伙的任命,是一种臭气熏天的卑劣行为。我不知道,我该怎么做。也许,我要请病假。"

"你这样做不对,爱莲。如果我们不再跟共产党走,那么,我们取得的所有进步都会化为乌有。"

"这我知道。你不需要对我进行宣传。可是,罗散天不是真正的共产党员。他就像广东的荔枝——红皮白心。"

"谁是真正的共产党员,不是由个别人说了算,而是由组织决定。"

"难道组织就不会搞错?"

"她也可能会错,但不像个人那么容易。"

有人敲门。

"请进!"爱莲大声喊。火花仙子推门进来,气喘吁吁地靠在书柜旁。

"你长高了,小梅!"爱莲高兴地说,"你的个子原来只到杜甫的手肘,现在,已经到他的肩膀了。"

"您也注意到了?"火花仙子得意地说。

"人一直到24岁都能长个子。"高新向她解释。

"那就更好。不过,我们现在不谈外表。我带来了一个好消息。"

"我们很需要好消息。"

"我们学生集体找到了一种办法摆脱目前的困境,而又不违反纪律。我们打算将12月23日的会议记录直接寄给党委书记严和忠同志。你们有他北京的地址吗?"

"我试找一下。"爱莲即刻起身向门外匆匆走去。

在教授会议室里,她见到副院长潘明德和校工白喜友。前者在制订下学期的教学计划;后者在墙壁上固定一幅宣传画,画面用图表的方式表示中国经济中社会主义成分的增长和资本主义成分的减少。

"潘教授,"爱莲自我克制地开始说,"请您将我们党委书记在北京的地址给我。"

"干什么用?"潘教授带着委婉拒绝的语调问。

"我有需要。"

"我没有他的地址。而且,打扰在中央党校学习的干部也是不恰当的。"

"我到底有没有权利知道他的地址?"

"您没有权利制造不和。"潘教授的声音明显比他的语句缓和。

爱莲没有告辞便步出了会议室。在走廊里,有一个人叫住了她,那就是白喜友。

"张教授,我可以找到地址。"

紧接着,他来到院长办公室。

"罗同志,严书记在北京住哪里?"

"您要给他写信?"

校工脸上露出一副看不透的表情。

"好吧,您总归有权知道他的地址。在我的笔记本里。我马上抄给您。"

"您费心了。我可以自己抄。"

他开始写。

"写得很快、很漂亮,"院长表扬他,"您是跟张教授学的?"

"噢!从10月份就开始了。"

"免费的?"

"免费的。她是为了进步。"

"潘副院长和李教授认为,她是为了让别人喜欢自己。"

"您怎么认为?"

院长呆呆地看着老校工谦虚的脸,突然感到自己像个参加考试的考生。

"我认为,是为了进步。"

"可是,您的脸却像一个慈悲的大佛,"老白想,"您确实是个正派的人。"

他告别时像传统的做法那样,拱手做了个揖,表示感谢。

宽阔喧闹的淮海路上闪烁着五颜六色的霓虹灯广告。它们当中有多少是属于成长中的社会主义经济成分,又有多少是属于萎缩的资本主义成分?——对此,谁能像杨大摩那么详细地阅读报纸,谁就会非常清楚。如果谁想知道这些给人深刻印象的霓虹灯广告有多么的资本主义,那么,他不必首先去查看报纸。

一个发光的巨大问号。过一会儿,它化作一朵金色的云彩;接着,又变成雨点般的星星。"雨"读音同"虞","星星"同"兴兴",这些变化的灯光构成了虞兴兴百货店的有效广告。

杨大摩离开霓虹灯广告,向他父亲所在的狭窄街道走去。他最终不得不告诉他们,学院因病要他休学。这意味着:不恢复健康,就不能复学。学院为他提供助学金,这足够他解决吃饭问题。但是,休学回家,他将重新陷入贫困境地而加重病情。此外,还要忍受往日的心灵折磨:母亲的眼泪、父亲的失望、虞老太的讽刺。

再见了,大学生的幸福!再见了,心爱的科学!他狠狠地击中了那个帝国主义奴才教授。可是,这个帝国主义奴才教授却给了他更狠的打击,也许甚至是——致命的一击。

仍然,为什么他感觉到一只火花四溅的小鸟还跟在他后面飞,并且唱着他年轻的、不可摧毁的希望之歌?他停住脚步,转身往后看。

"你的肺有病,怎么还要在晚风中散步?"洪小梅带着母亲般的严厉问。

"我不得不告诉父母,我休学了。"

"等一等。一切会好起来的。严和忠书记在收到我们的会议记录三天后,已经回来了。刚才,他单独和罗同志在院长办公室见面,将大门紧紧关闭。"

"和忠,尽管你不留情面地批评我,但是,对于你的回来,我感到非常高兴。"

"你受党的教育25年了。而你——你仍然按照自己的方式判断人,跟过去一样。你将著名学者的偏见看得比群众的要求更重要,跟过去一样。你认为,承认和改正错误,就会丢脸,这也跟过去一样。真见鬼!如果你落在革命之后,你的功劳对我们又有什么用?"

"我知道自己犯了严重错误,但是,你还没有向我解释,怎样做才正确。我当然不该任命李卓吾当副院长。但是,我绝对需要行政管理方面的帮助。要知道,一天只有24小时。"

"你本应任命符高新。"

"符高新完全受他妻子的影响。"

"要是任命他的妻子,那也不坏。"

"任命这个女人,那是不可能的。"

"不可能的人选并不总是最糟糕的人选。"

"我不是曾经将她的信给你看吗?那是不是无组织的抱怨?"

"那确实是无组织的抱怨。但是,在无组织的抱怨后面,哪怕只藏有一小粒金子,你作为共产党员,也有义务将它找出来。"

5 天后,爱莲坐在党委书记的办公室。
"罗同志,这是我加入中国共产党的申请。"
"张教授,谢谢。我们会仔细审查的。"
"杨大摩怎么处理?"
"他继续留在学院。"
"哟,太好了!"
"我们将竭尽全力,使他恢复健康,并促进他发展。国家需要这样的人。我跟他详细地谈过两次话。他的脑袋像一座金矿。这一点,我也跟院长讲了。
"新院长来了吗?"爱莲高兴地问,"他叫什么名字?"
"我们的院长仍然是罗散天同志。"
"不!"爱莲喊道。"您可不能对我做这种事!"
"'我',张教授?您怎么又强调起'我'来了?我无意中知道,您总是想着人民。可是,所有其他同志应当从哪里知道呢?
"为什么您不想罗散天当院长?是因为他犯了错误?毛泽东说过,只有两种人从不犯错误,一种是死去的人,另一种是还没有出生的人。张教授,在这件事情上,您自己就完全没有错?"说完,他将灰白的头侧向一边,两道浓眉之间泛起多年形成的皱纹。
"我像成千上万的傻瓜那样犯错误!"爱莲肯定地说,"但是,罗散天——"
罗散天出现在敞开的门口。
"进来吧,把门关上,"严和忠说,"李卓吾一个小时前启程去苏州了。"
"您相信,再教育学校能使他变好吗?"院长自言自语地说。
"我不是算命先生。还有,他用相当挑衅的口吻问我,他能不能带《圣经》,我甚至为他将《圣经》放进皮箱里。"
"现在,但愿我们能够不受干扰地工作。"罗散天指出。
爱莲没有吱声,用恼怒的目光打量他。
"张教授写了一份入党申请。"党委书记说。
爱莲坐在两人面前,弯着身体准备跳起来。"如果他把我的申请递给罗散天,"她想,"我就一把从他手里抢回来。"
有人敲门。
"请进!"

13个学生腼腆而坚定地走进来,为首的是蒴梦季,显然,他是被推选为他们的发言人。

"帝国主义者的奴才被赶走了,"蒴梦季开始说,他的粗眉由于激动和兴奋抽搐着,"我们大家又成为自己人。因此,我们学生请求学院领导和全体教授友好地调解前段困难时期产生的冲突。人民民主到社会主义的道路是一条暴风雨式的道路,当中会出现错误,谁如果被错误吓倒了,那就是懦夫。我自己有一段时间就是这样的懦夫。我向洪小梅同志要回入团申请,这是很可耻的。我们已有的巨大成绩,是在共产党领导下取得的。我们还要在她的领导下继续取得更大成绩。为此,我们需要纪律和友好的合作。我们的人民是怎么说的?——同心同德,石头也能变成玉。"

爱莲的视线从一个学生移到另一个学生身上。此时,他们将这个严肃的房间挤得满满的:13支可爱的人类花朵,13个清泉般朝气勃勃的孩子,13张灿烂的未来的脸庞……为了他们,她不能再像过去那样,为了这13个以及成千上万个孩子的幸福未来,她必须按照工作的需要去做。

她慢慢地从桌上拿起自己的申请书,交到罗散天愉快地伸出的手中。

上海,1955年1月12日,下午5时

亲爱的蒴同志:

我对待你不公正,你未来的妻子将不会为你感到羞耻。她将为你感到骄傲。

洪小梅

上海,1955年1月12日,下午5时17分

心爱的火花仙子:

什么时候我们去婚姻登记处?

你的梦季

命运的战胜者[1]

（节选）

1948年初夏，百分之九十五的上海老百姓已经赞同共产党人。但是，白色恐怖依然猖獗。警察局长罗书平21年前曾在维也纳留学，对当年约翰·索贝一手策划的7月流血事件留有深刻的印象，他给自己的国民党党员身份起了个名，叫索贝罗。他的厨子跟共产党人有联系，将自己在警察局长的晚宴上端菜时从教育局长谭波以及其他客人那里听到的消息告诉了他们，并提醒他们防备策划中的逮捕行动。

正当阿福在索贝罗家中端上烤鸡时，同济中学的教师宿舍里，年轻的数学家魏茗云来到历史教师孔慧欣房间。因为她们等待的严宾兴和吴阿福8点后才来，茗云诙谐地舒了口气说，她们总算有点时间聊聊天，谈点完全属于个人的事情。

"你在上一次开会时暗示，有件事情会令我很好奇。"脸上带有小酒窝的数学家开口说。

慧欣没有吭声。

"我完全有理由要求你解答这道含有未知数的等式，可你却保持沉默。"

"对一个年轻的女人和私人生活井井有条的母亲，我总不能那么轻易地向她承认，自己20多年来爱着一个妖怪。"

"这个妖怪至少有名字和地址吧？"

"没有地址。只知道他在1940年从国外回来了。"

---

[1] 《命运的战胜者》是朱白兰继《香港之歌》后创作的长篇小说，完成于1961年，朱白兰将它作为庆祝中国共产党成立40周年的献礼。小说的主要情节始于1948年上海，结束于1959年"大跃进"运动，涉及新中国成立以及20世纪50年代各条战线上的政治运动和重大事件。书稿寄往民主德国的出版社后，由于意识形态的分歧而未获出版，只在民主德国的文学期刊《新德意志文学》1961年第10期上以"彩色身影的苦力"为标题节选发表了部分内容。此处翻译的是已公开发表的部分。

"或许他就在上海？"

"也许吧。我没有时间去打听，打听也没有用处。"

"现在，你就按顺序好好地讲讲，这件事情对于一个历史教师来说是如何不得体。"

"好吧，我按时间先后讲——我们姓孔的家族很大，成员包含所有社会阶层，从上层到下层，全有。你知道，我出身于倒数一层。1925年秋，我在北平通过鲁迅的帮助，获得奖学金上女子高等师范学校。"

"鲁迅是你们的老师？"

"他同时还担任部佥事，但时间不长。腐败的军阀政府放纵日本帝国主义者。我们学校在下学期开始了一场爱国的抗议运动。我们白天学习，晚上讨论。我们的同学许广平跟学术界有很好的关系，她后来成了鲁迅的夫人。有一回，她带领我们去北京大学参加讨论。讲台上站着一个……"

"……小伙子，像迎着朝阳的公鸡那么英俊。"

"没有那么英俊，不过，额头高高，嘴巴充满激情，学识渊博，好比魁星下凡。他还是我的一个远房表哥。他家是我们孔姓家族中既当官又办厂的一支，有权有势，荣华富贵，但卑鄙无耻。"

"事情这就复杂了。"

"他做了一个关于18世纪启蒙思想家的报告，扔给我们一大堆法国人的名字，伏尔泰、卢梭、达朗贝尔、狄德罗，还有许多许多。他讲得特别多的是伏尔泰。他认为，只有理性可以救中国，特别是西方的，尤其是法兰西的理性。他让我们不要再憎恨帝国主义者，而应当向他们学习西方的理性，现代的改良，现代的技术，西方的文明。这样，帝国主义者就不会再欺负我们，因为，任何老师都会对自己的学生有好感，这是人的天性。总之，他的唯心主义观点荒唐透顶，令人毛骨悚然，而说出的话经过精心打磨，让人钦佩得拍案叫绝。"

"那么你呢？"茗云问。

一双着了迷的黑眼珠在慧欣稚气的鼻子上闪闪发光，两片丰满的嘴唇表达出动人的贞洁。

"我当时要求发言，讲了一些幼稚的意见。起初，我试图讽刺他，没有称他孔家善，而是叫他'伏尔泰表哥'。我想用这个绰号挖苦他，没想到他反而觉得挺得意的。我大声地喊道，我们应当向工人和农民学习理性，因为他们知道，帝国主义者想在我们这儿得到什么，他们知道的东西比老伏尔泰多，比年轻的伏尔泰多得多。"

"一点儿也不幼稚。"

"鲁迅跟我握手，表示认可，但我并不觉得自己是胜利者。让我感到受宠的是接到一项令人兴奋的任务，这项任务至今仍紧紧地抓住我：要使我的伏尔泰表哥从一个出色但迷失方向的精神骑士转变成真正地为进步而斗争的人士。"

"天晓得……"

严宾兴走进屋，紧接着，吴阿福也进来了。

"坐吧，请喝茶。"历史老师招呼他们。

但是阿福执意站着，他从暗藏的腰袋里掏出两张小纸条。

"食谱，"他笑着用洋泾浜英语说，"very goodie。"

"我们很有兴致听你念。"脸上有小酒窝的数学家肯定地说。

"第一，鸽子酱。我的老爷明天要拘捕我们十个同志，两位电车工人，四个美国电厂的工人，同济大学两个男生和两个女生。"接着，他读了十个人的姓名。

"你怎么知道他准备抓人？"严宾兴问。

"他画上一个小方框，这表示囚禁，我很久以前就发现了。"

"我们必须立即提醒他们，"茗云说，"你们同意吗，同志们？我马上骑车子出发。"

"魏妹妹总是一语破的。"宾兴称赞说。

"具有数学的精确性。"慧欣补充道。

"第二，巴可鸡，"阿福说，这种菜名是将烤鸡外文单词的前半部分音译成汉语而成的，"牛大穆8月份回上海。"

"这意味着：蒋介石要让他靠边站。"宾兴得出结论。

"那些执政者已经称他是被抛弃的胜利者，"阿福冷笑着说，"但最好的是第三道菜：阿皮土德。"他用这四个汉字来称呼一种西式苹果卷饼。"25日晚上8时，所有新闻记者将去教育部长的办公室，他将接见记者，并谎称教师们没有吃苦，说他们很满意。"

"25日？5天后？"

"是的，老教师，我已经注意到了。"

"孔姨，你知道这时间多么有利。"

"我当然知道。阿福，你是纯金。"

"你太客气了，"阿福受到称赞，咪咪一笑，谦虚地答道，"我连银子也不是。我的老爷以为我出来买喝茶吃的点心。其实我下午已经买了。现在，我得赶快跑回去了。"

"我们想请你和我们一道商量。"

"太荣幸了。可我必须马上回去端茶水送点心。"他话未说完已经跑到屋外。

"25 日，晚上 8 点，"宾兴重复说道，"这正好是教师举行示威的时间。"

慧欣迈着轻盈而有力的步子量度房间。"宾兴，无党派的老师们情况怎样？比如说，你所在的银云学校。"

"他们跟我们一样苦，虽然，这只是凭感觉，但也正因为如此，他们显得更无法忍受。他们说，示威行动不能再推迟了。"

"我们在同济中学也有这种情绪。"

"好，我们还有 5 天时间跟所有国立中、小学的同志商定示威的日期。反正学校的数量也不多——这个上海，文盲窟也自称大城市！"

"是一座半殖民地的大城市。"

"这种日子不会太长了。"

6 月 25 日，晚上，500 名男女教师在教育局前集会，他们的年龄从 19 岁到 62 岁，穿着贫寒甚至打了补丁的衣服——他们确实没有更好的衣服。严宾兴带领一班人走到局长办公室的窗台下。

屋里，谭波正在对新闻记者说："教师是这个社会和国家最值得尊重的阶层，我们怎么会低估他们的地位？我们的关心是卓有成效的。教师们……"

窗台下响起五十来人的声音，打断了他的话："教师们挨饿！"——"是啊！"——"教师们挨饿！"

"坐下，我的先生们，"教育局长用命令的口吻说，"几个瘪三，竟敢来捣乱。请你们不要靠近窗口。一旦看见屋里有人，这些家伙就会扔石头。"

"这是我们当记者要冒的风险。"《新民晚报》的记者笑着说。他走到窗旁，《大公报》的记者跟在他后面。

"您说几个人，局长先生？我看有好几百人。"

谭波无法回答，因为他正好打电话给警察局。

宽阔的霞飞路上闪耀着明亮的霓虹灯广告，汽车响着喇叭，有轨电车发出叮叮当当的声响。

"物价飞涨，薪水爬行。"孔慧欣抬起手指着图画老师扛着的一幅彩色抗议牌。牌子上方画着一架飞机，载着通货膨胀的盈利，下面画了一个消瘦的教师骑在蜗牛上。

"物价飞涨，薪水爬行。"示威者重复喊道。

从工厂下班回家的工人们停住了脚步，异口同声表示赞同。

售货员走出商店，边听边点头。

"我们要求一次性给予微薄的补贴。"庄平安抚摸着长长的白胡子说。

"每人 100 斤大米。"喊声如同海潮翻滚。

"但是,连这么低的要求……"严宾兴开了头。

"……在政府那里也碰了钉子。"其他人接过去把话说完。

"局长先生,"记者转过身说,"这不可能是瘪三。这两位胡子花白的老先生,这位目光中充满智慧的女士,一看就知道是教师。"

"共党分子不配教师这个称号。"谭波为自己圆场。

一位记者拿出钢笔。"局长先生,您认为,上海国立中、小学的教师大多数是共党?"

孔家善正在写一篇哲学文章。他听见外面的嘈杂声,便走到窗旁。显然是谭波提到的教师示威活动。

海伦什么也没有听见?她大概正忙于女儿的婚姻计划,德妮"无论如何都必须嫁给欧洲人"。他突然感到有一股力量吸引他到街上。可是,自己要操劳的事情难道还不够多吗?

他又继续写了一个小时,然后上床。他的目光落在蓝色的墙纸上,这让他想起自己现在睡的是女儿以前的房间,心中不免隐隐作痛。一年半前,海伦让他将东西搬到这里。德妮在卧室的双人床上挨着母亲的位置铺上自己的床垫。家善用一种看不透的微笑接受这种安排。他无声地叹了一口气,进入了梦乡。

警察像往常那样姗姗来迟。因为,即使索贝罗急着镇压人民的抵抗,许多普通警察却不会那么匆忙赶来……

终于出现了两辆消防车,车上站满手挥橡胶棒的警员。他们跳下车,试图随便拘捕两个教师。庄老先生和另一位留白胡子立即挺身而出,站在警员和示威者之间。教师们挽起手臂,齐声高喊:"要抓全部抓,否则,一个也别想抓。"

"你们的孩子跟谁学习?"脸上有小酒窝的数学家突然问道。

"跟老师学。"一个中年警察喃喃地说。

"如果你们拘捕了教师,你们的孩子就仍然是文盲。"

"局长先生,"斯文·朗斯特勒姆——他代表外国殖民者在上海出版的《先驱报》,对谭波说,"警察为了殴打示威者,手中拿着橡胶棒,但他们一动也不动。"

"没有法子,我无能为力,"教育局长嘟嘟喃喃地说,"我无权命令警察。"

他突然振作起精神。"新闻界的代表们!我现在就下去,跟那些受误导的人谈话,将他们引上正道来。"他威严地走下楼梯。

记者们等了15分钟,但谭波一直没有迈出大门。记者们问一个上了年纪的勤杂人员,他马上解释说,局长先生10分钟前已经从后门溜走了。

"谭波已经去睡大觉了。"《新民晚报》的记者朝窗下面的教师们喊道。

"教育局长去睡大觉了，"老庄对警察们说，"现在你们也可以问心无愧地去睡觉。"

"请尊敬的老先生带头，给我们做个榜样。"

"这一回我要赞同警察的意见了，"严宾兴笑着说。"您必须保重身体，庄老先生。您已经做了许多工作。我们年轻人在这里把剩下的事情做完。"

"我要留在这里，"庄平安坚决地说，"我如此愤怒，怎么能睡？"另一位留白胡子的对他表示赞同。

时间已是12点。警察撤走了。记者们也赶回编辑部。教师们没有离去。卖夜粥的小贩敲着铜锣走过，他们自动停下来，向教师们端上热汤。谁要是付钱，他们都生气地拒收。

睡意蒙眬的孔家善感到惊讶不已。他入睡时还十分沮丧，现在醒来却信心十足。他从床上坐起来，发现这种信心不是发自内部，而是来自外面，那是街上唱的一首歌：

> 团结，团结，
> 团结就是力量！

家善急忙穿上衣服，走到窗旁。现在是夜里一点钟。他们打算通宵示威？突然，天下起了雨。不，他必须得做点事情。

下了楼梯，家善看见当护士的年轻邻居在前面跑来。他们走到街上，看见住在马路对面开诊所的梁大夫在跟那两位留白胡子、患轻微咳嗽的老先生谈话，最后，双方频频鞠躬，两位老人走进了医生的房屋。

"太好了，"女护士高兴地说，"两位老人已经进屋，也许已经在服用两片预防感冒的药。我很乐意请那位女士到我家，但我不敢，看样子她身份挺重要。"

家善随着她的目光望过去：一个妇女，年龄跟海伦差不多，但是显得筋疲力尽，身体靠在房屋的墙上。她那苍白但丰满的嘴唇流露出动人的贞洁。

孔教授走向前去，鞠了鞠躬。"那位年轻的小姐，"他指着女护士说，"邀请尊敬的老师到她和她母亲那里歇一歇，换件干的衣服。"

这位妇女眼睛虽然显得疲惫，但露出坚韧的目光，她回答说："你是一位好亲戚，伏尔泰，尽管你还没有认出你的表妹和辩论的对手。"

"孔慧欣！"

"这是我的小名。"

"要是能够知道你的地址……"

"北四川路,同济中学。"

"我不可以耽搁你太长时间,否则,你会着凉的。哦,我有太多事情要问你。我的思想现在乱糟糟。"

"我这个好表妹不得不打断你的话。再见,伏尔泰!"

"再见,孔妹妹。"

家善邀请图画老师进自己的家。从窗口里,他们看见,雨下得越来越大,所有打了烊的商店都重新打开门,店员们走出来,请教师们进店歇息。

"全安排好了,"年轻的绘画教师说,"教授先生,请允许我利用时间,在您家里干点工作。"

只听见家善惊讶地说了一声"请自便"。随后,绘画教师拿出了一小卷纸,飞快地用笔画了几幅教师示威的速写,这些画充满活力、幽默和激情。他给这些画加上简短的说明文字,然后,又复制了几份画得很成功的那张宣传画,上面画有飞机和蜗牛,写着:"物价飞涨,薪水爬行。"

三点三刻,雨停了。教师们重新聚集在教育局门前,跟在后面的是请他们到家里歇息的市民,他们给教师们递上擦脸的湿毛巾。一个在街边开小食店的店主给他们分发油炸鬼,另一个给他们送小笼包。

两位白胡子先生受到了鼓舞,领头唱起了《教师之歌》:

> 谁看护花园?
> 谁使鲜花绽放?
> 我们看护花园,
> 我们让鲜花绽放。

众人合唱:

> 谁闯进苗圃就赶走谁,
> 莫让鲜花遭践踏。

魏茗云和一群年轻的女教师跳起了政府禁止的革命秧歌舞。她们口里唱歌,旋律是一首旧民歌,歌词是孔慧欣为这次示威新填写的:

> 心潮澎湃,声音嘹亮。
> 国民党!告诉你:

> 最后的障碍已冲破，
> 全民的眼睛擦得亮，
> 你的面具跌落了，
> 面具后面——没有脸。

5点钟，大城市的白天交通已经开始。

高雅的小轿车战战兢兢地在示威者身旁飞驰而过。有轨电车的司机们将车停下，离开驾驶座下车，热切地询问情况。在乘客的掌声中，他们接过绘画教师画的传单，拿到城里四处散发。

从7点开始，越来越多的人加入示威者的队伍：三轮车工人、手工业工匠、街道商贩、失业者、打短工的工人、大学生，还有一些大学教授，其中包括孔家善、演员、佣人。到了早上9点，已经有几千人站在那里。他们排列成行，紧紧地挤在教育局门前，将霞飞路长长的一段堵得水泄不通。大学生们高呼响亮的口号："受剥削教师的正义斗争——就是我们大家的斗争。"

9点半，谭波终于决定从后门进入办公楼。他让人告诉教师们，他答应给每人一次性发放50斤大米。到了下午3点，示威者仍站在那里，他答应每人发给100斤。

这样，持续了19个小时的示威结束了。它带来的结果是：教师们最低限度地减轻了经济负担，国民党政府大大地出丑，孔家善享受了3个小时的睡眠，这种睡眠是他多年来久违了的：一个漫游者跋涉归来独有的深沉甜美的睡眠。

魏茗云被捕囚禁了两个月，审讯多次没有结果后，罗书平决定亲自审讯她。

"策划6·15示威的共党分子是谁，说出他们的名字！"

"没有人策划，是自发的示威。"

"你们不要企图要我相信，那些安静祥和、部分已经上了年纪的人是自动上演这出戏的。是谁鼓动你们的？"

"通货膨胀促使我们这么做。买办独裁者毁了中国，将中国出卖给美国人，是他们迫使我们示威。"

"要爱惜自己，年轻教师。你们越是顽固抵抗，我们越要严厉对付你们。"

魏茗云曾经有过的小酒窝在凹陷的脸上现出了两个阴影。"这是一道非常明显的比例方程。局长先生，从我们的立场看，叫作：你们对待我们越残酷，我们的反抗越坚决。"

"别卖弄聪明。我要的是具体回答。谁唆使教师举行示威?说出幕后指使者。怎么样?只要说出一个名字,我就释放你。"

"蒋介石!"

"押下去!上老虎凳!捆紧她的大腿,在脚下垫砖头,直至她供出同伙。"

一个小时后,魏茗云被带回牢房,她的双脚已经骨折。但警察仍旧像以前那么狡猾。

"英国和法国的炮艇沿着长江驶入,将太平天国革命淹没在中国人的血泊中。1866年,太平天国宣告结束。"(注:原文如此。实际上,1864年天京失陷,标志着太平天国起义失败,1872年最后一支部队败亡,宣告太平天国起义终结)

孔慧欣在1948年秋季学期举行第三次讲座,她的学生们并没有预感到这是她最后一次课。时钟指着11点43分,北四川路和狄思威路拐弯角上停着一辆小车,它将按照党的指示,送慧欣去码头乘坐上海至天津的轮船。

"在帝国主义枪炮的屠杀下,太平天国垮了,但仍然是胜利者。因为,正是他们教会我们今天所知道并且懂得运用的道理:洋人统治,贫穷落后,工人和妇女的尊严被践踏,这都不像某些人所相信的那样,是中国人民无法战胜的命运。我们能够战胜命运,并且证明,根本没有什么命运。"

学校的钟敲响了。

"请你们课后仔细地阅读笔记并思考堂上讲过的几个问题。再见,年轻的朋友们。"

在学校的大门前,她出乎意料地遇见家善。

"慧欣,我有急事要跟你讲。"

"我要一千次地请求你原谅,伏尔泰,现在我没空。"

"我跟妻子分手了。"

"跟那个满脑子帝国主义思想的法国妻子?教师示威后,人们跟我讲起过她。"

"教师示威时,你答应过帮助我,给我出主意。"

"我没有忘记。"

"我渴望跟你交谈,就像迷路的漫游者渴望见到星空。"

"我必须立刻就走,伏尔泰,而且不能告诉你要去哪里。"

"我们还会见面吗?"

"肯定会。"

"什么时候?在哪里?"

"我不知道。"

家善苦笑着给她让开路。

慧欣寻思着,我常常教导年轻的同志,我们必须有纪律,但我们不是机器。勇敢是利剑,心是竖琴……

"家善,我有急事,但再匆忙也要说最后一句话:22年前我给表兄起绰号,称你伏尔泰,这不只是头一次争论中开玩笑,也是我初次表达爱意。22年来我一直爱着,并且永远不会停止。现在,我必须走了。"

北平,孔慧欣疲惫地穿过王府井大街,当她经过东安集市时,一位三轮车夫问她:"想坐车吗,太太?"

她客气地拒绝了,继续步行。车夫跟在她后面,提出各种理由说服她上车:"太太,您走累了。天已经黑了。坐车吧。"

慧欣终于停住脚步。"工友,你会白费时间的,我身上没钱。"

"上车吧,大姐。我免费载你。"

"谁听说过这种事?"

"你以为,我们想的只是钱?苦力也想做些好事。"

慧欣上了车。三轮车穿过暮色朝东滑行。路灯阴暗。时而听见枪声。

"工友心地善良。我确实很累,而且必须赶着去吕万胡同八号。"

"我就住在附近,吕万胡同十一号。而且我过去也不是一直当苦力。我父亲教给我一门很难的、只有很少人会的技艺。在天桥,上万人为我们喝彩,掌声比所有杂技、杂耍、说书都多。我叫林春半,在北平颇有名气。"

慧欣对这个名字并不感到陌生。但是,她已经多年没有去过娱乐场所了。

"洋鬼子越来越有钱。"三轮车夫继续说。慧欣望着他,透过薄薄的上衣依稀可见他身上的肋骨。"我们的人越来越贫穷,到最后,连一点点娱乐也再无钱支付。如果艺人赚到几块铜板,那么,他必须拿出三分之一交给有权势的官员,要是给少了,就被他们收买的歹徒打得头破血流。就这样,我最后成了苦力,这是我最后的出路。"

"师傅可有家室?"

"我老婆饿死了,两个儿子同样饿死了。我没有后人可以继承我父亲的绝技。这门技艺随着我将要失传。也许过不了下个清明节。"

"我可以问一下是什么绝技吗?"

"下一次吧。但愿大姐不会忘记我这间快倒塌的小屋,吕万胡同十一号。"

他停下三轮车,下车点燃一根火柴。在黑暗中,慧欣看见一张悲伤的脸,长着扁平的鼻子,下层百姓常见的浓密的眉毛,充满幻想的眼睛。

"师傅费心,帮助了一个疲倦不堪的女人。"

"您太客气了。这里是八号,也是一间快倒塌的小屋。大姐要找泥瓦匠陈师傅?喂,老陈,开门!"

房间里点着一盏昏暗的煤油灯。

"同志,"一位身体消瘦、面颊凹陷,但臂上肌肉强健、名叫陈海津的无产者对来客说,"你不必为迟到而道歉,最好先喘喘气,喝杯开水。无须任何解释我们也明白,天津的工人也想知道上海的情况。"

"您在上海半年多了,教授——哦,我应当称您'同志'。"一位胡子花白、名叫韩高山的学者更正自己的话。"前段时间,我加入了党,而你们取得了令人惊叹的胜利。北京大学的地下工作大有希望,你们举行的教师示威很了不起,所有正派的同事都深受鼓舞。"

"你们从哪里知道我们的教师示威行动?是从《新民晚报》上?"

"不仅如此,还听上头说起过孔家善教授。"

慧欣稚气的鼻子上方,两只着迷的黑眼睛突然闪耀出光芒。

"孔家善是你的第二项任务,"陈同志断然地说,"我们现在先谈第一项。"

"开始说吧,老朋友。"

"正如你们所知道的,北平只有几间破旧的工厂,我们泥瓦匠特别喜欢那些厂房,因为,它们经常需要我们去维修,这样,我们就得到三个好处,一来可以挣点工钱,二来可以观察了解情况,三来可以进行宣传。"

枪声响得更加激烈了。

"在五号枪械修理厂,我有一个老朋友,是个磨床工人,他父亲和我父亲50年前在义和团运动中一起战斗过。"他做了一个打拳的手势。

"我正在补一条墙壁的裂缝,这时,他走过来说:'我们的活做得越来越差了。'并且打了个眼色。'活越差越好,对吗?''说得对,'我说,'但我们想知道,其他城市情况怎样了?'他说,一句话,4号那天,在他屋里将举行秘密集会,8人参加,从5号到9号,在其他工人的屋里将有10次同样的集会。"

"到时要我报道上海的情况?"

"首先由你发言,然后还有韩教授,我,参加第一次会议的8个人。"

"组织得太好了。"

"现在,我们可以谈谈孔家善吗?"韩教授说。

慧欣笑了笑,老学者误解了她笑的意思。

"我还是新党员,缺乏耐心,"他抱歉地说,"在党内是个喝奶的婴儿。"

泥瓦匠禁不住发出响亮的笑声。

"因此,孔同志,您必须多多包涵。您的纪律性堪称模范,我只能逐渐学会。"

"孔家善有没有打听我的情况?"受到称赞的慧欣突然问道。

"打听了四次。但我知道,我必须守口如瓶,这一点,喝奶的婴儿也知道。"

"您有没有跟他交谈过?"陈师傅问。

"几乎天天交谈。我们住的地方门挨着门。"

"政治上他站在哪一边?"

"反正不在国民党那边。他很正派,但头脑糊涂。有一次,我开玩笑地问他怕不怕共产党人。孔教授是怎么回答的?他说,我只知道人有好坏之分。"

"哎呀,"泥瓦匠惊讶地说,"要是没有革命的政党,好人能做些什么?"

"孔家善历来是个糟糕透顶的理想主义者。"慧欣叹了口气。

"我们必须跟他谈谈,特别是你,孔同志。"

"在我家里谈,"韩教授主动提出,"现在,我要走了。"

"孔同志,我将你安排在一个棉纺厂女工的家里。"

他们穿过屋内的天井。陈师傅住在屋子的东侧,西侧住的是一个小贩,南侧——

"……住的是张大哥,一个警察。"

"别开玩笑。"

"甭担心。他没问题。"

此时,他们三人都想到毛泽东的话:"国民党是孤立的。我们是压倒的大多数。"

家善和慧欣交谈了两个小时,在离开老学者的房屋时,看见陈海津站在门口。

陈师傅在修理一只石狮子,至少,摆出修理狮子的样子,他压低嗓门提醒他们:"张大哥说,你们要赶快藏起来。他已经看见了逮捕令。"

慧欣朝一架三轮车招手,示意要他过来。接着,他们上了车。

"我们去哪里?"家善轻声地问。

"吕万胡同十一号,到林春半那里。"

"林春半是什么人?"

"一个苦力,很有意思的一个人。"

空气变暖和了。黑夜喘着气,笼罩着街道和广场。城外响起清脆的枪声。

家善小心翼翼地握住慧欣的手。他真希望能够就这样永远地行驶下去,和她一起面对危险，如同两个乘客在黑暗炼狱中一座小小的、向前急驰的伊甸园中。

林春半正好在啃一块烧饼。

"老先生，你们是我的贵客，你们吃过饭没有？如果还没有，我……"

"请师傅不必操心，我们在韩教授家里吃过饭，喝过茶了。我们来你家，是要找个躲避警察的藏身之地。"

"请两位先进里屋，我想赶紧吃些东西，喝点热开水，因为我胃痛。待会我拿灯进去。"

家善打开手电筒。只见里屋是一个杂物间，只放了三件还可以用的家具：一张竹制的椅子、一张桌子、一张可以躺的长凳。墙壁上有些彩色的东西闪闪发光。

"把手电筒关了吧。还有用到它的时候。"慧欣舒适地坐到长凳上，在黑暗中做了一个客气的手势。"请坐，伏尔泰。我们在这里可以安心地继续交谈。"

"我们的交谈在韩老先生那里已经到了一个死点。在反对帝国主义和国民党的问题上，我是你们忠实的同盟者。但我不会站在所谓的无产阶级立场上，因为它是教条主义和敌视文化的。"

"你是说敌视文化？在解放区，文盲正在被消除。艺术、文化和科学为全体人民服务。"

"正因为如此，你们将毁灭文化。酒倒进窄的杯里，会涨到高的位置，如果装在宽的碗里，只能贴近碗底。精神高尚的精英，文化程度亦高，普通群众不可能这样。容器越宽，盛的水越浅。"

家善又搬出了冠冕堂皇的言论。慧欣该如何回答他？如果说，他的观点千错万错，那么，他的辩证法则更巧妙、更锐利。

林春半拿来了煤油灯。他双眼疲倦，爱莫能助地耸了耸那双城市平民的浓眉。"我想给贵客准备两铺床，我试一试，看能否跟邻居借到毯子和枕头。"他急速地关上身后的门，消失在外头。

一只五颜六色的小精灵从墙上脱落，飞到桌上。这是用薄得透明的牛皮剪切成的，手工精细，栩栩如生，色彩鲜艳。这是祝英台，身穿着书生的长衫，衣服上绣着银黑色的彩色玫瑰，一个两千年前的女权主义者，她寻求知识，为爱而死，脸上露着永不泯灭的微笑，清纯、机敏、羞涩、坚定集结一身。

"影子戏的人物，"家善喊道，"一个美丽的皮影。"

"林春半过去肯定是演皮影的高手，"家善推断，"平民区天桥市场上一个贫穷的江湖艺人、技艺高超的能人。"她举起透明彩色的皮影。"你被驳倒了，伏尔泰，你看，人民并不只是个容器。人民是源泉。"

墙上挂着50多个皮影。人物的眼睛优雅修长，细细的一条红线惟妙惟肖地表示嘴巴。

武松是个英雄好汉，穿着深蓝色的朴素衣服，跟他格斗的对手名叫西门庆，身披金碧辉煌、绣满牡丹的长袍，是个搜刮钱财的恶霸，糟蹋女性的淫棍，他的红色嘴唇由于卑鄙胆怯而向下歪斜。赵高是个凶狠的宰相，却被其女儿吓得魂飞魄散，她是个哈姆雷特式的女子，身穿天蓝色衣裳，佩戴百合花首饰，为谴责父亲的专横不公，假装疯癫，捍卫夫君，因为只有这样，才能冲破孝的束缚。另外，还有一个聪明的婢女，名叫红娘，身系鲜红的围裙，她的小姐佩戴珠宝，郁郁寡欢，在红娘的鼓励下，为自由选择丈夫而抗争。

慧欣坐在长板凳靠头的一端，家善伸展四肢躺着，将头枕在她的膝盖上。

从隔壁房间传来了不安稳的打鼾声。

"林师傅从邻居家没有借到任何东西，"慧欣推断，"他已经回来了，因为太困已经睡着了。"

"看来我们没有毯子了。"家善补充说。

慧欣用左手抚摸着家善饱经风霜的额头，右手插在他发灰的头发里。"我立即派人从费尔梅博物馆将伏尔泰那张有顶的大床给教授先生运来。"

"法国的伏尔泰跟一个多愁善感的伯爵夫人同床共枕。你的伏尔泰跟女人中最勇敢、最优秀、最聪明、最文雅的那个共用一张硬板凳。"

他将慧欣的手从额头上拉下来，贴着自己的嘴唇，迟疑地亲吻着。

"我怎么配得上这些'最'？我只知道，我是女人中最累的一个。"

家善立即坐起来。"你在长凳上躺，我在竹椅上睡，一定不打扰你。"

"我不是这个意思。"

"那你的意思是？"

"我的意思，在上海时已经对你讲了。"

1月5日晚上，林春半踩完三轮车回家，慧欣已经煮好鸡汤和米粥等他。"林同志，我们已经脱离危险，待会就告诉你怎么回事。所以，我今天出门去买东西了，但我不想晚上给你煮猪肉，因为你的胃还太虚——你不要鞠躬了——不要这么客气，快吃吧。"

林春半开始用汤匙津津有味地喝汤，他低下悲伤的、长着扁平鼻子的脸，凝神地望着碗里的鸡汤。"这位女教师真脱离危险了吗？"

"为什么你不称我同志？警察张大哥给我们带来了重大新闻：傅作义将军

跟人民解放军秘密谈判,其实,这已经不是什么秘密了。警察局已经释放了一些政治犯。警察局的刑警队长将逮捕我先生和我的命令撕掉了,这是张大哥亲眼看见的。"

"哎呀,孔同志,我是不是又可以在天桥表演我的皮影?"

"很快就可以了,很快。"

"我担心,我的手因为长期干粗活变得不灵巧了。"

"我们为你买牛皮和颜料,你只需每天用半小时制作皮影,这样,你就可以重新排练了。"

"我的那些皮影——你丈夫真的喜欢?"

"林同志,你可要惹我生气了。你创造了神奇美妙的童话小世界,怎么怀疑起有人会不喜欢。"

"我的戏是演给穷人看的,你丈夫是个教授,在国外留过学。"

家善走进屋。

"伏尔泰,你的屋整理好了吗?"

"差不多了。炉子可以用了,这是最重要的。"

"我可惜只有很少时间享用。明天,我要整天外出,党的任务。"

"这位技艺高超的师傅可否赏脸,明天在东安饭店做我们的客人?"

"哦,慢慢吃,林同志。"

"我在家里看见我律师的一封信。他明天将向海伦解释一切悬而未决的问题。一旦手续上办完了离婚,我们就去婚姻登记处。"

"不,你是个很正统的人,我们新中国成立后才去婚姻登记处——现在,五花八门的掌权者已经闭上了眼睛。再见了,林同志。你救了我们的命,我们永远是你忠实的朋友。"

附录一　　朱白兰译毛泽东诗词两首①

七律·冬云

雪压冬云白絮飞，万花纷谢一时稀。
高天滚滚寒流急，大地微微暖气吹。
独有英雄驱虎豹，更无豪杰怕熊罴。
梅花欢喜漫天雪，冻死苍蝇未足奇。

Winterwolken

Das folgende Gedicht ist eine Antwort des Genossen Mao Tse-tung auf die beginnende revisionistische antichinesische Propaganda im Jahr 1962.

Aus schweren Wolken wirbeln weiβe Flocken,
stumm welken hin zehntausend Blütenglocken.
Hoch oben jagt ein Froststurm rasch und wild
vorbei, der Erdenhauch ist wieder mild.
Der Held kann einen Tiger niederstrecken,
den tapfern Kämpfer wird kein Bär erschrecken.
Die Pflaumenblüte leuchtet mutberauscht,
wenn standhaft sie den wilden Stürmen lauscht.
Kein Wunder aber, daβ im Sturmeswehen
die Fliegen frieren und zugrundegehen.

---

① "文革"期间，朱白兰受奥地利马列主义党的委托，将毛泽东诗词译成德语，这两首诗词于1967年发表在奥地利马列主义党机关报《红旗》上，朱白兰对两首诗词分别做了摘要的介绍。

满江红·和郭沫若同志

小小寰球，有几个苍蝇碰壁。
嗡嗡叫，几声凄厉，几声抽泣。
蚂蚁缘槐夸大国，蚍蜉撼树谈何易。
正西风落叶下长安，飞鸣镝。

多少事，从来急；
天地转，光阴迫。
一万年太久，只争朝夕。
四海翻腾云水怒，五洲震荡风雷激。
要扫除一切害人虫，全无敌。

Antwort an Genossen Kuo Mo-Sho

Der bekannte chinesische Schriftsteller und Historiker Kuo Mo-sho schrieb ein Gedicht, worin er den Revisionismus mit einem tönernen Büffel verglich. Darauf verfaβte Mao Tse-tung ein Gedicht im gleichen Rhythmus. Er vergleicht darin Imperialisten und Revisionisten mit Fliegen und Ameisen und ruft die internationale Arbeiterklasse und die unterdrückten Völker zum revolutionären Kampf.

Auf dem kleinen Globus
klatschen Fliegen gegen die Wand,
summend, brummend, dröhnend,
schrill und wutenbrannt
oder dumpf und stöhnend.
Ameisen prahlen: "Wir sind eine groβe Nation!"
boren herum am Akazienbaum,
können ihn doch nicht erschüttern.

Fallende Blätter in Tschangan trägt wirbelnd den Westwind davon.
Schwirrende Pfeile zittern.

So viele Taten sind zu vollbringen!
Himmel und Erde kreisen.
Die Zeit
hat sausende Schwingen.
Zehntausend Jahre zu warten?
Das dulde, wer mag!
Wir ergreifen den Tag,
wir ergreifen die raschen Minuten.
Brausende Meere dort, flammende Blitze hier,
fünf Kontinente stehen in leuchtenden Gluten.
Weg mit dem Ungeziefer!
Unbesiegbar sind wir!

朱白兰1969年1月6日致蔡亲福的信①

亲爱的蔡同志：

非常感谢您68年12月27日的来信以及友好的新年问候。我也祝愿您新年身体健康，在工作和学习毛泽东思想中取得巨大成绩！

如果您下次来信，请附上一个写有您地址的信封，以便我能回信。因为，我通常请不到人为我写地址。

您如此勇敢地去适应寒冷的气候，真是了不起。随信寄上您希望得到的两首革命歌曲。正如您看到的，《北京周报》上发表的歌词是逐字逐句的翻译，它们既不押韵也与旋律不配。因此我为您翻译了这两首歌的歌词，它们是押韵的，并且与旋律匹配。但它们不是完全等值的翻译，只是一种不得已的辅助手段，以便能如您所愿，用德语来唱这两首歌。如果要使德文歌词与旋律匹配，那么，是无法将中文歌词的全部内容复述出来的，因为，德文的表达要冗长得多，例如德语中的词 Vorsitzender（主席）就太长了，不能与旋律相配。

我很高兴，丁玉合同志对他的工作岗位表示满意，还有张文森同志在工作中表现出巨大热情。

中大的大部分教师去了乡下，时间多久不确定。章鹏高老师去了坪石，在那里有所五七干校，教师和干部必须自己动手盖草房，他虽然肺部疾病尚未痊愈，但能参加这种劳动，我觉得很了不起。

现在，没有人能帮助我翻译毛主席诗词。对此，我感到非常懊恼。按照我的原则，毛主席诗词必须在集体合作以及详细面谈的基础上，由一个中国人和一个外国人共同翻译。

再次祝您一切都好！

毛主席万岁！

致以革命敬礼

您的朱白兰
69年1月6日，广州

---

① 林笛译。这封信对了解朱白兰病逝前两年的情况以及她对翻译毛泽东诗词的主张很有价值。蔡亲福和朱白兰信中提到的丁玉合、张文森均是中山大学外语系德语专业1963级的学生，"文革"期间，朱白兰非常关心此场政治运动，与他们及其他师生多有联系，了解外界动态。1968年7月蔡亲福分配到河南工作，新年之际写信问候朱白兰，讲述自己及同学的工作生活，并就中文歌曲的德译问题向朱白兰请教。这是朱白兰的回信。征得蔡亲福同意，译成中文附于此。

附录二 朱白兰年谱

朱白兰（1904—1971，Klara Blum，Dshu Bai-lan），犹太民族，诗人、作家、德语教授。

生平：

- 1904.11.27 出生于奥地利与罗马尼亚两国边境上的小城切诺维茨（Czernowitz），该城当时属奥匈帝国的领土。父：约瑟夫·布鲁姆（Josef Blum，1850—1934），是商人兼地主；母：蔡齐丽·布鲁姆（Cäcilie Blum，1876—1937），娘家姓坎纳（Kaner）。
- 1910.9—1914.6 在切诺维茨念小学。
- 1914.6—1915.9 第一次世界大战爆发，全家逃往维也纳，生活十分艰苦。
- 1915.9—1922.6 在维也纳念中学。
- 1922.6—1923.9 回切诺维茨看父亲，发生争吵，拒绝由媒人说项的婚事，偷逃回维也纳母亲处。
- 1923.9—1925.9 做家庭教师，在犹太报纸上初次发表诗歌及文章。
- 1925.9—1928.9 在维也纳教育学院学习心理学。
- 1928.9—1929.6 在犹太报纸上发表文章（大都是论教育问题的），住柏林和巴勒斯坦哥哥处，回维也纳。
- 1929.6—1929.8 生病（热带疟疾）。
- 1929.8—1933.2 加入德奥社会民主工人党，在该党中央机关报《工人报》上发表诗及小说。在工厂工人集会上演讲教育问题。加入犹太左派社会工人党（Mapam）的维也纳支部，为该党在维也纳的报纸《犹太工人》写书评。

- 1923 年到 1934 年，工作很辛苦，但收入不够维持生活。到 1932 年为止，父亲还给少许接济。后来他变穷了，1932 年到 1934 年，生平第一次挨饿。
- 1933.2—1934.2 加入奥地利社会民主党的党内反对派。鼓动与共产党组成统一战线。退出社会民主党。
- 1934.3—1934.5 离开维也纳，去波兰，和母亲住在舅母敏尼（Minnie）家，由舅父莫泽斯（Moses）供给生活，后与舅父闹翻。
- 1934.6 因诗歌获奖应邀赴苏，在 6 月至 9 月期间，参观莫斯科、斯维特洛夫城，列席苏联作家代表大会，开始了流亡生活。
- 1936.3 在莫斯科国际图书馆工作，学习马列主义。
- 1936.3—1937.2 做家庭教师。
- 1937.2—1937.6 在莫斯科外文学校教德语会话。
- 1937.6—1938.6 写诗和文学评论，发表在《言论》（Das Wort）上。
- 1937.12—1938.4 与朱穰丞密切交往 4 个月后，朱穰丞失踪。
- 1938.4—1945.9 给《国际文学》写诗。
- 1939.3—1944.9 出版了 6 卷诗集，其中 5 卷德文，1 卷译成俄文，内容有许多是关于中国解放斗争的。
- 1941.10—1942.9 撤退到喀山，后又至古比雪夫，给苏联电台德文节目翻译西蒙诺夫等人的诗歌。
- 1942.9—1943.6 回莫斯科，为苏联军队宣传部写诗和口号。
- 1943.6—1943.9 患坏血病。
- 1943.9—1945.9 在莫斯科外文出版社编辑部工作，为编辑部写各种作品的评介。
- 1945.10—1945.12 向苏联政府请求去中国老解放区的出境签证，理由是要写一部关于中国的书，并寻找丈夫，结果得到的签证是往罗马尼亚。为了来中国，前往罗马尼亚的布加勒斯特，在当地报纸上发表有关苏联各民族友好的文章。
- 1946.1—1946.4 受卢森堡驻苏联使节勒内·布鲁姆（Rene

Blum）邀请去卢森堡，希望在该地得到一个职位，当作家或记者，并从那里设法来中国，但得不到这样的职位，无法维持生活，当地又无中国使馆，因此离开卢森堡，前往巴黎。

- 1946.4—1947.8 在巴黎，发表有关黑人疾苦、斗争及成就的文章，但无法维持生活，在美国犹太联合救济委员会（American Jewisch Joint Distribution Committee）领取救济。

- 1947.8—1947.9 到上海，最初靠剩余的路费维持生活。

- 1947.9 到南京，向联合国教科文组织（UNECO）巴黎办事处请求找一份工作，教科文组织将她介绍给胡适和当时正在南京召开的一个教育会议的领导，但两者态度冷淡。3 年后（1950 年），写信给巴黎办事处撤销申请，因为国民党代表仍盘踞在联合国，而没有新中国的代表。

- 1947.9—1948.12 在上海，获奥地利共产党员严斐德（Fritz Jensen）接济，借给 90 元美金，1954 年秋归还借款。搜集小说材料，在美国犹太报纸上发表一首关于中国女工的诗。

- 1948.9—1948.12 在同济大学讲授德国文学，因是笔会（Pen-Klub）成员而获得此职位。和地下革命学生组织有联系。

- 1948.12—1949.8 前往北京寻朱穰丞，但没有找到，也未找到可证明自己身份的人，挨饿。

- 1949.8 回上海，当时上海已解放，找到夏衍，他证明了朱白兰的身份，但还不能给她找到工作。因抗议美国犹太联合救济委员会贪污，被该委员会撤销救济资格。

- 1949.4—1950.12 创作《牛郎织女》，翻译夏衍的《上海屋檐下》。

- 1950.8—1950.10 为找出路再次去北京。人民政府接济了她，但要求她回上海。

- 1950.10—1951.3 在上海，失业，先住在朱穰丞亲戚的家里，但不提供膳食，因地方太小，在胡兰畦的帮助下，到贵州路的佛教寺暂住。1951 年 1 月，在夏衍的帮助下，民政局认许朱白兰是军烈属，给予救济，并会同人民政府外事处，为她在上海外文专科学校找到工作。

- 1951.3　上海外文专科学校图书馆工作。长篇小说《牛郎织女》在民主德国出版。
- 1952　转复旦大学任德文教授。6月，在上海江湾区公安局和复旦大学人事科申请加入中国国籍。
- 1952.9　院系调整，9月25日到南京大学任教。
- 1954.6　被批准入中国国籍。朱白兰在职工履历书中写道："自1949年起，我认清了只有在共产党的领导下才能达到持久和平与为下一代谋取幸福生活。我要照着这条路继续工作，不辜负我的中国国籍。"
- 1954—1955　译《王贵与李香香》《龙王的女儿——唐代传奇十则》，由北京外文出版社出版。
- 1957.4　调中山大学外语系，筹办德语专业。
- 1958—1971　在中山大学外语系德语专业任教。
- 1959年春夏　中篇小说集《香港之歌》出版，应邀访问民主德国。9月，被批准为中国作家协会广东分会会员。
- 1960　诗集《漫长的道路》在民主德国出版。
- 1961　完成长篇小说《命运的战胜者》。
- 1963　被批准为中国作家协会会员。
- 1971.5.5，19：55　因患失代偿肝硬化病，逝于广州。

（根据朱白兰个人档案资料整理，照片由张文森提供，摄于1961年7月31日。）

主要作品：
- 《回答》(*Die Antwort*)，诗集，莫斯科，1939。
- 《偏要对着干！》(*Erst recht!*)，诗集，基辅，1939。
- 《多瑙河叙事曲》(*Donauballade*)，诗集，莫斯科，1941。
- 《我们决定一切》(*Wir entscheiden alles*)，诗集，莫斯科，1941。
- 《战场与地球》(*Schlacht und Erdball*)，诗集，莫斯科，1944。

- 《牛郎织女》（*Der Hirte und die Weberin*），长篇小说，鲁多尔施塔德，1951。
- 《王贵与李香香》（*Wang Gue und Li Hsiang-hsiang*），译著，北京，1954。
- 《龙王的女儿——唐代传奇十则》（*Die Tochter des Drachenkönigs. Zehn Geschichten aus der Zeit der Tang Dynastie*），译著，北京，1955。
- 《香港之歌》（*Das Lied von Hongkong*），中篇小说集，鲁多尔施塔德，1959。
- 《漫长的道路》（*Der weite Weg*），诗集，柏林，1960。
- 《命运的战胜者》（*Schicksalsüberwinder*），长篇小说，遗稿，1961。

后　记

笔者作为一名德语教师，写过若干篇论文，也翻译过一些德语作品，如果说，那更多是出于学术兴趣和科研任务的要求，那么，撰写眼前的这本书则另有缘由。

说到缘由，还得从50年前谈起。

1963年，我考上了中山大学外语系，成为德语专业的一名新生。我感到骄傲，因为我学的是革命导师马克思和伟大诗人歌德的母语，学成之后，可以阅读《共产党宣言》和歌德的原著。开学不久，我就听说，德语专业有一个"外国女教师"，在高年级授课，名叫朱白兰。一年后，在外语系师生下乡参加社会主义教育运动的动员会上，她用德语朗诵了自己创作的诗歌《明镜》，当时并不能听懂，只约莫知道说的是修水库。当知道她是个诗人、作家，人生经历很不平凡后，我心中不免产生了好奇和敬畏。算辈分，我只能算是孙子辈，因为我的德语启蒙老师，属于她在中大培养的首批学生。经过两年的专业学习，我打下了德语基础，到了三年级，按理说，可以开始用德语对话了，但始终没有胆量跟她攀谈。在康乐园的校道上，见她迎面走来，约一米七的身高，头发灰白，深深的眼窝，走到跟前，我鼓足了勇气，最后也只是礼貌地点点头，互相说句再简单不过的问候语："Guten Tag!"当时，我心想，升上四年级就能聆听朱老师的课了。这个愿望，由于"文化大革命"的爆发而变成了泡影，大串联开始后，我就再也没有见到朱白兰的身影了。

"文革"中，家父成了"修正主义分子"，被勒令将住宅一楼的客厅腾空，堆放省文联清除出来的图书。一天，我从学校回家，发现书堆中有一本布面精装的书，封面当中印着一朵菊花，下方一行漂亮的花体字：Das Lied von Hongkong。这不是德文吗？不错，是德文，意思是"香港之歌"。花的上方，印着DSHU BAI－LAN。翻开一看，扉页上用英文写着："送给中国作家协会广东分会"，署名朱白兰（Klara Blum）。哦，原来是朱老师的作品！难得的一本书，扔掉了多可惜，何不留着自己看？于是，这本书成了我的收藏。岁月如梭，我离开了学校，从广州到南海滩，从南海滩到了秦岭山下，这本书竟然没有遗失，但也没有翻阅，只是搁在箱底。

中国籍犹太裔女诗人
朱白兰(Klara Blum)
生平与作品选

1975 年,我有幸调入广州外国语学院当教师。朱白兰的影子在我脑海中又活起来了,压在箱底的书摆上了书架。在重拾德语的过程中,我开始关注她的消息和作品。她还健在吗?一打听,便遗憾地得知,她已经病逝多年。再也不可能向她当面请教了,《香港之歌》只能留着当纪念。

在接着的 30 多年里,先后读到报刊上的一些怀念朱白兰以及涉及她的文章,其中,有大学同窗 Ding Yuhe(丁玉合,现定居德国)用德文撰写的《她继续活着——回忆我的老师克拉拉·布鲁姆》,发表在柏林德中友协的刊物 Das neue China 1982 年第 5 期上。这大概是国外最早的一篇,国内几乎同时发表的有梁定祥的《从多瑙河到珠江边》(《花城》1982 年第 5 期),接着有林天斗的《忆国际友人》(《解放日报》1990 年 2 月 6 日)、姚芳藻的《失踪在莫斯科》(《上海滩》1990 年第 3 期)、张佩芬的《一个不该被遗忘的"外国人"》(《中华读书报》1998 年 10 月 21 日)、宗道一的《杨成绪:与德语女教师的情缘》(《大地》1999 年第 88 期)、王文慈的《迟开的兰花——朱白兰及其作品》(《辽宁大学学报(哲学社会科学版)》2001 年第 4 期)等文章。尤其引起我注意的是,宗道一的文章结尾提到,杨成绪先生在采访结束时表示,以后一定要抽出时间找到那本《牛郎织女》,翻译出来,介绍给中国读者,以告慰长眠在九泉之下的朱白兰教授。这引起了我的共鸣。另外,触动我的还有,在此期间有两位外籍人士向我们打听朱白兰,一位是夏瑞春(Adrian Hsia),加拿大的日耳曼学教授,他利用来我校(广州外国语学院,当时未合并为广东外语外贸大学)进行学术交流的机会了解朱白兰的情况,另一位是德国的托马斯·朗格先生(Tomas Lange),他在广外任 DAAD 教员,对朱白兰同样怀有浓厚的兴趣。两人后来都在国外发表了有关朱白兰的评论文章,当然,他们有自己的视角和观点。

随着对朱白兰有更多了解,我对她的敬重与日俱增。她对中国人民的友好之情深深打动了我。《纪念白求恩》中不是有这样的名句吗:"一个外国人,毫无利己的动机,把中国人民的解放事业当作他自己的事业,这是什么精神?这是国际主义的精神,这是共产主义的精神,每一个中国共产党党员都要学习这种精神。"朱白兰的思想境界也许没有那么高,因为她带着寻找"丈夫"的私心踏上来华之路,但是,万里寻夫表现出来的忠贞,不也体现了一种美德吗?她像白求恩那样,视中国为第二故乡,将中国人民的解放事业当作了自己的事业,不仅创作了多部中国题材的作品,成为中国作家协会的会员,而且为新中国培养了一批又一批德语人才。这样的友人,是不应被中国人民遗忘的。50 年代初,我国诗人袁水拍翻译出版的诗集《五十朵蔷红花》(上海平明出版社,1954 年)介绍了 27 位各国进步诗人的 50 首诗,其中收入朱白兰的诗

《诗人与战争》,从那以后到目前为止,朱白兰只有极个别作品的汉译在中国发表。由于她用德语创作,作品在国外发表,国内除了德语界的圈内人,知者甚少,涉及她的文章也是屈指可数,研究工作仍属空白。有鉴于此,我暗暗下定决心:要让更多国人知道朱白兰的生平与作品,决不能让她被尘封了。

但是,要介绍朱白兰的生平与作品,谈何容易。首先要付出足够的时间和精力,全面地搜集资料,研读她的作品。朱白兰的许多作品带有自传性,了解她的人生经历,有助于理解她的作品,反过来,阅读她的作品,能加深对她生命价值的认识。翻译是必要的,这是在两种语言层面上交替解读的过程,是搭建桥梁,让更多人跨越语言鸿沟,进入朱白兰创作世界的前提。

在搜集资料的过程中,我发现,近年来,随着中德文化交流的发展,国外对流亡文学以及女性主义研究的深入,朱白兰由于其犹太女性身份、"二战"期间的流亡生活、传奇式的个人经历以及发表了大量中国题材的作品,在德语国家引起了人们的关注,民间团体举办介绍她的报告会,维也纳的一条街道用她的名字命名,诗歌和小说作品再次结集出版,德国、奥地利、加拿大的日耳曼学学者陆续发表研究文章和专著。我的同事林璐从瑞士带回了国外的最新研究成果,特别是 Zhidong Yang 的两本专著,一本是作者选编并注释的朱白兰作品选,另一本是作者研究朱白兰生平和创作的专著。说是最新研究成果,其实早在 1996 年已正式出版。Yang 博士的研究成果为我开阔了视野,并且也促使我加快研究进度。在随后的搜集资料工作中,中山大学档案馆提供了帮助,使我有可能获得关于朱白兰的第一手材料。前两年,邓然同学以朱白兰为研究对象撰写硕士论文(该论文被法兰克福德国国家图书馆收藏),她利用暑假去德国搜集参考文献,又带回了不少有价值的资料。

我开始整理最基本的相关信息,并着手编写朱白兰小传。但我立即遇到了一个严肃的问题,就是如何还原历史的真实。我不是历史学家,但我深知,还原一个历史人物,不同于写小说,必须尊重历史,以事实为依据,而且必须客观全面。我发现,在现有的出版物中,特别是纪念文章,作者写作时或依据了不太确切的信息来源,或仅凭个人的记忆,这就难免会与历史事实有出入。就说朱白兰病逝的时间吧,目前通行的说法是 1971 年 5 月 4 日,但是,当年校革委会政工组递交给广东省教育战线革委会的《关于朱白兰教授病逝的报告》中就明确写道:1971 年 5 月 5 日 19 时 55 分。时间精准到分钟,显然是依据医院的死亡报告书。关于朱白兰原来的国籍,也有不同的说法。关于她生平的某些片段,作者基于各种不同的原因,或轻描淡写,或有意无意回避,有的则主观推测,妄加判断。这就需要去伪存真。理论上,即使是朱白兰的个人信件和自述,由于是一面之词,也未必客观,需要调查取证。举个例子,她与朱穰丞的关系，朱白兰称朱穰丞为"丈夫"，但没有任何材料可以证明其夫妻关系。她说是胡兰畦介绍她认识朱穰丞的，胡兰畦已经去世，如何查证？当年在上海，民政部门如何认定她是"军烈属"？这些问题，凭我个人的能力，是永远无法弄清楚的。而这在叙述朱白兰生平的时候又是无法回避的。弃而不写，并非科学态度。在无法取证的情况下，我在叙述朱白兰生平时只好注明，这出自她的自述。在此，也请读者明察和谅解。

朱白兰小传的初稿完成后，我通过电子邮件发给了朱白兰生前的部分同事和学生，征求他们的意见。他们对我的工作给予了鼓励，章鹏高和黄海津两位老师还提出了补充和修改意见。我的大学同窗张文森，不仅提供了朱白兰的照片以及"文革"中的情况，还特地开车，陪我在维也纳寻找以 Klara Blum 命名的街道。今年正值中山大学九十周年校庆，朱白兰小传被收入区鉷教授主编的《思华年——中山大学外语人的故事》。小传在编入本书时，笔者根据向学友了解的情况，进行了补充和修改，例如，根据祝静钿的回忆文章，补充了朱白兰在"文革"中的情况，根据蔡亲福提供的朱白兰1969年1月6日写的亲笔信，增写了朱白兰翻译毛泽东诗词所遵循的原则。另外，更正了奥地利马列主义党第一书记弗朗兹·施特罗布尔（Franz Strobl）的生卒日期，并根据朱白兰的人生足迹为小传添加了大标题"从多瑙河到珠江畔"。

本书的宗旨是介绍朱白兰的生平与作品。生平部分，总的来说，显得过于简略，但我已经尽力了。作品部分，选译了朱白兰最具代表性的诗歌和小说，其中包括自传性长篇小说《牛郎织女》。我乐于翻译，这不仅是一项愉悦的语言转换的智力游戏，而且是认识社会、了解人生的过程，透过作品的字里行间，我窥视到了一位50年前就让我感到好奇和敬畏的女诗人的灵魂。我希望，通过这些代表性作品，读者也能对这位中国籍犹太裔德语女诗人的文学创作以及精神世界有更广泛的了解。需要说明的是，在诗歌的翻译中，不可避免地遇到不可译性的问题，限于本人的能力，只能尽力传达原诗的基本意思。在阅读和翻译朱白兰诗歌的过程中，笔者写下了一些文字，这不是什么阐释，只是一点个人心得而已，权当跟读者进行交流。至于如何解读朱白兰的作品，这个权利理当属于读者。本书在附录中收入了两首朱白兰翻译的毛泽东诗词，这是因为，朱白兰虽然不懂汉语，但出于对中国文化和中国人民的热爱，曾将中国文学作品，如古诗《木兰辞》、艾青的《向太阳》（节选）、李季的《王贵与李香香》、唐代的传奇（德文书名为《龙王的女儿》）等翻译成德文。在晚年，毛泽东诗词的翻译更是她生活和工作的重要内容，她这方面的活动与贡献应当在本书中有所反映，同时，这也是为懂德语以及对翻译感兴趣的读者准备的，章鹏高老师生前曾经说过，朱白兰最值得研究的是她对毛泽东诗词的翻译。

后　记

笔者在搜集资料和撰写本书过程中，受益于来自各方的帮助和鼓励，在此，特向所有提供过帮助的朋友致以衷心感谢。本稿完成后，能得到顺利出版，应感谢广东外语外贸大学外国文学文化研究中心。中心主任栾栋教授对于本书的写作与出版给予了充分的理解、肯定和支持，没有中心的出版资助，书稿也许仍然待字闺中。

谨以此书献给培养了我的母校中山大学以及我工作和生活了40年的广东外语外贸大学，也以此书告慰长眠在九泉之下的朱自兰教授。

　　　　　　　　　　　　　　　　　　　　　　　　林　筑
　　　　　　　　　　　　　　　　　　　　　　2014年岁末
　　　　　　　　　　　　　　　　　　　　　于白云山下